大学理念と大学改革

ドイツと日本

金子 勉

東信堂

刊行にあたって

　金子勉先生が急逝されて、はや2年が過ぎました。あまりの突然のことで、残された我々にとって、その現実をなかなか受け入れられないまま、時だけが流れているように思われます。金子先生は、研究の糸口になりそうな構想を思いついたり何か面白そうなことを見つけたりすると、目を輝かせながら本当に楽しそうに説明してくれることがたびたびでした。やり残したこと、やってみたいことが多々あったことでしょう。金子先生のそのような研究への姿勢を我々は心にとどめておきたいと思っています。

　金子先生は、大学研究、とりわけドイツの大学研究を専門とされていました。ドイツにおける大学の管理運営の組織原理に関する研究から着手され、国立大学の法人化など近年の改革動向に向き合った論文を執筆される一方で、フンボルト理念の再検討、ドイツにおける近代大学理念の形成過程を史的資料に基づきながら明らかにし、大学論の原点を探るという知的刺激に満ちた研究に着手されていました。そうしたご研究が軌道に乗った矢先の急逝でありました。

　研究業績をご覧いただくとおわかりのように、金子先生は大学研究以外にも多くの研究業績を残しています。教員養成史、地方教育行政の研究、高校問題の研究などがその主なものでしょう。これらの研究はいずれも共同研究の成果であり、TEES研究会（主として1980年代後半から1990年代にかけて当時若手の研究者によって組織され、大学における教員養成に関する研究を進めていた）であったり、関西教育行政学会、京都大学教育学部教育行政研究室で組織され展開された共同研究などに積極的に参加され、堅実なご研究を進められました。金子先生は、決して多作な研究者ではありませんでした。しかし一つひとつの論文は、非常によく練り上げられ、格調高い文章で執筆された優れたものです。我々は、そうした金子先生の研究業績から、多くのことを学ぶ

ことができます。

　本書は、金子先生の数々の論文の中から、大学研究に関するものを中心に収録したものです。未発表の修士論文、光華女子大学での講演録を加えて、体系性を考えて内容を構成しました。第1章、第2章、第3章以下の各節のタイトルは、ごく一部を除き原論文のタイトルのままです。著書のタイトル、部及び第3章以下の章のタイトルは我々で設定しました。ただし、内容は一切修正することなく、一つのまとまった金子勉先生の単著として刊行いたしました。ご本人にとっては、このような形で公表するのは不本意なものも少なくないことと思いますが、研究業績を世に問うことにより金子先生の足跡をきちんと残し、後学の方々がそのご遺志を受け継ぎさらに発展させてくれることを期待し、刊行を決断した次第です。金子先生にゆかりのある方々による解題もそのような問題意識で執筆されたものになります。今日の大学の置かれた状況を考えると、金子先生が取り組み始めた大学論の原点としての近代大学理念の形成過程の研究は、極めて重要なテーマといえるでしょう。金子先生のご研究から学び、これからの大学のあり方、学問研究のあり方について考え続けることが、我々の使命であるように思います。

　刊行にあたりまして、公益財団法人未来教育研究所より刊行助成を受けることができました。また転載を快く承諾していただきました関係各位と、出版事情の厳しい折にもかかわらず趣旨に賛同いただき破格の条件で刊行を引き受けていただきました（株）東信堂の下田勝司社長に御礼申し上げます。

　最後になりましたが、金子勉先生のご冥福を心よりお祈りいたします。

平成26年12月

　　　　　　　　　　　　　　　金子勉先生遺稿集刊行有志の会

大学理念と大学改革―ドイツと日本
目　次

刊行にあたって………………………………………………………………… i

第1部　大学理念の再検討

第1章　大学論の原点――フンボルト理念の再検討……………………… 4
第1節　フンボルトの大学理念………………………………………… 4
第2節　高根義人と福田徳三の大学論………………………………… 8
第3節　ロエスレルの大学論…………………………………………… 13
第4節　ベルリン大学と科学アカデミー……………………………… 16
第5節　ベルリン大学と営造物・列品所……………………………… 18
第6節　パレチェクの大学論…………………………………………… 19

第2章　ドイツにおける近代大学理念の形成過程………………………… 24
第1節　フンボルト大学論の再検討…………………………………… 24
第2節　ディーテリチとケプケのフンボルト論……………………… 27
第3節　一般教授施設の概念…………………………………………… 30
第4節　「覚書」の正体…………………………………………………… 31
第5節　大学論としての「覚書」……………………………………… 35
第6節　派生的問題について…………………………………………… 37

図書紹介　潮木守一著『フンボルト理念の終焉？　現代大学の新次元』………… 42

第2部　ドイツにおける大学改革

第3章　ドイツにおける大学の組織原理と実態…………………………… 46
第1節　ドイツの大学における意思決定機関の構成原理…………… 46
第2節　ドイツの大学における管理一元化の理論的課題…………… 58

第3節　ドイツ高等教育立法の政治分析 ……………………………… 86
　第4節　ドイツにおける大学職員 ……………………………………… 104

第4章　ドイツにおける大学改革の動向 …………………………… 127
　第1節　大学ガバナンスの主体の構成原理──ドイツ・モデルの現在 …… 127
　第2節　ドイツにおける国立財団型大学の成立 ……………………… 130
　第3節　ドイツにおける国立大学法人化の新動向 …………………… 145
　第4節　ドイツの大学における組織改革と財政自治 ………………… 153

第5章　ドイツにおける大学の質保証の展開 ……………………… 167
　第1節　ドイツにおける大学教授学の展開 …………………………… 167
　第2節　ドイツにおける学位改革の進展 ……………………………… 178
　第3節　高等教育機関の評価──ドイツ編 …………………………… 188

　書　評　ウルリッヒ・タイヒラー著、馬越徹・吉川裕美子監訳
　　　　　『ヨーロッパの高等教育改革』 ……………………………… 192

第3部　日本における大学改革

第6章　大学の法的地位と組織改革 ………………………………… 198
　第1節　明治期大学独立論からの示唆 ………………………………… 198
　第2節　国立大学大学院における独立研究科の設置状況 …………… 201
　第3節　国立大学の独立行政法人化と再編・統合 …………………… 208
　第4節　大学のガバナンス──光華女子大学での講演 ……………… 213

第7章　教員養成史と大学の役割 …………………………………… 236
　第1節　無試験検定制度許可学校方式における認可過程──「漢文科」の場合 … 236
　第2節　新制大学の展開と教育学部 …………………………………… 259

第8章　学部教育改革の課題 ………………………………………… 270
　第1節　大学入学までの学習の状況 …………………………………… 270

第2節　秋季入学の歴史と政策の展開 …………………………………… 291
　第3節　教養的教育と専門的教育──カリキュラム改革は成功したか …… 295

書　評　鳥居朋子著『戦後初期における大学改革構想の研究』 …………… 312

解　題

学問の意義と大学の役割──金子勉の大学研究に学ぶ ……… 高木　英明 … 320

金子勉の大学論の原点に関する研究 ……………………… 服部　憲児 … 325
　──「フンボルト理念」をめぐる諸問題について

金子勉による大学の管理運営制度論の今日的意義 ……… 山下　晃一 … 331

「大学」制度史に関する覚え書き ………………………… 大谷　　奨 … 341
　──金子勉からの示唆を得つつ

大学の法的地位・設置形態の研究と大学の可能態 ……… 大野　裕己 … 348
　──金子勉の大学研究に学ぶ

開放制中等教員制度の原型としての無試験検定制度 …… 木岡　一明 … 353
　──金子勉の研究姿勢に学ぶ

初出一覧 ……………………………………………………………………… 359
索　引 ………………………………………………………………………… 362

大学理念と大学改革
——ドイツと日本——

第 1 部
大学理念の再検討

第 1 章 　大学論の原点―フンボルト理念の再検討

第 2 章 　ドイツにおける近代大学理念の形成過程

図書紹介　潮木守一著『フンボルト理念の終焉？　現代大学の新次元』

第1章　大学論の原点
──フンボルト理念の再検討

> **概　要**
>
> 　日本の大学関係者の大学観に影響したと考えられるドイツの大学理念について検討する。ヴィルヘルム・フォン・フンボルトの「ベルリン高等学問施設の内的ならびに外的組織の理念」と題する文書は、大学論の原点である。研究と教育を重視することがドイツ的な大学観であると認識されてきたが、そのような大学理念はフンボルトあるいはベルリン大学から生じた形跡がないとする異論がある。そこで、高根義人、福田徳三、ヘルマン・ロエスレル等の大学論、ベルリン大学及びベルリン科学アカデミーの歴史、大学関係法令を手がかりとして、ゼミナール、インスティトゥート等諸施設の性質を考察した。科学アカデミーに所属する研究施設を分離独立して、これらを新設大学が教育上の目的に利用することが、ベルリン大学創立時の構想の核心にある。実際に、ベルリン大学令が大学と研究施設の関係を規定し、その規定が他大学に継承されたのである。

第1節　フンボルトの大学理念

　本稿では、日本の大学人の大学観に影響したと考えられるドイツの大学理念について検討する。ドイツの大学の理念といえば、ヴィルヘルム・フォン・フンボルト（W. v. Humboldt）の名前を想起する。フンボルトはベルリン大学の創設に関与した人であり、フンボルトが残した「ベルリン高等学問施

設の内的ならびに外的組織の理念」と題する文書が、議論の原点となる。

　明治期における日本の大学関係者は、ドイツの大学に強い関心を抱いた。たとえば、文部官僚であった木場貞長が、1902年に公表した著書『教育行政』から、そのことを知ることができる。同書に諸外国の大学制度を解説する部分があって、「欧米各国中大学ノ制度整然トシテ最モ見ルヘキハ独逸」と述べて、ドイツの大学の概況を説明する。そこで、当時のドイツに21の「ウニフェルジテート」があって、1897年度の統計によると、学生総数は39,032人であり、そのうち3,868人がベルリン大学に在籍していること、グライフスヴァルト大学の経費年額が780,883マルクにすぎないのに対して、ベルリン大学は2,628,166マルクにのぼることなどを紹介している[1]。その論調から、ベルリン大学に注目していたことがうかがえる。

　文部省が刊行した『大学制度調査資料』も同様である。この書物は全6編で構成し、各巻の表題をみると、第1編は「欧州各国大学制度綱領」、第2編は「欧州諸国大学便覧」、第3編は「米国大学論」、第4編は「独逸大学ニ関スル諸法令」、第5編は「伊国高等教育法案」、第6編は「仏国大学ニ関スル諸法令」となっている。そのうち第1編と第2編は、欧州諸国間を比較する構成であり、どちらもドイツに関連する記事を冒頭に配置している。第4編は、前半において1794年に発布された普通法（Allgemeines Landrecht）など各種の法令を、後半には個別大学の規程に関する基本的事項を、収録している。特に1816年10月31日に発布されたベルリン大学令（Die Statuten der Universität zu Berlin）は、その全文を日本語に翻訳している[2]。『大学制度調査資料』の内容から、ドイツの大学が注目されていること、特にベルリン大学を重視していることがわかる。

　ところが、1810年に創立したベルリン大学を近代大学の典型と位置づけて、フンボルトの大学論を重視することを疑問視する立場がある。「パレチェク仮説」である。パレチェク（S. Paletschek）は、フライブルク大学歴史学ゼミナールの教授であり2001年に「フンボルト・モデルは19世紀のドイツの諸大学に普及したか？」と題する論文を公表した。潮木守一は「フンボルト理念は神話だったのか」と題する論文で、「フンボルトの大学構想は、19世紀を通じて誰もその存在を知らず、フンボルト理念、ベルリン・モデ

ルといった言説は、少なくとも19世紀に刊行された著書、論文には一度も登場していない。それが頻繁に使われるようになったのは、1910年以降のことである。だから、19世紀後半から20世紀初頭にかけて、ドイツの学問と大学をその頂点に引き上げたのは、フンボルト理念、ベルリン・モデルだったとする言説は、歴史的な事実に根拠づけられていない。1910年とはベルリン大学創立100周年記念に当たり、ベルリン大学の栄光を正当化するためにフンボルトは『発見』されたのであり、『フンボルト理念』はその時創作された神話である」と、パレチェクの仮説を要約している[3]。

本稿は、ベルリン・モデルの存在を否定する根拠のひとつになっている、ベルリン大学令の内容から検討を始める。フンボルトが残した論文の中で特に注目されるのは「学校というものは既存既成の知識を教え学ぶところであるのに反して、高等教育施設は、学問をつねにいまだ完全に解決されていない『問題』として、したがってたえず研究されつつあるものとして扱うところにその特色をもつものである。したがってここでは教師と学生との関係はそれ以前の、学校におけるそれとはまったくおもむきを異にする。すなわちここでは教師は学生のためにそこに居るのではなくて、教師も学生も、学問のためにそこに居るのである」という部分である[4]。ところが、ベルリン大学令第1条は、むしろ教育を主たる目的とする規定なのだから、「研究重視といった痕跡は、まったく見られない」と指摘されることになる。

『大学制度調査資料』の第4編に収録されている「伯林大学令」の訳文によると、第1章第1条は「伯林大学ハ朕カ国内ニ於ケル他ノ大学同一ノ目的ヲ有スルモノニシテ相当ノ予備学科ヲ修了シタル青年子弟ヲシテ講義及ヒ其他ノ大学実習ニヨリテ益々普通学及ビ専門学術ノ教育ヲ継続進捗セシメ後日重要ナル官務ト宗務トニ当リテ各種ノ部門ニ堪能ナラシメンコトヲ期スルモノナリ」と規定する。たしかに、講義（Vorlesung）と大学実習（akademische Übung）による普通教育と専門教育（allgemeine und besondere wissenschaftliche Bildung）を通じて人材を育成することを目的としている。しかし、ベルリン大学令第1章第1条が、教育を重視する内容であったことには、然るべき理由がある。『大学制度調査資料』の第4編の冒頭に収録されているプロイセン普通法の第2編第12章節1条は「諸学校（Schulen）及ヒ大学（Universitäten）

ハ政府ノ設置スル所ニシテ有用ナル智識ト学術トヲ青年ニ教授スルヲ以テ其ノ目的トス」と定めていた。ベルリン大学の目的を規定するにあたり、大学制度の基本にある普通法の規定に準拠するのは自然であろう。

しかし、ベルリン大学令第1章第1条の中にある「講義及ヒ其他ノ大学実習」の内容は、さらに検討を要する。講義と大学実習の組み合わせが、ベルリン大学における教育の基本であるが、大学実習の意味は直ちには理解しにくい。パウルゼンは、1902年に著した『ドイツの大学と大学教育』の中で「講義では科学の全体を描写するのに対して、演習（Übung）では参加者を課題とする領域における自立的な活動へ誘導する」と述べて、演習の重要性を指摘した[5]。レンツの『ベルリン大学史』に、「歴史学ゼミナールは、創設し

表1　ベルリン大学で開講した講義の数

年	授業形態	神学部	法学部	医学部	哲学部	合計
1810/11	講義	9	11	32	46	98
	演習	2	−	8	7	17
1820/21	講義	24	37	136	130	327
	演習	8	7	27	15	57
1830/31	講義	46	79	137	228	490
	演習	18	8	35	48	109
1840/41	講義	47	86	126	217	476
	演習	10	13	54	48	125
1850/51	講義	53	93	115	319	580
	演習	17	18	59	71	165
1860/61	講義	56	93	142	280	571
	演習	18	24	30	49	121
1870/71	講義	62	96	187	306	651
	演習	11	11	40	45	107
1880/81	講義	74	90	283	431	878
	演習	7	12	69	81	169
1890/01	講義	73	127	350	585	1135
	演習	15	25	109	128	277
1900/01	講義	88	166	470	701	1425
	演習	29	41	176	175	421
1909/10	講義	98	146	626	807	1677
	演習	23	41	246	272	582

出典：Lenz, M. *Geschichte der Königlichen Friedrich-Wilhelms-Universität zu Berlin*, Dritter Band, Halle, 1910, S.508-513.

てから四半世紀にすぎないが、歴史学演習（Historische Übung）は、ベルリン大学創立の頃から行われてきた」と記述がある[6]。歴史学ゼミナールの立場からは、大学創立直後の1812年にリュース（F. C. Rühs）による演習が発足していたことこそ、重大事なのだろう。

　ベルリン大学において創立後まもなくから、講義のほかに多数の演習を開設していたことは、規則上だけでなく、統計上も明らかである。表1は、ベルリン大学における講義と演習の開設状況を示す。1810/11年に限っては冬学期のみの統計であり、その他の年は冬学期と翌年夏学期の合計であるので、各年度を単純に比較することはできないのだが、神学、医学、哲学の3学部では、創立直後に演習を開始し、その後、量的に拡大したことがわかる。法学部の場合には、1819年にサヴィニー（F. C. Savigny）が演習を開設したのが最初であるが[7]、これも歴史学の場合と同様にゼミナールの設置以前から演習を実施していた事例である。むしろ、19世紀の前半に設置されたゼミナールは少数であったから、ゼミナールを担任していない教授または講師が演習を担当するのが普通であった。

第2節　高根義人と福田徳三の大学論

1　高根と福田の略歴

　ベルリン大学が創設以来、演習を重視していたことと関係して、日本の大学に演習を導入することをめぐる議論があったことについて述べておきたい。ここでは高根義人と福田徳三の大学論を考察する。高根は、潮木が1984年に著した『京都帝国大学の挑戦』の主人公である。商法を研究するためにベルリン大学へ留学した人であり、『ベルリン大学一覧』には1896年の冬学期から1898年の冬学期まで法学部に在籍したことが記録されている[8]。帰国後、京都帝国大学法科大学の商法講座を担任して、演習科の必修化を提唱した。

　福田は商業を研究するために、ミュンヘン大学に留学した人であり、『ミュンヘン大学一覧』には1897年の冬学期から1900年の夏学期まで国家

経済学部に在籍した記録がある[9]。福田は、東京高等商業学校、慶應義塾、東京商科大学の教授等を歴任した経済学者である。

　高根には「大学制度管見」、福田には「大学の本義と其の自由」と題する論文がある。しかし、両者は大学の自治に着目してドイツの大学を論じているので、演習と直接には関係ない[10]。これらとは別に、高根には「大学の目的」、「法科大学について」及び「普国司法官試験及任用令改正案」と題する論文が[11]、福田には「ウニフェルシタス・リテラルムの意義」と題する講演の記録があって、ドイツの大学で経験した演習あるいはゼミナールに注目して大学教育論を展開している。

　高根は、1902年に著した「大学の目的」の中で、「独乙ニテハ初ヨリ大学ヲ以テ単ニ学術ヲ教授スル所ト為サスシテ学問其物ノ養成所タルコトニ着眼セリ」、「乃チ大学ハ単ニ専門教育（Fachbildung）ヲ授クルノミニアラスシテ深遠ノ研究（Forschung）ヲ為ス可キ場所ト見タルナリ」と研究を重視することに言及している。そして、当時の帝国大学令第1条及び第2条の規定について「大学院ニテ学術技芸ノ蘊奥ヲ攻究ス可キ者ハ大学院学生ニシテ教授ハ唯之ヲ指導スル任務アルノミ」、「分科大学ノ教授及学生ニ至リテハ唯学術技芸ノ授受ヲ為セハ則チ足レルモノ丶如シ」と批判する。

　一方、福田はウニフェルシタス・リテラルム（*Universitas Literarum*）を大学の理想とした。ウニフェルシタス・リテラルムは耳慣れない言葉であるが、ベルリン大学創立を祝してクレメンス・ブレンターノ（C. M. Brentano）が作詞した「ウニウェルシタティ・リテラリア・カンタータ」が知れている[12]。また、ベルリン大学は1828年に名称を"Friedrich-Wilhelms-Universität"と定めたとき、これをラテン語で"Universitas litteraria Friderica Guilelma"と表記することとした[13]。もっとも、ベルリン以外の大学もウニフェルシタス・リテラルムであったから、ウニフェルシタス・リテラルムは、ベルリン大学の別名ではない。

　福田によると、ウニフェルシタス・リテラルムは、真理を追究するフィロソファーの団体であって、あらゆる部門を網羅しているものである。元来、ウニフェルシタス・リテラルムの語義は総合大学に当たるのだが、福田は「何れの大学も職業教育機関であり職工学校に過ぎないから日本の実例を挙

げることは出来ない」とか、「商科大学をUniversity of Commerce と云ふのは最もユニヴァシテーの本義と相違したものである」などと、日本の大学を批判した[14]。

2 高根義人の「演習科」

高根と福田は、かかる理想を実現するために、演習科あるいはゼミナールを導入することが重要だと考えた。高根は、法科大学において演習科を必修化する趣旨を「法科大学ニ就テ」と題する論文で説明している。「法学教育ハ法律ノ内容ヲ知得スルノミニアラスシテ法律的練習ヲ与フルニ在リトスレハ単ニ講義ノミヲ以テ満足スヘカラス」として「是ニ於テカ演習科ヲ設置スルノ必要アリ」と主張する。高根は、「独逸ノ諸大学ニ於テハ夙ニ『ゼミナール』(研究科)ノ設置アリ学生ヲ指導シテ深遠ナル研究ニ従ハシメ『プラクチクム』(実習科)又ハ『コンヴェルザトリーウム』(談論科)アリテ学習セシ所反復応用スルノ道ヲ開ケリ」と演習の種類を説明したうえで、「余輩ノ所謂演習科ナルモノハ独逸ノ研究科及実習科ヲ折衷シタルモノタラシメント欲ス」と、独自の構想に言及している[15]。研究に重点を置くゼミナール型の演習と、修練を重視するプラクチクム型の演習の両面を兼備する演習である。

高根は、ドイツの司法官試験の仕組みから、独自の演習科を着想したのであろう。元来、プロイセンにおいてゼミナールとプラクチクムは必修科ではないが、1897年に試験規程の改正があって、プラクチクムを3科目履修することが必修となった。そのプラクチクムで、学生は論文の提出を求められたのである。「従来法科学生ハ兎角不勉強ナリシガ近来演習科ヲ司法官受験ノ必修科ト為シタルヨリ大ニ其面目ヲ改メタリ」と高根は評価しているが、一方、レンツの『ベルリン大学史』にはプラクチクムを充実するために、当時の法学部が施設の拡充を迫られていたとの記述がある[16]。

京大法科大学に設置された演習科の性質は、法科大学の「規程」と「規程細則及補則」から知ることができる。「規程」の第1条は「本学ニ於テ教授スル科目左ノ如シ」として憲法など25科目の講義の名称を列挙する。次いで、第5条にて国法演習科など6種類の演習科の名称を列挙する。

「規程細則及補則」の第4条と第5条によると、国法演習科は憲法、行政

法、国法学、政治学、政治史の5科目と、刑法演習科は刑法及び刑事訴訟法の2科目と、私法演習科は民法及び商法の2科目と、民事訴訟法演習科は民事訴訟法及び破産法の2科目と、国際法演習科は国際公法及び国際私法の2科目と、経済学演習科は経済学、財政学、統計学、経済学史、経済史の5科目と対応する。また、法理学、羅馬法、法制史、比較法制史の4科目は、上記の演習科のいずれかと適宜対応させることとなっている[17]。講義と演習科を関連させる形態は、ベルリン大学令第1章第1条の「講義及ヒ其他ノ大学実習」による教育に通ずるのであるが、ここでは、ゼミナールがプラクティクムと同列に、指導法の一種を意味していることに留意したい。

3 福田徳三の「ゼミナール」

高根は、著名な教授が演習を開設すると、その大学に学生が集中することを知っていた。「大学の目的」の中で、ハレ大学では「リスト」の刑法演習と「コンラード」の経済学演習が、ベルリン大学は「シュモラル」と「ワグネル」の経済学演習、ミュンヘン大学においては「ブレンタノ」の経済演習、ストラスブルク大学では「チーグラル」の歴史演習が、活況を呈していたと記述している。

福田は、ミュンヘン大学においてルヨ・ブレンターノ（L. Brentano）の指導を受けた学生の一人である。福田はドイツに留学したとき、滞在先をライプチヒ大学からミュンヘン大学へ変更している。ライプチヒ大学の教授であったブレンターノが、ミュンヘン大学に招聘されていたからである[18]。ブレンターノは、1889年にライプチヒ大学で国家学（Staatswissenschaft）のゼミナールを[19]、ミュンヘン大学では1892年に国家経済学（Staatswirtschaft）のゼミナールを開設している[20]。福田のゼミナールに関する認識は、ミュンヘン大学でブレンターノの指導を受けながら獲得したのであろう。

その福田は、「ウニフェルシタス・リテラルムの意義」の中で、Disputatioとゼミナールの差異こそが、昔と今の大学の区別をなすものであると力説する。Disputatioとは討論形式の指導法である。18世紀以前の大学と、19世紀以後の大学が異なるのは、Disputatioがゼミナールに代わったことであり、両者は方法が同様であるけれども目的は異なるのだという。すなわち、

Disputatio にあっては真理はすでに与えられたものであるが、ゼミナールにおいて真理は「尋ぬべきもの」として存在するのである[21]。このように述べる福田も、ゼミナールを Disputatio と対比される指導法と捉えている。

ところが、ゼミナールには講義と組み合わされるべき指導法とは別に学術上の施設を意味することがある。福田が1911年に『国民経済雑誌』の誌上に掲載した「ヴェーンチヒ教授の経済学教授法改良意見を読む」と題する論文に、それをみることができる。

ヴェンティヒ (H. Waentig) は、東京帝国大学法科大学で経済学を担当したドイツ人教師である。『東京大学経済学部五十年史』によると、「東京帝国大学ニ於ケル経済学教授法改良意見」は、当時の文部大臣であった中橋徳五郎に提出したものであり、ドイツ語で書かれた原文を、統計学講座を担任する高野岩三郎が日本語に翻訳したものである。このとき福田は慶應義塾大学部理財科で経済原論とドイツ語を担当する教員であった。

福田は、ヴェンティヒの意見を、「試験万能の制度」、「講義時間の過多」、「演習制度の欠乏」の3点に整理する。ヴェンティヒは「演習制度の欠乏」に関する意見として、「独逸式ノ国家学統計学ノ演習ヲ設ケ以テ学生ヲシテ学問研究ノ応用及ヒ系統的研究ノ練習ヲ為スノ機会ヲ与フルコト」を要求している。「演習ニ於テハ特ニ大著書又ハ多数ノ離散シタル専門的書籍ヲ基礎トシテ自著ノ論文草案意見書等ヲ作成スルノ技倆ヲ学習セシムヘシ、今日ノ少壮官吏ノ如キ能力ノ乏キハ常ニ世人ノ非難スル所ナリ、特ニ外国語ノ書物ヲ基礎トシテ論文ヲ起稿スル場合ニ於テハ此ノ如キ能力ハ適当ナル練習ヲ経ルニ非サレハ善ク之ヲ養成スルコトヲ得ス、此ノ目的ヲ達センカ為メニハ特別ノ教室研究室及ヒ普通ノ図書館ヨリ独立シテ欧米部及亜細亜部ヲ具ヘタル国家学統計学ノ専門的図書室ヲ設ケ茲ニ充分適当ナル助手ヲ配置スルヲ要ス」、「此改良ハ財政上若干ノ犠牲ヲ要スルハ固ヨリ論ヲ待タス、此ノ如キ目的ハ初メヨリ近世ノ要求ニ全然適合スル完全ナル演習室ヲ作ラント欲スル大決心アルニアラサレハ之ヲ達スルコトヲ得ス」と提言した[22]。

ヴェンティヒの意見に対する福田の感想は「抑も独逸学問の発達は大学の講義に存せず、却て此の演習研究室の制度に存し而して他国の学問の独逸に劣るは此設備に於て欠く所ある所以は、一度独逸大学に業を承けたことのあ

る人の皆一致して認むる所である」という。ここでは、ゼミナールは指導法であるよりも、むしろ施設を意味している。

　福田は、この論文の中で、実際に「我輩就職の時同僚二三と其必要を唱道し我輩はミュンヘン、ライプチヒ等に於ける研究室の真似をして校長に肉迫して一室を割かせ図書館から若干の書物を個人的責任の下に借受けて型許りのものを作った事がある」のだが「慶應義塾に於て同様のものを作らんと心掛けて居るが一向賛成者もなくて今日に及んで居る」のだと述べている[23]。

　施設としてのゼミナールは、学生に教育上の効果をもたらすだけではない。織田萬は1916年に著した『教育行政及行政法』において、「独逸諸国ニ於テハ第十九世紀ノ初葉以来大学ノ性質ニ関スル議論盛ニ起リ其単ニ業務教育ヲ施スニ止ラス独創的研究ニ依リテ社会文化ノ中心タルヘシトノ思想漸次一般ニ宣布シ之カ為メニ大学制度ニ一大変遷ヲ来タシ各地ノ大学ニ於ケル研究室Seminaren実験室Laboratorium等ノ設備相踵キテ整頓シ教授ハ各鋭意其専門ノ学術ニ就キ理論ノ研究ニ努ムルコトト為レリ」と述べて、研究上の効果を高く評価している[24]。

第3節　ロエスレルの大学論

　福田が18世紀と19世紀の大学にみられるDisputatioとゼミナールの相違を強調するから、ゼミナールの普及が1810年に創設したベルリン大学とどのような関係にあるのか検討する必要がありそうだが、実はゼミナールを19世紀以後の特徴と述べているところに問題がある。パウルゼンは『ドイツの大学と大学教育』において、ゼミナールがドイツの大学において18世紀に始まった特徴であり、とりわけゲスナー（J. M. Gesner）、ハイネ（C. G. Heyne）、ヴォルフ（F. A. Wolf）のゼミナールが傑出していたと指摘する[25]。ゲスナーは、ゲッティンゲン大学で1737年に開設した文献学ゼミナールを担任した人であり、ハイネはゲスナーの後継者である。また、ヴォルフはハレ大学で1787年に開設した文献学ゼミナールを担任した人である。ベルリン大学創立前の18世紀の段階でゼミナールが成果を上げていたことになると、

ドイツの大学が隆盛したことはフンボルトやベルリン大学と無関係というほかない。そこで、ロエスレルの『独逸国大学制度論』を手がかりとして、さらに検討を進めたい。

ロエスレルは、ドイツの法学者・経済学者であり、日本に滞在した1878年から1893年までの間に、外務省法律顧問・内閣顧問として、日本の憲政の確立に貢献した人である。その人の大学論が『独逸国大学制度論』として翻訳・印刷されている。この文献は国立国会図書館に所蔵されているのだが、書誌情報がなく、外見上は「教育調査会」と「衆議院図書」の印影と、1924年10月3日の購入年月日が記載されている。ただし、『独逸国大学制度論』の冒頭には、「ロエスレル氏一八七三年刊独逸行政法教科書第一巻三〇二章ヨリ三二五章ニ至ル」と注記があるから、原典が1873年に刊行されたことがわかる。この注記を手がかりにして検索すると、原著の書名は『社会行政法論』であり、ロエスレルが来日する前に執筆して、ドイツのエアランゲンで刊行されていることがわかる[26]。同書の旧版は、1885年に訳書が出版されているが、そこに『独逸国大学制度論』に相当する部分はない[27]。

『独逸国大学制度論』の第308章から第310章までが、大学教育（Der akademische Unterricht）に関する部分である。ロエスレルは、第308章の冒頭で「大学教育ハ理論及実際ノ両部ヨリ成ル」と述べる。そして、まず「理論的教育ノ一般普通ノ形式ハ講義（Collegium）即系統的ニ且理解シ得ル様、順序ヲ逐フテ解説スル講演ナリ」といい、次いで、第309章において、「実際的教育ハ独立ノ科学的活動ヲ指導シ、及科学的原則ヲ人生ノ実際ニ応用シ殊ニ将来従事スヘキ職業ノ準備ヲナサシムルヲ以テ目的トス」と説明する。そして、「実際的教育ハ其教育ノ対象、並ニ之ニ依リ達セントスル目的ニ従ヒ其趣ヲ異ニス」としたうえで、実際的教育を、「与ヘラレタル問題ニ従ヒ、之カ温習的、問答的、並ニ註解的、実際的練習ヲ行フ事」、「各大学ニ附属スル研究室ニ於ケル練習」、「特ニ設ケアル大学教室ニ於ケル実地練習及解説」の3種類に分類する。

第1種の演習について原書と照合すると、本文中にある温習的・問答的練習は"repetitorisch-conversatorische Übung"であるから、高根のいう談論科にあたる。また、実際的練習は"practische Übung"であるから、高根の実習

科にあたる。第1種に属する多様な演習はゼミナールの設置とは関係なく実施されていた指導法である。

　第2種の演習には、神学部で牧師を養成するために設置される神学ゼミナールと、哲学部で教師を養成するために設置される文献学、歴史学、数学、自然科学のゼミナールが当てはまる。ロエスレルが法学部のゼミナールに言及していないのは、執筆した時期が法学ゼミナールの普及する前であったからであろう。

　第3種の演習については「特ニ設ケアル大学教室」とは何かが問題になる。注記において、「特ニ医師臨床講義（medicinische Kliniken）、解剖及生理列品室（anatomische und Physiologische Museen）、物理実験室（physikalische Cabinete）、化学試験室（chemische Laboratorien）、天文台（Sternwarten）、植物園（botanische Gärten）、貨幣陳列室（Münzcabinete）、鉱物動物美術品陳列室（mineralogische, zoologische, Kunstsammlungen）等之ニ属ス」と例示している。これらの施設を活用して演習を行うのである。

　ロエスレルの分類した3種類の演習はベルリン大学令の第1章第1条にある大学実習に相当するのだが、同令第7章には、第2種と第3種の演習に関連する規定がある。第2種の演習について規定するのは第7章第4条である。『大学制度関係資料』の第4編では「本大学ニ附属シテ神学及ビ言語学ノ講習科（Das theologische und philologische Seminarium）アリテ特別ノ規程ヲ有スルモノトス」と訳している[28]。元来は教育機能を担う神学と文献学ゼミナールを「講習科」と翻訳しているのは巧妙である[29]。条文中の、ゼミナールに関する「特別の規程」に当たるのは、1812年5月31日の神学ゼミナール規程と、同年5月28日の文献学ゼミナール規程であろう[30]。

　一方、第3種の演習はベルリン大学令の第7章第1条から第3条までの規定と関連する。第1条では、「凡ソ帝都ニ存在スル公共営造物及ビ列品所ニシテ科学々士会院美術学士会院及ビ本大学ニ聯合スルモノハ悉ク本大学々生ノ修学ト学術奨励ノ為メニ設置スルモノトス」と定める。ゼミナールが大学に附属するのに対して、公共営造物（Institute）と列品所（Sammlung）は大学と連合する関係にある。続く第2条では「前条ノ営造物及ビ列品所ニ属スルモノ左ノ如シ」として「図書館（Die Bibliothek）、美術品陳列所（Die

Sammlungen von Kunstwerfen)、天文台（Die Sternwarte）、物理及ビ化学器械室（Die physikalischen und chemischen Apparate）、鉱物標品陳列室（Das Mineralienkabinet）、植物園（Der botanische Garten）、本草標品室（Die Herbarien）、動物学列品室（Das zoologische Museum）、人体解剖学及ビ動物解剖学列品室（Das anatomische und zootomische Museum）、解剖室（Das anatomische Theater）、外科器械及ビ繃帯列品室（Die Sammlung der chirurgische Instrumente und Bandagen）、内科及ビ外科臨床実験室（Die medizinischen und chirurgischen clinica）」の12種類を列挙している[31]。

第4節　ベルリン大学と科学アカデミー

　本条の意義を理解するためには、上記の諸施設の由来を知る必要がある。ベルリン大学の創立は、科学アカデミーの改組と並行する作業であった。このアカデミーは、1700年にライプニッツ（G. W. Leibniz）の構想により発足したもので、現在のベルリン・ブランデンブルク科学アカデミーの前身である。

　フンボルトは「アカデミー会員はそれ以外の資格を受けなくても、また大学構成員にならなくても、講義を行う権利をもつべきである」[32]と述べているが、実際にベルリン大学令第8章第2条では「大学ニ於テ講義ヲナスノ権利ハ左ノ諸項ニヨリ之ヲ得ルモノトス」として、「資格検定（Habilitierung）ヲ経テ正教授又ハ員外教授ノ職ニ任セラレタルモノ」「科学々士院正会員タルモノ」「講義ヲナサント欲スル分科大学ニテ資格検定ヲ経タル後私教授トナリタルモノ」と3種類を設定し、大学で講義する資格をアカデミー会員に無条件で付与している。

　このこととは別に、フンボルトには、大学、アカデミー、諸施設の関係を改変する構想があった。変革前の状況は、アレクサンダー・フォン・フンボルト（A. v. Humboldt）が1807年に起草したベルリン科学アカデミーの改組案から読み取ることができる。その第2章に「アカデミーの学問研究の手段として、学術支援を目的とする次に掲げる諸施設を置く」とあり、大型公共図

書館（die grosse öffentliche Bibliothek）、物理学・数学陳列室（das Physikalisch-Mathematische Kabinett）、天文台（die Sternwarte）、化学試験所（das Chemisches Laboratorium）、鉱物学陳列室（das Mineralogische Kabinet）、植物園（der Botanischer Garten）、動物解剖学列品室（das Zootomisches Museum）、動物学列品所（die Zoologische Sammlung）、考古学列品室（das Archäologische Museum）、参考図書室（eine besondere Handbibliothek）の附設を予定している[33]。この草案は1809年に総会で採択されているから、その時点において、上記の諸施設をアカデミーの所属とすることが見込まれていたことになる。ところが、1816年のベルリン大学令において、上記の諸施設は大学とアカデミーの両者と連合する関係に変更されている。

ハルナックが1900年に著した『プロイセン王立科学アカデミーの歴史』によると、「従前アカデミーの独占的な管理下にあった大規模な学術施設（wissenschaftliche Institute）を剝奪されることは、最大の損失である」とか「アカデミーは新設大学の犠牲になるのではないか」と、アカデミーの立場からベルリン大学創立をめぐる改革に異論が噴出していた。剝奪される施設として、「王立図書館（Königliche Bibliothek）、植物園（botanischer Garten）、観測所（Observatorium）、化学試験所（chemisches Laboratorium）等」を列挙しているから、アレクサンダー・フォン・フンボルトの草案第2章でアカデミーに所属することと定められていた諸施設と関連することは疑いない[34]。一方、レンツの『ベルリン大学史』において、アカデミーから公共営造物と列品所を剝奪したことをヴィルヘルム・フォン・フンボルトの業績としているのは、大学側の立場からの記述であろう[35]。

1810年にウーデン（J. Uhden）の起草したベルリン大学令草案にも、関連する内容がある。ウーデン草案の第1章第1条は、1816年のベルリン大学令の第1章第1条とはまったく異なる内容であり、「ベルリン大学は、帝都に所在する科学アカデミー及び芸術アカデミーの両者、並びに帝都の学術に関する公共営造物及び列品所との連合により存立するものとし、ドイツ諸大学の本質的な権利のすべて、特に学位授与権を享受する」となっていた[36]。ウーデンは、ベルリン科学アカデミー会員であって、この件についてアカデミー内部に発生した対立の渦中にあった人である[37]。大学とアカデミーと諸

施設の関係が重要であることを考慮して、ベルリン大学令草案の第1章第1条に関連規定を置いたのであろう。

すでに述べたとおり、1816年にベルリン大学令が発布されたとき、第1章第1条はベルリン大学の目的を規定していたのであって、そこにウーデン草案第1章第1条の跡形はない。大学、アカデミー、諸施設の関係を規定する条項は、第7章に繰り下げられたのである。

第5節　ベルリン大学と営造物・列品所

　ベルリン大学令第7章に規定される公共営造物と列品所は、実際にベルリン大学へ移管されたのであろうか。『ベルリン大学一覧』の1836年夏学期版には、当時のベルリン大学に、ゼミナールが2施設、臨床医学に使用するクリニーク (klinische Anstalten) が13施設あったほか (慈恵医院 Charité に附属するもの5施設を含む)、解剖学列品室 (anatomisches Museum)、解剖室 (anatomisches Theater)、外科産科器械繃帯陳列室 (Chirurgisch-geburtshürfisches Instrumenten- und Bandagenkabinet)、動物学列品室 (zoologisches Museum)、鉱物学陳列室 (Mineralienkabinet) 及び大学図書館 (Universitätsbibliothek) が附属していたことが記載されている。さらに、コッホの編纂した『プロイセンの大学』には、上記の諸施設のほか、大学庭園 (der Universitätsgarten)、天文台 (die Sternwarte)、化学試験室 (das chemische Laboratorium)、本草標品室 (das Heribarium in Schöneberg)、数学物理学器械室 (der mathematish-physikalische Apparat)、植物園 (der botanische Garten in Schöneberg)、王立図書館 (die Königliche Bibliothek) 等が記載されている。上記の諸施設が初めて『ベルリン大学一覧』に現れたのは、大学庭園が1840年、物理学器械室・列品所が1847年、本草標品室が1860年、化学試験室が1865年であった。天文台と植物園は1887年以後の『ベルリン大学一覧』に記載されているが、「大学教育に兼用する学術施設」(wissenschaftliche Anstalten, welche zugleich den Lehrzwecken der Universität dienen) に分類され、大学に附属する学術施設 (wissenschaftliche Anstalten der Universität) とは区別されている。大学に附属するものと、政府

直轄であるものがあって、整然としていない[38]。ベルリン大学令第7章において、第1条から第3条が大学とアカデミーに連合する営造物・列品所を、第4条が大学に附属するゼミナールを規定したのは、附属化することが困難な営造物・列品所の存在することを前提とした規定であったが、実際には大学の附属施設となった営造物・列品所があったのである。

　ドイツにおいて自然科学の研究を牽引したのは各種のインスティトゥートである。ベルリン大学に附属するインスティトゥートをみると、たとえば1878年に発足したヘルムホルツ（H. v. Helmholtz）の物理学研究所（Das physikalische Institut）が、マグヌス（H. G. Magnus）の物理学器械室を継承し、1883年に設立したホフマン（A. W. Hofmann）の化学研究所（Das erste chemische Institut der Universität）がミッチェルリッヒ（E. Mitscherlich）の小規模な化学試験室の系譜にあるのだから、両者は創立当初に大学へ取り込まれた施設に起源をもっている。元来研究目的に設置された施設が、ベルリン大学令の規定のとおりに学生指導と学術奨励のために使用されて、「研究を通じての教育」の実現に寄与したのであろう。

第6節　パレチェクの大学論

　ここでパレチェクの「フンボルト・モデルは、19世紀のドイツの諸大学で普及したか？」と題する論文を検討したい。
　まず、パレチェクは、ベルリン大学の特異性は大学、アカデミー、諸施設が連合することによる相乗効果であるということは、まだ妥当性が精査されていないとし、また、すでにゲッティンゲン大学の創立にあたりアカデミー及び地元の学術施設との連合があったと指摘して、ベルリン大学は先導的な事例に当たらないと述べている[39]。しかし、ゲッティンゲン大学の創立が1737年であるのに対して、ゲッティンゲン科学アカデミーは1751年であるから、ベルリンとは事情が異なり、比較する対象としてふさわしくない。
　また、パレチェクは、各大学に諸施設が設置されていったことについても、1810年に創立したベルリン大学の影響では説明できないという。ドイツの

大学における諸施設の設置は、1830年代までは文献学ゼミナールが中心であり、自然科学と医学の分野では1830年代から1880年代を中心にインスティトゥートとクリニークを拡充し、その他の分野では1870年以後になってからゼミナールが発足している。つまり、諸施設の設置は、諸大学において19世紀を通じて同時進行的に実現したというのである[40]。

とはいえ、本稿のように法令に注目すると、明らかにベルリン大学から波及した痕跡を見出すことができる。19世紀に制定されたプロイセンの諸大学令を比較すると、1816年のベルリン大学令に類似することがわかる。特にベルリン大学令第7章の第1条から第3条までの定める「公共営造物及び列品所」が重要な意味をもつことは、すでに述べたとおりであるが、これに相当する規定を、19世紀に発布されたプロイセンの諸大学令にみることができる。1816年のブレスラウ大学令では第7章の第1条から第3条まで、1827年のボン大学令では第112条から第118条まで、1829年のイェナ大学令では第52条及び第53条、1832年のミュンスター準大学令では第88条及び第89条、1843年のケーニヒスベルク大学令では第96条から第99条までが該当する[41]。ただし、ベルリン大学令第7章第1条にある「科学々士会院美術学士会院及ヒ本学ニ連合スルモノ」という文言は、他大学の規定には存在しない。大学設立の背景が異なるのは当然である。フンボルトが「ベルリン高等学問施設の内的ならびに外的組織の理念」で述べたのは、大学とアカデミーと諸施設の組織的連合に関する構想であるが、そのことが直接に当てはまるのは、ベルリン大学であった。しかし、大学の立地する都市にアカデミーの所在しない場合であっても、ベルリン大学令第7章第1条から第3条までの規定が、多少の変容があったとはいえ、忠実に伝播しているのである。

フンボルトの構想した大学設立の要点は、1809年7月10日付で国王に宛てて提出した「ベルリン大学創設に関する建議」にみることができる。その内容は、「ベルリン高等学問施設の内的ならびに外的組織の理念」と根本において同一であり、ベルリン大学の創設にあたり、アカデミーと既存諸施設が、ある程度の独立性を保持しながら「共通の究極的な目的」に向けて協力関係を形成することを計画している。この文書が、1846年に刊行された『フンボルト著作集』に収録されていることに、注目すべきであろう[42]。

第1章　大学論の原点——フンボルト理念の再検討　21

　とはいえ、ベルリン大学が近代大学のモデルであったと断定するために、一層確実に伝播の足跡を確認したいところである。上記のプロイセン諸大学よりも、ベルリン大学と類似する条件にあった大学について調べる必要があろう。それに該当するのは、ミュンヘン大学である。ミュンヘン大学は、1472年にインゴルシュタットに創設され、その後ランズフートを経て、1826年にミュンヘンへ移転した。バイエルン科学アカデミーは1759年に創設されていたから、アカデミーのある都市に大学が移転してきたのである。アカデミーに由来する諸施設が、大学教育に活用されたことは、ミュラーの著した『ミュンヘン大学の学術施設』と、プラントルの『ミュンヘン大学史』から知ることができる[43]。そのような仕組みが成立した背景は未調査であるが、そこにベルリン大学を手本とした形跡を発見することができるならば、ベルリン大学令第7章に着目するベルリン・モデルの伝播の探求は信憑性が向上することになる。

注

1　木場貞長『教育行政』金港堂、1902年、175-177頁。
2　文部省『大学制度調査資料』第4編、1902年、48-109頁。
3　潮木守一「フンボルト理念は神話だったのか——パレチェク仮説との対話」『大学論集』第38集、広島大学高等教育研究開発センター、2007年、173-176頁。なお、潮木の見解については、次の文献をあわせて参照されたい。『フンボルト理念の終焉？』東信堂、2008年。
4　ヴィルヘルム・フォン・フンボルト（梅根悟訳）「ベルリン高等学問施設の内的ならびに外的組織の理念」フィヒテ他『大学の理念と構想』明治図書、1970年、210-211頁。
5　Paulsen, Friedrich. *Die deutschen Universitäten und das Universitätsstudium*. Berlin, 1902, S.237.
6　Lenz, Max. *Geschichte der königlichen Friedrich-Wilhelms-Universität zu Berlin*. Dritter Band, Halle, 1910, S.247.
7　Lenz. *Geschichte*. Dritter Band, S.25.
8　Königliche Friedrich-Wilhelms-Universität zu Berlin. *Amtliches Verzeichnis des Personals und der Studierenden*. WH1896/97-WH1898/89.
9　Königlich bayerische Ludwig-Maximilians-Universität zu München. *Amtliches Verzeichnis des Personals der Lehrer, Beamten und Studierenden*. WS1897/1898-SS1900.
10　高根義人「大学制度管見」『法律学経済学内外論叢』宝文館、第1巻第5号、1902年、81-118頁。福田徳三「大学の本義と其の自由」『大学及大学生』第1巻、

1917年、12-42頁。
11 高根義人「大学の目的」「法科大学ニ就テ」「普国司法官試験及任用令改正案」『法律学経済学内外論叢』第1巻第2号、宝文館、1902年、124-142頁。
12 Brentano, Clemens M. *Universitati Literariae: Kantate auf den 15ten October 1810.*
13 Daude, Paul. *Die Königliche Friedrich-Wilhelms-Universität zu Berlin, Systematische Zusammenstellung der für dieselbe bestehenden gesetzlichen, statutarischen und reglementarischen Bestimmungen.* Berlin, 1887, S.6.
14 福田徳三「ウニフエルシタス・リテラルムの意義（一）」『一橋新聞』1926年10月15日。
15 高根義人「大学の目的」134頁。
16 高根義人「普国司法官試験及任用命改正案」139-140頁。Lenz. *Geschichte.* Dritter Band, S.28.
17 『京都帝国大学一覧』1904年、155-168頁。
18 福田の留学については、次の文献を参照されたい。菊池城司『近代日本におけるフンボルトの理念』高等教育研究叢書53、広島大学大学教育研究センター、1999年。
19 Universität Leipzig. *Die Institute und Seminare der philosophischen Fakultät an der Universität Leipzig,* 1. Teil, Leipzig, 1909, S.180.
20 Müller, Karl Alexander von. *Die wissenschaftlichen Anstalten der Ludwig-Maximilians-Universität zu München.* München, 1926, S.32.
21 福田徳三「ウニフエルシタス・リテラルムの意義（一）」。
22 ハインリッヒ・ヴェンチッヒ「東京帝国大学ニ於ケル経済学教授法意見」東京大学経済学部編『東京大学経済学部50年史』1976年、619頁。
23 福田徳三「ヴェーンチヒ教授ノ東京帝国大学ニ於ケル経済学教授法改良意見ヲ読ム」『経済学商業学国民経済雑誌』第10巻第1号、宝文館、1917年、88-89頁。
24 織田萬『教育行政及行政法』冨山房、1916年、314-315頁。
25 Paulsen. *Die deutschen Universitäten.* S.59.
26 Roesler, Hermann. *Das Sociale Verwaltungsrecht.* 2.Abt., Erlangen, 1873. S.166-216.
27 ハー・リョースレル（江本衷訳）『社会行政法論』警視庁、1885年。
28 文部省『大学制度調査資料』第4編、1902年、97頁。
29 Wiese, Ludwig Adolf. *Das höhrer Schulwesen in Preussen.* Ⅱ. Berlin, 1869. S.598-609.
30 Lenz. *Geschichte.* Dritter Band, S.3. Koch, Johann Friedrich Wilhelm. *Die preussischen Universitäten: Eine Sammlung der Verordnungen, welche die Verfassung und Verwaltung dieser Anstalten betreffen.* Zweiter Band, Zweiter Abtheilung, Berlin, 1840. S.555-559.
31 文部省、前掲、96-97頁。
32 フンボルト（梅根悟訳）、前掲、220頁。
33 Harnack, Adolf. *Geschichte der Könichlich Preussichen Akademie der Wissenschaften zu Berlin.* Zweiter Band, Berlin, 1900. S.344.
34 Harnack. *Geschichte.* Erster Band, Zweite Hälfte, Berlin, 1900. S.603.
35 Lenz. *Geschichte.* Erster Band, S.190.

36　Lenz. *Geschichte.* Vierter Band, S.200.
37　Hanack. *Geschichte.* Erster Band, Zweite Hälfte, S.599.
38　Koch, Johann Friedrich Wilhelm. *Die preussischen Universitäten: Eine Sammlung der Verordnungen, welche die Verfassung und Verwaltung dieser Anstalten betreffen.* Erster Band, Berlin, 1839. S.40.
39　Paletschek, Sylvia. Verbreitete sich ein 'Humbold'sches Modell' an den deutschen Universitäten im 19. Jahrhundert? in: Rainer Christoph Schwinges (Hrsg.): *Humboldt international: der Export des deutschen Universitätsmodells im 19. und 20. Jahrhundert.* Basel, 2001. S.81.
40　Paletschek. Verbreitete sich ein 'Humbold'sches Modell? S.89-91.
41　Koch. *Die preussischen Universitäten.* Erster Band, Berlin, 1839.
42　Humboldt, Wilhelm von. Antrag zur Gründung der Universität in Berlin. in: *Wilhelm von Humboldt's Gesammelte Werke.* Fünfter Band, Berlin, 1846, S.325-332.
43　Müller. *Die wissenschaftlichen Anstalten.* S.225-320. Plantl, Carl. *Geschichte der Ludwig-Maximilians-Universität in Ingolstadt, Landshut, München.* Erster Band, München, 1872. S.721.

（初出：『教育學研究』第76巻、第2号、日本教育学会、2009年6月、208-219頁）

第2章　ドイツにおける近代大学理念の形成過程

第1節　フンボルト大学論の再検討

　本稿は、ベルリン大学の創立前後から約100年間に展開した大学論の軌跡を再検討することにより、ヴィルヘルム・フォン・フンボルトのベルリン大学設段構想がドイツの大学理念として確立する過程と、ベルリン大学創設の理念を示す文書として広く知れ渡っている「ベルリンの高等学問施設の内的及び外的組織について」（以下「覚書」と略す）を記述したフンボルトの意図を解明することを目的とする。

　ベルリン大学が開学したのは1810年10月であるが、フンボルトの「覚書」は長年にわたり存在することを知られることなく、19世紀末に発見された。このことに注目したブルッフは、1999年に公表した「フンボルトから緩やかに離脱したのか？」と題する論文で、フンボルトの後任としてベルリン大学の創設を担当したシュックマンはフンボルトの理念に同調しなかったのであり、むしろベルリン大学はシュライエルマッハーの思想に基づいていると指摘した（Bruch, 1999, S.50）。さらに、パレチェクは、「フンボルトのモデルは19世紀のドイツの諸大学に普及したか？」と題する2001年に公表した論文において、19世紀における大学改革の議論の中でフンボルトが語られることはなく、フンボルトのモデルが普及した痕跡を確認することはできないと指摘した（Paletschek, 2001, S.76-77）。

　パレチェクは、フンボルトの大学理念を普及させたのは、シュプランガーが最初であったという（Paletschek, 2001, S.100-103）。1910年に刊行したシュ

第2章　ドイツにおける近代大学理論の形成過程　25

シュプランガーの『大学の本質について』は、フィヒテの「ベルリンに創立予定の高等教授施設の演繹的プラン」、シュライエルマッハーの「ドイツ的意味での大学についての随想」、シュテフェンスの「大学の理念について」に加えて、シュプランガー自身による序文を収録している。シュプランガーは、その序文でフンボルトを取り上げたのである（Spranger, 1910, S.XL）。さらに、潮木が、『大学論集』に掲載された論文「フンボルト理念とは神話だったのか―パレチェク仮説との対話―」と、著書『フンボルト理念の終焉―現代大学の新次元―』において分析を深め、「プロイセンの学問と高等教育の現在の組織は、ヴィルヘルム・フォン・フンボルトの思想に基づいている」という一節を含むベルリン大学の創立100年記念祭におけるドイツ皇帝ヴィルヘルム2世の演説を起草したハーナックこそが、フンボルトの大学理念を普及させたと指摘した（潮木, 2008, 200-202頁）。

　しかし、19世紀に刊行された文献を精査すると、フンボルトがベルリン大学の創設において重要な役割を果たしたことを示唆する記述を見出すことができる。フンボルトのベルリン大学設置に関する公式の文書が存在したのであり、それは「覚書」とは別の文章であった。その文書は「ベルリン大学創設に関する建議」（以下「建議」と略す）であり、1846年に刊行されたフンボルトの著作集に収録されている（Humboldt, A.v., 1846, S.325-332）。これはヴィルヘルム・フォン・フンボルトの弟であるアレクサンダー・フォン・フンボルトが編纂した著作集である。そこに収録されている「建議」には、1809年7月10日の日付があるのだが、この日付には注意する必要がある。1860年に刊行されたケプケの著書『ベルリン大学の創立』の巻末史料では、同一内容の文書の日付が7月24日となっているからである。この点について、フンボルトが起草したのが10日であり、正式の文書となったのが24日であるとケプケは説明している（Köpke, 1860, S.68）。

　ところで、パレチェクの論文は、「建議」の存在に言及しているものの、1846年に刊行された著作集に「建議」が収録されていることに言及していない。パレチェクの論文では、フリットナーが編纂して1982年に刊行された比較的新しい著作集に収録された「建議」を典拠としているのであり、そこに19世紀の前半にフンボルトの「建議」が公表されていたことを確認す

る記述が見当たらない（Paletschek, 2001, S.81）。1846年に刊行された著作集を参照した論文としては、2002年に刊行されたシャレンベルクの著書『フンボルトの旅』がある。「建議」は外的組織について述べるにすぎないのであり、内的組織を含む「覚書」とは区別すべきだとして、シャレンベルクは「建議」と「覚書」の相違点に着目したのであるが、内的組織と外的組織とは何であるのか具体的に説明していない（Schalenberg, 2002, S.18）。

　このことについて、ゲープハルトの論文「教育大臣としてのフンボルト」を参考にするならば、内的組織は高等学問施設と学問との関係、外的組織は高等学問施設と国家との関係と解釈することができる（Gebhardt, 1904, S.538）。「建議」に欠落しているとされる内的組織の内容は「学問をいまだ完全には発見しつくされていないものとみて、不断にそれを追求し続ける」という原則にほかならない。これはドイツの大学理念の根幹に関わる原理であると解釈されてきたのだが、たしかに「建議」の中に内的組織に直結する文言を見出すことはできない。

　かつて、パレチェクと潮木の研究に触発されて執筆した拙稿「大学論の原点」では、フンボルトの大学構想として、「覚書」のほかに、1809年7月にプロイセン国王フリードリッヒ・ヴィルヘルム3世へ上奏した「建議」があることと、「建議」に書かれた構想が19世紀にプロイセンの諸大学で普及したことは、各大学の規程を見比べれば明白であることを指摘した（金子, 2009, 215-216頁）。「建議」で提言され、プロイセンの大学に普及したフンボルトの構想とは、大学とアカデミーと学術施設（wissenschaftliche Institute）の連合体を構築することであった。フンボルトは「覚書」において、アカデミー、大学、補助施設（Hülfsinstitute）の三者が高等学問施設の構成要素であると述べているから、「大学論の原点」では「建議」と「覚書」を根本において内容が同一の文書であると認識したのであった（金子, 2009, 216頁）。

　このように「大学論の原点」ではいわば「建議」と「覚書」の類似点に着目したのであったが、本稿では両者の相違点を意識しながら先行研究を再検討することにより、「覚書」に込められたフンボルトの真意を探求していく。

第2節　ディーテリチとケプケのフンボルト論

1　ディーテリチのフンボルト論

　まず、フンボルトの「覚書」が、ゲープハルトの著書に引用された1896年まで世間に知られていなかったことを根拠として、フンボルトの大学理念が19世紀のドイツにおいて大学改革に影響していないと結論することの是非について検討する。この問題を解決するには、フンボルト大学論の系譜を解明する必要がある。上述のように、ベルリン大学設置の構想に関するフンボルト大学論は、1846年の『フンボルト著作集』に収録された「建議」まで遡及できることは明らかである。とはいえ、『フンボルト著作集』が刊行された当時における「建議」の客観的な評価は不明である。そこで「建議」の位置づけを明確化するために、ケプケの『ベルリン大学の創設』が刊行された1860年より以前に刊行され、フンボルトの大学論に言及する文献を探し出すことから、フンボルト大学論の系譜を解明する作業に着手する。

　ここで注目するのが、フンボルトが死去した翌年に当たる1836年にディーテリチが公表した『プロイセンの諸大学の歴史と統計に関する報告書』である。この書物は、グライフスヴァルト大学、ブレスラウ大学、ケーニヒスベルク大学、ハレ＝ヴィッテンベルク大学、ベルリン大学、ボン大学のほか、当時のプロイセンに属した高等教育機関の状況を概説している。ディーテリチは、同書中のベルリン大学に関する記述で、フンボルトに言及している。そこでは、ベルリン大学の発足に貢献のあった人物として知られるシュマルツ、フィヒテ、ヴォルフ、シュライエルマッハー等よりも、フンボルトが格段に重視されて功績を語られている。特に注目すべき点は、フンボルトの起草した「ベルリン大学の設置に関する完璧な構想」（以下「構想」という）に言及しているところである。ディーテリチによると、「構想」は1809年5月12日に作成された文書である。その中で、ディーテリチが最も重視して引用したのは「国境を越えた影響力を国家に与え、ドイツ語圏の国民の人間形成に作用することができるのは、大学のみである」という趣旨の

部分である（Dieterici, 1836, S.60-74）。

　ディーテリチの記述は、その後のベルリン大学に言及する書物に影響を及ぼした。コッホが編纂し1839年に刊行された『プロイセン諸大学の規程集』では、ベルリン大学の歴史に関する解説の中で、ディーテリチによるベルリン大学に関する記述の大部分が、原文のまま引用されている（Koch, 1839, S.30-32）。また、シュレジエルが1845年に著した『フンボルト回想』においても、ディーテリチの記述を参照して「構想」に言及しているし（Schlesier, 1845, S.178-180）、さらに、レンネは1855年に公表した『プロイセンの教育制度』の中でディーテリチの記述を部分的に引用し、そこでフンボルトの「構想」が存在したことを示している（Rönne, 1855, S.413-414）。

　ディーテリチは、著書の中で、フンボルトの完璧な「構想」の一部を引用しているにすぎないのだが、「構想」の日付が1809年5月12日であることを手がかりにして、全文の内容を見出すことができる。この「構想」は、ゲープハルトが編纂し、1903年に刊行された『フンボルト全集』に、「ベルリン大学の設置に関する建議」として収録されている（Gebhardt, 1903, S.139-145）。「構想」と「建議」の標題は同一であり、両者は、大学、アカデミー、学術施設の連合体を形成することに言及しているなど内容の重複が少なくないものの、全体の構成を比較すると異なる部分が目立つ。レンツが、1910年に著した『ベルリン大学史』（Lenz, 1910, S.169）において「構想」を「建議」の草案と呼んでいるから、「構想」は公式の文書に至らなかったようである。

　しかし、両者の関係は当時においてもわかりにくかったらしい。ハイムは、1856年に刊行された『フンボルトの経歴と性格』において、ディーテリチが日付を5月12日としているのは、7月10日が正しいのではないかと指摘している（Haym, 1856, S.270）。ハイムは、ディーテリチの称賛した5月12日の日付のある「構想」が存在したことを直接には確認できなかったために、1846年に刊行された『フンボルト著作集』に収録された7月10日の「建議」と混同したのであろう。これらは、フンボルトの大学論が19世紀の前半において認識されていたことを示す根拠となるのであるが、ディーテリチが著書の中で「建議」ではなく「構想」を用いたのは何故だろうか。

　フンボルトは「構想」の中で、ベルリン大学に関する事柄のほかに既設の

2大学に関する方針に言及している。当時、プロイセンの大学といえば、ケーニヒスベルクとフランクフルト・アン・デア・オーデルの2大学であり、前者は従前の整備により良好な状況にあったが、後者は教授を招聘し、学術施設を整備しても改善する見込みがないと、フンボルトは判断した。その結果として、フランクフルト大学は閉鎖となり、ブレスラウに移転して新大学創設の基礎になった。この内容は、ディーテリチの著書に引用されていないのであるが、プロイセンの全体にわたる完成度の高い構想が、すでに1809年5月の時点に出来上がっていたことを強調したかったのであろう。

2　ケプケによるフンボルト論の受容

ディーテリチが著した『プロイセンの諸大学の歴史と統計に関する報告書』は、公表されてから約20年間、フンボルト大学論の拠り所であった。しかし、その後、ディーテリチの著作自体が忘却されたらしい。1860年に刊行されたケプケの著書『ベルリン大学の創立』に、ディーテリチの著作とフンボルトの「構想」が見当たらない。ケプケの著作はベルリン大学の創立50年にあわせて刊行されたうえに、同書はベルリン大学の創立に関連する史料を豊富に収録しているから、ベルリン大学の歴史を語るとき、しばしば引用される重要な文献である。たとえば、経済学者で、ベルリン大学の学長であったワーグナーが、1896年8月に行った「ベルリン大学の発展」と題する演説で、「ドイツ諸大学の頂点に立ち、今や世界をリードする大学になろうとしているベルリン大学の隆盛はフンボルトの功績である」と絶賛したときに、ケプケの著作は最大の拠り所であった（Wagner, 1896, S.41-43）。また、ゲープハルトが編纂した『フンボルト全集』は、フンボルトの著作の一つひとつに初出を明示しているのだが、そこにケプケの著作に収録されていると注記のあるものが少なくないのである。ケプケが先行研究を見落とすとは考えにくく、少なくともシュレジエルの著作は、次の理由から知っていたはずである。

「ゲッティンゲンに対してミュンヒハウゼンが成し遂げた以上のことを、フンボルトはベルリン大学に対して成し遂げたのだ」という記述が、ケプケの著した『ベルリン大学の創立』にある（Köpke、1860, S.76）。ミュンヒハウ

ゼンは、ゲッティンゲン大学の創設に貢献した人物として著名である。そのゲッティンゲン大学には、図書館や植物園など、すでに18世紀の間に主要な学術施設が設置されていたのだが、フンボルトの構想は学術施設を大学にとって不可欠の構成要素とした点において、ミュンヒハウゼンより徹底していた。

ケプケは、この部分を記述するにあたり、シュレジエルの著書『フンボルト回想』を参考にしたらしい。同書には「ミュンヒハウゼンがゲッティンゲン大学に対してなしたこと、ワイマール政府がイェナ大学に対してしたこと以上のことを」という、ケプケの記述と酷似する内容があるのだ（Schlesier, 1845, S.177）。しかし、シュレジエルが言及しているディーテリチの著書について、ケプケは何ら言及していない。膨大な史料を基礎とするケプケの著作にしては、重大な欠落があるのだ。ディーテリチとは対照的に、ケプケにとっては公式の文書である「建議」こそが取り上げるべき対象と考えられたのではないか。

第3節　一般教授施設の概念

次に、「構想」と「建議」にある「一般教授施設」と、「覚書」の標題にある「高等学問施設」の異同について検討する。

1807年9月4日の勅命で、ベルリンに「一般教授施設」を設置することを命ぜられたのはバイメであった。その後、フンボルトが公教育局長官に着任して事業を継承した。フンボルトの「構想」と「建議」には「一般教授施設」と「一般高等教授施設」の概念が混在しているので、それらの意味を明確にしておく必要がある。とはいえ、難しいことではない。「一般高等教授施設」は「一般教授施設」と「高等教授施設」の複合概念であるとみればよいからである。フンボルトが「覚書」の中で「高等学問施設」を「高等施設」と「学問施設」に分離して解説しているのと同様である。そこでは、「高等施設」は学校に対する概念であり、「学問施設」は実用施設に対する概念であると説明している。これにならうと、「一般教授施設」は専門学校

(Spezialschule) の対となる、「高等教授施設」はギムナジウムの対となる概念である。「構想」と「建議」では、「一般教授施設」が当然に「高等施設」であることを確認するために、冒頭で「一般高等教授施設」と表記したのであろう。「一般教授施設」の名称として「大学」を使用し、これに学位授与権を付与することが「構想」と「建議」の趣旨である。

　ところが、ほぼ同時期に作成された文書の中に「一般教授施設」が別の概念として使用されている例がある。1809年9月22日の勅命である。これは、ベルリン科学アカデミーに対して発せられたものであり、将来、科学アカデミーが「一般教授施設」の一部になると通告している（Köpke, 1860, S.197）。ゲープハルトは『政治家としてのフンボルト』において、ベルリン大学創設の具体的内容が通知されたことにより、「科学アカデミーに緊急の課題が生じた」と記述している（Gebhart, 1896, S.160）。この文書が、科学アカデミーの独立性にも言及しているとはいえ、全体としてみれば、「一般教授施設」の傘下に取り込まれるという懸念を科学アカデミーに生じさせたのは無理のないことである。フンボルトは、すでに1809年8月28日に開催された政府内の会議で提示した「私見」において、アカデミー、大学、学術施設の連合体を「最高学問施設」と呼称していたのであるが（Gebhardt, 1903, S.1568）、更に「高等学問施設」の概念を考案して科学アカデミー内部の動揺へ対処するために、科学アカデミーの自発的変革を促す「覚書」を作成したのであろう。

第4節　「覚書」の正体

1　研究と教育の統一について

　「覚書」が科学アカデミー変革論であることを証明するには、いくつかの場面において、科学アカデミーに生じた変化と「覚書」の対応関係を確認する必要がある。そして、その関係が、ベルリン大学設置事業との関係と同等以上に密接であることを明らかにする必要がある。

フンボルトの「覚書」が、科学アカデミー変革論であったことを証明するうえで、最も容易に見極めることのできるのは、「覚書」の後半において「大学は学問の教授（Unterricht）と普及（Verbreitung）だけを目的とし、アカデミーは学問そのものを拡張（Erweiterung）することを使命とする」(傍点筆者、以下同じ) という構造には問題があると、フンボルトが指摘するところである。その記述の周辺では「学問が、アカデミー会員によるのと同じくらいに、いやドイツではそれ以上に、大学教師によって拡張されてきたことは事実であり、そして大学教師たちは、まさに教師としての職務を通して、その専門分野の進歩に貢献してきたのである」とか、「大学が適切に整備されていさえすれば、学問の拡張は、大学だけに任せておくことができるのであって、この目的のためにはアカデミーなんかなくてもすむのである」と述べている。フンボルトは、科学アカデミーについて実に手厳しく論評したのであり、一見すると、大学の優位性を強調しているように読めるのだが、そうであろうか。

　高等学問施設に学問の教授、普及、拡張の三つの機能を設定して、学問の教授と普及を大学の使命とし、学問の拡張を科学アカデミーの使命とするならば、それは教育と研究の分離を意味する。このような大学と科学アカデミーの役割分担を、フンボルトは「覚書」の中で批判しているものの、実際には、ベルリン大学令の第1章第1条において「予備教育を修了した青年子弟に、講義及び演習により、普通教育と専門学術の教育を行う」とベルリン大学の目的が規定されたのであり、そこに学問の拡張に関連する目的が含まれていない。「覚書」の記述が、ベルリン大学の具体化に反映していないのである。

　他方、「覚書」を、その頃に検討されていた科学アカデミーの変革に関する文書として解釈すると理解しやすい。ベルリン科学アカデミーの変革について、ハーナックはアレクサンダー・フォン・フンボルトが着手し、ヴィルヘルム・フォン・フンボルトか継承し、最後にニーブールが完成したと説明している (Harnack, 1900a, S.598)。

　アレクサンダー・フォン・フンボルトは、1809年7月に科学アカデミー定款草案を起草した。この定款草案は、第1章においてアカデミーの目的を規

定している。その第1条で「アカデミーの最重要の目的は、学問を拡張する
こと」と定め、別項で「教授することにより学問を伝達することは、アカデ
ミーに属するのではなく、大学及びその他の上等下等の教育施設に属する」
と規定したから、研究と教育をアカデミーと大学が分担する構造を想定して
いた。しかし、この定款草案は、実際には発効していない (Harnack, 1900b,
S.343)。

　その後、1811年11月25日に、科学アカデミー定款が審議されたときの目
的規定の条文は「アカデミーの目的は、まさに学問の徹底的な研究であり、
しかも研究対象をまだ完全には発見しつくされていない問題として扱い、ア
カデミーをして不断にそれを研究する状態を保つことである」となっていた
が (Harnack, 1900a, S.601-602)、1812年1月24日に制定された科学アカデ
ミー定款では「アカデミーは、学問上の業績を審査するとともに、持続的な
研究を実施することを目的とする」と修正されている (Harnack, 1900b,
S.367)。前者は「覚書」においてヴィルヘルム・フォン・フンボルトが高等
学問施設の性質について説明している部分を、そのままアカデミーの目的と
したのであるし、後者はフンボルトの「覚書」にある「アカデミーは、本来、
個人の学問業績を、全員が評価するという団体である」と、「アカデミーは、
体系化された観察と実験を継続することによっても、アカデミー独自の研究
活動をすることができる」という記述と酷似している。フンボルトの「覚
書」がアカデミーの目的規定に多大な影響を及ぼしたのであり、紆余曲折が
あったとはいえ、アカデミーの主目的を学問の拡張から学問業績の審査へと
移行させたのは、フンボルトの「覚書」であった。

2　アカデミー会員の講義権について

　次に、「覚書」にある「アカデミー会員は、それ以外の資格をもたなくて
も、また大学の構成員にならなくても、講義を行う権利をもつべきである」
という記述について検討する。この記述に対応するように、1816年10月31
日に制定されたベルリン大学令では第8章第2条において、大学で講義する
権利をもつのは、「正教授及び員外教授」、「科学アカデミー正会員」、「私講
師」であると規定した。これら3種類の教員のうち、「正教授・員外教授」

または「私講師」として講義するにはハビリタチオンと呼ばれる教授資格が必要となる。「科学アカデミー正会員」は、大学教授等の身分がなくても大学で講義することができるのだから、フンボルトの「覚書」に記述されていることがベルリン大学令に反映したことになる。

ただし、このことから「覚書」を大学設置構想であると断定するのは早計である。ベルリン大学令の規定のほかに、科学アカデミー定款の第28条において「正会員は、当地の大学で講義する権利をもつ」と規定しているからである。つまり、アカデミー会員の講義権に関する「覚書」の内容は、ベルリン大学令と同様に、先行して制定された科学アカデミー定款にも反映していたのである。ハーナックの『ベルリン科学アカデミーの歴史』によると、当時、大学教授を兼務する会員が14人、アカデミー会員として大学で講義を開講する会員が10人、いずれにも該当しない会員が11人であったことがわかる（Harnack, 1900a, S.602）。「覚書」では兼務について「多くの学者は大学教師であるとともにアカデミー会員であることが望ましいであろうが、しかし両機関は、そのいずれか一方にだけ所属している人をもつべきである」と記述されているのであるが、それは直接的にはアカデミー会員の処遇の問題であった。

3　学術施設の所管について

さらに、学術施設の所管に関する遣り取りに着目すると、フンボルトの「覚書」の性質が端的に表れていることがわかる。ベルリン大学令の第7章に学術施設に関する規定があり、その第1条では「首都に立地する公共の学術施設及び列品所にして科学アカデミー及び芸術アカデミー並びに本大学に連合するものは、あわせて本大学学生の修学と学術奨励のために設置するものとする」とし、第2条において、これに該当する施設として、図書館、美術館、天文台、植物園など11種類の施設を列挙している。大学が教育目的のために、学術施設を使用することは規定から明瞭であるが、学術施設の所属については必ずしも明確になっていない。大学附属とみなしうる施設と、独立性が高く連携しているにすぎない施設が混在していたのであり、ケプケの著書『ベルリン大学の創設』において、独立性の高い諸施設についての記

述を割愛したと、あえて注記するほどに、大学から独立した関係にある施設が存在したのである。

「覚書」には、「アカデミーと大学は補助施設を利用することができる」、「補助施設はアカデミーからも大学からも分離されなければならない」と記述されているのだが、この点は、むしろ科学アカデミーの変革に関連する記述であるといえる。特に、アレクサンダー・フォン・フンボルトによる科学アカデミーの定款草案に学術施設に関する規定があったことを見落としてはならない。定款草案では、第2章第9条に「学者の研究活動の手段として、学術支援のために設立する施設がアカデミーに所属する」という条文があって、そこに10種類の施設が列挙されていた（Harnack, 1900b, S.344）。

さらに「覚書」にはアカデミーに向けて定款草案の内容に関わって発せられたことを示す内容が含まれている。「アカデミーは、たとえば解剖室のようにアカデミーと結びつきのなかった諸施設を、大学を通じて利用できることになる」とアカデミーにとってのメリットを「覚書」は語っているのである。ここで例示された解剖室（das anatomische und zootomische Theater）は、解剖学者ヴァルターの管理していた施設を指しているのだが、この施設が科学アカデミー定款草案でアカデミーに所属するとして列挙された諸施設に含まれていないことは、従来ベルリン科学アカデミーと提携関係のない学術施設であったことを示しているといえよう。科学アカデミー側の便宜を強調することにより、大学設置をめぐる懸念を払拭することを意図したのであろう。

以上の検討から、「覚書」は、ベルリン大学の設置構想というよりも、むしろベルリン科学アカデミーに自発的な変革を促すことを目的とした文書であると判断するのが適当であると考える。

第5節　大学論としての「覚書」

「覚書」が、本来、科学アカデミー変革論であったとするならば、「覚書」を大学論に仕立てたのは、誰であり、いつのことであったのか。科学アカデミーの変革と関連して「覚書」に言及したハーナックの著作が刊行されたの

は1900年であったから、「覚書」が大学論とされたのは、それ以後であったと考えられる。

　その当時における大学研究の大家といえば、ベルリン大学の教授として哲学・教育学を担任したパウルゼンである。パウルゼンは、レクシスが編纂し、1893年に刊行された『ドイツの大学』において「ドイツの大学の本質と歴史的発展」と題する巻頭論文を執筆した。この書物は、コロンブスの米大陸発見400年を記念してシカゴで開催された万国博覧会で公表されたから、本書によってドイツの大学の実態が国際的に知られる契機になったことは容易に想像できる。『ドイツの大学』は、米国の雑誌において、コロンビア大学の教授であったペリーにより書評されているのであるが、その大部分はパウルゼンの論文を称賛するために割かれている（Perry, 1894, pp.209-229）。しかも、パウルゼンの執筆した部分だけがペリーにより英訳され、コロンビア大学の学長であったバトラーの序文をつけて、1895年にニューヨークにおいて出版された。しかし、パウルゼンは、この論文でドイツの大学の特色を解説したものの、フンボルトの「覚書」に言及していない。パウルゼンが、この論文を執筆したのは、ゲープハルトが『政治家としてのフンボルト』を公表して「覚書」の存在が明らかになった1896年より以前のことであった。

　とはいえ、フンボルトが大学改革に関与したことを、すでにパウルゼンが承知していたことは間違いない。パウルゼンが1885年に著した『学識教育の歴史』においてベルリン大学の設立を企画した人物としてフンボルトが登場しているのである。しかし、そこにフンボルトが成し遂げた功績を称賛する際立った記述は見当たらない（Paulsen, 1885, S.582）。パウルゼンが、この部分を記述するときに参照したのは、ケプケが1860年に著した『ベルリン大学の創立』であった。

　パウルゼンが、フンボルトの功績に言及したのは、1902年に公表した『ドイツの大学と大学教育』においてである。この著書の中で「フンボルトが公教育局長官として着任したときに大学制度の組織に関する諸原則を書きとめた覚書の草稿から、若干の文章を書き出さずにはいられない」として、「覚書」の本文から主要な部分を引用している。たとえば、「孤独と自由が支配的な原理となる」とか、「国家は高等学問施設に本来介入することができ

ないこと、むしろ国家はいつも邪魔であること、国家がなくても物事はうまく運ぶものであることを、常に意識しなければならない」と、これまでドイツの大学理念として語られた著名な部分を強調している（Paulsen, 1902, S.63）。

　パウルゼンは同書の中で、未完成のままになっている「覚書」がハーナックの『ベルリン科学アカデミーの歴史』に収録されていることと、ゲープハルトの『政治家としてのフンボルト』を参照すべきことを、注釈において記述しているから、これら二つの文献を参照したことは明らかである。これらの文献において、「覚書」はベルリン科学アカデミーの変革のひとこまとして取り上げられたのだが、パウルゼンは「覚書」を大学側の角度から解釈して、これを大学論に仕立て上げたのである。パウルゼンの『ドイツの大学と大学教育』は、英訳されて1906年にニューヨークで出版された。「覚書」はフンボルトの大学理念を記述した文書であるとする認識を普及する条件が、ここに整ったのである。

　ところで、パウルゼンは、1893年に公表した論文「ドイツの大学の本質と歴史的発展」で「研究と教育の統一」という表現を使用している（Paulsen, 1893, S.6）。さらに、1894年に刊行された『ドイツ展望』という雑誌に「教育施設であり、かつ学問研究の場でもあるドイツの大学」と標題のある論文を掲載している。ところが、どちらの論文においてもフンボルトの功績に言及していない。「覚書」の存在を知らないパウルゼンが展開したドイツ型大学の特質についての議論は、英仏独の諸大学に関する比較研究を基礎としていたのである。特に、アカデミーが発達し、研究機関として地位を確立していたフランスの事情と比較して、ドイツの大学は、科学アカデミーと、高等教育機関を意味するホッホシューレの性質を併せもつと説明されたのであった。

第6節　派生的問題について

　本稿では、19世紀前半においてフンボルトの大学論として「構想」と「建議」が知られていたことと、20世紀初頭にパウルゼンが「覚書」を大学

論とする解釈を確立したことに着目して、ドイツの近代大学理念の形成過程を解明した。さらに、フンボルトの「覚書」を科学アカデミー変革論として再評価することの必要性をも指摘した。このことをふまえて、本稿から派生する問題として、次の2点を指摘する。

まず、パウルゼンの著作が刊行された19世紀末から20世紀初頭にかけては、ドイツ・モデルの大学教育を日本の大学に導入することを主張した教授たちが、ドイツ留学を経験した時期に当たるので、日本の大学史研究に対して提示する知見に付言しておきたい。すなわち潮木による「高根をはじめ、京大法科の教授陣は、誰一人『フンボルト理念』という言葉を使っていない」(潮木、2008, 199頁)という指摘に対して、解答を得ることができるのである。

京大で商法を担任した高根義人がベルリン大学に留学・在籍したのは、学籍登録の記録によると1896年から1898年までであった。ドイツから帰国したのち、1902年に「大学の目的」と「大学制度管見」を著している。これらの論文を執筆するにあたり、高根が1902年に出版されたパウルゼンの『ドイツの大学と大学教育』を参考にしたとは考えにくい。むしろ、1893年に公表された「ドイツの大学の本質と歴史的発展」あるいは1895年に刊行された同論文の英語版を参照した可能性が高い。高根の「大学の目的」には「独乙ニテハ初ヨリ大学ヲ以テ単ニ学術ヲ教授スル所ト為サシテ学問其物ノ養成所タルコトニ着眼セリ」とある(高根, 1902a, 279頁)。また、「大学制度管見」には「大学ナルモノハ専門知識ノ教授所タルニ止ラス主トシテ学問研究所トシテ学問ノ進歩発達ヲ目的ト為スヘキモノナリ」とある(高根, 1902b, 672頁)。これらと同一の表現がパウルゼンの論文に書かれていることは、前述のとおりである。高根はフンボルトを媒介にすることなくドイツ型大学の特質を語ることができたのである。

次に、シェルスキーが1963年に著した『孤独と自由』と本稿の結論の関係について述べておきたい。シェルスキーはフンボルトの大学改革を論ずるにあたり、「これらの施設はできるかぎり学問の純粋理念に仕える場合にのみ、その目的を達成し得るわけであるから、孤独と自由とがその関係者たちを支配する原理である」という部分を「覚書」から引用している。しかし、

シェルスキーは1809年9月にフンボルトが作成した「リトアニア学校計画」にある「人間が自分自身で見出さなければならないもの、つまり、純粋な学問に対する認識は、大学のために取っておくべきである。本来の意味におけるこうした自発活動には、自由とその助けとなる孤独とが必要である」という記述をもふまえて、「孤独と自由」を大学論の文脈で論じている（シェルスキー，1970, 74-75頁）。決して「覚書」だけを根拠として「孤独と自由」に言及しているのではないのである。とはいえ、論述の根拠に「覚書」がある以上は、記述された内容の妥当性を再検討する必要性が生じたと認識すべきであろう。

参考文献

潮木守一（2007）「フンボルト理念とは神話だったのか─パレチェク仮説との対話─」『大学論集』第38集、171-187頁。
潮木守一（2008）『フンボルト理念の終焉？─現代大学の新次元─』東信堂。
金子勉（2009）「大学論の原点─フンボルト理念の再検討─」『教育学研究』第76巻第2号、208-219頁。
ヘルムート・シェルスキー（田中昭徳ほか訳）（1970）『大学の孤独と自由』未来社。
杉浦忠夫（2008）「ベルリン大学創設前後（1）─フンボルトの「覚え書」からフィヒテの学長就任演説まで─」『明治大学教養論集』通巻431号、57-78頁。
杉浦忠夫（2009）「ベルリン大学創設前後（2）─フンボルトとシュライアマハーとのあいだ（その1）─」『明治大学教養論集』通巻444号、1-17頁。
高根義人（1902a）「大学の目的」『法律学経済学内外論叢』第1巻、278-282頁。
高根義人（1902b）「大学制度管見」『法律学経済学内外論叢』集1巻、669-706頁。
ヴィルヘルム・フンボルト（梅根悟訳）（1970）「ベルリン高等学問施設の内的ならびに外的組織の理念」梅根悟編訳『大学の理念と構想』明治図書、210-222頁。
別府昭郎（2002）「ヴィルヘルム・フォン・フンボルトとベルリン大学創設の理念」『教育学研究』第70巻第2号、185-196頁。
Bruch, R.v, (1999).Langsamer Abschied von Humboldt? Etappen deutscher Universitätsgeschichte 1810-1945. In: Ash, M.G. (Hg.), *Mythos Humboldt. Vergangenheit und Zukunft der deutschen Universitäten*. Wien:Bohlau. S.29-57.
Dieterici, W. (1836). *Geschichtliche und statistische Nachrichten über die Universitäten im preussischen Staate*. Berlin:Duncker und Humblot.
Dunken, G. (1960). *Die Deutsche Akademie der Wissenschaften zu Berlin in Vergangenheit und Gegenwart*. 2.Aufl.Berlin: Akademie Verlag.
Gebhardt, B. (1896). *Wilhelm von Humboldt als Staatsmann*, Bd.1.Stuttgart: J. G. Cotta.
Gebhardt, B. (Hg.) (1903). *Wilhelm von Humboldts Politische Denkschriften*, Bd.1.Berlin: B.

Behr.

Gebhardt, B.（1904）. Wilhelm von Humboldt als Unterrichtsminister. In: *Deutsche Monatsschrift für das gesamte Leben der Gegenwart*.Bd.6. Berlin: Alexander Duncker. S.536-543.

Harnack, A.（1900a）. *Geschichte der Königlich Preussischen Akademie der Wissenschaften zu Berlin*. Bd.1.2.Hälfte. Berlin: Reichsdrukerei.

Harnack, A.（1900b）. *Geschichte der Königlich Preussischen Akademie der Wissenschaften zu Berlin*. Bd.2. Berlin: Reichsdrukerei.

Harnack, A.（1911）. *Aus Wissenschaft und Leben*, Bd.1. Giessen: Alfred Töpelmann.

Haym, R.（1856）. *Wilhelm von Humboldt. Lebensbild und Charakteristik*. Berlin: Rudolph Gaertner.

Humboldt, A, v.（Hg.）（1846）. *Wilhelm von Humboldt's gesammelte Werke*. Berlin: G.Reimer.

Humboldt, W, v.（1851）. *Ideen zu einem Versuch, die Grenzen der Wirksamkeit des Staates zu bestimmen*.

Koch, .J.F.W.（1839）. *Die preussischen Universitäten. Eine Sammlungen der Verordnungen, welche die Verfassung und Verwaltung dieser Anstalten betreffen*. Bd.1. Berlin: Ernst Siegfried Mittler.

Köpke, R.（1860）. *Die Gründung der Königlichen Friedrich-Wilhelms-Universität zu Berlin*. Berlin: Gustav Schade.

Lenz, M.（1910）. *Geschichte der Königlichen Friedrich-Wilhelms-Universität zu Berlin*. Bd.1. Halle:Waisenhaus.

Paletschek, S.（2001）. Verbreitete sich ein 'Humboldt'sches Modell' an den deutschen Universitäten im 19. Jahrhundert? In: Schwinges, R. C.（Hg.）, *Humboldt International. Der Export des deutschen Universitätsmodells im 19. und 20. Jahrhundert*. Basel: Schwabe.

Paulsen, F.（1885）. *Geschichte des Gelehrten Unterrichts auf den Schulen und Universitäten vom Ausgang des Mittelalters bis zur Gegenwart*. Leipzig: Veit.

Paulsen, F.（1893）. Wesen und geschichtliche Entwicklung der deutschen Universitäten. In: Lexis, W.（Hg.）, *Die Deutschen Universitäten: für die Universitätsausstellung in Chicago 1893 unter Mitwirkung zahlreicher Universitätslehrer*. Bd.1. Berlin: A. Asher.

Paulsen, F.（1894）. Die deutsche Universität als Unterrichtsanstalt und als Werkstätte der wissenschaftlichen Forschung. *Deutsche Rundschau*. Bd.80. S.341-367.

Paulsen, F.（1895）. *The German Universities: Their Character and Historical Development*. New York:Macmillan.

Paulsen, F.（1902）. *Die deutsche Universitäten und Universitätsstudium*. Berlin: A. Asher.

Paulsen, F.（1906）. *The German Universities and University Study*: New York: C. Scribner's sons.

Perry, E. D.（1894）. The University of Germany. *Educational Review*, 7, 209-231.

Roesler, H.（1873）. *Sociale Verwaltungsrecht. 2. Abtheilung*. Erlangen: Andreas Deichert.

Rönne. L. v.（1855）. *Das Unterrichts-Wesen des preussischen Staates*. Bd.2. Berlin: Beit.

Rüegg. W.（1999）. Ortsbestimmung. Die Königlich Preußische Akademie der Wissenschaften und der Aufstieg der Universität in den ersten zwei Dritten des 19. Jahrhunderts. In: Kocka, Jürgen (Hg.). *Die Königlich Preußische Akademie der Wissenschaften zu Berlin im Kaiserreich*. Berlin: Akademie Verlag.

Schalenberg, M.(2002). *Humboldt auf Reisen? Die Rezeption des 'deutschen Universitätsmodells' in den französischen und britischen Reformdiskursen (1810-1870)*. Basel: Schwabe.

Schlesier, G (1845). *Erinnerung an Wilhelm von Humboldt*. 2. Theil. Stuttgart: Franz Heinrich Köhler.

Spranger, E. (1910). *Fichte, Schleiermacher, Steffens. Über das Wesen der Universität*. Leipzig:Dürr.

Wagner, A. (1896). *Die Entwicklung der Universität Berlin 1810-1896*. Berlin: Julius Becker.

(初出:『大学論集』第42集、広島大学高等教育研究開発センター、2011年3月、143-158頁)

= 図書紹介 =

潮木守一著
『フンボルト理念の終焉？　現代大学の新次元』

　近代大学の出発点は1810年に創設されたベルリン大学であり、ベルリン大学の基本構想を作ったのはヴィルヘルム・フォン・フンボルトであるとするのが通説である。ところが、2001年に、当時チュービンゲン大学の教授であったパレチェク氏が公表した「フンボルト・モデルは19世紀のドイツの諸大学で普及したか？」と題する論文によると、そうではないらしい。

　パレチェク氏によると、フンボルト理念、ベルリン・モデルといった言説は、少なくとも19世紀に刊行された著書、論文には一度も登場していない。それが頻繁に使われるようになったのは、1910年以降のことである。帝政ドイツ期に、フンボルト理念が大学と学問を頂点に引き上げたとする言説は、歴史的な事実によって証拠づけられていないのだから、フンボルト理念は後世の人々が創作した神話にすぎないというのだ。本書の著者は、パレチェク氏の見解を、世界中に広まった大学史の記述に対する根源的な挑戦であり、既成の定説に修正を迫る野心的な企てとして注目する。

　著者は、周知のごとく、日本の大学に対するフンボルト理念の普及について、『京都帝国大学の挑戦』と『アメリカの大学』の中で検証している。それらを再吟味すると、パレチェク氏の仮説に有利な証拠を提供することが判明したという。

　フンボルト理念が神話であるとするパレチェク氏の仮説を著者が支持する理由は、日本の大学に「研究を通じての教育」というドイツ方式の導入を図った高根義人、福田德三、高野岩三郎がフンボルト理念という言葉を使っていないからである。彼らは、1910年以前にドイツに留学した。フンボルト理念という言説が、1910年以前にドイツで使われていれば、日本で紹介するにあたり何か言及があるはずである。パレチェク氏のいうように、フンボルト理念が1910年に創作された神話であるとすれば、彼らがこの用語を使わなかったのは当然である。

ところで、パレチェク氏によると、フンボルト神話の創作者は、ベルリン大学の私講師であったE.シュプランガーであり、その神話が作り出されたのは、ベルリン大学の創立100周年に当たる1910年であった。シュプランガーは『ヴィルヘルム・フォン・フンボルトと教育改革』を公表し、この中で1903年に公刊されたばかりのフンボルト全集に依拠しながら、ドイツの歴史上初めてフンボルトの業績を紹介し、その功績を高く評価している。

ところが、本書の著者は、シュプランガーの著作を重視するパレチェク氏の指摘を疑問視する。むしろ、フンボルト神話の創作者は、ドイツ皇帝の学術顧問であったA.ハーナックであった可能性が高いという。ハーナックはベルリン大学の創立100年を期して行われる皇帝の演説草稿を準備した人である。草稿の中で、ドイツの学問を世界の最高水準に引き上げたのは、研究と教育を緊密に結びつけ、アカデミー、大学、研究所の三者により学問を推進するフンボルト理念であると述べている。この草稿の日付は、1909年11月であるから、シュプランガーの著書刊行に先行する。

とはいえ、フンボルト理念の発見を厳密に特定することは、容易ではないと思われる。たとえば、B.ゲープハルトが1896年に著した『政治家としてのフンボルト』に、フンボルトの「ベルリンにおける高等教育施設の内的・外的構造」と題する構想の全文が引用されているにもかかわらず、1910年までフンボルト理念が語られなかったことを、どのように理解すればよいのか。

あるいは、ベルリン大学の学長であったA.ワーグナーが、1896年8月に行った「ベルリン大学の発展」と題する演説で、ベルリン大学の隆盛をフンボルトの功績として絶賛している。ワーグナーは、ベルリン大学を、ベルリンに所在する科学アカデミーと芸術アカデミー、各種の研究施設等と連合させる構想が、学術予算を獲得する基盤となったことを指摘するとともに、ベルリン大学がドイツ大学の頂点に立ち、世界的大学たらんとすることを称賛しているのだ。フンボルトの大学構想は、アカデミーや研究施設を学生の教育に活用するところに特色があるのだが、ワーグナーは財政面に着目してフンボルト理念の卓越性を認識したのである。これは、アルトホーフが、大学に附置する研究所等へ予算配分を集

中することにより、学術体制を整備した時期に符合する。

ところで、ワーグナーの演説が主たる典拠としているのは、ベルリン大学の員外教授であったR.ケプケが1860年に公表した著書『ベルリン大学の創立』である。この書は、ベルリン大学の創立50年にあわせて刊行され、フンボルトに関係する文書を少なからず収録している。また、H.ロエスレルが、1873年に刊行した『社会行政法』の中で、「大学の自由」の観念は、フンボルトの著した『国家作用の限界を定める試みのための諸理念』に由来すると述べている。この書は、フンボルト没後の1851年に刊行され、直接に大学の自治に言及してはいないのだが、「大学の自由」の背景にフンボルトの思想があると認識されたことを知ることができる。フンボルトの大学理念が多義的に用いられるのだから、注目する部分により成立時期が前後するのはやむをえないのであろう。

さて、本書は、「研究を通じた教育」をもってフンボルト理念としている。そうすると、ハーナックが、フンボルト理念の正しさが重要な原則であると確認するとともに、大学という枠を越えて研究だけに専念できる機関の創設を皇帝に建議したことは重要な意味をもつ。フンボルト理念は、存在することなく、神話のまま崩壊が始まったことになるのだから。

現代の大学では、「研究を通じての教育」という構想が、そのまま通用するはずがないといわれるが、著者は、それが現場密着型の教育として、さまざまな大学で生き続けていると指摘する。これをフンボルト理念から発想する大学像と同一視してよいとは思われないが、少なくとも、フンボルト理念の中に大学像の手がかりを求めること自体が、今時においても否定されるものではないとすることに共感を覚える。
（東信堂刊　2008年3月発行　四六判　296頁　本体価格2,500円）

（初出：『教育學研究』第77巻第1号、日本教育学会、2010年3月、100-101頁）

第 2 部
ドイツにおける大学改革

第3章　ドイツにおける大学の組織原理と実態

第4章　ドイツにおける大学改革の動向

第5章　ドイツにおける大学の質保証の展開

書評　ウルリッヒ・タイヒラー著、馬越徹・吉川裕美子監訳
　　　『ヨーロッパの高等教育改革』

第3章　ドイツにおける大学の組織原理と実態

第1節　ドイツの大学における意思決定機関の構成原理

はじめに

　ドイツの「大学制度の一般原則」を定める連邦法である大学大綱法（Hochschulrahmengesetz, HRG）は、その第58条第1項で大学が「法律の範囲内で自治権を有する」ことを定めている。大学の「自治」は大学が自律的に管理されることを意味するが、その内容は二面的である。

　それは第一に対外的な「自治」である。これは特に大学と国家[1]の関係において現れる。ドイツ大学の法的地位に関する「国家の営造物であると同時に、公法上の社団でもある二重の性格」についての論争も、大学対国家の視点から論じられたものであった[2]。第二の面は大学内部管理の問題である。大学の対外的な「自治」は意思決定に対する国家の影響力を排除するのみであり、これは大学内部の管理のモデルを示すものではない。したがって後者は前者とは別個に検討する必要がある。そこで重要な意味をもつのは、大学の意思決定過程である。とりわけ意思決定機関の議決権をもつのは誰かということ、つまり意思決定機関が如何なる原理によって構成されるのかということがその核心にある。

　意思決定機関の構成の原則は大学大綱法に定められている。この法律は1976年に施行されたが、1985年11月に大幅に改正された（第三次改正[3]）。この際に評議会の構成原理として、従前の集団代表制原理（Prinzip der

Gruppenvertretung）に加えて、大学の専門上の組織編成を考慮する専門代表制原理（Prinzip der Fachvertretung）が導入された。これについてティーメ（W. Thieme）は、旧法による集団管理大学で失われていた専門上の構成に対する配慮に、再び多くの重要性を与える試みであり、また大学成員の資格は非常に軽視されていたが、専門部の代表もそのまま評議会の構成員とされるならば、大学大綱法第三次改正法はこの問題を解消しようとするものであると評価した[4]。しかし、ここで採り上げられた原理相互の関係は明確には論じられていない。

そこで本稿では、まずドイツ大学の管理運営原理の中心をなす二つの原理の本質及び両原理の関係を考察し、大学大綱法第三次改正における意思決定機関の構成原理の改変の成果を明らかにすることによって、ドイツにおける大学自治の一断面の解明を試みる。なお、本稿の対象とする大学は、旧西ドイツの総合大学（Universität）である。

1 大学大綱法と意思決定機関の構成原理

(1) 歴史的背景

ドイツの大学の意思決定が如何に行われるべきかという今日の課題を論ずる場合に、その歴史的背景を無視することはできない。現行の管理体制は、14世紀におけるドイツ大学の成立以来発展してきたものではなく、むしろそれを否定することによって構築されたものだからである。1810年のベルリン大学の創設を起源とする「古典的時代」は1970年頃までに「古典以後の時代」に推移した。その際に意思決定機関の構成も原理的な変質を遂げた[5]。

ドイツの大学では教授及び学生はともに成員とされていた。これは大学を「教師と学生の共同体」（universitas magistrorum et scholarium）とみる中世的観念を根拠とするものである。しかし、初期を除いて学生は実際の意思形成に対して影響力をもたなかったし、教授団の分化に伴って、正教授以外の教員も除外されていった。このような管理体制は、正教授大学（Ordinarienuniversität）といわれ、ドイツ大学の典型的な構造であった。これに対して1945年以来、非正教授、中間層（Mittelbau）及び学生の参加をめぐる論議が

盛んに行われた。民主化の必要性は、大学が構造改革することなしに大規模化すると顕著になる[6]。正教授大学は1960年代の大学紛争を契機として、集団管理大学（Gruppenuniversität）へ移行した。そこでは、意思決定機関は集団代表制原理に基づいて構成される。つまり、すべての成員がその地位に応じて区分され、自己の所属する集団の代表者の選挙を通じて意思決定に参加するのである。

集団管理大学が1973年の連邦憲法裁判所判決の中で、基本法第5条第3項の定める学問の自由と両立可能とされ、さらにそれが大学大綱法に採用されたことは、意思決定機関の構成において決定的な意味をもった。たしかにキリスト教民主同盟（CDU）は教授が多数を占めることを支持し、社会民主党（SPD）は中間層・学生への配慮を重視したから、州大学法における具体的な規定は多様であったが、いずれにしても集団代表制原理に依拠するものであった。こうした状況の中で、1982年に連邦の政権がSPDから保守的なCDUを中心とするコール（H. Kohl）内閣に変わったことから大学政策が転換し、ヴィルムス（D. Wilms）連邦教育学術大臣の下で大学大綱法の見直しが着手されることになった。

(2) 大学大綱法第三次改正における争点

集団管理大学の意思決定機関の構成原理である集団代表制原理は、今日の意思決定機関の構成を考える際に最も重要な意味をもつ。そこでは各成員集団に共同決定権が分与される。1976年の大学大綱法では、意思決定機関の中で各成員集団に配分される議席・議決権はその機関の任務、大学成員の資格、職務、責任、関係度に応じて定められる。そして成員集団として、①教授 ②学生 ③学術的及び芸術的協力者並びに大学助手 ④その他の協力者という4集団が形成され、すべての成員集団が意思決定機関に議決権を有する代表を送らなければならないと定められていた（§38 HRG）[7]。

一方、大学大綱法改正専門家委員会の報告によれば、この改正は集団代表制原理を補完する試みとして把握された。報告は「大学の重要な決定機関におけるすべての成員集団の代表の原理を肯定する」としながらも「大学の専門上の区分及びその使命を十分に考慮するために、集団代表制原理と並んで、

専門代表制原理が表れなければならない」という[8]。具体的には専門部代表が職権により評議会の成員になるのである。したがって評議会は集団代表制原理による各成員集団の代表者と、専門代表制原理による各専門部の代表者によって構成されることになる。しかし、一つの機関の構成が二つの異なる原理によって決定されることから問題が生じる。つまり専門代表制原理に基づいて専門部代表に議決権が与えられるならば、評議会全体に占める教授の比率は極めて高くなる。ヴィルムス教育学術大臣の狙いは大学における共同決定を制限することであった。すべての学部が再び学部長によって代表されるから、大学の執行機関である評議会では常に教授が多数を占めることになり、その結果、正教授大学という昔の状態が回復されるのである[9]。それに対し社会民主党は連邦議会において「正教授大学が、新たな任務、課題、問題提起を乗り越える能力がないことが証明された後に、大学成員の集団を立法の範囲内で、また憲法判決の範囲内で決定に参加させるという集団管理大学が試みられたということに注意を喚起してもよいだろう」と指摘し、専門代表制原理の導入に反対した。これは、連邦政府による専門代表制原理導入の方針は、「集団管理大学からの方向転換」であり、大学の管理体制が正教授大学に後退すると考えられたからである[10]。

それでは、専門代表制原理は集団代表制原理と矛盾し、意思決定機関の構成において両原理を同時に適用することは不可能なのか。

2 専門代表制原理

(1) 専門代表制原理の意義

専門代表制原理は、ドイツ大学の理念に基づく構成原理である。ワイマール共和国のプロイセン文部大臣ベッカー（C. H. Becker）による「細分化された専門分野の寄せ集めになっている大学」の改革は学問の総合の理念に基づいたものであったし[11]、また1946年に『大学の理念』を著したヤスパース（K. Jaspers）においてはあらゆる科学は互いに連関し、「大学は一つの全体としての諸科学の統一からして、知識能力を最大限に充実しようとするもの」として把握された[12]。つまり総合性が重要なのであって、このことは大学管理体制にも反映されるのである。ティーメは「大学は諸科学の宇宙であると

理解され、その中央組織の構成要素の中で諸科学の総体が何らかの方法で描写されなければならない」というが[13]、これは評議会に「諸科学の宇宙」の一部である専門部が参加することに通じる。評議会の任務は、州法にみられる「評議会は、この法律及び学則（Grundordnung）に特別の定めのある場合を除いて、全学に関わる事項を遂行する」[14]という条文に要約されよう。このような性質は、大学の基礎的組織単位である専門部が評議会での決定に関与することの必然性を意味し、専門代表制原理は肯定される。

しかし問題になるのは、専門代表制原理による代表の資格である。評議会に派遣される専門部の代表者は通例専門部長であり、専門部長は当該専門部の教授から選出される（§64V HRG）から、評議会が教授によって支配される可能性がある。そして教授以外の集団の影響力が低下し、かつての正教授大学のような管理体制が復活するのではないかという懸念が生ずるのである。二つの原理は対立するものだという見解はこのことを根拠とするが、はたして専門代表制原理と集団代表制原理とは矛盾するのか。

(2) 専門代表制原理と正教授大学

正教授大学とは、ドイツ大学の伝統的な管理体制の呼称である。正教授は、終身的に任命された官吏であり、講座担当教授（Lehrstuhlinhaber）として学部教授会の成員であり、また学長、学部長及び各学部教授会によって選出される評議員の被選挙権を有する。正教授大学の評議会は、一部の例外を除いて学長、副学長、学部長、各学部教授会によって選出される評議員によって構成されるが、これらは同時に正教授でもあった[15]。このことは正教授大学が少なくとも専門代表制原理にかなうことを示す。むしろ批判が向けられたのは、評議会、学部教授会等の意思決定機関が正教授の強力な影響下におかれ、助手や学生はもちろん員外教授、講師、私講師さえ、事実上の共同決定権をもつものではないという状態であった。そのような管理体制の中では、正教授以外の大学成員を含めた学問的論争の自由が失われることになるから、正教授大学は「専門上の立遅れの原因」にさえなるのである[16]。

正教授大学崩壊の原因は、それが革新性に乏しく、元来改革に不向きな管理体制であったことだと考えられる。これはシェルスキー（H. Schelsky）の

いう「社団的大学改革」、つまり「大学の自治に根ざした、大学構造上無理な大学改革の試み」に相当すると考えられる[17]。このタイプの改革では、大学が対外的な自治によって国家権力を拒否しているため、ヒトラー（A. Hitler）の「教条主義的」大学改革や、フンボルト（W. v. Humboldt）の「文化国家的」大学改革において作用するような、大学の外部からの「推進力」が欠如していることから、大概は現状からの変化を嫌う「安定化の傾向」を免れることができない。大学紛争期の「三者同権論」に反対したゲック（W. K. Geck）さえ、「決定権をもつ委員会においても、その管轄事項に応じて学生の参加権を強化することは許される」といい、限定的ながら学生の参加を肯定する[18]。意思決定から排除された大学成員が、正教授による大学支配に対して刺激を与えることは、大学改革にとってプラスの側面もあったのである。このことは、正教授大学を否定し、集団管理大学の必然性を証明するのに有効であり、また専門代表制原理導入への反対論の根拠と同一であるとみることができる。専門代表制原理によって専門部代表が意思決定機関に所属することの長所は、学部長が評議会の成員になるという昔のドイツの大学構造を一貫して継続していることのみとさえいわれる。では、専門代表制原理は正教授大学と不可分なのか。

　たしかに正教授大学の崩壊に並行して専門代表制原理の実現が困難になったことは事実である。「継続的に増加する多数の学問分野によって、諸科学を総合的に描出することは、多かれ少なかれ虚構になった」[19]といわれる。かつて評議会には通例学部長が所属していたが、学部が多くの専門部に細分化されたことにより、すべての専門部が実際に影響力をもつことは可能ではなくなった。この点で専門代表制原理と正教授大学とが軌を一にしたのであった。しかし、このことを理由に両者を同義とみなすことはできない。専門代表制原理は、大学の専門上の組織編成を顧慮した構成原理であることが第一義なのであって、教授集団の権限の強化は、それに付随して生じるにすぎず、専門代表制原理の本質ではない。それゆえ元来両者は峻別されるべきものである。大学大綱法の第三次改正による専門代表制原理の導入におけるこの原理の把握の仕方には問題があったといえよう。

3 集団代表制原理

(1) 集団代表制原理の根拠

　専門代表制原理が、組織間の調整を意図した構成原理であるのに対し、集団代表制原理は成員集団間の利害の調整を意図する構成原理である。大学のすべての成員が意思決定に関わる根拠は、大学が「公法上の社団」であること、教授だけではなく助手層及び学生も「学問の自由」を享受する主体であることにある。

　「公法上の社団」は行政法上の概念である。それは、遂行されるべき任務を履行する際に、何らかの協働権が認められる成員（Mitglieder）から構成される[20]。大学大綱法においても大学は「公法上の社団」であり、その成員は「当該大学に本務として勤務し、公務に従事する者及び学籍登録をした学生とする」(§36 I HRG) と定められている。リュトイェ（J. Lüthje）によれば、成員関係は社団の自治における協働の権利及び義務、並びに大学の施設、建物及び資金の利用の権利を内容とする。そしてここでいう利用権は営造物の「利用関係」によるものではなく、「社団の成員資格（Mitgliedschaft）」の一部だとされる[21]。このことは大学成員が、大学の単なる「利用者」ではないことを意味する。したがって「公法上の社団」である大学においては、教授だけではなくその他の成員も意思決定に参加することが可能なのである。一方、「学問の自由」は基本法によって保障される基本権であるが、大学教員の「研究の自由」及び「教授の自由（Lehrfreiheit）」だけではなく、助手層及び学生の「学習の自由」もそれに含まれることも、教授以外の成員が意思決定に関与することの妥当性を示す。

　しかし、ここに掲げた集団管理大学の根拠に対して疑問が呈されることがある。たとえば、「公法上の社団」の成員の権利の問題に関しては、同じく「公法上の社団」であり民主的に管理される地方公共団体との相違が指摘される。つまり大学には民主的な要素は本質的に合わないし、学生は、地方公共団体の市民というような意味での成員ではないといわれる。これは、大学教員が国家公務員としての義務と責任をもち、また専門家でもあるのに対し、学生が大学に在学するのは限られた期間であり、しかも職業訓練という個人

的な利益のために学習するにすぎないという成員としての性質の違いが根拠とされる[22]。また、大学の学生（Student）は下級学校の生徒（Schüler）とは異なり、大学での学習が学問の過程への積極的な参加に目標を置くとしても、「学習の自由」による学生の参加は、主として授業のテーマに関して質問したり、支持する学説について意見を述べる機会が与えられることにある。それに対して、授業の内容と進行の決定自体は、大学教員の教授の自由及び基本法第5条第3項第1段によって保障された憲法上の地位の一部であると解釈される。しかし、これらの疑問があるとしても、「学問の自由」は、他の大学成員に対する配慮なしに決定する権限を大学教員に保障するものではない[23]。大学に所属する者の利害の調整・調和の必要性は集団管理大学の妥当性を示すといえる。ただし各成員集団の地位の違いからくる格差の問題は依然として存在するのであり、構成原理としては曖昧さを残している。

(2) 集団代表制原理の本質

集団代表制原理によれば、意思決定機関は各集団の代表者によって構成されるが、原理的には各集団の議決権の比率は一様ではない。ティーメは集団管理大学を二つのモデルで把握した[24]。一方はいずれの集団も絶対多数を占めない「真の」集団管理大学であり、他方は教授が絶対多数を占めるモデルである。両者は対立関係にあるのではなく、程度に差があっても根本的には同一の理念に立つものである。このモデルは、集団管理大学の意思決定機関における成員集団間の格差あるいは平等性には、「幅」があることを意味する。さらに敷衍して、成員集団間の平等性を高めれば所謂「三者同権」に近づき、逆に集団間の格差を広げて教授に優越した地位を認めるならば、正教授大学に近い構成になる。集団管理大学の意思決定機関の構成が多様であるならば、「集団代表制原理＝平等性のある構成」と直ちに理解することはできない。むしろ議決権が特定の集団に偏って配分され、その他の集団の決定に対する影響力が事実上無に等しいほど格差があるならば、集団間の調整機能は失われている。したがって、集団代表制原理は、限定された意味においてのみ、成員集団間の利害の調整を意図した「民主的」な管理体制になりうるのである。

大学大綱法第三次改正において論争になった専門代表制原理の導入によって生ずる構成原理の問題は、こうした意味で理解することができる。改正法における意思決定機関の構成原理は、根本的には集団代表制原理である。しかし、専門代表制原理の採用により専門部代表が加わることで正教授大学に近い状態になり、教授以外の集団の共同決定権が実質的になくなる可能性がある。意思決定機関がこのように構成されるならば、もはやそれは、集団管理大学とは似て非なるものであると考える。

以上のことから、集団代表制原理と正教授大学の対立する性質が明らかになる。集団代表制原理の本質は各集団の適度なバランスの下で決定が行われることであり、意思決定機関の構成は「多元的」な状態にある。それに対して正教授大学では正教授のみによる「同質的」な構成にあるといえる。各成員集団への議決権の配分が集団に属する構成員の地位・資格によって異なるとしても、少なくとも決定に対して実質的な影響力を失わない程度に「多元性」が確保されるならば、それは本質的に集団代表制原理に依拠しているとみることができる。もちろん、専門部間の調整に関して明確な内容をもたない集団代表制原理のみを意思決定機関の構成原理とすることは、妥当ではない。しかし、集団代表制原理を専門代表制原理で「補完」することが、成員集団間の調整のために必要な「多元性」の否定につながるならば、それも同様に妥当とはいえない。そこで二つの原理を如何にして調和させるかという原理の適用が問題になる。

4　構成原理の適用における問題

大学の意思形成においては専門代表制原理による組織間の協調も、集団代表制原理による成員集団間の調整も、欠くことのできない要素である。それゆえ二原理の本質的な意義が、意思決定に至る過程で十分に顧慮されるべきである。とはいえ、その適用のあり方は一様ではない。集団管理大学以前にも集団代表制原理の目指すところを実現しようとする仕組みがなかったわけではない。所謂正教授大学の評議会に学生、助手、官吏等の代表者が加わることがあった。しかし議決権をもつのはほんのわずかであり、意思決定に対し助手や学生が直接的に関与することには消極的である。集団間の調整は意

思決定機関における各成員集団の情報提供及び意思決定機関外での協働に強く現れる。したがってこのような意思決定過程は、専門代表制原理を《主》とし、集団代表制原理を《従》とした過程とみることとができる[25]。一方、1976年の大学大綱法が採用した管理体制は、基本的には集団管理大学であったが、管理全体をみわたすと専門代表制原理の要素もみることができる。たとえば「共同委員会」は「複数の専門部の協力を必要とする任務」のために設置される機関であり（§65 I HRG）、専門部間の調整機能をもつ。

以上のように補完的性質をもつ手段によって、総体的に二原理を配慮することは可能である。しかし調整の結果が最終的な決定で否定されないとも限らない。バウア（T. Bauer）は共同委員会における直接的な協働の意義を認めてはいるが、専門部が意思決定機関としての評議会における協働権をもつことの必要性を主張している[26]。それは、当該専門部が関係する教授と学習のすべての問題について、評議会での協働権をもつことによってのみ、基本法第5条第3項から推論される「学問に相応しい決定構造」への前提が保持されるからである。しかし評議会の議決権レベルでの二つの原理の適用は、補完的な機関に比べて容易ではない。議決権配分ではバランスが重要な意味をもつが、次元の異なる二つの原理から、各専門部あるいは各成員集団に配分する議決権の比率を導くことは原理的に不可能と考えられる。大学大綱法第三次改正の問題点はこの点にあった。

当初この改正では評議会の議決権レベルで専門代表制原理の採用が図られた。しかし、実際に第三次改正法に定められた構成は、必ずしもそうなっていない。専門代表制原理は、評議会に「専門部代表が職権により議決権もしくは審議権をもって所属する。これと並んで州法は複数の専門部に対し一人の専門部長もしくは共同委員会の長が所属することを予定することができる」（§38 Ⅲ HRG）という形で現れている。したがってたとえばハイデルベルク大学ではすべての専門部代表が議決権をもち、専門代表制原理を強調したために、評議会の成員40人中30人は教授であり、その他の集団の比率は低下している。逆に専門部代表に審議権のみが与えられる場合には、議決権配分は集団代表制原理に基づき、ゲッティンゲン大学では評議会の成員13人中教授は7人である[27]。それゆえ議決権レベルでは、必ずしも専門代表制

原理は適用されていないのである。

このように大学大綱法第三次改正法は、最終的な決定に参加する議決権を配分するための原則を一律には定めていない。結局、この改正においては、意思決定機関の構成の決定的なモデルを提示することはできなかったのである。

結

今日、ドイツの大学の意思決定機関は、集団代表制原理及び専門代表制原理を基礎にして構成されている。両原理は本質的には矛盾するものではないが、適用の際に葛藤する局面があった。しかし、このことは両原理が意思決定機関の構成原理として無用であることも、また二者択一が許されることも意味しない。意思決定機関がいずれの原理を重視して構成されるとしても、意思決定において、成員集団間及び専門組織間の調整が必要であることには変わりはない。そして、適用上の困難がある限り、両原理の有効な調和が試みられることが必要である。そのためには、委員会等の下位機関を含めた意思決定過程の総体において十分な審議を行うことによって、意思決定機関の調整能力を補完することが肝要であろう。

注

1 ここでいう国家とは、実際には州である。今なお多くの大学は州立大学である。1969年の基本法改正により、連邦に大学制度の一般原則に関する大綱的立法権が与えられたが、それは具体的には大学大綱法及び大学建設計画に関する権限である。また連邦防衛大学や私立大学も存在するが、その数は少ない。

2 高木英明「ドイツ大学の法制的本質―『大学の自由』との関係において―」『京都大学教育学部紀要Ⅷ』1962年。Thieme, Werner. *Deutsches Hochschulrecht*. 1986, S.106-111; Lüthje, Jürgen. §58. "Rechtsstellung der Hochschule". Denninger, Erhard. *Hochschulrahmengesetz ―Kommentar―*. 1984; Dallinger, Peter. §58. "Rechtsstellung der Hochschule", Dallinger, P./ Bode, C./ Dellian, F. *Hochschulrahmengesetz ―Kommentar―*. 1978.

3 大学大綱法については、文部省大臣官房調査統計課『西ドイツにおける大学大綱法』1978、改正法については、児玉嘉之「西ドイツの大学政策―『大学大綱法』の改正をめぐって―」『レファレンス』1986年5月号、国立国会図書館、長島啓記「西ドイツの改正大学大綱法について」『大学資料』第102号、(財)文教協会、1988年、文部省大臣官房調査統計課『西ドイツにおける改正大学大綱法』1988年、で紹介されている。

4 Thieme, W. 1986, S.226. ティーメは、専門代表制原理の問題点として評議会の規模の拡大による非能率性を挙げているが、それは複数の専門部から一人の専門部代表が評議会に所属することによって解消されるという (S.249)。なお専門部は大学の基礎的組織単位である (§64 I HRG) と規定される。歴史的には学部 (Fakultät) の後身であり、州によっては今日でも学部という名称を採用している (Thieme, W. 1986, S.251-274)。
5 Moraw, Peter. *Kleine Geschichte der Universität Gießen*, 2. Auflage, 1990, S. 2-3.
6 Ellwein, Thomas. *Die deutsche Universität*. 1985, S.242-252; Rainer A. Müller. *Geschichte der Universität*. 1990, S. 105-107.
7 第三次改正法により、③の集団は「上級助手、上級技師、学術助手・芸術助手、学術協力者・芸術協力者」に改められた (*Bundesgesetzblatt*. Nr.56, 1985, S.2092-2093)。
8 *Deutsche Universitätszeitung* (*DUZ*), Nr.3 / 1984, S.14-15.
9 *Der Spiegel* Nr.44 / 1984 (29. Oktober), S.62-63.
10 *Verhandlungen des Deutschen Bundestages*. S.9078 (10. Wahlperiode, 123. Sitzung, 28.2.1985)。
11 ハンス゠ヴェルナー・プラール (山本尤訳)『大学制度の社会史』法政大学出版局、1988年、280-281頁 (Hans-Werner Prahl. *Sozialgeschichte des Hochschulwesens*. 1978)。ヘルムート・シェルスキー (田中昭徳・阿部謹也・中川勇治訳)『大学の孤独と自由』未来社、1970年、223-227頁。Schelsky, Helmut. *Einsamkeit und Freiheit*, 2. um einen «Nachtrag 1970» erweiterte Auflage, 1971, S.173-176.
12 Jaspers, Karl. *Die Idee der Universität*. 1946, S.73-75. (森昭訳『大学の理念』理想社、1955、150-152頁)。
13 Thieme, W. 1986, S.225.
14 §71 I Landesgesetz über die wissenschaftlichen Hochschulen in Rheinland-Pfalz.
15 Thieme, W. *Deutsches Hochschulrecht*. 1956, S.172-175, S.257-260.
16 ハンス゠ヴェルナー・プラール、前掲書、310-311頁。マックス・プランク教育研究所研究者グループ (天野正治監訳)『西ドイツの教育のすべて』東信堂、1989年、260頁。
17 Schelsky, H. 1971, S.122-124.
18 Geck, Wilhelm Karl. In: H-H. Rupp, W. K. Geck. *Die Stellung der Studenten in der Universität*. 1968, S.66.
19 Thieme, W. 1986, S.225-226.
20 Mußmann, Eike. "Die öffentliche Verwaltung als Teil der öffentlichen Gewalt". Schweickhart, Rudolf. *Allgemeines Verwaltungsrecht*. 1979, S.40; W. Thieme. 1986, S.107-108.
21 Lüthje, Jürgen. In ; E. Denninger. 1984, S.773-774.
22 W. Thieme. 1986, S.121-123. また「往々にして成員ということが高く評価されすぎているのに対し、適格性、任務及び責任の違いは軽く扱われすぎている」といわれる (W. K. Geck. 1968, S.38-39)。
23 Leibhorz, G. / Rinck, H. J. / Hesselberger, D. *Grundgesetz — Kommenter an Hand der Rechtsprechung des Bundesverfassungsgerichts—*. 6. Auflage, 1979, S.264-265.

24　Thieme, W. 1986, S.210-211.
25　シェルスキーも同様の見解をもっていた（Schelsky, H. In: Mikat, P. / Schelsky, H. *Grundzüge einer neuen Universität.* 1966, S.53-59）。
26　Bauer, Thomas. *Wissenschaftsfreiheit in Lehre und Studium.* 1980, S.111-113.
27　Ruprecht-Karls-Universität Heidelberg. *Band I Personal -und Informationsverzeichnis.* 1989; Georg=August=Universität Göttingen. *Vorlesungsverzeichnis Sommersemester.* 1989.

（初出：『比較教育学研究』第17号、日本比較教育学会、1991年6月、129-139頁）

第2節　ドイツの大学における管理一元化の理論的課題

要　旨

　本稿は、ドイツの大学における管理一元化の理論的課題を論ずる。その方法は、まず管理一元化に密接に関わる原理として、同僚制原理と官僚制原理を抽出し、次に二つの原理を媒介として管理一元化における統轄機構の抱える問題を吟味する。そして、管理一元化の理論的課題の克服を試みる。
　現在、大学管理の原則として一元的管理がある。この原則は、大学制度の一般的諸原則を定める大学大綱法では「大学は国家の業務に係るものである場合にも、一元的管理によってその任務を遂行する」と定められている。この原則は、自己管理任務と国家管理任務の差異を廃止することではなく、逆にこの二権分立を前提として、異なる権限領域の任務を一元的な管理機構において遂行することを意味し、一元的な管理機構は社団の管理機構とされる。その一方で、国家の任務の領域にある場合には、国家に責任がある。
　一元的管理は国家的事項と自己管理事項を一体的に管理できるという長所と、異なる権限領域を不明確にする危険をもつヤヌスであり、実際にこれまでに意図された自己管理の強化に到達せず、自己管理に対する国家の介入を助長し、これは自己管理に有利だという大学大綱法の基本的な予想と矛盾する。
　二元的管理と比較するならば、以前広く行われたクラトールによる管

理では、国家の任務のすべてを、クラトールを統轄者とする特別の国家大学当局で行うことにより、任務の二元制が機構的に矛盾なく接続したのに対し、一元的管理では国家の任務を大学が管理するから、任務と管理が一致しない。このことが一元的管理と二元的管理の決定的な相違点である。そして国家の任務を大学の機関が管理するという不整合こそ、管理一元化を困難にするのである。

一元的管理は1976年に施行された大学大綱法で採用され、さらに州大学法に受容された。そして前述の矛盾をはらみながらも現在なお大学管理の基本原則として有効である。しかし、当初構想された学外者による総長制が十分に普及せず、教授総長という現象が生じた。そして法律上でも学長制への復帰の方向性がみられる。

このような経緯をふまえるならば、一元的管理の原則が法律上維持されていることをもって、その原則が変化することなく保たれていると判断することができない。むしろ、総長制導入に始まる統轄機関の形態をめぐる一連の変化は、一元的管理機構の変質として捉えるべきである。学長制は総長制と同じく一元的管理の機構として、自己管理の任務と国家の任務を遂行するが、学長制と総長制のいずれを採用するかにより、本質的な意義は異なる。とりわけ学長部には統轄機関内の分離的傾向がみられるだけではなく、一元的管理に反対する立場もある。

一元的管理は決定されながらも、その統轄形態は不安定であるばかりでなく、分離する契機をも内包している。この管理一元化のパラドックスには二元的管理における学長の下での自己管理と、クラトールの下での国家管理を如何に統合するかという管理一元化の課題がある。

原理的な吟味によれば、同僚制原理は第一に大学の合議制機関に適用され、第二に伝統的な学長制に適用される。これに対し、一元的管理の統轄機関と目された総長制が、同僚制原理の範囲内に属するかは疑問である。というのも学外者が総長になるならば、同僚制原理は原則として働かないからである。

一方、官僚制原理は二つの内容をもつ。大学と国家の関係における官僚制原理及び大学内部における官僚制原理である。前者は伝統的に存在

した原理であるが、後者は60〜70年代の改革によって生じたもので、総長及びカンツラーが関わる。

　一元的管理においては、同僚制原理と官僚制原理が対立する局面がある。しかし、大学と国家の関係における官僚制原理及び大学内部における同僚制原理は厳密には区別されるべきである。前者は国家の任務を大学の機関が行うという任務と管理機構の不一致に起因し、本質的に国家に所属する事項を国家行政の原則に則って管理することを意味する。これに対し、後者は任務の所在に関わらない内的問題であり、大学をとりまく諸条件の変化に伴って問題を生じさせた同僚制原理に代わる次善の策として位置づけられるものであり、両者は峻別されるべきである。

　管理一元化における同僚制原理と官僚制原理の調和は、連邦段階の取り組みより早く、総長制を典型とする一元的管理が生じる以前、第二次世界大戦直後から始まっていた。

　クラトール制の放棄においてこの傾向が顕著であった。クラトリウムの採用は、戦後の旧西ドイツにおいて、自己管理と国家管理を厳格に区分するクラトール制度よりも、区分を前提としながらも大学と州の対話を制度化するクラトリウムが指向された。しかし、独任制クラトール体制から合議制クラトリウム体制への動きを原理的に解釈するならば、大学と国家の関係における官僚制原理維持のうえに、同僚制原理を加味するものにすぎない。

　これに対してバイエルンの管理委員会及び南西ドイツシステムは同僚制原理の性格を強くもっていた。管理委員会及び南西ドイツシステムが直接的に一元的管理の理想的形態といえるのかというと、否である。たしかに機構は一元的であり、特に南西ドイツシステムでは伝統的な学長制を基盤として国家管理を行っていたため、同僚性原理が作用し、その上、大学と国家の関係における官僚制原理の克服が試みられている。しかし、これらの制度が可能であったのは大学が比較的小規模であったためであり、そこには一元的管理にみられた大学内部における官僚制原理をみることはできないのである。

　大規模な大学では学長及び教授総長の職能は、その条件を充たすため

に統轄機関の内外における任務の分掌で補完されなければならない。その際、分掌がかつての二元的管理における管理区分と同様に行われることから、ここでも同僚制原理と官僚制原理が葛藤し、その分掌のあり方によって管理は一元的にも二元的にもなるのである。

　一元的管理におけるカンツラーは、統轄の下での分掌であれ、統轄機関の分裂であれ、原理的には官僚制原理に基づく管理を行う。ただし、行政の専門家であるカンツラーの分掌と分裂は意味が異なる。カンツラーが統轄の下でその任務を遂行するならば、カンツラーの依拠する官僚制原理は、大学内部における官僚制原理である。これに対して、カンツラーが統轄機関から独立して国家と直結することは、大学内部の官僚制原理だけではなく、大学と国家の関係における官僚制原理にも依拠するのである。そして、カンツラーが大学と国家の関係における官僚制原理に基づいて、国家管理を国家の意思に従順に行うならば、一面的な効率性が生ずる。しかし、一元的管理の非効率性と独立したカンツラーの効率性とを比較して、カンツラーの独立を支持することは妥当ではない。カンツラーの独立は、国家行政を大学に注入するためには有効な手段であるが、これは同僚制原理が顧慮されていないから、大学の成員にとって受け入れ難いものになる。大学が自律的であるためには、同僚性原理によって形成された大学の意思に基づいて国家管理が行われなければならない。同僚制原理を主とし、官僚制原理を従とした管理機構が構築されなければならない。

　管理一元化のパラドックスは、一元的管理の進展に伴い、同僚制原理と官僚制原理が葛藤し、かえって管理分裂の契機が生じることである。現在の大学の管理において、同僚制原理と官僚制原理とは管理機構を構築する際に両原理が葛藤する局面があっても、いずれも顧慮されるべき原理である。その意味において管理一元化では、これらの原理が調和されなければならない。

　そこでカンツラーは行政の専門家として重要な地位を占めることになる。同僚制原理を大学内部における官僚制原理が補完する。これは一元的管理の範囲内での分掌によって可能になる。

二元的管理を統合する際の問題は、ドイツの大学が国立大学である限り、完全には解消されない。ただし次のような方策は可能であろう。つまり国家の任務を大学に委任することによって、大学に相当の自律性を享受させ、そして大学は社団として国家との交渉を行うのである。

序　論

　ドイツの大学管理の原則として一元的管理（Einheitsverwaltung）がある。しかし、大学制度の一般的諸原則を定める大学大綱法（Hochschulrahmengesetz）は「大学は国家の業務に係るものである場合にも、一元的管理によってその任務を遂行する」[1]と定めるだけで、その概念は法律上明確ではない。

　一元的管理の対立概念は二元的管理である。たとえば、「研究、教授及び教育に関わる場合」には自らの機関で管理し[2]、「自己管理に属さない事項」は国家が管理する[3]というギーセン大学設置法の条項は二元的管理の典型的な規定である。このような管理区分はドイツにおいて、一般に行われた。二元的管理における自己管理の機構、すなわち大学当局（akademische Behörde）は、通例、学長（Rektor）及び評議会（Senat）であり、いずれの大学も類似した形態を採っていた。それに対し国家管理の機構は多様であった。中でもプロイセンのクラトール（Kurator）制では、大学に関わる国家の任務のすべてが特別の国家当局であるクラトールによって行われた。一元的管理は、とりわけ大学の任務と国家の任務を厳格に区分するクラトール制による二元的管理と対立するものと解されている。一元的管理について大学大綱法の提案理由では以下のようにいわれる。

　　「大学のすべての任務は、今後、一元的管理によって行われる。これは大学が国家の任務を遂行する場合にも適用される（二元的管理に対する一元的管理）。大学の一元的管理は、国家の委任において行われる国家の任務も含む。そのような任務は、州法の規定により、たとえば人事・経済・予算・財務管理とすることができる」。

　　「国家の事項と大学の事項をそれぞれの管理によって区分して行うこと

を排除する。これにより、有効な大学管理の前提条件が作られる。国家に対する責任は、この制度においては大学の統轄にある」[4]。

これを「自己管理と国家管理を統合すること」[5]と捉えるのは単純にすぎよう。むしろ「自己管理任務と国家管理任務の差異を廃止することではなく、逆にこの二権分立を前提として、異なる権限領域（Kompetenzbereiche）の任務を一元的な管理機構において遂行することを意味する」[6]のであり、一元的な管理機構とは「社団の管理機構」とされる。その行為が、国家の任務の領域にある場合には、国家に責任がある[7]。

一元的管理機構においては、自己管理事項と国家的事項とでは、国家監督の形態が異なる。一般的に州は法的監督を行い[8]、中でも自己管理事項については法的監督に限定される。これに対し「大学が国家の任務、…（中略）…を遂行する場合には、法的監督以外の監督について定める」[9]ものとされる。国家の任務の責任が国家にあるということから、一元的管理が形式上社団の機構で行われても、その内実は依然として自己管理と国家管理の錯綜状況にある。「一元的管理は国家的事項と自己管理事項の相互作用によりよく対応できるという長所と、異なる権限領域を不明確にする危険をもつヤヌスであり、実際にこれまでに意図された自己管理の強化に到達せず、自己管理に対する国家の介入を助長してきたのであり、これは自己管理に有利だという大学大綱法の基本的な予想と矛盾する」[10]といわれる。

二元的管理と比較するならば、「以前広く行われたクラトールによる管理では、国家の任務のすべてを、クラトールを統轄者とする特別の国家大学当局で行うことにより、任務の二元制が機構的に矛盾なく接続した[11]のに対し、一元的管理では国家の任務を大学が管理するから、任務と管理が一致しない。このことが一元的管理と二元的管理の決定的な相違点である。そして国家の任務を大学の機関が管理するという不整合こそ、管理一元化を困難にするのである。

一元的管理は1976年に施行された大学大綱法で採用され、さらに州大学法に受容された。そして前述の矛盾をはらみながらも現在なお大学管理の基本原則として有効である。「具体的任務（Sachaufgaben）と資源に関わる決定

（Ressourcenentscheidungen）は緊密に結び」ついており、二元的管理のように「両者を分割すると、決定が困難になる」のであり、「一元的管理においては、自己管理の任務に権限を有する管理機関が、持ち合わせの資源をよく判断し、それをうまく調整して大学の個々の任務や個々の領域へ分配することができる」[12]と評価される。1985年の同法改正に先立って公表された大学大綱法専門家委員会報告書も、権限の重複を避けるという意味において、「一元的管理の原理を採用することは、大学の中で異なる権限領域、つまり大学の自己管理、一般的委任管理、その他の国家管理事項を統一するという考えにより支持されており、このような法律の方向性は今日も肯定されるべきだ」[13]としている。

しかし、このことから一元的管理が実際に強く支持されているとみるのは早計である。大学大綱法委員会報告書は、さらに「合議制の統轄形態は、一元的管理の原則に触れることなく、それどころか上述の権限領域を統合し、大学の任務のよりよい調和に寄与する」として、合議制統轄機関である学長部制を勧告したが[14]、ここでいう合議制統轄機関と一元的管理の関係については曖昧である。つまり学長（教授）、副学長（2～4人、教授）及びカンツラー（Kanzler）から成る学長部が、一元的管理の要件をどれほど充足するかが不明確なのである。

また、概念上の問題のほかに、機構上の問題が指摘できる。むしろ、管理一元化をめぐる争点は、大学の統轄機関の形態として現れた。1976年の大学大綱法において一元的管理の頂点に位置づけられたのは、いわゆる総長制（総長または総長部）であった。総長制では当初、学外者を大学の統轄機関にすることが構想された[15]。これは、伝統的な学長が通例、当該大学の教授から選出されたのとは対照的である。しかし現実には当該大学の教授を総長に選出する、いわゆる「教授総長（Professoren-Präsident）」が出現した。教授総長であっても学外者の総長と同様に一元的管理の頂点に位置づけられ、両者の機能にはいささかの相違もない。この点において教授総長は、自己管理の頂点に位置づけられていた伝統的な学長とは性格を異にする。

さらに、教授総長の出現は、大学大綱法における統轄機関の形態の見直しに通ず。1976年に施行された大学大綱法は総長制を予定したが、1985年

の改正により総長制のほかに学長制（学長または学長部）が定められた。総長の適格条項は「大学教育を修了し、かつ、特に学術、経済、行政または司法の分野での長年にわたる責任ある職業活動によりその職責を十分に果たしえると認められる者」[16]とされるのに対し、学長は「大学に所属する教授」とされる。1976年の総長制が第一に学外者総長を予定していたのに対し、1985年の学長制は一元的管理の頂点に位置づけられることを目標としていた。

このような経緯をふまえるならば、一元的管理の原則が法律上維持されていることをもって、その原則が変化することなく保たれていると判断することはできない。むしろ、総長制導入に始まる統轄機関の形態をめぐる一連の変化は、一元的管理機構の変質として捉えるべきである。学長制は総長制と同じく一元的管理の機構として、自己管理の任務と国家の任務を遂行するが、学長制と総長制のいずれを採用するかにより、本質的な意義は異なる。

さらに、大学大綱法の改正で合議制学長部が統轄機関のモデルとなったことは、一元的管理における矛盾の存在を意味する。学長部の支持論に「学長が学問を、カンツラーが管理を担当し、学長部で均衡に努力すれば、理想的均衡を実現する最も良い機会になる」という見解がある。すなわち「学問と行政の均衡は権力分立の体制において最も容易に達成されるべきだ」[17]というのだが、これは、学問と行政の分離を前提に協調するというものである。

実際に、学長部における分離的傾向は次のように指摘される。すなわち、「学長部では3〜5人の幹部によって大学が統轄され、学長は『同輩中の第一人者（primus inter pares）』であり、学長部の他の成員の上司でもなければ命令権ももたない」のに対し、「総長部では、大学は総長により独任制的に統轄され、副総長及びカンツラーは特別に指定された事項においてのみ総長を代理し、総長の職務の執行を補助する」といわれる[18]。学長部による一元性と総長部による一元性には違いがあり、学長部には統轄機関内の分離的傾向がみられる。

さらに、「一元的管理は決定と責任の関係を曖昧にした」[19]として統轄機関からのカンツラーの独立も主張される。アカデミックな事項と国家的事項における決定と責任を専門的権限に従って誤りなく配分することが必要であるとし、そのためには一元的管理を撤廃し、カンツラーに管理の責任ある長を

委嘱するというのである[20]。

　一元的管理が法定されながらも、その統轄形態は不安定であるばかりでなく、分離する契機をも内包している。管理一元化のパラドックス、そこには二元的管理における学長の下での自己管理と、クラトールの下での国家管理を如何に統合するかという管理一元化の課題がある。

　そこで本稿では、まず管理一元化に密接に関わる原理を抽出し、次にこの原理を媒介として管理一元化における統轄機構の問題を吟味する。そして、管理一元化の理論的課題の克服を試みる。その際、管理一元化は主として国立大学を対象とするものであること、二元的管理を改革するものであること、また、小規模の大学では大学大綱法の例外規定にあるように、一貫して兼任の学長制が認められており、管理一元化の対象としては適切ではないことから、本稿では国立の総合大学を中心に分析を進めたい[21]。

1　同僚制原理及び官僚制原理

(1) 同僚制原理

　大学は公法上の社団（Körperschaften）であり、同時に国家の施設（Einrichtungen）であり、法律の範囲内で自己管理の権利を有する[22]。大学の自律性は自己管理及び定款制定権を意味する自己立法を主たる要素とする。「自己管理の担い手は社団としての大学であり、社団の機関・当局がこれを行使する」[23]。社団としての大学は、その任務を遂行する際に、成員に何らかの協働権が認められる。同僚制原理（Kollegialitätprinzip / Kollegialprinzip）は公法上の社団としての大学が自己管理を行う際の協働の原理である。

　自己管理は、学問的事項の管理であった。大学は専門分野により、学部に区分され、全学に権限をもつ機関と学部の機関が設けられる。そして、これらの機関の構造には、アカデミックな世界に固有の同僚制原理が現れる。同僚（Kollege）のすべてが大学にとって決定的な決断を下すのである[24]。

　同僚制原理は第一に大学の合議制機関に適用される。二元的管理における合議制の大学当局には、全体会議、評議会及び学部教授会があった。これは現行の制度と類似している。全体会議（Großer Senat / Konzil / Konsistorium / Versammlung）は定款に関する議決及び大学の統轄機関の選挙のために設置

される中央合議制機関であり[25]、評議会は全学に共通の案件に権限をもつ[26]中央合議制機関である。学部は細分されて専門部になったが、専門部会議は「州法により専門部長の権限が定められていないすべての研究及び教授に係る専門部の案件に関して権限を有する」専門部の機関である。これらの中で管理一元化に直接関わるのは評議会である。

　二元的管理における評議会には、通例、学長、副学長、学部長及び選挙された評議員が所属した[27]。このように大学の合議制機関が正教授を中心に構成される状態は正教授大学といわれる。正教授大学では、すべての学部が正教授の中から評議員を選出し、したがって評議会ではすべての学部が代表された。したがってこのような構成の評議会は学部間の調整機能をもつ。その反面、正教授以外の成員、とりわけ中間層（Mittelbau）及び学生には共同決定権がなかった。しかし、正教授大学の評議会における同僚制原理は、学問的背景をもつ。それゆえ学問的事項の管理を行うのに適していた。

　同僚制原理は第二に、伝統的な学長に適用される。学長は独任制の機関である。しかし、当該大学に所属する正教授、つまり同僚から選出された[28]。また、他の教授の具体的な活動について影響を及ぼさないし、一般に規制が必要な場合には合議制を採用して決定を行ったのであり[29]、合議制機関が独任制機関に対して優越していた。

　このような同僚制原理は60〜70年代の大学改革により変質した。評議会をはじめとする合議制機関の構成原理も変質した。改革以前の正教授大学に対し、改革以後の大学は集団管理大学と称される。一元的管理の機関は、集団管理大学の評議会であるが、それは正教授大学の評議会とは異なる。集団管理大学では、大学の機関における代表派遣においては、教授、学生、中間層及びその他の協力者がそれぞれ一集団を形成し、すべての成員集団が表決権を有する代表を送らなければならない[30]。このような構成を要求するのが集団代表制原理である。集団管理大学の評議会は成員集団間の利害を調整する機能をもつ。その一方、正教授大学の評議会と異なり学問的専門性は配慮されないという短所をもつ[31]。

　同僚制原理を理解する場合には、正教授大学及び集団管理大学の二つの異質な評議会を念頭に置かなければならない。しかし、評議会の性格が変質し

ても、「大学は社団として、学問に関わる『アカデミック』な事項について、基本法第5条第3項が保障し、大学大綱法第58条第1項第2段が確認し、かつその理由を説明している自己管理の権利をもつ」[32]といわれ、大学の自己管理にとって学問的意義は大きい。正教授大学と集団管理大学は自己管理の原理として性質が異なり、それぞれの問題点をもつが、いずれも自己管理の枠組みの中の問題であり、ここではともに同僚制原理に基づくと解される。

　一方、一元的管理の統轄機関と目された総長制が、同僚制原理の範囲内に属するかは疑問である。というのも教授が総長になる場合と学外者が総長になる場合があるからである。総長は、伝統的な学長とクラトールの性格を併せもつが、「学長が独立主席行政官（クラトール、カンツラー等）の任務を引き受け、その職務を強調して総長になる場合、つまりこれまで『同僚の第一人者』として長の地位を占めていた教授が総長になっても、これは『同僚』のままである」[33]といわれる。もっとも、総長は固有の権限で任務を遂行し、必ずしも評議会に拘束されないから、典型的な同僚制原理とは異なるが、教授総長の出自を指標とするならば、そう捉えることができる。すなわち教授総長はやはり同僚制原理の範囲内にある。これに対して学外者の総長は、これが評議会の影響下にある場合には同僚制原理の要素をもつが[34]、原則として同僚制原理の枠外の存在である。

　以上のように、同僚制原理には複数の要因が含まれるが、その本質は、決定が社団の成員によって行われるというボトム・アップを基調とした決定過程にある。

(2) 官僚制原理

　官僚制原理は二つの内容をもつ。大学と国家の関係における官僚制原理及び大学内部における官僚制原理である。

　一元的管理において、クラトールが大臣の代理者として国家管理を行ったことは、国家行政が大学内部に直接に侵入してくるという点で、官僚制的性格をもつことと理解できる。「大学の交渉相手及び大学監督の担い手は、所轄庁の官僚制（Ministerialbürokratie）」[35]であり、この大学と国家の関係における官僚制原理は今なお存在する。「大学は国家の施設として国家の任務を行

い」[36]、国家に「法的監督以外の監督」が認められていることから「国家的事項は、法規範のみではなく、行政規定及び個別的指示にさえ拘束される」[37]のである。

国家の任務を大学が管理する方法には三つの型がある[38]。バイエルン及びベルリン以外の州では大学は国家的任務を委任事項として遂行する。バイエルンの大学では国家的事項を国家が直接的に遂行する。したがって州教育文化省の完全な機関監督の下にあり、これは専門監督ではなく、下級当局に対する権限とされる。ベルリンでは国家と大学は、人事・経済・予算・財政管理における国家的任務を果たす際に、特別の委員会（クラトリウム）で協力する。このように大学と国家関係における官僚制原理は、国家の任務を大学が処理する際の従属の度合いに差がある。

大学と国家の関係における官僚制原理が伝統的に存在したのに対し、大学内部における官僚制原理は、大学改革期に生じた新しい原理である。「大学の官僚化は組織体の拡大によって生じ、大きな組織体では、学問的成果を上げるには、多くの規定をもった秩序ある行政がなければならない」[39]とか、「総合大学のような大規模な領域では、行政規則や官僚制は不可欠である」といわれる。大学内部における官僚制原理は、とりわけ学長制に代わって総長制を導入することにより発生した。

「1945年以後の国家と大学の関係は、大学と国家の間にある程度距離を置くところに特徴があり」、「立法府の長期間にわたる沈黙、及び文部行政の自粛により、大学はドイツ史において未曾有の十分な自由の領域を作り出し」たといわれる[40]。そのような状況では、大学は短期で交代する学長によって統轄されていた。しかし、60年代になって「統轄機関の任務には、大学改革に関わるあらゆる問題のほかに、研究、教授の領域における諸課題の適切な遂行、多数の教職員に対する監督、巨大な年間支出への責任、投下された莫大な資金の使用への責任等があり」、もはやこれだけの量の任務を学長一人に任せることができなくなった。大学の統轄には「インスティトゥートの長、学部長、評議員として獲得される経験以上のもの」が要求されるようになり[41]、むしろ「総長に委任された全責任は、十分に訓練された機能的な機構を使用し、これに補助されて義務を履行すること」が前提とされた[42]。こ

のような大学内部の官僚制原理は、総長職における連続性及び自由裁量権と、成員の協働とを結合しようとするものであったが、その重点は前者に置かれた。

統轄機関の性格にとって重要であったのは、それが教授か学外者かという問題であった。統轄機関の性格について、同勧告より先に「文部大臣の間では、1968年4月11日の現代大学法に関する原則において、総長制と、数年間の任期をもつ学長部の採用を同等の選択肢とすることが合意」された。しかし、学術審議会の勧告が総長制に賛成することを明確にすると、総長制には重大な異議があるにもかかわらず、多くの州でそれが成立した[43]。学術審議会勧告は「『専任の総長による統轄』と『任期の長期化した兼任の学長による統轄』という二つの解決法を同時に予定することは、両者が同価値である場合にのみ可能だが、実状はそうではない」として、学長制を否定した。すなわち、「大学の統轄に要求される連続性は、大学に責任を負う職が、兼任及び比較的短期間に制限されない場合にのみ、充たすことができる」というのである[44]。これに対し、学長制を支持する立場もあり、「学長にも比較的長い任期と専任の勤務が予定され、研究、教授及び試験の義務が任期中には免除されるという点に限っていえば、総長制と学長制の性格は接近していった」[45]とする。これは教授総長につながるものであるが、学外者を原則とする本来の総長制による管理には、官僚制的性格が要請された。

このように、大学と国家の関係における官僚制原理及び大学内部における官僚制原理は、権限の集中、権限構造のヒエラルヒー、規則による管理といった共通の要素をもつ。そこで二つの官僚制原理の関係が問題になる。つまり前者の官僚制原理と後者の官僚制原理が結合する可能性の存否である。

国家行政による外部決定が大学の管理に介入するという大学と国家の関係における官僚制原理で問題になるのは、統轄機関と評議会の関係である。統轄機関は、同僚制原理に基づく評議会と、官僚制原理に基づく国家行政の間にある。そして、当然評議会の決定と国家行政の決定とが一致しないことは起こりえる。管理区分における大学の優越にもかかわらず、「資源に責任をもつ国家の任務の担い手になった大学の長——特に総長——は、衝突が起こった場合には、ともするとこの責任に気を配る傾向がある」[46]という指摘

がある。元来、国家の任務に関しては、国家の最終的な決定権限を免れることはできない。統轄機関が国家行政を従順に受容するならば、二つの官僚制原理が直結することになる。そのような統轄機関はクラトール的であるだけではなく、一元的管理においては事項区分が不明確になるから、その傾向は増大する。学術審議会勧告の「大学の自己管理に関与する個々の機関の権限の混合は避けなければならない。むしろ、大学の機構は、総長の権限と、大学のその他の機関の権利の明瞭な分割を保障するべき」[47]という見解は、その可能性に途を残すことになる。したがって、一元的管理がその意義を効果的に発揮するためには、統轄機関にみられるクラトール的性格を払拭しなければならない。

このように一元的管理においては、同僚制原理と官僚制原理が対立する局面がある。しかし、大学と国家の関係における官僚制原理及び大学内部における官僚制原理は厳密には区別されるべきであろう。前者は国家の任務を大学の機関が行うという任務と管理機構の不一致に起因し、本質的に国家に所属する事項を国家行政の原則に則って管理することを意味する。これに対し、後者は任務の所在に関わらない内的問題であり、大学をとりまく諸条件の変化に伴って問題を生じさせた同僚制原理に代わる次善の策として位置づけられるものであり、両者は峻別されるべきである。

2 二元的管理の理論的課題

（1）クラトール制の放棄とクラトリウムの展開

管理一元化において同僚制原理と官僚制原理が如何に調和されるかという課題を論ずる場合に、管理一元化の歴史的展開を無視することはできない。総長制を典型とする一元的管理は、1960年代以後の現象だが、管理一元化の動向は、連邦段階の取り組みより早く、すでに第二次世界大戦直後から始まっていたからである。クラトール制の放棄においてこの傾向が顕著であった。

通例、二元的管理における国家管理機構は、独任制クラトール（monokratischer Kurator）、合議制クラトリウム（kollegiales Kuratorium）、管理委員会（Verwaltungsausschuß）及び南西ドイツシステムの四つの主たる類型

に区別される。

クラトール制[48]は二元的管理が最も明確な管理機構である。この制度ではアカデミックな自己管理のみが大学に委任され、他方、国家的事項は大臣の出先機関（örtliche Ministerialbehörde）であるクラトールによって遂行された。クラトールは大学現場での大臣の代理人である。大学の自己管理の機関である学長は、クラトールによって遂行される国の任務の領域においては提案権をもつのみであり、監督権は非常に限られていた。クラトールは国家の官僚制原理の強い影響の下にあり、同僚制原理はほとんど及ばなかった。

ローテ（1961）によれば、当時でも独任制クラトールが置かれていたのは、ゲッティンゲン、キール、ミュンスター及び1946年創設のマインツのみであり、かつてプロイセンの大学で非常に実績のあった定款の形態は衰退した[49]。

一方、クラトール制を放棄する傾向と並行して、合議制クラトリウム[50]が設置された。合議制クラトリウムが設置されたのは、元来フランクフルト・アム・マイン及びケルンの都市立の大学であった。都市立大学では、クラトリウムは第一に都市と国家の間の対立を調停する機関であった。これには国・大学の代理人のほか、都市の代理人が所属した。これに対して新たに設置されたギーセン、ザールブリュッケン、ベルリン（自由大学、工業大学）等では大学と国家の間の調停が行われた。この合議制クラトリウムの執行機関はクラトール、カンツラー、管理部長（Verwaltungsdirektor）である。しかし、これらの選出に対して、大学の自己管理は決定的な影響力をもたなかった。しかも、クラトリウムが独自の執行機関をもっていたことは、国家の任務の管理が自己管理とは分離され、管理が一元化されていないことを示す。独任制クラトールでも合議制クラトリウムでも、学問的活動の担い手に実権はなかった。

ベルリン自由大学では、プロイセンの大学法に由来するクラトールとの訣別が支持され、大学の機関であるクラトリウムを設置し、財務管理を行った。クラトリウムは、「財務管理及び特に大学の予算形成に対して、国家が影響力を行使する権限及び政治的必要性を誤認することなく、大学で教える者と学ぶ者の利害の配慮を保障する機関である」といわれる。自由大学におけるクラトリウム体制の導入は、いわゆる外的事項についても「大学の機関」が

処理を行うという点に意義があった[51]。

また、ブレーメン大学創設の際に作成された報告書は、自己管理と国家管理の任務領域を完全に分割することは不可能であり、真の大学固有の任務とならんで、緊密で恒常的な国家と大学の協力においてのみ規制できる多くの問題が存在するとして、「ブレーメンの大学では、大学と国家の『永続的な結びつき』を樹立することが望ましいだろう」という結論に達した。その具体的なモデルは、審議決定機関としてクラトリウムまたは大学審議会 (Universitätsrat) を設置し、その執行機関としてクラトール、カンツラーまたは管理部長を置くこととされた[52]。

クラトリウムの意義については次のように指摘される。「そもそも決定は多かれ少なかれ自律的にも外部決定的にもなりうる。具体的には、たとえば大学教員招聘の手続きがある。招聘リストの作成は権限をもつ大学の機関で行われ、リスト中の名前とその順位は大学が固有の責任で自律的に確定する。それに対し、このリストから招聘者を選出することには、管轄の大臣だけが責任を負う。したがって、招聘過程の第二の部分は、大学にとってはまったくの外部決定である。また、大学におけるすべての予算査定は外部決定の要素を強くもつ。それは、政府及び議会が決定する国の分担金の範囲内でなければならないからである。もっとも、この分担金が包括的に与えられ、大学が資金分担に一つひとつ強力な影響力をもつならば、比較的高度の自律性がある。たとえばベルリンではそれが大学と国家が同数で代表されるクラトリウムで行われる。この『自律性』はたしかに限定的だが、大学の予算が管轄する省で管理される他の多くの州よりもはるかに大きい」[53]。

こうしたクラトリウムの採用は、戦後の旧西ドイツにおいて、自己管理と国家管理を厳格に区分するクラトール制度よりも、区分を前提としながらも大学と州の対話を制度化するクラトリウムが指向されたことを示す。独任制クラトール体制から合議制クラトリウム体制への動きを原理的に解釈するならば、大学と国家の関係における官僚制原理維持のうえに、同僚制原理を加味するものといえよう。

(2) 管理委員会及び南西ドイツシステム

二元的管理の機構が言及されるときに、前述の独任制クラトール及び合議制クラトリウムと、管理委員会及び南西ドイツシステムは同列に扱われるが、原理的には異なるものである。管理委員会及び南西ドイツシステムは同僚制原理を基礎とするからである。

管理委員会[54]はバイエルン州立大学の国家的事項のための特別な管理機関である。管理委員会は、複数の比較的長い任期で選ばれた教授と任期中の学長から成る。ミュンヘンとヴュルツブルクでは評議会と並んで独立し、エルランゲンでは評議会の一委員会の性格をもつ。その他の大学では国家が大学の費用負担者として決定的な影響力をもっていた。管理委員会にはこのような二種類の形態があったが、その「差異に関わりなく、自己管理と国家管理の分割に基づいている」といわれる。たしかに任務の区分に合わせて管理機構が設定されているから、二元的性格をもつ。しかし、管理委員会が大学の成員によって構成されることから同僚制原理を満たしているのは明らかである。この点において評議会と類似した性質をもつということができ、その依拠する原理は一元的と捉えられる。

南西ドイツシステム[55]とは、研究及び教授を管轄する大学の自己管理機関、つまり学長及び評議会によって一般管理が行われるシステムである。このシステムはバーデン・ヴュルテンベルクのハイデルベルク、フライブルク、テュービンゲン、1945年以後クラトールが再置されなかった元プロイセンのボン及びマールブルク、すべての工業大学（Technische Hochschulen）並びにその他の若干の小規模大学でみられた。工業大学及び小規模大学では、一般管理について多くは学長が大臣の代理人として独占的に管轄するのに対し、南西ドイツの総合大学では、固有の権利として一般管理が行われ、学長は評議会の決定に拘束された。このシステムはとりわけ総合大学の場合、原理的には自己管理機関と同水準の同僚制原理が一般管理に及んでいた点が特徴である。

これらの国家管理機関は、二元的管理という共通の基盤をもちながらも二元性の程度に明らかな差がある。クラトールにおいて強く、管理委員会及び南西ドイツシステムにおいて弱い。クラトールが大学と国家の関係における

官僚制原理を最も強く反映しているのに対し、管理委員会及び南西ドイツシステムは同僚制原理の性格を強くもつ。

では、このバイエルンの管理委員会及び南西ドイツシステムが直接的に一元的管理の理想的形態といえるのかというと、否である。たしかに機構は一元的であり、南西ドイツシステムでは伝統的な学長制を基盤としていたゆえに同僚制原理が作用し、そのうえ、大学と国家の関係における官僚制原理の克服が試みられている。しかし、これらの制度が可能であったのは大学の規模が比較的小規模であったためであり、そこには一元的管理にみられた大学内部における官僚制原理をみることはできないのである。

3 一元的管理の理論的課題

(1) 一元的管理の統轄機関

大学大綱法以前における独任制クラトールの放棄と合議制クラトリウムの採用という潮流の中で同僚制原理と官僚制原理の葛藤がみられた。しかし、クラトリウムは両者の葛藤を克服することができず、国家の任務については依然として大学と国家の関係における官僚制原理が優越し、国家がイニシアチブをとっていた。また、管理委員会及び南西ドイツシステムは大学の大規模化によって要請された大学内部における官僚制原理に対応していなかった。一元的管理の課題はこうした原理的葛藤を克服し、「大学の自己管理及び決定能力の強化、対外的代表者の統一、大学の管理事項と国家の管理事項のつながりの制度的保障、国家的事項における決定への代表的合議制機関の参加という目標を具体化すること」[56]であった。

大学大綱法（1976）は「専任の統轄者」とか「合議制統轄機関」という語を用いて総長制を表現していた。この「専任の統轄者」及び「合議制機関の専任の構成員」、つまり総長の資格は「大学教育を修了し、かつ、特に学術、経済、行政または司法の分野での長年にわたる責任ある職業活動によりその職責を十分に果たしえると認められる者」とされたが、州大学法の規定において多様な規定が存在していた。そして、両原理の葛藤状況は州大学法における統轄機関の形態、つまり総長制の受容の状況に見出すことができる。

州法では、総長制を指定している州（ハンブルク、ラインラント・プファル

ツ)のほか、大学の種類(ベルリン、ブレーメン、ヘッセン、ニーダザクセン)あるいは規模(バイエルン、シュレスヴィヒ・ホルシュタイン)によって統轄機関の形態を指定している州があり、いずれにしても総合大学あるいは大規模大学は総長制となっている。

　大学大綱法との一致の観点から問題になるのは、バーデン・ヴュルテンベルク、ノルトライン・ヴェストファーレン、ザールラントの三州である。①バーデン・ヴュルテンベルクでは総長制のほか、総合大学法第15条第2項は、学則で学長部制が定められた場合には、(本務の)学長は、俸給グループC4(教授相当)の定員ポストに任用された大学所属教授から選出されると定めている。大学大綱法第62条第4項による資格要件は、法律においてまったく触れられていない。②ノルトライン・ヴェストファーレンでは学長部という名称の統轄機関を予定する。議長は、4年間の期限付き官吏である専任の学長である。大学大綱法の総長制との明らかな相違は、学長が教授から選出されることである。③ザールラント総合大学法第33条第1項は、第1段において大学総長の適格条項として第一に大学大綱法第62条第4項の職業資格の指標を受けているが、次に第2段で総長はザールラントの総合大学の終身教授でなければならないと定めている。

　アフェナリウスは次のようにいう。「大学大綱法は総長もしくは総長部について、異なった経歴(学術、経済、行政及び司法が例示される)を同等の選択肢とみなしている。これは州の立法府が候補者集団を大学教授に制限するならば、そのことと矛盾する。バーデン・ヴュルテンベルク州総合大学法第15条第2項の規定は、大学大綱法第62条第1項の要求する適格条項にはじめから適合させずに一定の俸給グループに属すことのみを考慮するから、特に疑わしいことが明らかになる」。

　このような見解は、州法が統轄機関の形式を教授総長のみに限定すること、つまり州法が「学外者」総長制を選択肢として受容していないことを批判しているのであり、いわば連邦法との適合性を指標とした評価である。

　一方、大学大綱法委員会報告は、これら3州の規定が「大学大綱法と一致できるかということは委員会が判断することではない」とし、むしろ「学長制の典型的な要素がここで挙げた州に広く存在し、しかも事実上存在するの

みならず法的にも存在する」として現実を容認した。そして、「学外者総長にとって大学の特別な状況と構造は解りにくい」こと、逆に「大学は圧倒的に当該大学に所属する教授を総長に選出することに固執し」ており、「『教授総長』の概念で表現されるこの事情は、統轄がその大学の教員の手中にあるならば、大学の成員がその大学の有益な発展を至るところで最もよく保障することがわかる」として学長部制を勧告した。そして「総長制が少なくとも4年の任期を要求されるならば、大学の教員がその専門から離れ、学術的発展との接続を失うかもしれ」ず、大学の利益にならない[57]と判断した。学長部は、学長として少なくとも2年在職するその大学の教授を長とし、職権による成員としてのカンツラー並びに大学所属教授団から選出される2～4名の副学長を含むものとされた。委員会では、そのような統轄機関は大学の要請を適切に考慮し、その構成に基づいて、決定を行うにあたっては不可欠な連続性及び効率性を保障すると考えられた。

一方、「大学大綱法（1976）の中で定められた総長制は、法律の発効以来認められた事実上の展開・法的展開が示すように、標準型として法律中で保持されるべきだというほどには、価値は認められなかった」が、「（合議制にも独任制にもなる）総長制は、多くの大学で実績があり、合議制学長部と同等の選択肢として引き続き認められるべきであろう」とされた[58]。こうした経過を経て、改正法には四つの統轄機関の形態が示された。つまり総長（Präsident）、総長部（Präsidialkollegium）、学長（Rektor）、学長部（Rektorat）である。

自己管理の基本原理である同僚制原理から教授総長を含めた学長制が支持され、大学大綱法の改正で学長制が採用されたことは、総長制では失われる可能性のある同僚制原理の復権を意味する。しかも、「大学の統轄機関の選出機関では、教授及び研究に影響を与える教授団の中から、職務を有効に執行するうえで不可欠な安定した信任を学長または総長に得させるために、教授多数が必要だ」[59]とされ、とりわけ選出過程に正教授大学における「同僚性」が配慮されるようになった。

このように官僚制原理に照らしてみれば統轄機関として適格とはいえない学長や教授総長を認めることに意義を見出そうとするのは、同僚制原理の保

障のためであろう。一元的管理の統轄機関は、必ずしも評議会に拘束されない。「合議制機関の権限は、基本的な意義を有する案件についての審議及び決定に制限される」のに対し、「大学の統轄機関は、自らの権限によりその任務を遂行」する。州大学法の中には総長が評議会に対して責任を負う旨を規定するものがあるが、たいていは、報告を義務づけられる程度である。したがって、総長制においては同僚制原理は極めて限定的であり、それだけ国家の任務において国家の意思を安易に受け入れやすい。そこにおいて、大学と国家の関係における官僚制原理及び大学内部における官僚制原理が結合する。逆に、同僚制原理を担保するためには学長または教授総長が認められなければならない。学長及び教授総長は評議会に対して直接的に拘束されない場合にでも、その出自から実質的に同僚制原理を確保することができると考えられるからである。

　その場合、学長及び教授総長は、評議会と国家の間でいずれにも不即不離のまま立ち振る舞うことになろう。教授総長及び学長に期待されるのは、大学と国家の関係における官僚制原理の中にありながら、「同僚」の立場を顧慮することである。そして州法において学外者を統轄機関として認めないことは、立法府がそのような意味での同僚制原理を保障することを意味する。

　しかし、それは学長及び教授総長が一元的管理の長としての機能を十分に果たすという条件を前提とする。よって学長及び教授総長の機能は、その条件を充たすために統轄機関の内外における任務の分掌で補完されなければならない。その際、分掌がかつての二元的管理における管理区分と同様に行われることから、ここでも同僚制原理と官僚制原理が葛藤し、その分掌のあり方によって管理は一元的にも二元的にもなるのである。

(2) 分掌の問題

　大学大綱法は総長の要件として「学問、経済、行政または司法の分野での長年にわたる責任ある職業活動により、その職責を十分に果たしえると認められる者」と規定する。たしかに教授の多年にわたる教授・研究活動が「学問における責任ある活動」であることには疑いないし、インスティトゥートを統轄し、その際、学問における行政経験を積んだことも認められる。しか

第3章　ドイツにおける大学の組織原理と実態　79

し、教授は教授の学問的あるいは行政的活動をもって国家管理に対する客観的な資格証明とすることはできない[60]。そこでカンツラーが自己管理に煩わされることなく、学長または総長から独立して管理を行うべきだという主張が生じる。この場合カンツラーの位置づけはどうなるであろう。カンツラーの独立は管理の分裂を意味するから、これを一元的管理の枠組みの中で論じることはできない。しかし、少なくとも、一元的管理の範囲内での分掌は、学長及び教授総長を補佐するために必要である。その場合、一元的管理における分掌と二元的管理における分裂との間にはどのような意義の相違が存在するのか。

　一元的管理は「異なる権限領域の任務を一元的な管理機構において遂行すること」である。大学は自己管理の任務と国家管理の任務という二つの異なる事項を管理するが、管理機構については一元的でなければならない。統轄機関の一元性は一元的管理機構の要素である。したがって「大学の統轄の権限（Zuständigkeiten）は、自己管理業務に限定されてはならず、国家的事項のための特別の統轄者は置かれない。しかし、大学の統轄機関の処理を分割することは、統轄の任務及び管理の任務を効果的に遂行するために不可欠である」といわれる[61]。実際に統轄機関が独任制であれ合議制であれ、その形態にかかわらず副総長または副学長及びカンツラーが置かれる。

　副学長・副総長は教授から選出され、助言、援助により総長を補佐し、総長を代理する。通例、1人ないし複数の副学長、副総長が置かれる。これは、いずれの州においても位置づけに大差はない。ただし、ヘッセンでは、副総長が評議会の議長を担当し[62]、一方、総長は評議会においては審議権をもつのみである[63]。通例、評議会の議長は総長の任務のひとつとされる。これが教授である副総長の任務とされるのは、学問的領域の管理を同僚制原理の影響下に置く点では評価される。もっとも、これは例外的事例であって、一元的管理の視点では必ずしもそうではない。むしろ一般的には「自己管理任務及び国家的任務に対する権限を分離し、一元的な統轄の下に、分割された管理組織を併置するという処理の分割も問題だ」とされ、「これは、一元的管理の本質的な目標、つまり自己管理の任務と国家的業務を緊密な相互作用を顧慮して結合することと矛盾するであろう」といわれる[64]。この見解は、と

りわけ大学の統轄機関に対するカンツラーの独立の文脈で指摘される。
　カンツラーに関しては、大学大綱法では合議制統轄機関である学長部及び総長部に主席行政官（Leitender Verwaltungsbeamte）が職権により所属する旨を定められているだけである。詳細は州法によらなければならない。通例、カンツラーは裁判官または上級行政官の資格をもたなければならない。さらに「少なくとも３年間専任として公職で活動し、それにより、その職に要求される能力及び専門的知識を獲得した者でなければならない」[65]とされることがある。このようなカンツラーの適格条項は、総長に求められる資格よりも行政的性格が強い。
　カンツラーの位置づけは、管理の「一元性」の程度を示す。総長制におけるカンツラーの総長に対する従属性は、四段階であった。①ベルリン、ハンブルクの大学法では、明確な規定はなく、ここでは総長の一般的統轄権によりカンツラーは総長に従属し、その指示を受けるといわれる[66]。②バーデン・ヴュルテンベルク、ブレーメン、ヘッセン、ニーダザクセン、ラインラント・プファルツ、ザールラントにおいては、カンツラーは財政の応嘱者の地位にあり、そのほかに特に経済・人事管理の領域、法的事項の領域の処理など、日常の管理の仕事に責任をもたせ、大学の統轄者（総長）の指示に拘束されることが明文をもって規定されている[67]。③ノルトライン・ヴェストファーレン及びシュレスヴィヒ・ホルシュタインでは、カンツラーは財政の応嘱者の地位にあり、そのほかに総長部（学長部）が決定した方針を守らなければならないが、総長部（学長部）は個別的指示をカンツラーに与えてはならない[68]。④バイエルンの大学のカンツラーは特別な地位を占め、職務上の上司としての総長に職務法上従属するが、財政の応嘱者、かつ、非学術的職員の職務上の上司としては、大学の統轄者に拘束されない[69]。
　このように、州によって総長からのカンツラーの独立性には差がある。とりわけ、バイエルンのように大学の統轄機関が大学の自己管理に限定され、独立した人事・経済管理に関する特別の長が予定されることは、一元的管理の原則と矛盾するのではないかと考えられる。このような職務分配は一元的管理の原則に照らしてどのように評価するべきか。
　一元的管理の原則の下でも、大学の統轄と、管理の統轄の違いを顧慮して

「管理の統轄は、カンツラーに大学全体の統轄及びその方針の範囲内で、固有の権限として委任することができる」といわれる。ただし「大学の統轄が大学の管理の方針を定める権利は、統轄権限全体の不可欠な要素」であり、「管理業務における個別的指示に対する大学統轄の権利を完全に放棄することは、この権利を広範囲に行使することと同様に不都合」[70]だとされる。カンツラーは統轄機関から完全に独立することはできないとみるべきである。

これに対して「大学大綱法第62条は総長の権限の制限を妨げないから、バイエルンのごとく財政の応嘱者としての機能及び非学術的職員の職務上の上司としての機能という一部の領域を独立的に遂行するためにカンツラーに配分することは、これに反していない」[71]という見解がある。たしかに、大学大綱法第62条の統轄規定において統轄機関の任務が明確に表記されていないばかりでなく、バイエルン大学法には一元的管理の規定がない。したがって一元的管理の視点から評価するならば、バイエルンの大学の統轄機関は分裂的性格をもち、一元的管理の枠内にあるとはいえない。

一元的管理におけるカンツラーは、統轄の下での分掌であれ、統轄機関の分裂であれ、原理的には官僚制原理に基づく管理を行う。ただし、行政の専門家であるカンツラーの分掌と分裂の意味が異なる。カンツラーが統轄の下でその任務を遂行するならば、カンツラーの依拠する官僚制原理は、大学内部における官僚制原理である。これに対して、カンツラーが統轄機関から独立して国家と直結することは、大学内部の官僚制原理だけではなく、大学と国家の関係における官僚制原理にも依拠するのである。そして、カンツラーが大学と国家の関係における官僚制原理に基づいて、国家管理を国家の意思に従順に行うならば、一面的な効率性が生ずる。しかし、一元的管理の非効率性と独立したカンツラーの効率性とを比較して、カンツラーの独立を支持することは妥当ではない。カンツラーの独立は、国家行政を大学に注入するためには有効な手段であるが、これは同僚制原理が顧慮されていないから、大学の成員にとって受け入れ難いものになる。大学が自律的であるためには、同僚制原理によって形成された大学の意思に基づいて国家管理が行われなければならない。同僚制原理を主とし、官僚制原理を従とした管理機構が構築されなければならない。

同僚制原理を顧慮する場合、統轄機関は学長制または教授総長でなければならない。そしてその統轄権限の枠組みの中で、カンツラーによる分掌が行われるならば、大学の管理における「同僚制原理の優位」が成り立つ。統轄機関とカンツラーを分離し「二元的管理＋協調」という図式で管理を行うことは、大学の管理における同僚制原理と官僚制原理の調和の方法のひとつである。しかし、それは分離を前提としているために、限られた範囲内での協調にすぎない。

　大学は学問の研究教授を主たる任務とし、それが主として個々の教授から発するものであるから、大学での決定はボトム・アップの性格をもたなければならない。まだ社団として決定を行うことができるように配慮するために、国家管理の局面においてもそうした性格をもたせることが管理一元化の要求するところである。

結　論

　管理一元化のパラドックスは、一元的管理の進展に伴い、同僚制原理と官僚制原理が葛藤し、かえって管理分裂の契機が生じることである。現在の大学の管理において、同僚制原理と官僚制原理とは管理機構を構築する際に両原理が葛藤する場面があっても、いずれも顧慮されるべき原理である。その意味において管理一元化では、これらの原理が調和されなければならない。

　その調和の方法は大学内部の官僚制原理を、大学と国家の関係における官僚制原理と結合することではなく、それを同僚制原理を補完するものとして位置づけることであった。

　しかし、同僚制原理が優先されることは、官僚制原理を無視することであってはならない。同僚制原理に基づく決定が、官僚制原理によって裏打ちされたものでなければならない。そこでカンツラーは行政の専門家として重要な地位を占めることになる。同僚制原理を大学内部における官僚制原理が補完する。これは一元的管理の範囲内での分掌によって可能になる。

　もちろん、ここから直ちに二元的管理を統合する際の問題が解決するのではない。この問題は基本的には国家の任務と大学の任務という二元制がとられる限り、つまりドイツの大学が国立大学である限り、完全には解消されな

い。ただし次のような方策は可能であろう。つまり国家の任務を大学に委任することによって、大学に相当の自律性を享受させ、そして大学は社団として国家との交渉を行うのである。

注

1 §58 Ⅲ Hochschulrahmengesetz（HRG）.
2 §1 Ⅱ Hessisches Gesetz zur Errichtung der Justus Liebig-Hochschule in Gießen vom 11. September 1950.
3 §8 Ⅰ Hessisches Gesetz zur Errichtung der Justus Liebig-Hochschule in Gießen vom 11. September 1950.
4 Bergründung zu den einzelnen Vorschriften des Entwurfs eines Hochschulrahmengesetzes（HRG）, Gesetzentwurf der Bundesregierung vom 30.11.73. BT-Drucksache 7/1328, S.72-73. vgl. studentische politik, HRGE1, Entwurf eines Hochschulrahmengesetzes（HRG）, 8.19.73. S.104-105.
5 Shultz-Gerstein, Hans-George. Durch die Praxis widerlegt. In: 14/1984 *DUZ*. S.22.
6 Dallinger, Peter. Hochschulrahmengesetz —Kommentar—, 1978, S.339.
7 Fonk, Friedrich. Grundfragen der Organisation der Hochschule. Neuere Erfahrungen und Aspekte. In: *Die Verwaltung* 6/1973, S.473.「大学は、法律及び監督の範囲内で、人事及び経済管理を含めて、その業務を自己管理する」ともいわれる（vgl. Bundesregierung: 14 Thesen zur Vorbereitung eines Hochschulrahmengesetzes. In: *DUZ* 4/1970, S.15)。
8 §59 Ⅰ HRG.
9 §59 Ⅱ HRG.
10 Lüthje, Jürgen. §58. *Rechtsstellung der Hochschule*. Rdnr. 72-73.
11 Fonk, Friedrich. Grundfragen der Organisation der Hochschule. Neuere Erfahrungen und Aspekte. In: *Die Verwaltung* 6/1973. S.473.
12 Thieme, Werner. *Deutsches Hochschulrecht*. 1986, S.453-456.
13 Bericht der Expertenkommission zur Untersuchung der Auswirkungen des Hochschulrahmengesetz（HRG）, 1.1984, S.83-84.ロイマンは、同委員会の見解から一元的管理は実証されたと判断した（Reumann, Kurt. Experten bieten Rezepte an gegen zersplitterte Universitäten und überlange Studien, In: *Frankfurter Allgemeine Zeitung für Deutschland*, 21.1.1984. S.4)。
14 Bericht der Expertenkommission zur Untersuchung der Auswirkungen des Hochschulrahmengesetz（HRG）, 1.1984.S84.
15 Wissenschaftsrat. *Empfehlungen des Wissenschaftsrates zur Struktur und Verwaltungsorganisation der Universitäten*, 1968.
16 §62 Ⅳ HRG（1976）, §62 Ⅴ HRG（1985）.
17 Schiedermair, Hardmud. Universiät als Selbstverwaltungskörperschaft? In: *WissR* 1/1988. Schiedermair, S.19.

18　Blum, Jürgen. Finanzorganisation. In: Karpen, Urlich (Hrsg.). *Hochschulfinanzierung in der Bundesrepublik* Deutschland. 1989. S.120-121. vgl. Karpen, Urlich (Ed.). *The Financing of Higher Education in the Federal Republic of Germany,* 1991, p.112.
19　Schultz-Gerstein, Hans-Georg. Durch die Praxis widerlegt, In:14/1984 *DUZ*, S.22.
20　Schultz-Gerstein, Hans-Georg. Verfassungs- und verwaltungsrechtliche Aspekte der Einheitsverwaltung an den Hochschulen. In: *WissR* 17/1984.3, S.287-288.
21　国立大学は、州立大学のこと。また領域は旧西ドイツとする。
22　§58 Ⅰ HRG.
23　Lüthje, Jürgen: §58. Rechtsstellung der Hochschule. In: Denninger, Erhard. *Hochschulrahmengesetz —Kommentar—*. 1984, Rdnr.28.
24　Thieme, Werner. *Deutsches Hochschulrecht*. 1956, S.154.
25　§63 Ⅰ HRG.
26　Thieme, Werner. *Deutsches Hochschulrecht*. 1956, S.174. (vgl. §71 Ⅰ RP wissHG)
27　Thieme, Werner. *Deutsches Hochschulrecht*. 1956, S.172.
28　Thieme, Werner. *Deutsches Hochschulrecht*. 1956, S.178.
29　Thieme, Werner. *Deutsches Hochschulrecht*. 1956, S.6.
30　§§38 Ⅱ, 38 Ⅲ HRG.
31　評議会をめぐる問題については、拙稿「ドイツの大学における意思決定機関の構成原理」日本比較教育学会編『比較教育学研究17』1991年を参照。
32　Avenarius, Hermann. *Hochschulen und Reformgesetzgebung—zur Anpassung der Länder-Hochschulgesetze an das Hochschulrahmengesetz*, 1979, S.128.
33　Seel, Wolfgang. Präsident oder Rektor? In: 11/1967 *DUZ*, S.8.
34　Seel, Wolfgang. Präsident oder Rektor? In: 11/1967 *DUZ*, S.3.
35　Raiser, Ludwig. *Die Universität im Staat*. 1958, S.9.
36　Art. 4 Abs.1 BayHSchG. Avenarius, Hermann: *Hochschulen und Reformgesetzgebung —zur Anpassung der Länderhochschulgesetze an das Hochschulrahmengesetz*. 1979. S.130.
37　Thieme, Werner. *Deutsches Hochschulrecht*. 1986. Rdnr.122.
38　Avenarius, Hermann. *Hochschulen und Reformgesetzgebung —zur Anpassung der Länderhochschulgesetze an das Hochschulrahmengesetz*. 1979, S135. vgl. Lüthje, Jürgen. Vor §§59, 60. In: Denninger, Erhard. *Hochschulrahmengesetz —Kommentar—*. 1984, Rdnr.2.
39　Thieme, Werner. Hochschule und Verwaltung. In *WissR* 1/1989, S.8.
40　Maier, Hans. Das Verhältnis von Staat und Hochschule in Bayern nach 1945. In: *Revue d' Allemagne* 9/1977, S.464.
41　Wissenschaftsrat. *Empfehlungen des Wissenschaftsrates zur Struktur und Verwaltungsorganisation der Universitäten*. 1968, S.31.
42　Wissenschaftsrat. *Empfehlungen des Wissenschaftsrates zur Struktur und Verwaltungsorganisation der Universitäten*. 1968, S.33.
43　Dallinger, Peter. *Hochschulrahmengesetz —Kommentar—*. 1978, §62 Rdnr.1.
44　Wissenschaftsrat. *Empfehlungen des Wissenschaftsrates zur Struktur und*

Verwaltungsorganisation der Universitäten. 1968, S.31.
45　Dallinger, Peter. *Hochschulrahmengesetz —Kommentar—.* 1978. §62, Rdnr.1.
46　Thieme, Werner. *Deutsches Hochschulrecht.* 1986, S.453-456.
47　Wissenschaftsrat. *Empfehlungen des Wissenschaftsrates zur Struktur und Verwaltungsorganisation der Universitäten.* 1968, S.33.
48　Thieme, Werner. *Deutsches Hochschulrecht.* 1956, S.157-160; Lüthje, Jürgen. §58. Rechtsstellung der Hochschule. In: Denninger, Erhard. *Hochschulrahmengesetz — Kommentar—.* 1984, Rdnr.64; Rothe, Hans Werner. *Über die Gründung einer Universiät zu Bremen.* 1961, S.182-183.
49　Rothe, Hans Werner. *Über die Gründung einer Universiät zu Bremen.* 1961.
50　Thieme, Werner. *Deutsches Hochschulrecht.* 1956, S.160-167; Lüthje, Jürgen. §58. Rechtsstellung der Hochschule. In: Denninger, Erhard. *Hochschulrahmengesetz — Kommentar—.* 1984, Rdnr.64; Rothe, Hans Werner. *Über die Gründung einer Universiät zu Bremen.* 1961. S.183-184.
51　Drosdzol, Wolf-Dietrich. *Das Kuratorium als Einrichtungen des Zusammenwirkens von Staat und Hochschule nach dem Berliner Hochschulgesetz* (BerlHG). 1981, S.13-14.
52　Rothe, Hans Werner. *Über die Gründung einer Universiät zu Bremen.* 1961, S.181-194.
53　Stein, Werner. Zwischen Kontrolle und Selbständigkeit —Zur Autonomie der Universität. In: *DUZ.* 1969, 17/18, S.1.
54　Thieme, Werner. *Deutsches Hochschulrecht.* 1956, S.167-170; Lüthje, Jürgen. §58. Rechtsstellung der Hochschule. In: Denninger, Erhard. *Hochschulrahmengesetz — Kommentar—.* 1984, Rdnr.64; Rothe, Hans Werner. *Über die Gründung einer Universiät zu Bremen.* 1961, S.184.
55　Thieme, Werner. *Deutsches Hochschulrecht.* 1956, S.170-171; Lüthje, Jürgen. §58. Rechtsstellung der Hochschule. In: Denninger, Erhard. *Hochschulrahmengesetz — Kommentar—.* 1984, Rdnr.64; Rothe, Hans Werner. *Über die Gründung einer Universiät zu Bremen.* 1961, S.184-185.
56　Lüthje, Jürgen. §58. Rechtsstellung der Hochschule. In: Denninger, Erhard. *Hochschulrahmengesetz —Kommentar—.* 1984, Rdnr.66.
57　BMBW. *Bericht der Expertenkommission zur Untersuchung der Auswirkungen des Hochschulrahmengesetzes.* 1984, S.81.
58　BMBW. *Bericht der Expertenkommission zur Untersuchung der Auswirkungen des Hochschulrahmengesetzes.* 1984, S.85.
59　BMBW. *Bericht der Expertenkommission zur Untersuchung der Auswirkungen des Hochschulrahmengesetzes.* 1984, S.89.
60　Schultz-Gerstein, Hans-Georg. Verfassungs- und verwaltungsrechtliche Aspekte der Einheitsverwaltung an den Hochschulen. In: *WissR* 17/1984.3, S.281.
61　Lüthje, Jürgen. §58. Rechtsstellung der Hochschule. In: Denninger, Erhard. *Hochschulrahmengesetz —Kommentar—.* 1984, Rdnr.68.

62 §12 II Gesetz über die Universitäten des Landes Hessen（HUG）.
63 §10 IV HUG.
64 Lüthje, Jürgen. §58. Rechtsstellung der Hochschule. In: Denninger, Erhard. *Hochschulrahmengesetz —Kommentar—*. 1984, Rdnr.69.
65 §88 IV Niedersächsisches Hochschulgesetz（NHG）.
66 §76 IV 1 BerlHG, §85 III 1 HmbHG.
67 §13 I BWUG, §85 I BremHG, §§13 I, 13 II, HUG, §§88 I, 88 III NHG. §78 I HochschG. in RP, §§33 I, §33 II SaarUniG. ただし、バーデン・ヴュルテンベルクの学長部では、個別的指示の規定はない。
68 §§47 I, 47 II wissHG NW, §§46 II 3, 49 I SH HSG.
69 Art. 44 Abs.1 BayHSchG.
70 Lüthje, Jürgen. §58. Rechtsstellung der Hochschule. In: Denninger, Erhard. *Hochschulrahmengesetz —Kommentar—*. 1984, Rdnr.70.
71 Avenarius, Hermann. *Hochschulen und Reformgesetzgebung —zur Anpassung der Länder-hechschulgesetze an das Hochschulrahmengesetz*. 1979, S.78.

(初出：修士論文、1992年3月、未刊行)

第3節　ドイツ高等教育立法の政治分析

1　課　題

　本稿の課題は、旧西ドイツにおける高等教育立法の政治過程の分析を通して、ドイツの大学における管理運営の原理・原則を解明するための基礎を構築することである。特に「学長と事務局長の間の葛藤（Rektor-Kanzler-Konflikt）」と表現される高等教育法の解釈をめぐる論争が論究の対象となる。
　「学長と事務局長の間の葛藤」は、「大学と国家」をテーマとする大学の法的地位をめぐる論争の延長線上にあり、大学の組織について一層具体的な問題を扱う研究課題と理解してよい。また、これは1960年代から70年代にかけて連邦と各州で高等教育法の制定が進展するにつれて、新たに注目され始めた法解釈上の争点である。この統轄機関をめぐる論争のキーワードは一元的管理（Einheitsverwaltung）である。一元的管理の導入をめぐってその概念、つまり学長のような大学を統轄する機関（Hochschulleitung）の性格と、大学の事務局（Hochschulverwaltung）を統轄する事務局長との権限関係が問題になった。

ドイツでは伝統的に大学の構造を二元的に捉え、組織的に大学の自治 (Selbstverwaltung) と国家行政 (Staatsverwaltung) が、また事務区分として大学の事務 (Selbstverwaltungsangelegenheiten) と国の事務 (staatliche Angelegenheiten) とが並立するとみなしてきた。もちろん現行の高等教育法は州法に基づいて設置される州立大学が適用範囲の中心となるから、ここで問題となるのは特に州立大学である。ちなみに1992年におけるすべての高等教育機関に占める州立大学の割合は251校中189校で75%、機関の種類ごとにみると伝統的な総合大学（Universität）においては62大学で89%、その他の学術的大学、つまりドクトル学位授与権を有する大学を含めると74大学で77%、高等専門学校（Fachhochschule）については、61校で61%などとなっている[1]。

 連邦法である高等教育大綱法（Hochschulrahmengesetz）は、大学は国の事務に係るものである場合にも一元的管理によって任務を遂行するものと定めている（高等教育大綱法第58条第3項）。国の任務として連邦法において特に列挙されているのは、大学の人事、経理、予算・財務及び患者の診療である（同法第59条第2項）。これらが委任されるなどして大学により管理されるのであるが、このような事務区分の背景に、公法上の団体であり、かつ国の機関でもある大学の二重の法的地位がある（同法第58条第1項）。

 大学の二重の性格が管理運営の機構に反映することから、学長を中心とする同僚制（Kollegialität）の管理機構と、事務局長を頂点とする官僚制の管理機構の権限関係が二元的となることは免れ難い。もっとも当然のことながら一元的管理が高等教育法によって定められるまで、両者の関係は多様であった。大学において国家行政を行う組織を一般管理（allgemeineVerwaltung）と呼ぶが、管理運営の二元性のもつ多様性を、この一般管理の分類にみることができる。

 一元的管理が導入されるまでの一般管理の組織形態は、通例4種類に分類される。すなわち学監（Kurator）によるもの、理事会（Kuratorium）によるもの、運営委員会（Verwaltungsausschuß）によるもの、学長と評議会がこれを併せて行うものである。

 たとえば、プロイセンの伝統にならって大学に学監が置かれる場合に、学長は大学の事務について権限をもち、他方、学監は大学における国家行政を

統轄し、かつ大学を監督する機関であったから、学監制は管理機構の二元性が最も明確な形態であった。第二次世界大戦の終結の後に学監に代わって事務局長（Kanzler）が置かれるようになると、事務局長は学長の下で大学の事務にも従事するようになったが、国の事務において学長から独立していた。これに対して、学長と評議会が一般管理を行った南西ドイツの諸大学の組織が二元性の最も不明瞭な形態であった。

　一般管理の多様な組織形態をふまえて、これを改革するものとして大学の事務と国の事務を統轄する機関の形態について具体的に規定した連邦法が1976年に施行された高等教育大綱法である。同法の特色は、大学の統轄機関の形態を「専任の統轄者」または「専任の委員を含む統轄委員会」と定めたところにある。これらは法案審議の過程で総長（Präsident）または総長部（Präsidium）と称された。一方、従前の学長に相当する「併任の統轄者」は例外として認められたにすぎない（高等教育大綱法第62条第5項、現行法の第7項と同内容）。

　連邦法の定める統轄機関の性格を特定し、具体化するうえで、法律の解釈が占める重要度が高いとはいえ、実際には解釈する主体が多元的であるために多様な解釈を生む可能性がある。たとえば、「専任の統轄者」及び「合議制統轄委員会の専任の委員」に選出しうる者の資格について「大学教育を修了し、かつ、特に、学術、経済、行政または司法の分野での長年にわたる責任ある職業活動によりその職責を十分に果たしうると認められる者を任命することができる」との規定がある（高等教育大綱法第62条第4項、改正後の第5項に相当）。しかし、これに対応する州の高等教育法の中にこの機関の資格を特に当該大学の教授に限定する規定があった。この点について州間の比較を試みたアフェナリウスは「専任の統轄者」等の資格を当該大学の教授に限定する3州――バーデン・ヴュルテンベルク、ノルトライン・ヴェストファーレン、ザールラント――の規定を連邦法に反する疑いがあると批判した[2]。しかし、これらの州以外でも所謂「教授総長（Professoren-Präsident）」が多く存在したから、州法の規定の仕方にかかわらず学長的な統轄機関がもてはやされたのである。

　また、連邦法の規定と統轄機関の実状の齟齬は、理論的研究における解釈

に混乱を招いている。たとえば、フィッシャーの論文では、学長を「大学の教学を統轄する者（akademischer Leiter der Hochschule）」、総長を「大学全体の事務局を統轄する者（Leiter der gesamten Hochschulverwaltung）」と説明している[3]。このような区別は連邦法にないばかりでなく、教学に関わる大学の事務と経営に関わる国の事務を一元的に管理する原則からして、学長は単なる「教学を統轄する者」ではありえない。この点について学長制と総長制の実際上の性格に言及したブルームの論文がある。これによれば、学長制において大学は学長、副学長、事務総長により統轄されるが、学長は副学長や事務総長の上司ではなく、命令権をもたない。これに対して総長制の下では、大学は総長単独により統轄され、副総長及び事務局長は特別に指定された事務においてのみ総長を代理し、総長の職務の執行を補助するというのである[4]。しかし、相違の原因となる背景や法的根拠について説明されていない。

一方、エッピングは合議制統轄委員会における事務局長の地位について分析し、大学の事務局を統轄する事務局長の地位と、予算担当官（Beauftragte für Haushalt）としての事務局長の地位について、大学の統轄機関との権限関係に着目して法解釈を展開した。そして州により差異はあるものの、日常的な業務の処理という大学の事務局の責任者としての事務局長は、合議制統轄機関である学長部の方針に従うのが通例であるが、予算担当官としては統轄機関との間の通常の上下関係を逆転させることができると解釈する。予算に関して事務局長は統轄機関に疑問を呈したうえで、さらに拒否権を行使することができるからである[5]。連邦法において明確でない部分を州法の詳細な規定を手がかりにして解釈を深めたこの研究は、対象が特に合議制統轄機関における事務局長の地位に限定されているものの、権限関係が事務の性質により異なってくることなどの指摘があり、一元的管理における統轄機関と事務局長の関係について示唆に富んでいる。

統轄機関の多様性が、高等教育立法の政治過程で生じるとみるのが本稿の立場であるが、それでは本稿が対象とする統轄機関の性格と、学長と事務局長の権限関係に関わる規定が法律として制定される過程を先行研究はどのように理解していたのか。シュスターは次のように説明する。まず学術審議会（Wissenschaftsrat）が1962年の勧告で任期を2年とする学長制による統轄機

関の「連続性」の向上を、また1968年の勧告で任期の長い専任の総長制の導入を勧告した。一方、西ドイツ学長会議（Westdeutsche Rektorenkonferenz）は独任制の総長に批判的であった。結局、大学の統轄機関に関して一致をみることなく、高等教育大綱法の規定は自由度が高いものになった[6]。

このような記述は、高等教育法の制定をめぐる議論の背景にあるいくつかの原理・原則がある主体を通して最終的に成立した法律へ反映されるという、いわば一方向的な見方に限られている。このような立場においては、個々の原理・原則の関係を政策過程にある主体――後に法解釈する側になる――がどのように理解していたのか明確にならないばかりでなく、合意形成の過程に含まれる法解釈上重要な要素を見落とすことになりかねない。また、一つの政策の中にさまざまな原理・原則が混在することが、事後的な点検・評価を困難なものとしていると思われる。そもそも主体により政策の見方は異なるし、諸条件の変化により主体の支持する政策内容は時間とともに変化するであろう。そうであるならば、原理・原則の関係は、主体の立場に変化を起こさせる主体間の影響力関係に反映するのではないか。政策過程における主体間の影響力関係――動態的な権力構造――をふまえた分析が、高等教育制度の実像の解明に不可欠であると考える。

2 対象及び方法

本稿で取り上げる法律は1976年に施行された連邦法である高等教育大綱法である。高等教育大綱法の立法過程の政治的側面を分析するとき、直接に関わる立法過程のほかに三つの局面を視野に入れることが必要である。

第一に、この法律を制定する動きの原点にできるだけ遡らなければならない。基本法の改正により、高等教育制度に関する大綱的立法権が連邦に付与されたのは1969年5月であった。そしてこれを受けて連邦教育学術大臣のロイシンクによる14のテーゼが出されたのが1970年2月のことである。しかし政策過程はこのときに始まったのではない。これより以前に学術審議会や西ドイツ学長会議等が大学改革について勧告しており、これらの見解を政策過程の中に位置づけなければならない。

第二に高等教育大綱法の実施過程、特に大学・高等教育制度の一般原則を

定める同法の原理・原則が、州における高等教育法の制定に及ぼしている影響を確認しなければならない。州の定める高等教育法には、連邦法と同様に高等教育諸機関を一括して対象とする、いわゆる高等教育法として制定されるところと、機関の種類ごとに総合大学法、教育大学法、高等専門学校法のように制定されるところがある。これら州の高等教育法には連邦法と一致しない規定を含むものがあることから、州の高等教育立法の過程には、連邦法の立法過程とは異なる影響力構造が存在したと推測できる。ただし、これは連邦における高等教育大綱法の立法過程を対象とする本稿の範囲を超える。

そして第三に高等教育大綱法の改正のプロセスをみることにより、当初の立法過程を評価することが必要である。高等教育大綱法は制定の後、数度の改正を経ているが、このなかで1985年の第三次改正法の背景にある「高等教育大綱法の効果の調査に関する専門家委員会」による1984年の報告は、内容において包括的であり、当初の立法に対する公的性格をもつ評価として重要である。改正論議におけるその他の主張や評価を含めて、立法時の政策過程を再検討するのである。

ここでは、さしあたり第一の点に着目し、政府、政党、関係機関の支持する政策内容に関わる文書を分析することにより、連邦における高等教育立法をめぐる主体間の影響力関係の実像を浮き彫りにする。今回は大学の管理運営の組織について、わが国の学長に相当する機関の問題を対象に、その性格を規定する条項が成立する過程に題材を求めた。分析においては、当該政策分野をさらに個々の要素に分解し、個々のアクターの支持する政策内容を時間の流れに沿って追跡する。つまり、結果的に実現された政策——成立した法律——の基礎にある原理・原則を抽出するとともに、そのような原理・原則を媒介したアクターを明らかにする。

3 結　果

(1) 大学の統轄機関の周辺

ドイツの大学の統轄機関について、その成立過程を分析する前に、まず日本の大学の組織と比較しつつ統轄機関を中心とする大学の管理運営の組織について整理し、次に1976年の法律と1985年に改正された法律との相違点を

明らかにしておきたい。

1976年の規定では、わが国の学長に相当する機関として大学に任期4年以上で選挙される専任の統轄者または専任の委員を含む統轄委員会が置かれるものとされた。大学の統轄者または就任について選挙によることを必要とする専任の委員は、高等教育大綱法第63条第1項の定める中央合議制機関が行う大学による候補者推薦に基づいて期限付きで選挙され、州法の定めにより、権限を有する機関——文部大臣等——が任用する。ここでいう中央合議制機関は大評議会等の名称（Großer Senat, Konvent, Konzil, Konsistorium）をもつ機関であって、同条第2項の定める評議会（Senat）等とは別の機関である。なお、専任の統轄機関を必要としない大学について、州は例外を定めることができる（高等教育大綱法第62条第5項, 改正後の第7項に相当）。また、専任の統轄者または統轄委員会の専任の委員のうちの1人については上述のように資格が要求され、大学教育を修了し、かつ、特に学術、経済、行政または司法の分野での長年にわたる責任ある職業活動によりその職責を十分に果たしうると認められる者をこれに任命することができる。

これらと関係する機関について、わが国の法規は次のように定めている。まず、学長は大学に必置の機関であり、校務を掌り、所属職員を統督する（学校教育法第58条）。その採用は選考によるものとし、選考は大学の管理機関が行う（教育公務員特例法第4条）。学長の任期については、大学の管理機関が定め（同法第8条）、任用、免職、休職、復職、退職及び懲戒処分は、大学の管理機関の申出に基づいて、任命権者が行う（同法第10条）。また、大学の管理機関が行う学長の選考は、人格が高潔で学識がすぐれ、且つ、教育行政に関し識見を有する者について、大学の管理機関の定める規準により、行わなければならない（同法第4条）。

次に事務局長関連では、ドイツの場合、統轄行政官（Leitende Verwaltungsbeamte）が、その職にあることによって——選挙によらず——合議制の統轄委員会に所属するものとされている（高等教育大綱法第62条第2項, 改正後の第4項及び第6項に相当）。

一方、わが国では、国立大学に、庶務、会計及び施設等に関する事務を処理させるため事務局を置き、事務職員をもって事務局長に充てるものとされ、

事務局長は、学長の監督の下に事務局の事務を掌理し、学部等に置かれる事務部及び事務室の事務について総括し、及び調整すると定められている（国立学校設置法施行規則第28条）。

　二国の制度を比較すると、わが国の大学では学長が独任制に限定されるのに対して、ドイツでは独任制と合議制のいずれもが可能である。また、わが国において国立大学の事務局長について文部省令で規定しているように、ドイツの連邦法は事務局長が合議制の統轄委員会に所属することを定めているにすぎない。とはいえ、ドイツでは大学組織の二元的構造との関係で、事務局長の地位に敏感である。つまり、国の監督について規定する高等教育大綱法第59条によれば、州は法規監督（Rechtsaufsicht）を行い、大学が国の任務、特に人事、経理、予算・財務及び患者の診療に係る任務を遂行する場合などに、法規監督以外の監督について定めなければならないとされ、この二元性が学長と事務局長の関係に対応しているのである。

　ドイツにおいてこの課題に取り組まれた過程を時系列に整理すると、次のようになる。まず、伝統的な独任制の学長の任期は1年であり、また学長となる者は当該大学に所属する教授であった。そして学監など一般管理を行った上述の諸機関の権限と、学長の権限を併せもつものとして議論されたのが総長制である。

　まず、高等教育大綱法の定める統轄機関の概念は、1968年の「総合大学の構造及び管理組織に関する学術審議会勧告」を含む議論を経て形成された。同法の想定する統轄機関の性格は総長制の色彩を強く帯びているようにみえた。しかし、この規定は1985年の改正において、かなりの部分が——少なくとも文面上は——修正された。まず、1976年の規定では、統轄機関は具体的名称ではなく、単に専任の統轄者とか合議制の統轄委員会のように、機関の性格をもって名称に代えていた。これに対して1985年の規定では、大学は①学長（Rektor）もしくは学長部（Rektorat）または②総長（Präsident）もしくは総長部（Präsidialkollegium）によって統轄されるとなっている。前者を学長制（Rektoratsverfassung）、後者を総長制（Präsidialverfassung）という（高等教育大綱法第62条第1項）。この中で総長制については1985年の規定においても1976年の規定に沿った定めとなっている。相違点は独任制の場合は

名称を総長とし、また合議制の総長部に所属する者として総長と副総長の名称を新たに記した部分にすぎない。一方、学長制は、選出に要する資格と任期において1976年の規定と相違がある。ここでいう学長は専任の職であるが、大学に所属する教授の中から選出され、また任期は2年以上となっている。任期を2年以上とすることは、総長の任期が4年以上となっているのと比較して短期でもよいことになる。

このような改正の経緯をみて、統轄機関の性格の変化を理解することは容易ではない。これを明らかにするためには州法による詳細な規定を点検しなければならないが、その州法を定めるうえで手がかりとなった連邦法の解釈を左右すると思われる統轄機関周辺に関わる政策過程の分析を次節以後で行いたい。

(2) 大学の法的地位、一元的管理、監督について

まず、大学の法的地位、一元的管理、監督に関わる見解の変遷について、つまり、大学の法的地位は国の機関なのかということ、事務区分について大学の事務と並んで国の事務を設定するかということ、並びに国の監督の種類についてこれを法規監督に限定するか、限定しないならば、その性格はどのようなものかということである。時期区分するならば、大学の自治の強化が前面に出た第一期、国の責任を配慮した第二期となる。

はじめに、第一期において、大学の法的地位を公法上の団体と捉えると思われる見解が二つある。第一に、1968年12月17日の第68回西ドイツ学長会議の決議「総合大学の組織の新秩序に関する勧告」がある。この勧告によれば、大学の法的地位は公法上の団体であり、大学の自治は教学及び財務の一元的管理として行われ、また、州の監督は法規監督であった[7]。第二に、1970年2月5日のロイシンクのテーゼでは、大学は国の監督の下で人事及び経理を含む大学の事務を法律の範囲内で自ら管理し、国の監督は、通常、合法性の検査――法規監督――に限定されていた[8]。二つの見解は、人事・経理が大学の事務である点、並びに国（州）の監督が法規監督である点で共通している。もっとも、前者と比較して後者はやや柔軟である。若干の事項について国の監督が合目的性の検査――行政監督（Fachaufsicht）――に及ぶこ

と、並びに人事及び経理をそれまで大学の固有の事務として行わなかった大学にたいして、移行期間の間この領域における行政監督を残すことができるものとしていたからである。

次に、第二期になると、人事と経理を国の事務に位置づけ、これに及ぶ行政監督の概念が論じられた。1970年11月2日～3日に行われた西ドイツ学長会議の第84回総会は、ロイシンクの構想で州の監督が法規監督に限定されていたにもかかわらず、この時点になって人事・経理が大学固有の事務に属するとの表現が法案から削られたこと、国の事務の範囲が法定されていないことから大学が国の下級官庁として扱われる可能性があることなどを指摘し、連邦政府が全体として国の権限を保持しようとする州の文部大臣に譲歩し、法案は当初より改悪されていると評価した[9]。

このような状況において、まず1970年12月4日に連邦政府法案が連邦参議院に送られている。この段階で大学の法的地位について「大学は公法上の団体であり、同時に国の機関である」とされ、ドイツ大学の伝統に基づく二重の法的地位の規定は、以後変化がなく、また目立った修正の要求もない。このことと関連して一元的管理については「大学は、国の事務に係るものである場合であっても、一元的管理により任務を果たす」として、国の事務が設定され[10]、また州の監督については法規監督に限定されるものの、大学が国の事務を遂行する場合には、州政府の議会に対する責任の遂行のために必要であるならば、法規監督への限定から逸脱することを法律で規定できるものとされた[11]。

この政府法案について、西ドイツ学長会議は意見表明を行い、この中で、大学に人事・経理が委任されない点、大学が国の任務を遂行する場合に国の監督が法規監督に限定されない点について改善を求めた[12]。この立場は上述の第8回総会と同じである。

他方、1971年1月29日に提出されたキリスト教民主同盟・キリスト教社会同盟（CDU/CSU）による法案では、「大学は、委任された（国の）事務に係るものである場合にも、一元的管理により任務を果たす」となっており、「委任事務」の概念を使用していることを除けば連邦政府法案と共通していた[13]。

これらを受けて1972年6月15日に連邦議会の学術委員会が決議した法案では、大学に国の任務が委任される場合には、国の監督を法規監督に限定する原則を逸脱し、一般的な基準を設定することにより規制することができると修正された[14]。これは国の監督に少なくとも一定の制約を課していたといえる。

しかし1973年8月29日の連邦政府案では、一般的基準への限定さえ削除されていた[15]。この政府法案に対して、西ドイツ学長会議は、法案第63条第1項の州の監督を法規監督に限定する原則は、第2項において大幅に逸脱される空文であると反論した。一定の領域に対して、法規監督を超える監督を避けられないならば、この監督の行使は一般的基準に限定されるべきであり、さらに広範な大学への国の監督は、憲法上許されないし、実際に必要ないというのが西ドイツ学長会議の主張であった[16]。

しかし、西ドイツ学長会議のこのような要求にもかかわらず、その後国の監督を一般的基準の設定に限定する規定は復活することなく、それどころか、1974年11月22日の教育学術委員会提案では、議会に対する政府の責任を理由に法規監督以外の監督を定めることができるとする制約さえ取り外された[17]。これはキリスト教民主同盟とキリスト教社会同盟の提案や、州の自主性を求めていた連邦参議院の影響を受けたものとみられる。

以上を整理すると次のようになる。大学を公法上の団体とし、かつ国の監督を法規監督とする考えは、ロイシンクのテーゼにみられた。西ドイツ学長会議も当初は、公法上の団体である大学の人事・経理は大学の事務であり、大学への監督は法規監督に限定されるとの立場であったが、一定の制限を設けて法規監督以外の監督を容認するようになった。ところが、行政監督等にほぼ相当するこの監督について、大学の自律性との関係で、一般的基準の設定に限定されていたが、途中でこの規定は削除された。学長会議にとっては一度はともかく同意できる内容になったものの、後に連邦参議院、キリスト教民主同盟・キリスト教社会同盟の見解に沿う内容になったとみることができよう。

(3) 統轄機関について

　大学の統轄機関の改革については、統轄機関における「連続性」の確保と「職務遂行能力」あるいは「効率性」の強化を実現する方法が争点となった。ここでは、特にこの二つの原理・原則に関して、つまり独任制の統轄者の任期及び資格に関わる影響力関係を明らかにしたい。時期区分するならば、「連続性」の確保が共通して求められた第一期、総長制の導入による「職務遂行能力」の強化が求められ、主体間で見解が対立した第二期、合意形成が模索された第三期である。

　統轄機関に「連続性」の確保を求めた第一期の特徴を示す三つの見解がある。第一は、1962年の「新しい大学像に関する学術審議会の提案」である。これは、学長が1年の任期で交代することはその地位の低下を招くとの理由で、学長の任期を2年（新設大学の初代学長は5年）とすることを提案した[18]。第二は、1967年7月20日に公表された「1970年までの学術的大学の拡張に関する学術審議会勧告」であり、この勧告は学長の任期を4年とした。前者では学長を補佐する常設委員会による「連続性」の確保にも期待していたが、後者では学長そのものの任期を長くすることにより「連続性」を確保しようとするところに特徴がある[19]。第三に、1964年2月5日～7日に行われた西ドイツ学長会議の第51回総会でも、学長の任期を2年としたり再任したりすることにより「連続性」を確保することが求められた[20]。第一の学術審議会提案は選挙により学長が選ばれることをドイツの伝統とし、また第三の西ドイツ学長会議においてアメリカ流の総長制や、フランス流の学長制の導入は支持されなかったといわれるから[21]、このときまで学長の任期を延長することにより統轄機関における「連続性」を確保する点で学術審議会と西ドイツ学長会議の間で異論はなかった。

　次に、総長制の導入による「職務遂行能力」の強化が求められるようになった第二期についてであるが、ここでは西ドイツ学長会議、政党、連邦参議院の動きが立法過程の中核となる。

　併任の学長制を厳しく否定して、専任の総長・総長部の導入を強く打ち出したのは1968年12月13日の学術審議会勧告「総合大学の構造及び管理組織に関する勧告」である。これより以前に、1968年4月10日に行われた常設

文部大臣会議の第122回総会による決定「現代の高等教育法及び大学制度の構造的新秩序」では、大学の統轄機関における「職務遂行能力」の強化と「連続性」の確保のために、総長制または複数年の任期をもつ学長部を導入するものとされたが、総長制と学長部の概念は明確ではなかった[22]。

　これに対して1968年12月13日に公表された学術審議会の「総合大学の構造及び管理組織に関する勧告」は、「学科長、学部長、評議員として獲得される経験を超えるもの」が大学の統轄機関に要求され、これが他の任務と併せて行うことのできない新たな職業になったとして「専任の総長による統轄」と「任期を長期化した併任の学長による統轄」は同等ではないとして後者を否定した[23]。

　この勧告の直後、1968年12月17日に出された西ドイツ学長会議の「総合大学の組織の新秩序に関する勧告」の基本的な立場は、大きな大学と小さな大学、古い大学と新設の大学など多様な大学がある以上大学の組織は統一的であってはならないこと、大学において大きな権力をもつ総長を選任すること、及び総長に決定的な影響力を及ぼすことにより国の影響を強めようとする構想は、取り返しのつかない結果を招くというものであった。ところが、この中で学長会議は「学長部（Direktorium）」「専任の学長」「総長部」の三つを統轄機関の選択肢としたのであるが、これらの中で「総長部」には任期の長い専任の総長が置かれ、総長は同時に大学教員であってはならなかったから、学長会議に見解の変化をみることができる[24]。

　政党については、1969年4月の社会民主党（SPD）による「大学改革に関する提案（案）」では、総長の任期を6年以上とし、また総長となる者は大学教員であることを必要としなかったが[25]、1970年2月5日の教育学術大臣ロイシンクのテーゼでは、独任制の統轄者と合議制統轄委員会の長を専任として、任期は5年以上に短縮した。1970年12月3日の連邦政府法案は、このテーゼを受けている[26]。

　他方、1971年1月29日のキリスト教民主同盟・キリスト教社会同盟による高等教育大綱法案では、専任の統轄者を置く場合には任期を6年以上とし、研究及び教育における複数年に及ぶ独立した活動により、または行政、経済または司法における相当の統轄の経験により、この職の資格を証明する者の

みが選出されることができるとして条件を設けたところに特徴があった[27]。

その後、連邦議会の学術委員会がこれら二つの法案をもとに審議し、1972年6月15日に決議した新たな法案における統轄機関に関する規定は、連邦政府法案をそのまま受けたものであった[28]。つまりキリスト教民主同盟・キリスト教社会同盟による法案の要求する資格は、選出手続で十分に確認されるとの理由で含まれなかったのである[29]。

次に、1973年9月7日に連邦政府が連邦参議院に送付した法案でもやはり、独任制の統轄者と合議制統轄委員会の長は専任であったが、前者は任期が5年以上から4年以上に短縮され、後者は任期に関する規定が削除された[30]。この法案に対する反対意見は二つある。第一に、1973年10月19日の連邦参議院による意見表明では、州の法令により、4年以上の任期をもつ専任の統轄者または2年以上の任期をもつ併任の統轄者を統轄機関とすることを求めた。総長及び総長部のほかに、学長部も統轄機関の選択肢としたいことがその理由であった[31]。第二に、1973年11月6日の第107回西ドイツ学長会議の意見表明では、いくつかの州の実情をふまえ、総長・総長部と並んで学長部も選択肢とする規定のほうがよいと考えられていた[32]。学長会議は、1973年9月の法案提出理由において、従来のような併任ではなく専任の学長を置く新たな学長制も、大学の統轄機関の形態として明確に認められると解して満足していた[33]。

ところが、1973年11月28日の連邦参議院に対する連邦政府の反対意見では、「連邦参議院の改正提案には同意しない」とある。その理由は、大学の統轄機関の「効率性」と「連続性」を保障するのに適しているのは総長及び総長部であり、従来どおりの学長部はこれらと同等の形態ではないとの判断にあった[34]。このまま1973年11月30日に連邦政府案が連邦議会に提出された。

1973年12月10日の第108回西ドイツ学長会議は、この法案に対する意見表明でも、州の新たな高等教育法の大部分が学長部を認めていることを理由として、高等教育大綱法においても、これを総長及び総長部と同等の選択肢とすることを求めていた[35]。

このようにこのときまで学長部は認められていなかったが、それが変わり

始めたのが第三期である。まず、1974年11月22日の連邦議会教育学術委員会提案の「高等教育大綱法案について」では、独任制の統轄者の任期は4年以上となった。注目する必要があるのは、キリスト教民主同盟・キリスト教社会同盟の提案に準拠し、大学統轄機関の職を専任で執行する者の資格についての原則を設け、「大学教育を修了し、かつ、特に学術、経済、行政または司法の分野での長年にわたる責任ある職業活動によりその職責を十分に果たしうると認められる者を任命することができる」と規定したことである[36]。もちろん西ドイツ学長会議は学長部の要素が確保されていないことに不満であった[37]。

その後、この法案は、1975年1月31日に連邦議会で可決されたが、1975年2月26日の連邦参議院の通知は、再び専任の統轄機関は4年以上の任期、併任の統轄機関は2年以上の任期とし、総長、総長部と並んで学長部を認めようとするものであった[38]。しかし、連邦参議院の意見表明は、連邦議会と連邦参議院の調停委員会による1975年12月11日の提案「高等教育大綱法について」に受け入れられることなく、以後、この条項に変更はなかった[39]。

以上の過程を整理するならば、次のようになろう。まず、初期の基本的合意は、統轄機関の「連続性」の確保であり、学術審議会、西ドイツ学長会議で共通していた。一方、「職務遂行能力」あるいは「効率性」については、途中から重要性が高まり、学長会議と連邦参議院は合議制の学長部を解決の方策と容認したのに対して、連邦政府・社会民主党は総長制に固執した。この間に、たとえば学術審議会の1968年勧告で学長制が強く否定された後に出された西ドイツ学長会議の勧告は、三つの選択肢の一つとして総長部を掲げていた。このように周辺の状況により西ドイツ学長会議はある程度の影響を受けた。しかし、その後も1973年の法案に対する意見表明にみられたように、学長部に固執することになる。この点は連邦参議院も同様で、学長部を選択肢のひとつに位置づけることを求めた。結果的に連邦政府はこれを拒否し、高等教育大綱法に学長制は十分には反映されなかったが、同法の曖昧な表現の下で、各州は多様な規定を設けたのである。

多様性の例として掲げることができるのは、アフェナリウスにより高等教育大綱法に違反すると評価された3州の高等教育法である。しかし、本稿で

の分析でこの時期に学長部の捉え方に2種類あったことが明らかになった。西ドイツ学長会議の立場では、学長は大学の教授団の一員であることがメルクマールであり、この専任化された学長部は「改革された学長部」といわれる。これに対し連邦参議院――常設文部大臣会議もそうであった――の求めた学長部は、従前の併任の学長部ということになる。

　高等教育大綱法はその後改正されるが、そこで掲げられた四つの選択肢は、任期の違いこそあれ、いずれも専任の職である点において総長制の系譜にある。しかし、学長・学長部に限るならば、学長に教授を充てる点において従前の学長制の系譜にもある。

　また、1984年の高等教育大綱法専門家委員会の報告を発展させ、1985年の高等教育大綱法において規定された4種類の統轄機関は、各州・各大学における現実を、連邦が事後的に追認したものとみることができよう。

4　考　察

　1976年に施行された高等教育大綱法は、与野党の合意の上で成立したといわれる。高等教育大綱法が政策として形成される段階では、連邦政府と野党は法案提出と審議の形で連邦議会において、州政府は連邦参議院の意思表明において、また、関係団体はヒアリングや法案に対する意思表明において、それぞれの支持する政策を提案した。

　しかし、合意の過程でいわば玉虫色の決着が図られたことは否定できない。高等教育大綱法の実施段階において「州は原則として連邦法の規定を受容することになるが、この場合に連邦法があらかじめいくつかの選択肢を用意して州法に具体的決定を委ねたり、州が積極的に独自の立場から立法を行ったりしている。今回取り上げた高等教育立法をみる限り、政策過程における権力構造は多元的である。

　また、解釈の多元性の点からは、次のことがいえる。高等教育大綱法の立法者の立場からは、統轄機関の資格は列挙された幅をもつべきであった。しかし、具体的な立法を行う州の立場からすれば、列挙されたものからその一部に限定することが可能であるということになる。さらに西ドイツ学長会議の立場を大学の立場とみれば、法律でいかように規定されても、つまり学長

制・総長制にかかわらず、当該大学の教授が大学の統轄機関としてふさわしいと考えられたのである。

なお、本稿において事務局長の地位についての検討は十分になされていないが、連邦参議院の意見表明により予算に関して規定する権限が州に属することから立法の過程で削除された経緯がある。このことから連邦法において議論を深めることの困難な問題と結論することになろう。

注

1　BMBW. *Grund- und Strukturdaten*. 1993/94, S.126.
2　Avenarius, Hermann. *Hochschulen und Reformgesetzgebung*. 1979, S.72-73.
3　Fischer, Jürgen. Hochschulleitung. In: Teichler, Ulrich. (Hrsg.). *Das Hochschulwesen in der Bundesrepublik Deutschland*. 1990, S.48.
4　Blum, Jürgen. Financial Organisation. In: Karpen, Ulrich. (Ed.). *The Financing of Higher Education in the Federal Republic of Germany*. 1991, S.112.
5　Epping, Volker. Die Stellung des Kanzlers in der kollegialen Hochschulleitung, In: *Wissenschaftsrecht (WissR)*. 1993, S.161-197.
6　Schuster, Hermann Josef. Leitung- und Verwaltungskompetenzen. In: Flämig, Christian. u.a. (Hrsg.), *Handbuch des Wissenschaftsrechts*. 1982, S.283-285.
7　WRK, §1. Rechtsstellung, Empfehlungen zur Neuordnung der Universitätsorganisation, 1.Teil: Die Organe der Gesamt-Universität.
8　*DUZ*, 4/1970, S.15.
9　*DUZ*, 22/1970, S.13. vgl. *DUZ*, 21/1970, S.13-14.
10　§7 Rechtsstellung der Hochschule, BT-Drucksache Ⅳ/1873.
11　§8 Aufsicht, BT-Drucksache IV/1873.
12　*DUZ*, 2/1971, S.45.
13　§8 Rechtsstellung der Hochschule, BT-Drucksache IV/1784.
14　§9 Aufsicht, BT-Drucksache IV/3506.
15　§60 Aufsicht, BT-Drucksache 7/1328.
16　*DUZ*, 3/1975, S.89.
17　§62 Rechtsstellung der Hochschule, BT-Drucksache 7/2844.
18　Wissenschaftsrat, Anregung des Wissenschaftsrates zur Gestalt neuer Hochschulen, In: *DUZ*, 9/1962, S.36.
19　Wissenschaftsrat. *Empfehlungen des Wissenschaftsrates zum Ausbau der wissenschaftlichen Hochschulen bis 1970*. 1967, S.176-177.
20　*DUZ*, 3/1964, S.28.
21　*DUZ*, 3/1964, S.28.
22　KMK. Grundsätze für ein modernes Hochschulrecht und für die strukturelle Neuordnung des Hochschulwesens (Beschuluß der Kultusministerkonferenz vom 10.

April 1968), In: Sekretariat der Ständigen Konferenz der Länder in der Bundesrepublik Deutschland (Hrsg.). *Kulturpolitik der Länder l967 und 1968.* 1969, S.331.
23　Wissenschaftsrat. *Empfehlungen des Wissenschaftsrates zur Struktur und Verwaltungsorganisation der Universitäten.* S.30-32.
24　WRK. Empfehlungen zur Neuordnung der Universitätsorganisation, 1. Teil: Die Organ der Gesamt-Universität, 17. Dezember 1968, In: WRK. *Die WRK-Empfehlungen zur Reform der Hochschule.* 1969, S.30-52.
25　Sozialdemokratische Partei Deutschlands. Vorschlage zur Reform der Hochschulen. In: WRK. *Hochschul- und Wissenschaftspolitik in Programmen und Leitsätzen der Parteien.* Dokumente zur Hochschulreform XI/1969, S.48-49.
26　§22 Leitung der Hochschule, BT-Drucksache Ⅳ/1873.
27　§18 Leitung der Hochschule, BT-Drucksache Ⅳ/1784. vgl. Schule und Hochschule von Morgen, Leitsätze der Christlich Demokratischen Union Deutschlands, beschlossen von Bundesausschuss und Bundesvorstand der CDU am7. und 20. Juni 1969, In: WRK. *Hochschul-und Wissenschaftspolitik in Programmen und Leitsätzen der Parteien.* Dokumente zur Hochschulreform XI/1969, S.14.
28　§22 Leitung der Hochschule, BT-Drucksache IV/3506.
29　Zu §22 Leitung der Hochschule, BT-Drucksache IV/3506.
30　§63 Leitung der Hochschule, BT-Drucksache 7/1328.
31　Zu §63 Leitung der Hochschule, BT-Drucksache 7/1328, Anlage 2. Stellungnahme des Bundesrates, In: Studentische Politik, HRGE2, Entwurf eines Hochschulrahmengesetzes (HRG). *Stellungnahmen,* 8. 1973, S.111. vgl. DUZ/HD, 1/1974, S.12.
32　WRK. Stellungnahmen der 107. Westdeutschen Rektorenkonferenz. in: Studentische Politik. HRGE2, Entwurf eines Hochschulrahmengesetzes (HRG). *Stellungnahmen,* 1/2. 1974, S.157.
33　WRK. a.a.O., S.168.
34　Gegenäußerung der Bundesregierung. In: Studentische Politik. HRGE1, Entwurf eines Hochschurahmengesetzes (HRG). *Stellungnahmen,* 8. 1973, S.111. vgl. *DUZ/ HD,* 1/1974, S.12.
35　WRK. Stellungnahmen der 108. Westdeutschen Rektorenkonferenz, In: Studentische Politik. HRGE2, Entwurf eines Hochschulrahmengesetzes (HRG), *Stellungnahmen,* 1/2. 1974, S.171. vgl. DUZ/HD, 1/1974, S.11.
36　§66 Leitung der Hochschule, BT-Drucksache 7/2844. §66 Leitung der Hochschule, BT- Drucksache 7/2932 (Zu BT-Drucksache 7/2844).
37　WRK zum Hochschulrahmengesetz, *DUZ,* 3/1975, S.89.
38　62. Zu §66, BT-Drucksache 7/3279.
39　55. Zu §66, BT-Drucksache 7/4462.

付記：本研究は，平成4年度～平成6年度文部省科学研究費補助金（特別研究員奨

励費）による研究成果の一部である。

（初出：『大学論集』第24集、広島大学大学教育研究センター、1995年3月、103-118頁）

第4節　ドイツにおける大学職員

1　大学職員の概念

　ドイツの大学職員を概説するには、はじめに大学職員に相当するドイツ語を特定する必要がある。ドイツは連邦国家であるから、連邦全体に通用する概念が見つかるとよい。そこで、連邦統計局（Statistisches Bundesamt）の大学教職員統計と、連邦法である高等教育大綱法（Hochschulrahmengesetz, HRG）の用語法を検討する。

　大学職員をドイツ語に直訳すると、"Hochschulpersonal"になる。"Hochschule"と"Personal"の複合語である。"Hochschule"は、多様な高等教育機関を総称する（以下、大学という）。大学教職員統計は、総合大学、教育大学、神学大学、芸術大学、高等専門学校及び行政高等専門学校の6種類に分類し、高等教育大綱法は、総合大学、教育大学、芸術大学及び高等専門学校を列挙する（第1条）。"Personal"は職員を意味する集合名詞であるが、"Hochschulpersonal"になると、大学教職員の全体を意味する。

　大学教員をドイツ語に直訳すると、"Hochschullehrer"になるが、この語は教授及び準教授等を意味する。助手及び副手等を含めるときは、学術系及び芸術系職員を総称する"wissenschaftliches und künstlerisches Personal"を用いる。大学教員は大多数が学術系職員であるが、芸術分野の創作活動を主とする大学教員を芸術系職員という。

　大学職員は、大学教職員のうち大学教員ではない人たちである。大学教職員統計は、大学職員を"nichtwissenschaftliches (Verwaltungs-, technisches und sonstiges) Personal"と表記する[1]。"nichtwissenschaftliches Personal"は非学術系職員を、"Verwaltungs-, technisches und sonstiges Personal"は、事務

系・技術系・その他の職員を意味する。

　高等教育大綱法には、大学職員を直接に規定する条文がない。ただし、大学構成員（Hochschulmitglieder）に関する規定において、間接的ながら大学職員に言及する。大学構成員は本務教職員及び学生等である（第36条）。ドイツの大学は集団管理を大学自治の基本原則とするので、すべての大学構成員はいずれかの集団に所属する。そのような集団には、"Hochschullehrer"、"Studierende"、"akademische Mitarbeiter"及び"sonstige Mitarbeiter"がある（第37条）。"Hochschullerhrer"は教授及び準教授等、"Studierende"は学生等、"akademische Mitarbeiter"は助手及び副手等であるから、大学職員が属するのは"sonstige Mitarbeiter"になる。"sonstige Mitarbeiter"は、その他の職員を意味する。

2　高等教育制度における大学職員

(1) 大学職員の本務と兼務

　大学教職員統計の"nichtwissenschaftliches Personal"と、高等教育大綱法の"sonstige Mitarbeiter"は類似の概念である。前者が大学職員の全体を指すのに対して、後者は大学構成員であることが前提となるが、用語法上の厳密な区別はない[2]。ただし、統計上及び法令上は、本務（Hauptberuf）と兼務（Nebenberuf）の明確な区別がある。

　大学教職員統計によると、2003年12月1日現在、ドイツ全体の大学職員数は268,084人であった。そのうち本務職員が264,848人、兼務職員が3,236人であるから、大学職員の大部分は本務職員である。

　高等教育大綱法の注釈書は標準勤務時間の2分の1以上を勤務する職員を本務とするが、疑わしい[3]。勤務時間が標準の2分の1未満である本務職員と、勤務時間が標準の2分の1を超える兼務職員が存在する。全体の4％足らずであるとはいえ、上記の解釈が通用していない（表1）。州の高等教育法を点検するとバーデン＝ヴュルテンベルク州（第9条）及びニーダーザクセン州（第16条）では、勤務時間または業務の量が標準の2分の1以上であることを本務の基準とする。勤務時間のみを指標とする本務の定義は、実態に即していない。大学教職員統計は、そのことをふまえて、調査票に記入された職名

表1　勤務時間別の大学職員数

勤務時間 (標準に対する比率)	1/2未満	1/2以上 2/3未満	2/3以上 1未満	1	合計
本務職員数	9,410	43,506	23,834	188,098	264,848
兼務職員数	3,153	69	14	0	3,236
全職員数	12,563	43,575	23,848	188,098	268,084

出典：Statistisches Bundesamt. *Personal an Hochschulen 2003*. Wiesbaden, 2004, S.200. から作成した。

だけから本務と兼務を区別している。

(2) 大学職員の職種

　大学教職員統計に、事務系・技術系・その他の職員とは「大学事務局、学部事務部及び図書館に所属する官吏及び雇員、技師及び技手、大学病院の看護師、守衛及び門衛、労務系職員、研修生等」であると解説がある[4]。一方、高等教育大綱法は、大学職員に関連する規定に乏しく、大学職員の職種に言及しない。ただし、州の高等教育法は、"Hochschulmitglieder"及び"Hochschulpersonal"に関する規定の中で、大学職員の職種に言及する。

　すべての州の高等教育法に、高等教育大綱法第37条に相当する規定がある。しかし、大学職員の表記は多様である。連邦法と同様に"sonstige Mitarbeiter"となっているのは、バーデン＝ヴュルテンベルク州（第10条）、バイエルン州（第17条）、ベルリン州（第45条）、ブランデンブルク州（第59条）、ブレーメン州（第5条）、ザクセン＝アンハルト州（第60条）、テューリンゲン州（第38条）の各高等教育法である。また、メクレンブルク＝フォアポンメルン州（第52条）及びノルトライン＝ヴェストファーレン州（第13条）では"weitere Mitarbeiter"、ラインラント＝プファルツ州（第37条）、ザクセン州（第67条）、ザールラント州（第13条）及びシュレースヴィヒ＝ホルシュタイン州（第32条）では"nichtwissenschaftliche Mitarbeiter"と表記する。これら13州では、大学教職員から大学教員を控除することにより、大学職員の範囲を確定する。

　大学職員の職種を具体的に明示する場合がある。ヘッセン州（第8条）では、"Mitarbeiter aus den Bereichen Verwaltung und Technik (administrativ-

第3章　ドイツにおける大学の組織原理と実態　107

表2　職種別の本務職員数

職種	事務系(行政)	図書系	技術系(工学)	その他	看護系	労務系	研修生	実習生	合計
実員	64,292	10,709	49,389	29,992	61,911	32,754	15,318	483	264,848
高級職(内数)	6,843	854	3,147	2,533	—	—	—	—	13,377

出典：Statistisches Bundesamt, *Personal an Hochschulen 2003*, Wiesbaden, 2004, S.51-52. から作成した。

technische Mitglieder)"、ハンブルク州（第10条）では"Technisches, Bibliotheks- und Verwaltungspersonal (TVP)"、ニーダーザクセン州（第16条）では"Mitarbeiter in Technik und Verwaltung (MTV-Gruppe)"と表記する。これらは、事務系・技術系職員を意味する。ハンブルク州では図書系職員を含むのであるが、略記するときは頭文字"B"が欠落する。事務系・技術系職員という表記には、大学職員の多様な職種をすべて含む用法があるのだろう。

一方、"Hochschulpersonal"に関する規定の中で大学職員に言及するのは、ブレーメン州（第30条）、ザクセン＝アンハルト州（第52条）、メクレンブルク＝フォアポンメルン州（第78条）、ノルトライン＝ヴェストファーレン州（第63条）、シュレースヴィヒ＝ホルシュタイン州（第105条）及びヘッセン州（第79条）であるが、内容は断片的である。そこで、各州の規定を考慮しつつ、大学職員を定義するならば、大学事務局、学部及び施設に所属する、事務系、技術系、図書系及び看護系の官吏、雇員及び傭人となる。

大学職員の職種別構成をみると、事務系（24％）、看護系（23％）、技術系（19％）の順で多数を占める（表2）。ただし、大学教職員統計と高等教育法では、用語法が同一ではない。前者では職種を細分することにより、その他の職員（sonstiges Personal）を別掲する。"sonstiges Personal"が、上述の"sonstige Mitarbeiter"と異なる概念であることは明らかである。

(3) 大学職員の輪郭

大学職員の輪郭は不明瞭であり、州により取り扱いの異なる職種がある。たとえば、ラインラント＝プファルツ州（第37条）、ザールラント州（第13条）及びテューリンゲン州（第38条）では高級職の図書系職員を

"akademische Mitarbeiter"に、ノルトライン=ヴエストファーレン州（第13条）及びザールラント州（第13条）では附属病院の医員を"weitere Mitarbeiter"または"nichtwissenschaftliche Mitarbeiter"に含める。高級職の図書系職員は、学術図書館に所属する学問分野の専門家として教育研究を支援する。一方、医員の診療は学術的な業務とみなされているが、教育研究には従事しない。同様に、計算機センター及び学生相談所など、専門性の高い職員の位置付けが判然としないのであるが、法律レベルでは規定しない[5]。

3　公務員制度における大学職員

(1) 公務員の種類

　ドイツの大学職員を説明するとき、対象を州立大学の職員に限定するのが穏当である。高等教育における占有状況から、そのように判断する。たしかに、大学数をみると、私立大学の増加により州立大学の占有率は低下する傾向にある。しかし、教会立大学及び私立大学の大多数は小規模なので、大学職員数にみる州立大学の占有率は実に99%である（表3）。

　州立大学の職員を説明するには、州の公務員制度に言及する必要がある。ドイツの公務員には官吏（Beamte）、雇員（Angestellte）及び傭人（Arbeiter）がある。現在では雇員を公務職員、傭人を公務労働者と翻訳することが多いのであるが、本稿では、記述が煩雑になるのを避けるために、その訳語を使用しない。

　官吏、雇員及び傭人は、任用（雇用を含む。以下同じ）の根拠が異なる。官吏には官吏法等の諸法、雇員には連邦雇員賃金協約（Bundesangestelltentarifvertrag, BAT）、傭人には包括賃金協約（Manteltarifvertrag, MTArb）を適用する。官吏は任用団体（Dienstherr）と公法上の関係にあるが、雇員及び傭人は任用団体と私法上の関係にある。官吏としての任用は、連邦法である官吏法大綱法（Beamtenrechtsrahmengesetz, BRRG）に国籍条項があるので、ドイツ人であるか、EU加盟国の国籍を有する者に限定される（第4条）。雇員と傭人の区別は職務の性質による。前者はホワイトカラー、後者はブルーカラーである。なお、公務員は官吏、雇員及び傭人の3種類であるが、大学教職員統計では、研修生及び実習生を大学職員に含めている。

大学職員の中で、雇員が多数を占める。本務職員数で比較すると、雇員が202,544人（76%）であるのに対して、官吏は10,497人（4%）にすぎない[6]。雇員の多数は中級職に相当するが、高級職の雇員の下に、官吏を部下として配置することがある。大学職員について説明するときは、むしろ雇員を中心に据えるのが望ましいのであるが、公務員制度の基本を知るために、以下の記述では、便宜上、官吏である大学職員を中心に取り上げる。

(2) 大学職員の任命権

州の公務員である大学職員の任命権は、州にあるのが基本である。高等教育大綱法第58条が、「大学は公法上の社団であると同時に国家の施設である」と定めるから、どちらの性質が大学職員の任命権を規定するかが問題になる。大学が公法上の社団であるならば、地方公共団体のように公務員の任用団体となるが、州の施設であるならば法人格がなく、任用団体にならない。任命権が州にあることを説明するには、後者が通用する根拠を示す必要があるのだが、それは困難ではない。大学教職員の人事が大学の自治事務ではなく、国家事務に属するからである[7]。

ただし、大学職員の人事が国家事務であるとしても、州の高等教育法において、任命権を大学または大学の機関に委任する場合がある。ベルリン州（第2条）、ブランデンブルク州（第32条）、ブレーメン州（第14条）及びザールラント州（第9条）に、そのような規定がある。また、高等教育法の規定によらない、行政上の手続きによる任命権の委任がある[8]。

(3) 官吏の資格要件

官吏の採用にあたり資格要件となる予備教育（Vorbildung）及び養成教育（Ausbildung）は、官吏法大綱法が規定する（第13条、第14条）。

まず、予備教育は、高級職では大学の修業年限3年以上の課程を修了すること、上級職は後期中等教育の修了により大学入学資格を取得することである。また、中級職では実科学校の卒業など前期中等教育を修了すること、初級職は基幹学校の卒業により義務教育を修了することである。学校体系が分岐型であるうえに、分岐の仕方が州により異なるので、ここでは詳述しない。

表3 州別・種別の大学教職員数

州	設置者	総合大学					教育大学					神学大学		
		校数	学術・芸術職員		非学術職員		校数	学術・芸術職員		非学術職員		校数	学術・芸術職員	
			本務	兼務	本務	兼務		本務	兼務	本務	兼務		本務	兼務
バーデン＝ヴュルテンベルク州	州立	9	19,859	5,125	34,363	51	6	936	798	625	0	0	0	
	連邦立	0	0	0	0	0	0	0	0	0	0	0	0	
	教会立	0	0	0	0	0	0	0	0	0	0	1	16	
	私立	7	73	106	76	2	0	0	0	0	0	0	0	
バイエルン州	州立	10	20,785	5,659	33,780	1,398	0	0	0	0	0	0	0	
	連邦立	1	465	109	591	12	0	0	0	0	0	0	0	
	教会立	1	330	249	310	3	0	0	0	0	0	3	59	4
	私立	0	0	0	0	0	0	0	0	0	0	0	0	
ベルリン州	州立	3	10,382	4,601	17,716	0	0	0	0	0	0	0	0	
	連邦立	0	0	0	0	0	0	0	0	0	0	0	0	
	教会立	0	0	0	0	0	0	0	0	0	0	0	0	
	私立	1	10	8	15	0	0	0	0	0	0	0	0	
ブランデンブルク州	州立	3	1,925	741	1,555	0	0	0	0	0	0	0	0	
	連邦立	0	0	0	0	0	0	0	0	0	0	0	0	
	教会立	0	0	0	0	0	0	0	0	0	0	0	0	
	私立	0	0	0	0	0	0	0	0	0	0	0	0	
ブレーメン州	州立	1	1,901	222	1,205	0	0	0	0	0	0	0	0	
	連邦立	0	0	0	0	0	0	0	0	0	0	0	0	
	教会立	0	0	0	0	0	0	0	0	0	0	0	0	
	私立	1	145	0	95	2	0	0	0	0	0	0	0	
ハンブルク州	州立	3	4,201	1,701	8,402	57	0	0	0	0	0	0	0	
	連邦立	1	310	0	381	0	0	0	0	0	0	0	0	
	教会立	0	0	0	0	0	0	0	0	0	0	0	0	
	私立	1	60	6	45	0	0	0	0	0	0	0	0	
ヘッセン州	州立	5	10,612	2,843	19,701	96	0	0	0	0	0	0	0	
	連邦立	0	0	0	0	0	0	0	0	0	0	0	0	
	教会立	0	0	0	0	0	0	0	0	0	0	3	43	
	私立	2	103	66	63	6	0	0	0	0	0	0	0	
メクレンブルク＝フォアポンメルン州	州立	2	3,128	373	6,700	2	0	0	0	0	0	0	0	
	連邦立	0	0	0	0	0	0	0	0	0	0	0	0	
	教会立	0	0	0	0	0	0	0	0	0	0	0	0	
	私立	0	0	0	0	0	0	0	0	0	0	0	0	
ニーダーザクセン州	州立	11	11,097	3,653	18,845	63	0	0	0	0	0	0	0	
	連邦立	0	0	0	0	0	0	0	0	0	0	0	0	
	教会立	0	0	0	0	0	0	0	0	0	0	0	0	
	私立	0	0	0	0	0	0	0	0	0	0	0	0	

第3章　ドイツにおける大学の組織原理と実態

		芸術大学						高等専門学校						行政高等専門学校			
非学術職員		校数	学術・芸術職員		非学術職員		校数	学術・芸術職員		非学術職員		校数	学術・芸術職員		非学術職員	
本務	兼務		本務	兼務	本務	兼務		本務	兼務	本務	兼務		本務	兼務	本務	兼務
0	0	8	520	776	254	35	21	2,141	3,654	2,858	2	4	181	174	169	0
0	0	0	0	0	0	0	0	0	0	0	0	0	126	32	107	0
12	0	0	0	0	0	0	3	87	251	79	0	0	0	0	0	0
0	0	0	0	0	0	0	8	132	261	79	2	0	0	0	0	0
0	0	6	424	695	190	6	17	1,932	3,649	2,459	19	1	159	246	187	0
0	0	0	0	0	0	0	0	0	0	0	0	0	0	0	0	0
63	2	2	31	62	16	0	2	78	294	39	2	0	0	0	0	0
0	0	0	0	0	0	0	2	4	47	5	4	0	0	0	0	0
0	0	4	557	1,203	377	0	4	713	1,363	827	0	1	56	220	56	0
0	0	0	0	0	0	0	0	0	0	0	0	0	77	40	5	0
0	0	0	0	0	0	0	2	57	180	57	0	0	0	0	0	0
0	0	0	0	0	0	0	0	0	0	0	0	0	0	0	0	0
0	0	1	64	82	90	0	5	520	380	551	0	2	40	13	190	0
0	0	0	0	0	0	0	0	0	0	0	0	0	0	0	0	0
0	0	0	0	0	0	0	1	8	6	6	0	0	0	0	0	0
0	0	1	0	62	8	3	0	0	0	0	0	0	0	0	0	0
0	0	1	69	202	68	0	2	284	482	339	0	1	15	110	9	0
0	0	0	0	0	0	0	0	0	0	0	0	0	0	0	0	0
0	0	0	0	0	0	0	0	0	0	0	0	0	0	0	0	0
0	0	0	0	0	0	0	0	0	0	0	0	0	0	0	0	0
0	0	2	142	161	114	4	1	573	452	395	11	1	55	84	19	0
0	0	0	0	0	0	0	0	0	0	0	0	0	0	0	0	0
0	0	0	0	0	0	0	1	12	11	7	0	0	0	0	0	0
0	0	0	0	0	0	0	2	16	715	30	22	0	0	0	0	0
0	0	3	119	364	85	0	5	1,234	2,066	1,681	1	3	152	501	136	0
0	0	0	0	0	0	0	0	0	0	0	0	0	17	4	9	0
27	1	0	0	0	0	0	1	38	112	30	0	0	0	0	0	0
0	0	0	0	0	0	0	5	122	300	72	11	1	0	0	0	0
0	0	1	33	162	23	0	3	434	143	486	0	1	30	0	69	0
0	0	0	0	0	0	0	0	0	0	0	0	0	0	0	0	0
0	0	0	0	0	0	0	0	0	0	0	0	0	0	0	0	0
0	0	0	0	0	0	0	0	0	0	0	0	0	0	0	0	0
0	0	2	227	175	164	4	6	1,650	1,534	1,667	5	1	186	141	73	0
0	0	0	0	0	0	0	0	0	0	0	0	0	0	0	0	0
0	0	0	0	0	0	0	2	90	187	60	11	0	0	0	0	0
0	0	0	0	0	0	0	5	59	114	41	1	0	0	0	0	0

州	設置者	総合大学 校数	総合大学 学術・芸術職員 本務	総合大学 学術・芸術職員 兼務	総合大学 非学術職員 本務	総合大学 非学術職員 兼務	教育大学 校数	教育大学 学術・芸術職員 本務	教育大学 学術・芸術職員 兼務	教育大学 非学術職員 本務	教育大学 非学術職員 兼務	神学大学 校数	神学大学 学術・芸術職員 本務	神学大学 学術・芸術職員 兼務
ノルトライン=ヴェストファーレン州	州立	14	28,289	7,500	45,835	338	0	0	0	0	0	0	0	0
	連邦立	0	0	0	0	0	0	0	0	0	0	0	0	0
	教会立	0	0	0	0	0	0	0	0	0	0	6	86	77
	私立	1	208	0	221	0	0	0	0	0	0	0	0	0
ラインラント=プファルツ州	州立	5	5,216	1,909	9,249	88	0	0	0	0	0	0	0	0
	連邦立	0	0	0	0	0	0	0	0	0	0	0	0	0
	教会立	0	0	0	0	0	0	0	0	0	0	2	39	21
	私立	1	88	61	57	0	0	0	0	0	0	0	0	0
ザールラント州	州立	1	2,066	1,343	5,338	0	0	0	0	0	0	0	0	0
	連邦立	0	0	0	0	0	0	0	0	0	0	0	0	0
	教会立	0	0	0	0	0	0	0	0	0	0	0	0	0
	私立	0	0	0	0	0	0	0	0	0	0	0	0	0
ザクセン州	州立	5	8,418	2,143	12,520	362	0	0	0	0	0	0	0	0
	連邦立	0	0	0	0	0	0	0	0	0	0	0	0	0
	教会立	0	0	0	0	0	0	0	0	0	0	0	0	0
	私立	2	31	0	34	0	0	0	0	0	0	0	0	0
ザクセン=アンハルト州	州立	2	4,202	530	8,117	298	0	0	0	0	0	0	0	0
	連邦立	0	0	0	0	0	0	0	0	0	0	0	0	0
	教会立	0	0	0	0	0	0	0	0	0	0	1	22	20
	私立	0	0	0	0	0	0	0	0	0	0	0	0	0
シュレースヴィヒ=ホルシュタイン州	州立	3	3,809	173	9,633	1	0	0	0	0	0	0	0	0
	連邦立	0	0	0	0	0	0	0	0	0	0	0	0	0
	教会立	0	0	0	0	0	0	0	0	0	0	0	0	0
	私立	0	0	0	0	0	0	0	0	0	0	0	0	0
テューリンゲン州	州立	4	3,961	747	5,931	160	0	0	0	0	0	0	0	0
	連邦立	0	0	0	0	0	0	0	0	0	0	0	0	0
	教会立	0	0	0	0	0	0	0	0	0	0	0	0	0
	私立	0	0	0	0	0	0	0	0	0	0	0	0	0
ドイツ連邦共和国	州立	81	139,851	39,263	238,890	2,914	6	936	798	625	0	0	0	0
	連邦立	2	775	109	972	12	0	0	0	0	0	0	0	0
	教会立	1	330	249	310	3	0	0	0	0	0	16	265	20
	私立	16	718	247	606	10	0	0	0	0	0	0	0	0
	合計	100	141,674	39,868	240,778	2,939	6	936	798	625	0	16	265	20

第3章　ドイツにおける大学の組織原理と実態　113

		芸術大学					高等専門学校					行政高等専門学校			
非学術職員		校数	学術・芸術職員		非学術職員		校数	学術・芸術職員		非学術職員		校数	学術・芸術職員		非学術職員	
本務	兼務		本務	兼務	本務	兼務		本務	兼務	本務	兼務		本務	兼務	本務	兼務
0	0	7	524	835	315	0	12	3,354	2,342	2,787	34	3	306	0	278	0
0	0	0	0	0	0	0	0	0	0	0	0	1	130	51	232	0
77	8	0	0	0	0	0	2	170	314	241	7	0	0	0	0	0
0	0	1	14	0	5	0	12	235	434	125	59	0	0	0	0	0
0	0	0	0	0	0	0	7	1,077	688	784	5	2	114	22	139	0
0	0	0	0	0	0	0	0	0	0	0	0	1	15	54	26	0
41	0	0	0	0	0	0	2	59	119	31	3	0	0	0	0	0
0	0	0	0	0	0	0	0	0	0	0	0	0	0	0	0	0
0	0	2	57	95	42	0	1	104	145	161	0	1	30	123	16	3
0	0	0	0	0	0	0	0	0	0	0	0	0	0	0	0	0
0	0	0	0	0	0	0	1	11	22	6	0	0	0	0	0	0
0	0	0	0	0	0	0	0	0	0	0	0	0	0	0	0	0
0	0	5	321	702	200	0	6	953	327	1,280	3	1	46	115	60	0
0	0	0	0	0	0	0	0	0	0	0	0	0	0	0	0	0
0	0	2	11	19	8	0	2	36	28	16	0	0	0	0	0	0
0	0	0	0	0	0	0	3	61	62	25	2	0	0	0	0	0
0	0	1	116	26	98	0	4	661	644	800	0	1	57	15	145	0
0	0	0	0	0	0	0	0	0	0	0	0	0	0	0	0	0
35	5	1	9	32	5	0	0	0	0	0	2	0	0	0	0	0
0	0	0	0	0	0	0	0	0	0	0	0	0	0	0	0	0
0	0	1	38	112	25	0	5	424	340	439	0	1	41	142	35	0
0	0	0	0	0	0	0	0	0	0	0	0	0	23	3	10	0
0	0	0	0	0	0	0	0	0	0	0	0	0	0	0	0	0
0	0	0	0	0	0	0	3	39	219	63	0	0	0	0	0	0
0	0	1	128	116	56	15	4	523	320	520	7	2	48	38	36	0
0	0	0	0	0	0	0	0	0	0	0	0	0	0	0	0	0
0	0	0	0	0	0	0	0	0	0	0	0	0	0	0	0	0
0	0	0	0	0	0	0	0	0	0	0	0	0	0	0	0	0
0	0	45	3,339	5,706	2,085	64	103	16,577	18,529	18,034	87	26	1,516	1,944	1,617	3
0	0	0	0	0	0	0	0	0	0	0	0	2	388	184	389	0
255	16	5	51	113	29	0	19	646	1,524	567	23	0	0	0	0	0
0	0	2	14	62	29	3	40	668	2,152	440	101	0	0	0	0	0
255	16	52	3,404	5,881	2,143	67	162	17,891	22,205	19,041	211	28	1,904	2,128	2,006	3

出典：Statistisches Bundesamt. *Personal an Hochschulen 2003*. Wiesbaden, 2004, S.6. から作成した。

ただし、高級職の予備教育は誤解を生じやすいので補足する必要がある。たとえば、高専のディプローム課程は、大学の修業年限3年以上の課程であるが、高級職の予備教育にならない。州の官吏法は、高級職の予備教育を総合大学の学術的な課程に限定する。ただし、近年、高専の授与するマスター学位を、アクレディテーションの結果をふまえて、高級職の予備教育とみなすことがある。

一方、養成教育は準備勤務（Vorbereitungsdienst）として実施する。準備勤務とは、採用前に試補（Referendar）または見習（Anwärter）として研修に従事することである。試補研修者及び見習研修者は、その期間中に限って官吏として扱われるのが普通である（Beamte auf Widerruf）。試補研修または見習研修の期間は、高級職が2年、上級職が3年、中級職が2年、初級職が6か月であり、修了試験（ラウフバーン試験）がある。修了試験の成績は、官吏の正式採用にあたり考慮される。

官吏の採用は条件附である（Beamte auf Probe）。条件附採用期間は5年を超えない範囲で州が定める（第15条）。条件附採用の期間が終了し、かつ満27歳になると終身官吏（Beamte auf Lebenszeit）となる（第6条）。官吏の定年は、65歳である（第25条）。

(4) 官吏の等級

官吏には、俸給表の等級による区分がある。大学職員に適用するのは俸給表Aである。俸給表AにはA2級からA16級まである。新規採用者の等級は、高級職がA13級、上級職がA9級、中級職がA5級となる。初級職での新採用はほとんどない。

官吏の各等級には独特の称号がある。たとえば"Regierungsrat"とか、"Verwaltungsinspektor"とか、"Bibliotheksoberrat"のように、職種を付記して使用する。この称号は補職名ではなく、官吏の職種及び等級を表示する。A13級、A9級及びA5級には2種類の称号がある。たとえばA13級は高級職の場合には"Rat"であるが、上級職の場合には"Oberamtsrat"となる（表4）。

官吏はラウフバーン試験に合格することにより上位の等級へ昇任（Beförderung）することができる。また、上級職から高級職へというような

表4　官吏の等級・称号・雇員の相当等級

区分	等級	官吏の称号	相当する雇員の等級	
			看護系以外の職員	看護系職員
高級職	A16	Leitender Direktor	I	
	A15	Direktor	Ia	
	A14	Oberrat	Ib	
	A13	Rat	IIa, IIb, II	XIII
上級職	A13	Oberamtsrat		
	A12	Amtsrat	III	XII
	A11	Amtmann	IVa	XI, X
	A10	Oberinspektor	IVb	IX
	A9	Inspektor	Va, Vb	VIII, VII
中級職	A9	Amtsinspektor		
	A8	Hauptsekretär	Vc	VI
	A7	Obersekretär	VIa, VIb	Va, V, IV
	A6	Sekretär	VII	III
初級職	A5	Assistent	VIII	
	A5	Oberamtsmeister		
	A4	Amtsmeister		
	A3	Hauptamtsgehilfe	IXa	II
	A2	Oberamtsgehilfe	IXb	I
	A1		X	

出典：Behrens, H.-J. *Beamtenrecht*. C. H. Beck. München, 1996, S.30.等から作成した。

登用（Aufstieg）がある。

　なお、大学事務局長（Kanzler）は官吏の称号を使用しないので、等級がわかりにくい。かつて、連邦給与法（Bundesbesoldungsgesetz, BBesG）の別紙1において、州立大学に置く事務局長の等級を大学の規模によりA15級からB5級に格付した。俸給表Bは指定職のようなものである。ただし、この規定は分権化の中で削除されたので、現行法にみることはできない。

(5) 雇員である大学職員

　ここまで、官吏の基本事項を説明したが、官吏と職務の類似する雇員について、多少の説明をしておく。雇員については、連邦雇員賃金協約が規定す

る。この協約には、旧西独地域に適用する"BAT"、と、旧東独地域に適用する"BAT-O"がある。

雇員は、私法上の労働契約を結んで任用する（第4条）。最初の6か月は試用期間である（第5条）。雇員の標準勤務時間は、旧西独地域において週38.5時間であるが、旧東独地域では週40時間となっている（第15条）。

雇員の定年は65歳であるが（第60条）、予告すれば解雇できる仕組みになっている（第53条）。ただし、旧西独地域の諸州では、勤続15年以上かつ年齢満40歳以上の雇員を、通常は解雇できない（第55条）。

雇員にも等級があり、官吏の等級と対比することができる（表3）。たとえば、雇員のIIa級と、官吏のA13級が同等である（第11条）。したがって、雇員を採用するときは、学歴のほかに相当の実務経験を要求するのが普通である。

4　大学職員の養成

(1) 高級行政官（法曹養成）

公務員には多様なラウフバーンがあるから、大学職員の養成について、全てを説明することはできない[9]。そこで、一般内務行政（allgemeiner innerer Verwaltungsdienst）の各ラウフバーンに属する官吏（以下、行政官と表記する）の事例を取り上げる。

高級行政官は、官吏法大綱法第14条のaに定めるところにより、法曹として養成するのが普通である。法曹資格は、ドイツ裁判官法（Deutsches Richtergesetz, DRiG）第5条等に規定がある。この法律は、2002年7月に大幅な改正があった。以下の説明は現行法下の状況である。

法曹養成の前半は、総合大学法学部における学修である。法学部は州立大学に設置する（表5）。唯一の例外は、ハンブルクにある私立ブツェリウス法科大学である。この大学は、総合大学と同等とみなされる単科大学である。

法曹を目指す学生は、法学部に設置する所定の課程を学修し、法曹試験（第一次）に合格する必要がある。法学部には法曹試験を受験する課程のほか、マギステル（LLMまたはMA）の学位を授与する課程がある。マギステルの課程は、法曹試験の受験とは無関係である。法曹試験（第一次）を受験す

表5　高級行政官を法曹として養成する総合大学の所在地（名称）

> バーデン＝ヴュルテンベルク州5校（フライブルク、ハイデルベルク、コンスタンツ、マンハイム、テュービンゲン）、バイエルン州7校（アウグスブルク、バイロイト、エアランゲン＝ニュルンベルク、ミュンヘン、パッサウ、レーゲンスブルク、ヴュルツブルク）、ベルリン州2校（ベルリン自由、フンボルト）、ブランデンブルク州2校（フランクフルト・オーデル、ポツダム）、ブレーメン州1校（ブレーメン）、ハンブルク州2校（ハンブルク、ブツェリウス）、ヘッセン州3校（フランクフルト・マイン、ギーセン、マールブルク）、メクレンブルク＝フォアポンメルン州2校（グライフスヴァルト、ロストック）、ニーダーザクセン州3校（ゲッティンゲン、ハノーファー、オスナブリュック）、ノルトライン＝ヴェストファーレン州6校（ビーレフェルト、ボッフム、ボン、デュッセルドルフ、ケルン、ミュンスター）、ラインラント＝プファルツ州2校（マインツ、トリアー）、ザールラント州1校（ザールブリュッケン）、ザクセン州1校（ライプツィヒ）、ザクセン＝アンハルト州1校（ハレ＝ヴィッテンベルク）、シュレースヴィヒ＝ホルシュタイン州1校（キール）、テューリンゲン州1校（イェナ）

出典：Hochschulrektorenkonferenz, *Hochschulkompass*, <http://www.hochschulkompass.de/>. から作成した。

るには、ドイツ裁判官法が適用される課程（以下、法曹課程という）での学修が不可欠である。

　法曹課程の修業年限を、ドイツ裁判官法は4年と定めるが、州の法曹養成法等では4年半とするのが普通である。ドイツでは、学生の在学年数が長期にわたることが知られているが、法曹課程の場合には当てはまらない（表6）。卒業までの在学期間が9学期である者が最多であり、次いで標準修業年限より短い8学期で卒業する者が多い。また、法曹課程を3年以内の在学で卒業する学生がいる。ドイツ裁判官法は最短2年間の在学を要求するにすぎない。

表6　総合大学卒業者の分野別の在学期間

在学期間 （学期）	～6	7	8	9	10	11	12	13	14	15	16	17～	合計
政治学	44	53	70	62	84	81	62	44	34	25	11	52	622
社会学	4	4	11	41	112	145	196	167	79	73	53	198	1,083
法　学	24	99	2,066	2,073	1,546	1,149	856	526	363	225	141	404	9,412
行政学	15	2	19	26	41	49	35	17	12	12	5	33	265
経済学	377	238	935	1,270	1,935	1,993	1,551	1,045	701	425	277	656	11,403

出典：Statistisches Bundesamt. *Prüfungen an Hochschulen 2003*. Wiesbaden, 2004, S.166. から作成した。なお、法学以外の学科は、ディプローム学位を取得するのに要した学期（ゼメスター）数を表示する。

ドイツ裁判官法は、法曹課程の基本的事項を定める。これによると、教育課程は、必修科目、重点科目（選択科目）、法律に関する外国語科目及び関連機関等における実習で編成する。必修科目には、民事法、刑事法、公法及び手続法がある。

　法曹課程は、前期及び後期に二分するのが基本である。中間試験に合格すると前期課程から後期課程へ進むことができる。後期課程は法曹試験（第一次）の合格により修了する。法曹試験（第一次）は必修科目に関する国家試験と、重点科目に関する大学試験で構成する。従来の国家試験は、重点科目に関する大学試験の新設により、呼称が変更になった。

　法曹試験（第一次）は、州の法務省法曹試験局（Justizprüfungsamt）が所管するのが普通である。ハンブルク州及びノルトライン＝ヴェストファーレン州は、高等裁判所（Oberlandesgericht）に法曹試験局を置く。ベルリン州及びブランデンブルク州は、法曹試験局を共同設置する。この共同設置法曹試験局は、ベルリン市内にある。

　法曹試験（第一次）に合格して総合大学を卒業すると、ドイツ裁判官法の定める試補研修へ進むことになる。この試補研修は、各州の高等裁判所が実施するのが普通である。ザールラント州及びテューリンゲン州では、法務省法曹試験局が試補研修を行う。ベルリン州では高裁を帝室裁判所（Kammergericht）と呼称する（表7）。

　試補研修は、必修科及び選択科で構成する。必修科には民事科、刑事検察科、行政科、弁護科の4科がある。各科の研修には、通常裁判所、検察官、行政官署、弁護士等が関与する。選択科は試補研修者の職業選択を考慮して、多様な研修が用意される。行政科または選択科では、州立大学の事務局において研修することができる。

　試補研修の期間は2年である。上記の各科に配当する期間は、ドイツ裁判官法第5条のbが規定する。法改正により、弁護科への配当が3か月以上から9か月以上へと増大したので、それだけ行政官署における研修期間は短縮した。なお、試補研修の開始時期は州により異なる（表8）。

　試補研修を終えると法曹試験（第二次）を受験する。法曹試験（第二次）は各州の法務省法曹試験局が実施するのが普通である。ノルトライン＝ヴェス

第3章　ドイツにおける大学の組織原理と実態　119

表7　法曹の試補研修を所管する高裁等の所在地

バーデン＝ヴュルテンベルク州高裁（カールスルーエ，シュトゥットガルト），バイエルン州高裁（バンベルク，ニュルンベルク，ミュンヘン），ベルリン州高裁（ベルリン），ブランデンブルク州高裁（ブランデンブルク），ブレーメン州高裁（ブレーメン），ハンブルク州高裁（ハンブルク），ヘッセン州高裁（フランクフルト・マイン），メクレンブルク＝フォアポンメルン州高裁（ロストック），ニーダーザクセン州高裁（ブラウンシュバイク，ツェレ，オルデンブルク），ノルトライン＝ヴェストファーレン州高裁（デュッセルドルフ，ハム，ケルン），ラインラント＝プファルツ州高裁（コブレンツ），ザールラント州法務省（ザールブリュッケン），ザクセン州高裁（ドレスデン），ザクセン＝アンハルト州高裁（ナウムブルク），シュレースヴィヒ＝ホルシュタイン州高裁（シュレースヴィヒ），テューリンゲン州法務省（エアフルト）

出典：Vehslage, T. et al. *JuS-Referendarführer*. C. H. Beck, München. 2003, S.227-229. から作成した。

表8　法曹試補研修の開始時期及び構成

州	試補研修の開始時期（月）	構成（月数）				
		民事科	刑事科	行政科	弁護科	選択科
バーデン＝ヴュルテンベルク州	4, 10	5	3.5	3.5	9	3
バイエルン州	4, 10	5	3	4	9	3
ベルリン州	2, 5, 8, 11	4	3.5	3.5	9	4
ブランデンブルク州	5, 11	4	3.5	3.5	9	4
ブレーメン州	1, 5, 9	5	3.5	3.5	9	3
ハンブルク州	2, 4, 6, 8, 10, 12	3	3	3	9	6
ヘッセン州	1, 3, 5, 7, 9, 11	4	4	4	9	3
メクレンブルク＝フォアポンメルン州	6, 12	5	4	3	9	3
ニーダーザクセン州	2, 5, 8, 11	5	3	3	9	4
ノルトライン＝ヴェストファーレン州	毎月	5	3	3	10	3
ラインラント＝プファルツ州	5, 11	5	3	4	9	3
ザールラント州	2, 5, 8, 11	5	3	3	10	3
ザクセン州	5, 11	5	3	4	9	3
ザクセン＝アンハルト州	5, 11	4	4	4	9	3
シュレースヴィヒ＝ホルシュタイン州	2, 4, 6, 8, 10, 12	4.5	3.5	4	9	3
テューリンゲン州	5, 11	5	3	4	9	3

出典：各州の関係法令及び試補研修案内等から作成した。

トファーレン州では、法曹試験（第一次）を高裁に置く法曹試験局が実施するのに対して、法曹試験（第二次）はデュッセルドルフにある法務省法曹試験局が実施する。ベルリン州及びブランデンブルク州は法曹試験（第一次）と同様に、共同設置する法曹試験局が法曹試験（第二次）を実施する。ブレーメン、ハンブルク及びシュレースヴィヒ＝ホルシュタイン州の3州は、法曹試験〈第二次）を実施するための法曹試験局をハンブルク市内に共同設置する。法曹試験（第二次）に合格すると、高級行政官の資格を取得する。

（2）高級行政官（法曹養成以外）

法学以外の分野から高級行政官になる方法がある。総合大学において政治学、経済学または社会学等の課程を修了した者が対象となる[10]。これらの学科には、大学試験により学位を取得する課程と、国家試験により中等教員免許状を取得する課程がある。高級行政官の試補研修を開始するには、大学試験に合格して、ディプロームまたは同等の学位を授与される必要がある。

試補研修は、州の内務省が所管するのが普通である。しかし、ドイツ裁判官法のような連邦レベルの基準がないので、試補研修は定型化していない。試補研修の名称さえ"Verwaltungsreferendariat"、"Regierungsreferendariat"及び"Wirtschaftsreferendariat"があって、統一していない。全体像を容易に説明できないので、ここではノルトライン＝ヴェストファーレン州の事例を概観する[11]。

同州では、高級行政官の試補研修者になるための資格要件を、総合大学等の経済学、行政学または社会学に関する標準修業年限が4年以上の課程を卒業することによりディプロームまたは同等の学位を授与された者で、公法に関する知識を有するものと定める。試補研修は、毎年1月に開始する。期間は2年であり、行政研修所における研修が合計8か月、県庁における研修が7か月、行政裁判所、行政大学院及びその他の行政官署における研修が各3か月となっている。選択により、本省研修または民間企業における研修を含めることができる。

試補研修は、国家試験に合格することにより修了する。国家試験は、内務省の試験委員会が実施する。この試験の合格者は、高級行政官の採用におい

て、法曹有資格者と対等である。

(3) 上級行政官の養成

上級行政官の養成は、行政官署における実務研修と、高専における理論研修を合わせて3年間を要する（表9）。理論研修の内容は、法学及び経済学等の分野である。理論研修には、州の内務省が所管する行政高専を使用するのが基本である（内部型）。州によっては、行政高専に代えて、学術省の所管する一般高専を使用する場合がある（外部型）。ベルリン州では、行政高専を学術省が所管する。上級行政官の養成方法を内部型から外部型へ変更する過渡期にあるために、変則的な形態となっている。

内部型の養成では、行政官署に所属する見習研修者が、行政高専において

表9　上級行政官を養成する高等専門学校の所在地

州・種別（名称）・所在地	研修期間（月）	
	実務	理論
ハーデン＝ヴュルテンベルク州・行政高専・ケール，ルートヴィヒスハーフェン	24	24
バイエルン州・行政司法高専・ホーフ	15	21
ベルリン州・行政司法高専・ベルリン	12	36
ブランデンブルク州・工業高専・ヴィルダウ	12	36
ブレーメン州・高専・ブレーメン	18	30
ハンブルク州・高専・ハンブルク	12	24
ヘッセン州・行政高専・ヴィースバーデン	14	22
メクレンブルク＝フォアポンメルン州・行政司法高専・ギュストロー	12	24
ニーダーザクセン州・行政高専・ヒルデスハイム	12	24
ノルトライン＝ヴェストファーレン州・行政高専・ゲルゼンキルヒェン	15	21
ラインラント＝プファルツ州・行政高専・マイエン	15	21
ザールラント州・行政高専・ザールブリュッケン	16	20
ザクセン州・行政高専・マイセン	13	24
ザクセン＝アンハルト州・ハルツ高専・ヴェルニゲローデ	12	36
シュレースヴィヒ＝ホルシュタイン州・行政サービス高専・アルテンホルツ	12	24
テューリンゲン州・行政高専・ゴータ	15	21

出典：各州の関係法令及び見習研修案内等から作成した。

理論研修のために所定の課程を履修する。外部型の養成では、一般高専の当該課程に行政官署における実務研修が含まれている。実務研修は、州の出先機関である県庁、市役所または州立大学事務局等において実施する。たとえば、ヘッセン州のカッセル大学が受け入れる見習研修者は、大学事務局における14か月の実務研修及びヴィースバーデン行政高専のカッセル分校における22か月の理論研修に従事する。また、見習研修者の希望により、近隣の地方公共団体における実務研修を含めることができる[12]。

　行政高専では修業年限を3年、一般高専では4年とするのが普通である。ただし、バーデン＝ヴュルテンベルク州のケール行政高専及びルートヴィヒスハーフェン行政高専が修業年限を4年とするなど、例外がある。授与する学位は、年限の長短にかかわらず行政経営ディプローム（FH）である。この種のディプローム学位は、総合大学の授与するディプローム学位と同等ではない。

(4) 中級行政官の養成

　中級行政官の採用は縮小しつつあり、州によっては養成していない。養成する場合には、行政官署における実務研修と、行政学校における理論研修がある。行政学校は内務省が所管する。単独で設置する場合と、県庁または行政高専に併設する場合があり、名称には行政シューレのほか、行政アカデミー及び行政ゼミナール等がある。

　中級行政官を養成する見習研修の構成は、州により異なる。たとえば、バイエルン州では実務研修が15か月、理論研修が9か月であるのに対して、ラインラント＝プファルツ州では実務研修が10か月、理論研修が14か月となっている。

　大学が中級行政官の実務研修を実施することがある。バーデン＝ヴュルテンベルク州のフライブルク大学が受け入れる見習研修者は、大学事務局及び市役所での実務研修並びに行政学校及び実業補習学校（Berufsschule）における理論研修に従事する[13]。

　なお、中級行政官とは別に、同等の行政専門職員（Verwaltungsfachangestellte）を養成するのが普通である。行政専門職員は雇員であり、養成に3年を要す

る。

(5) その他の大学職員の養成

本節では、一般内務行政の各ラウフバーンに属する職員の養成について概略を説明したのであるが、その他の職種では養成の仕組みが異なってくる。たとえば、上級職の技術系職員は、工学系の高専を卒業した後に見習研修がある。高専の標準修業年限が約4年、見習研修の期間が12～18か月であるので、新採用職員はA10級の"Oberinspektor"となる[14]。一般内務行政の事例は、公務員である大学職員養成の基本として一例を示したのであり、その他の職種についても同様になっているのではない。

5　大学職員の研修

(1) 大学の研修事業

公務員の現職研修(Fortbildung, Weiterbildung)は、上述の養成機関または内務省の所管する研修所が実施する。大学職員の場合には、高等教育大綱法第2条が、教職員の研修について規定するので、各大学は個別に研修事業を実施する。個別大学の研修事業は、職員全般を対象とする外国語会話、パソコン・ソフトの活用法のほか、中堅職員を対象とする実務上の諸問題に関する講座等を開設する。

個別大学が実施する研修事業を、他大学の教職員に開放する場合がある。ニーダーザクセン州の大学共同研修事業(Hochschulübergreifende Weiterbildung, HÜW)、ラインラント＝プファルツ州、ヘッセン州及びザールラント州の3州にまたがって実施する総合大学共同研修事業(Interuniversitäre Weiterbildung, IUW)がある。前者はハノーファー医科大学に、後者はマインツ大学に事務所を置く。また、ノルトライン＝ヴェストファーレン州の大学共同研修事業(Hochschulübergreifende Fortbildung, HÜF)は、ハーゲン市に設置する施設と、e-ラーニングを活用して研修の機会を提供する。

(2) 学外の研修事業

学外の機関が実施する大学職員の研修事業として、高等教育開発センター

(Centrum für Hochschulentwicklung, CHE) 及び学術経営センター (Zentrum für Wissenschaftsmanagement, ZWM) の各種事業がある。高等教育開発センターは、ベルテルスマン財団とドイツ学長会議が共同で設置する非営利有限会社であり、事務所をノルトライン＝ヴェストファーレン州のギュータースローに置く。大学改革に関連する研修事業である"Hochschulkurs"を実施する。学術経営センターは、大学及び学術支援団体等を会員とする社団である。事務所はラインラント＝プファルツ州のシュパイエルにある。大学及び研究所等の経営に関する研修を行う。

(3) 大学の正規プログラムによる研修

　従来、大学職員の研修は、学位を授与する正規のプログラムになっていなかった。近年になって、ドイツ学術財団連合 (Stifterverband für die Deutsche Wissenschaft) の後援により、オスナブリュック高専、オルデンブルク大学及びシュパイエル行政大学院に大学職員の研修を目的とする新課程が発足した[15]。

　オスナブリュック高専は、経済社会学部に大学・学術経営のマスター課程を設置する。入学資格は総合大学または高専を卒業した2年以上の実務経験者である。修業年限は2年であり、対面授業を金曜日及び土曜日に設定するほか、e-ラーニングによる遠隔授業を活用する。この課程は、オスナブリュックのほかに、ブレーメン高専 (Hochschule Bremen) において対面授業を実施することにより、受講者の便宜を図っている。

　オルデンブルク大学は、教育学部に大学・学術経営のマスター課程を設置する。入学資格は、総合大学または高専等を評定2.5以上で卒業した1年以上の実務経験者で、パソコンに関する知識を有するものである。授業は、金曜日及び土踊日の対面授業と、e-ラーニングの組み合わせであり、修業年限は3年である。この課程は、オルデンブルクのほか、クラーゲンフルト大学のウィーン校舎において対面授業を実施する。

　シュパイエルにある行政大学院は、学術経営に関する課程を開設する。対象となるのは、総合大学の卒業者または現職経験を有する高専の卒業者である。授業は、隣接する学術経営センターの協力により、3か月にわたって平

日に開講する。この課程の修了者に学位は授与されないが、学位を授与する修業年限が2年の課程を新設する予定がある。この課程は、ロンドン大学、マーストリヒト大学及びバレンシア工科大学と共同で開設する。

(4) 大学職員の地位の変化

　大学職員の研修事業が、急速に普及する理由は、大学経営が重視されるようになったからである。大学の正規のプログラムによる研修は、開設する学部が異なるにもかかわらず、授与する学位の種類がMBAとなっている。また、大学及び学外の研修事業には、MBAの課程を構成する諸領域を含むものが少なくない。

　冒頭に述べたように、ドイツでは大学職員をその他の職員と認識してきた。大学職員に公務員である以上の高度な専門性が期待されるに至ったことは画期的である。シュパイエル行政大学院が開設する新課程のパンフレットをみると、"administrators and academic staff" を入学者に想定する。大学教職員間の相対的な関係が変化する兆候であろう。

　ただし、すでにMBAの課程を設置したシュパイエル行政大学院は、連邦及び諸州の運営する大学であるものの、オスナブリュック高専及びオルデンブルク大学は、どちらもニーダーザクセン州の州立大学である。同州の大学政策は、州立大学の一部を公法上の財団として設置するなど、大胆な変革を推進するところに特色がある[16]。大学改革の歩調は州により異なるから、上記の変化をドイツ全体の傾向であると断定することはできない。

注

1　Statistisches Bundesamt. *Personal an Hochschulen 2003*. Wiesbaden, 2004, S.6.
2　Leuze, D., "Nichtwissenschaftliche Mitarbeiter", In: Flämig, Chr. et al.（Hrsg.）. *Handbuch des Wissenschaftsrechts*. 2nd ed., vol. 1, Springer, Berlin, 1996, S.429; Turner, G. und Weber, J. D. *Hochschule von A-Z*. Berliner Wissenschafts, Berlin, 2004, S.174.
3　Reich, A. *Hochshulrahmegesetz: Kommentar*. 8th ed., K. H. Bock, Bad-Honnef, 2002, S.323.
4　Statistisches Bundesamt. S.7.
5　Leuze, D., "Zusammensetzung der Hochschulgremien". In: Leutze, D. und Bender, G., *Gesetz über die Universitäten des Landes Nordrhein-Westfalen: Kommentar*. Bielefeld,

Gieseking, 1994, S.8-9; Thieme, W. *Deutsches Hochschulrecht*. 3. Aufl., Carl Heymanns, Köln, 2004, S.449.
6　Statistisches Bundesamt. S.183.
7　Scheven, D. "Professoren und andere Hochschullehrer". In: Flämig, Chr. et al. (Hrsg.). S.351.
8　Leuze, D. 1996, S.434.
9　職務の種類（Fachrichtung）並びに資格要件となる予備教育及び養成教育が同一である官職の集合をラウフバーンという。
10　Bund-Länder-Kommission für Bildungsplanung und Forschungsförderung (BLK) und Bundesanstalt für Arbeit (Hrsg.). *Studien- und Berufswahl 2003/2004*. Blidung und Wissen, Nürnberg, 2003, S.445.
11　試補研修の基本的事項は、内務省令（Verodnung über die Ausbildung und Prüfung für Bewerberinnen und Bewerber der Laufbahn des höheren allgemeinen Verwaltungsdienstes mit einem abgeschlossenen Studium der Wirtschafts-, Verwaltungs- oder Sozialwissenschaften）が規定する。
12　Universität Kassel, Personalabteilung. *Stellenausschreibungen für Auszubildende: Beamte im gehobenen nichttechnischen Dienst in der allgemeinen Verwaltung*. <http://www.uni-kassel.de/pvabt3/stellen/azubis/beagehDi.ghk> 10.02.2004.
13　Universität Freiburg, Zentrale Verwaltung. *Informationen zur Ausbildung zur/zum Verwaltungswirtin/Verwaltungswirt*. <http://www.zuv.uni-freiburg.de/aktuelles/verwaltungswirt.php> 13.10.2005.
14　BLK und Bundesanstalt für Arbeit (Hrsg.). S.446.
15　各課程に関する記述は当該大学の授業概要（Fachhochschule Osnabrück, Fakulatät Wirtschafts- und Sozialwissenschaften. *Profil Öffentliches Management: Weiterbildungsstudiengang Hochschul- und Wissenschaftsmanagement*. Osnabrück, 2004, S.1-7)、入学案内（Universität Oldenburg. *Berufsbegleitender Internetgetützer Studiengang Master of Business Administration (MA) in Bildungsmanagement*. Oldenburg, 2004, S.2-7) 及び履修便覧（Deutsche Hochschule für Verwaltungswissenschaften Speyer, *Vorlesungs- und Personalverzeichnis Wintersemester 2004/2005*. Speyer, 2004, S.33) 等に基づく。
16　Hardt, H. "Die Stiftungshochschule". In: Oppermann, T. *Vom Staatsbetrieb zur Stiftung: Moderne Hochschulen für Deutschland*. Wallstein, Göttingen, 2002, S.92-105.

（初出：「ドイツ編」大場淳編『諸外国の大学職員—フランス・ドイツ・中国・韓国編—』高等教育研究叢書87、広島大学高等教育研究開発センター、2006年3月、69-86頁）

第4章　ドイツにおける大学改革の動向

第1節　大学ガバナンスの主体の構成原理
―― ドイツ・モデルの現在

はじめに

　日本の大学自治は、ドイツの伝統的な大学観と密接に関連する。帝国大学を形成するにあたり、ドイツの大学制度を手本としたことに由来する。文部官僚であった木場貞長は、著書『教育行政』の中で「欧米各国中大学ノ制度整然トシテ最モ見ルヘキハ独逸ニシテ」と指摘したが[1]、当時の関心は教育制度に限ったことではなく、同時に大学の経営組織にも向けられた。ドイツに留学経験のある高根義人は『大学制度管見』において「普魯西ニテハ明ニ之ヲ法人ト認メサルモ幾分ノ自治ヲ許セリ」と紹介して、官立大学における自治の意義を論じた[2]。また、文部省は同時期に諸外国の大学制度を調査して『大学制度調査資料』を編集し、そこでドイツの大学制度の概要及び法制度を紹介している[3]。

　日独両国に大学自治の類似性を見出すことは容易であるが、ドイツには大学自治に関する独自の論理がある。1976年に公布された連邦法である高等教育大綱法は、州立大学を「公法上の社団」と「州の施設」の複合体であると規定した。州から独立する法人の性質と、州の直轄する営造物の性質を合わせもつとみなすことにより、州立の機関でありながら自治団体でもあることを説明するのである。

1　大学の設置者

ドイツでは設置者として大学を管理する立場にあることを"Trägerschaft"という。また、大学自治の主体となる構成員であることを"Mitgliedschaft"という。大学ガバナンスの主体は、設置者と構成員に着目して議論すると理解しやすい。

1998年に高等教育大綱法が改正され、州の立法措置により、「公法上の社団」と「州の施設」の複合体ではない州立大学を設置できることになった。ニーダーザクセン州では2002年の「高等教育の改革に関する法律」により財団型の大学が[4]、ノルトライン＝ヴェストファーレン州では2006年の「高等教育の自由に関する法律」により社団型の大学が発足することになった[5]。

ニーダーザクセン州の高等教育法によると、州立大学は評議会が発議することにより財団型大学へ改組することができる。財団型の大学は、実際には「公法上の社団」と「公法上の財団」の複合体である。財団の機関として、総長（Präsident）及び理事会（Stiftungsrat）が置かれ、理事会は学外委員を中心に構成する。その理事会が評議会の提案に基づいて総長を任命するなど重要な権限をもち、さらに、評議会に対する勧告権をもつ総長選考委員会は、理事者が委員の半数を占める仕組みである。財団型大学への改組は、"Mitgliedschaft"の拡充に直結しない。

2　大学の構成員

「公法上の財団」と「公法上の社団」の複合体である財団型大学には、社団の機関として総長と評議会（Senat）を設置する。評議会は大学の構成員で組織する自治機関である。評議員は、教授、学生、助手、事務職員等の四つの区分を選出母体とする。評議会には教授が過半数を占めるなど議席配分等の要件が定められているものの、多様な構成員が大学の運営に参加するルートを保障する。ニーダーザクセン州では、評議員の定数を法改正の前後で13人から上限31人へ増員しているが、必ずしも構成員の参加する機会は拡大していない。改正前には、評議会とは別に133人の委員で構成するカウンシル（Konzil）という会議を設けて総長の選考及び学則の制定など最重要な

事柄を審議したのだが、そのような機関は廃止された。

　カウンシルに相当する機関をノルトライン＝ヴェストファーレン州ではコンベンション（Konvent）と呼んだ。コンベンションは43人の委員で構成したが、この機関は、すでに2000年の法改正により廃止されている。そのときに評議会の定数を12人から27人へ増員し、さらに学則の定めるところにより最大56人まで拡大できることとしたから、構成員の参加する機会を確保する配慮があった。ところが、2006年の法改正により、学外委員を中心に6〜10人で構成する監理機関（Hochschulrat）が新設された。総長の選考は監理機関の権限となり、評議会は選考結果を追認するにすぎない。

3　大学ガバナンスの主体の変動

　上記の2州における財団型大学と社団型大学の発足は、公式には大学自治の拡大を意図すると説明される。ニーダーザクセン州では財団組織の"Trägerschaft"について、ノルトライン＝ヴェストファーレン州では州の"Trägerschaft"について、法律に明記している。とはいえ、前者は大学の自律性を、後者は州の責任を強調するにすぎないのであって、設置形態の変更が非独立営造物の性質を払拭することを意図する点は共通する。ドイツの州立大学は、ガバナンスの主体が設置者と構成員へ分散する状況から、学外者の参与と理事者への集約を特徴とする運営の構造へ移行しつつある。

注
1　木場貞長『教育行政』金港堂、1902（明治35）年、175-176頁。
2　高根義人『大学制度管見』宝文館、1902（明治35）年、8-10頁。
3　文部省専門学務局編『大学制度調査資料』第4編、1902（明治35）年。
4　Niedersächsisches Ministerium für Wissenschaft und Kultur. *Niedersächsisches Hochschulgesetz. Die wichtigsten Änderungen*. Hannover: MWK, 2002, S.3-22.
5　Pinkwart, A. Die neue Hochschulfreiheit in NRW. In: Ministerium für Innovation, Wissenschaft, Forschung und Technologie des Landes Nordrhein- Westfalen（Hrsg.）. *Hochschulen auf neuen Wegen*. Düsseldorf: MIWFT, 2007, S.18-26.

（初出：「課題研究　大学ガバナンスの主体の構成原理」『日本教育行政学会年報』第34号、日本教育行政学会、2008年10月、214-217頁）

第2節　ドイツにおける国立財団型大学の成立

1　大学政策の展開

(1) 国立財団型大学への転換

　国立財団型大学（Stiftungshochschule）は、ドイツのニーダーザクセン州で導入された新しい設置形態の大学である[1]。そのような設置形態を導入する法律が2002年6月24日に成立した[2]。同州では、すでに国立（州立）の5大学が2003年1月1日より国立財団型大学へ転換している[3]。もっとも、ニーダーザクセン州には国立大学が20校あったから、すべての国立大学が財団型の大学になったのではない。またドイツ全体に国立大学が271校あることを考慮すれば、ここで議論する国立財団型大学は、まだ少数である[4]。とはいえ、1998年8月20日に改正された高等教育大綱法（Hochschulrahmengesetz, 以下HRG）の趣旨に沿う最初の本格的な対応として注目されている。HRGは、1976年1月26日に施行された連邦法であり、高等教育制度の一般原則を定める。その第四次改正法により、大学の法的地位について、連邦法の定める従来の形態とは異なる法形式を、各州の法律で独自に定めることが認められたのである。

　国立財団型大学は「ニーダーザクセン州の大学改革に関する法律」により創設された。この法律により同州の大学法等が改正されることとなったが、その主たる内容は大学の非国有化、意思決定機構の簡素化、学術・芸術後継者の若返りの3点であった。これらのうち国立財団型大学の成立と直接に関係するのは大学の非国有化と、これにともなう意思決定機構の簡素化である[5]。

(2) 立法過程分析の視点

　ここでは、国立財団型大学の設置形態と学内組織を取り上げ、その政策の展開を分析したい。具体的には、新大学法が成立するまでの過程を法案修正に着目して追跡することになるが、その際に検討の対象となる四つの草案がある。まず学術文化省において、2000年9月22日に参事官草案（MWK,

2002a) が、次いで同年12月11日に聴聞草案（MWK, 2000c）が作成された。そして翌年5月31日に政府草案（Niedersächsische Landesregierung, 2001a）が州議会に提出されたものの、学術委員会の審議で修正があり（Domröse, 2002)[6]、最終的に2002年4月18日の委員会草案（Ausschussentwurf）を調整して新大学法が成立した。ここでは、これら草案の比較検討を通して、国立財団型大学の構成要素の変容ぶりを浮き彫りにすることにより、ドイツにおける国立大学の法的性格と、国立財団型大学を創設することの意義を考察したい[7]。

2 国立大学の非国有化

(1) 国立財団型大学の概念

　国立財団型大学の創設は大学の非国有化を具体化することである。新大学法によると、国立財団型大学とは、国家の責任のもとに設置運営される大学で、設置者が財団の形態をとるものをいう[8]。ここで財団とは、正式には権利能力ある公法上の財団のことである。公法上の財団は、公法上の社団及び公法上の営造物と同じく、権利能力ある公法上の法人である。

　一方、新大学法は国立財団型大学とは別に、国家の責任のもとにあり、しかも設置者たる財団を設けない直轄型の大学について定めている。旧大学法による国立大学は新大学法の施行により国立直轄型大学（Hochschule in Trägerschaft des Staates）となるが、大学の発議と州政府の命令（Verordnung）により国立財団型大学へと転換することができる。大学の発議は評議会が総委員数の3分の2以上の賛成で可決する。州政府は、大学の発議を受けて財団の基本事項を定める命令を公布する（第55条1項）。

　財団型大学では、財団が大学本体と学術文化省との間に立つことになるので、州と大学の関係が変化する。たとえば、学術文化省が大学運営一般の合法性について監督するとき、直轄型大学では法規監督（Rechtsaufsicht）が大学へ直接及ぶのに対して、財団型大学では学術文化省の法規監督のもとで財団が大学本体を監督することになるから、州の監督は間接化される。また大学が国家事務を処理するときの監督の性格も異なってくる。国家事務とは自治事務に対する概念である。大学の管理運営を教学と経営に区分することが

あるが、教学に関する事務を自治事務、人事や経理など経営に関する事務を国家事務と捉えるとよい。そして、直轄型の大学が国家事務を処理するとき、学術文化省による監督は合法性に加えて合目的性をも審査する専門監督（Fachaufsicht）となるが、財団型大学が国家事務を処理するときの学術文化省による監督は法規監督にとどまる。国立財団型大学への転換は、まさに大学と国家との関係の間接化を現実化するのである。

(2) 従来の国立大学

　国立財団型大学と国立直轄型大学は、ともに自治事務の取り扱いにおいて公法上の社団とみなされる。一方、国家事務を取り扱うとき、国立財団型大学が公法上の財団であるのに対して、国立直轄型大学は州の施設（Einrichtung）であるから、両者には明確な相違がある。州の施設という概念は旧大学法にもあったから、その点に限っていえば直轄型の大学は従前の国立大学を継承している。もともとドイツでは国立大学の法的地位及び学内組織が統一的に整備されていなかった。そして全ドイツにわたる標準的な大学像を初めて明示したのがHRGである。この連邦法の趣旨がすべてドイツ全体に浸透したとはいえないけれども、各州の法律が定める大学の法的地位に関する規定は、おおむね連邦法の規定に準拠する内容となっている。

　ニーダーザクセン州においても、旧大学法は「大学は公法上の社団であり、同時に州の施設である」と規定していた（第75条1項）。後半の「州の施設」は、連邦法において「国家の施設」となっているけれども（第58条1項）、国立大学の設置管理は州の事務に属するから、両者の意味内容は同一である[9]。そして公法上の社団であると同時に国家の施設であることを大学の二重の性格（二重性）という（Thieme, 1986, S.106-111; Oppermann, 1996, S.1010-1038）。公法上の社団とは、社員たる学生及び教職員を構成要素とする法人である。大学は法人として自治権をもつ。ところが、大学は同時に州の施設でもあるから、国家に直属する性質を併せもつことになる。

　このような国立大学の二重性は、自治事務と国家事務の区別と関連する。大学は法律の定めるところにより自治権をもつけれども、その直接的な対象となるのは自治事務である。ドイツの国立大学では自治事務と国家事務を分

離して取り扱ってきた。これに対応する機構は多様であったが、歴史的にみるとプロイセンの大学では国家事務の機構が自治組織から独立し、南ドイツの大学では自治組織が同時に国家機関たる地位を付与されて国家事務を処理した。そのような運営機構が不統一な状況にあって、HRGでは学内に国家事務の機構を特設することなく、自治組織を強化することにより国家事務を含めて一元的に処理することが構想された。

もちろん、大学を一元的に管理運営することは、大学全体に自治が及ぶことを意味しない。それは自治事務と国家事務の機構を並立させないことを意味するにとどまり、事務区分に対応する大学と国家の関係に変化をもたらさないからである（旧大学法第78条4項、第79条1項）。このことを考慮するならば、国立大学は公法上の社団として法人のごとく待遇されるとはいえ、事柄の性質によっては、事実上、権利能力なき非独立営造物と同然に処遇されるとする解釈さえ成り立つのである。

(3) 国立財団型大学の事例

ニーダーザクセン州において国立財団型大学を設置することが可能になったのは、連邦法にある大学の法的地位に関する規定が改正されたことによる。つまり大学は公法上の社団であり、同時に国家の施設であるという従来の形態を通例とするが、その他の法形式により大学を設置することも許容されることになったのである（第58条1項）。

もっとも、ドイツにおいて財団型の大学は、ニーダーザクセン州の事例が最初ではない。かつてフランクフルトに財団型大学があった。フランクフルト大学は同市とプロイセン国家との間で締結した協定（Universitätsvertrag）にもとづいて1914年に開設された。この大学は1967年にヘッセン州の設置する国立大学となるまでの間、財団型大学という特殊な形態であった。一方、ケルン大学も都市型大学として知られるけれども、この大学は財団型大学ではなかった。ケルン大学は都市と国家との協定によって1919年に開学し、フランクフルト大学と類似する運営機構を整えていた。ところが大学の基本財産が乏しかったために国家の施設として処遇された（Thieme, 1956, S.162; Gerber, 1965, S.36-38）。

したがって、ドイツの大学史において財団型大学といえるのはフランクフルト大学のみであり、都市のイニシアティブにより創設される大学を最初から財団型大学としたところに特徴があった。しかも35年前に国立大学へと改組されている。ニーダーザクセン州における国立財団型大学の創設では、既存の国立大学を財団型大学に転換する。今回の事例はフランクフルト大学の成立をなぞるものではなく、新たな構想に基づく政策の展開とみるべきであろう。

(4) 財団評議員会の構成

　国立大学を国立財団型大学へ転換すると、大学は財団組織を備えることになる。財団たる大学には、**図1の組織図にみられるように、財団評議員会**(Stiftungsrat) と総長部 (Präsidium) が置かれる (新大学法第59条1項)。国立財団型大学は、大学本体と財団組織の複合体であり、総長部は財団の機関であると同時に大学本体の機関でもある。財団評議員会は国立財団型大学のために新設される理事会組織であり、国家事務を所管する機関である。財団評議員会は7人の委員 (3人以上の女性を含む) で構成される。大学の評議会 (Senat) から1人、学術文化省から1人が加わるほか、その他の5人は大学制度に識見を有し、大学の構成員ではない実業家、学者または文化人から、評議会の同意を得て学術文化省が任命する (第60条1項)。

　ただし、財団評議員会の構成について最初から規定内容がそのようになっていたのではない。2000年9月の参事官草案では学術文化省から派遣する2人が財団評議員会の委員となることが定められていた (第54条1項)。この2人の委員は国家責任との関係により財団評議員会に加わると説明された (MWK、2000b, S.31)。これに対して、大学の構成員は財団評議員会の委員にならないことになっていた。ところが2000年12月の聴聞草案をみると、学術文化省から派遣される委員が1人に削減され、大学の評議会から派遣される1人が財団評議員会の委員に加わることとなっている (第55条1項)。

　このことに関連するニーダーザクセン州大学協会の意見表明がある (LHK, 2000, S.11)。これによると学術文化省は財団評議員会へ1~2人の委員を派遣してもよいが、その委員は表決権をもつべきではない。ただし学術文

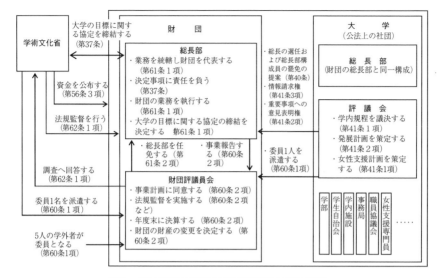

図1　新大学法の定める国立財団型大学の概略
出所：Präsident Universität Hildesheim, 2004をもとに筆者が作成した。

化省から派遣される委員に表決権がないのなら、表決権をもつ委員を別に2人増員してもよい。この意見表明の後、新大学法と同一内容へ修正されることになった。これは州大学協会の要求と同一ではないけれども、大学と政府の均衡を考慮して一定の譲歩を引き出したものとみられる。自治機関である評議会が財団評議員会へ委員を派遣して国家事務に関与することは、意思決定機構の簡素化が、ともすると自治の領域を縮小することにつながる状況にあって、注目すべきことである。

(5) 大学評議員会の構成

　国立財団型大学に財団評議員会が設置されるのに対応して、国立直轄型大学では、州の施設たる大学に特別の機関として大学評議員会 (Hochschulrat) が置かれる。財団評議員会と異なり議決権をもたないことが大学評議員会の特徴である。新大学法によると、大学評議員会は7人の表決権をもつ委員 (3人以上の女性を含む) で構成される。うち4人は評議会が任命し、3人は学術文化省が任命する。これら7人の委員は大学の構成員であってはならない

(第52条2項)。

　この構成は、大学と政府の均衡が考慮されているようにみえる。ところが2000年9月の参事官草案をみると、このように規定されていない。大学評議員会の委員7人（3人以上の女性を含む）のうち、1人は学術文化省から派遣され、その他の6人は2年から5年の任期で学術文化省が任命することになっていた。学術文化省が任命する委員のうち3人は評議会の提案に基づいて任命することになっていたとはいえ、評議会の関与は間接的になる（第47条2項）。ここに国家事務への自治機関の関与を抑制することによる意思決定機構の簡素化をみることができる。それが2000年12月の聴聞草案では新大学法のように修正されている。つまり大学評議員会の過半数の委員を評議会が自ら選任することとなり、評議会が当初の構想より直接的な影響力を大学評議員会に及ぼすことが可能になったのである。

(6) 財団化の手続き

　このように、新大学法では、国立大学を財団型と直轄型の2種類としたが、これらは大学にとって同等の選択肢になっていない。国立大学から直轄型大学への移行は設置形態そのものを変更することなく組織運営を変革するにとどまるが、財団型大学への転換では設置形態の変更こそ変革の手段となる。直轄型大学から財団型大学への転換にメリットがあるとしたら、国家事務において大学の自律性を高めることができそうな期待をもてるところにある。しかしそのような構想が大学側に歓迎されたのかというと、必ずしもそうではない。財団型大学への転換に慎重であったことは、その手続きに現れている。

　国立財団型大学となるには、評議会の議決により大学が発議することが要件となる。上述のとおり、評議会総委員数の3分の2以上の賛成で発議を可決する。しかしそのような規定は2000年9月の参事官草案（第49条1項）と12月の聴聞草案（第50条1項）にはなかった。これらの草案は大学の自治機構が国立財団型大学への転換について公式に意思表示することを想定していない。2001年5月の政府草案になって、初めて評議会の単純多数で発議できることとなり、さらに2002年4月の委員会草案において、単純多数では

なく総委員数の3分の2以上の多数の賛成を必要とするまで、要件が引き上げられたのである（第50条1項）。

(7) 国立財団型大学の教職員の身分

　国立財団型大学への転換を思いとどまらせる不安のひとつとして、財団型大学の創設に伴って、教職員の身分が州の官吏（Beamte）ではなくなるのではないかという問題がある。新大学法では、教職員に従来の待遇を保証することが原則となっているけれども、新採用の教職員には財団型と直轄型の区別なく適用される新たな規定がある。そこで教授及び準教授は州の官吏として任用されるか、または雇員（Angestellte）として雇用されることが規定されている（第21条1項）。旧大学法のもとで教授は終身の官吏として任用されることが原則であり、雇員としての雇用は例外とされていたから（第55条1項）、新旧大学法の規定内容は同一ではない。しかし財団型大学であっても官吏の身分をもつ教授を置けるところに特徴がある。一方、その他の学術・芸術職員を私法上の雇用関係にある雇員とすることが、やはり財団型大学と直轄型大学において共通の原則となっている。これらの教員は旧大学法において官吏としても任用することができたから、新大学法のもとでは財団型大学に限らず直轄型大学にあっても、雇用形態が変更されることになる。

　教員の身分について、当初、2000年12月の聴聞草案では教授以外の教員を官吏としない原則が厳格であった。教授のみを官吏または雇員とすることを定めるにとどまり、その他の学術・芸術職員は雇員のみとされた。この時点において、すでに準教授の新設が法案に含まれていたけれども、その身分は従来の助手・講師とは異なり、私法上の雇用関係に限定することになっていた（第17条1項）。

　ところが、2001年5月の政府草案は、教授のみ官吏として任用できる点において2000年12月の聴聞草案と同一内容であったが、教授以外の教員を雇員に限定するという原則に例外規定を設けた。これによると、すでに官吏である教員が新大学法施行に伴って州から大学へ移籍するとき、官吏の身分を継続することができる（第17条1項）。さらに2002年4月の委員会草案では準教授についても官吏とすることができることとなった（第17条1項）。これ

は州大学協会の要望のひとつであったが（LHK, 2001, S.4）、各界の意見表明を考慮した結果、穏当な内容にとどまったようである。

3　意思決定機構の簡素化

(1) 二重性の変質

このような直轄型から財団型への転換とは別に、意思決定機構の簡素化を目的として、大学の改組が行われている。新大学法では、国立大学に財団型と直轄型の2種類があるけれども、前出のとおり大学は公法上の社団でもある（第15条）。厳密に表現するならば、大学本体は公法上の社団であって、国家との関係において財団型と直轄型とに分類されるのである。ところで新大学法には「社団であると同時に財団である」とか「社団であると同時に施設である」と規定されていない。旧大学法において「大学は公法上の社団であると同時に州の施設である」となっていたのとは異なる。同時にという部分に二重性の意味が込められていたとするならば、そのようになっていない新大学法において、大学の二重性は所与の前提とはならない。特に財団型大学の場合には、社団たる大学本体と財団たる設置主体が部分的に重複しているものの、本来的には両者を分離しうるとさえいえるのである。

ここでは、二重性の変質と関わって、全学協議会（Konzil）という社団たる大学の基本となる審議機関が廃止されたこと、評議会の任務と構成に変更があったこと、総長部の構成がさまざまに検討されたことを取り上げる。

(2) 全学協議会の廃止

新大学法の定める大学本体の機関は、総長部と評議会である（第36条1項）。旧大学法において、大学が総長部等の統轄機関（Leitung）、全学協議会、評議会を基本に組織されていたから、新大学法では全学協議会がなくなったことになる。全学協議会は総長部等の統轄機関に関する選挙及び学則の改廃等を任務とした。旧大学法によると、委員数は教授の定員により決まるものとされ、教授定員100人以下では49人、101以上200以下では91人、200以上では133人であった（第94条3項）。全学協議会は社団の社員総会に相当する機関であり、社団たる大学の本質に関わる規模の大きな会議であったが、開

催される回数が少ないからであろうか、諸州の大学改革において見直しの対象となっている。ニーダーザクセン州の場合には、1999年12月22日に公表された「新大学法に関する勧告」において、大評議会（Großer Senat）への改組に言及していた。勧告によると評議会とは別に全学協議会を独立しておくことをやめて、議題の性質により、通常の評議会に学部長や学生団体などの役職者あるいは選挙による委員を加えて評議会を拡大することになる（MWK, 1999, S.7）。ところが、新大学法は大評議会の設置について規定していない。

(3) 評議会の任務と規模

　旧大学法の定める全学協議会の任務は、新大学法による評議会が継承することになる（第41条1項）。もともと評議会は全学に関する事務や学部横断的な事務のうち重要な事項について決定する機関であった（第96条1項）。ところが2000年9月の参事官草案では、評議会の所掌事務の範囲が自治事務に限定されるとともに、議決権が否定された（第37条2項）。このことはたしかに意思決定の時間を短縮するうえで有効かもしれないが、それだけ大学構成員の運営に参加する機会が制約される。2001年5月の政府草案では、評議会が一部の事項について議決を行うことになっていたから（第37条2項）、立法の過程で評議会の権限がやや回復されてはいる。とはいえ、評議会の所掌を自治事務の範囲に限定することが、新大学法の特徴であり、このことは直轄型大学においても同様である。

　また評議会の規模にも変化があった。旧大学法によると、評議会において表決権をもつ委員は13人であった（第97条1項）。新大学法による評議会も表決権をもつ委員を13人とするのが基本である。ただし学則の定めるところにより、教授定員が100人以下の大学は19人まで、101人以上200人以下の大学は25人まで、200人以上の大学は31人まで、表決権をもつ委員を増員することができる（第41条4項）。

　もともと「新大学法に関する勧告」にみられた大評議会は、評議会の委員を核として、委員数を増大させるものであった。ところが、2000年9月の参事官法案にそのような大評議会の規定はなく、全学協議会の権限を新評議

会がそのまま継承することになっていた。このとき表決権を行使する委員数は25人となっている（第37条1項）。その内容は2001年5月の政府草案に引き継がれ、提案理由のなかで、旧大学法による評議会よりも委員数を増員することになるので、大規模な大学においても大学構成員の多様な意思を反映するうえで有効であると説明されている（Niedersächsische Landesregierung, 2001b, S.30）。そして2002年4月の委員会草案において、大学の規模を考慮して委員数を31人まで増員できるように修正されたのである（第33条2項）。

たしかに、旧大学法による評議会は13人で構成されたから、それと比較すると新評議会は大規模である。とはいえ、全学協議会の委員数が旧大学法で最大133人（教授定員200人以上の場合）となっていたのと比べれば、新大学法による評議会の委員数はかなり少ない。他方において、13人という人数が、会議を進めるうえで適正の規模と意識されていたと思われるから、委員数の増大は、大学改革の柱のひとつとなっている意思決定機構の簡素化と相容れないのではないかとの疑問もある。

(4) 総長部の構成

改革の柱のひとつである意思決定機構の簡素化を意図して、新大学法においては、評議会の権限が全体として縮小する代わりに、大学を統轄する機関が重要性を増大している。「新大学法に関する勧告」では、すべての大学に総長部をおくことを提起した。大学に総長部がおかれると、その構成員の一人である総長（Präsident/-in）が単独で意思決定するのではなく、合議制の原則が総長部に適用されることとなる。また総長部の決定を執行するにあたり総長はガイドラインを示すにとどまり、担当副総長が自己の責任のもとで業務を実施する。そのような組織は旧大学法にもあったが、それは選択肢のひとつにすぎなかった（第86条1項）。選択肢には、学長制と総長制及び独任制と合議制の組み合わせによる4種類があった。学長（Rektor/-in）は当該大学の教授であることを必須とするが、総長は必ずしも当該大学の教授であることを要しないので学外に適材を求めることができる。独任制とは学長または総長が単独で意思決定することであり、合議制とは学長または総長のほか副学長または副総長等を含めて多数決により決定を行う仕組みである。旧大学

法では4種類のいずれとすることも認められていたが、新大学法では総長部に限定されたのである（第36条1項）。

　総長部の構成についても、法案作成の過程で紆余曲折があったようである。2000年9月の参事会草案では、総長のほか2人の副総長が総長部に所属することになっていた。このうち1人は非常勤・兼任でよいが、その他の1人は事務局長に相当する常勤・専任の副総長である（第33条2項）。このとき副総長2人の体制により最善の分業が可能になると説明された（MWK, 2000b, S.23）。ところが、2000年12月の聴聞草案では、副総長の員数が2人に限定されないで、1人でもよいことになり（第33条2項）、さらに2001年5月の政府草案では、副総長の員数について4人以下となるように学則で定めることになった。副総長の員数を4人まで増員できるのは、財団の業務が増大することを配慮したことによる（Niedersächsische Landesregierung, 2001b, S.26）。とはいうものの結局、2002年4月の委員会草案では副総長の員数を1人以上と定めてしまった（第33条4項）。事実上、総長と従前の事務局長の2人による構成をさまたげないから、本格的な総長部体制をとらなくてよいことになった。

　このように総長部の構成をめぐり変更が相次いだことについては別途考察を要するけれども、少なくとも意思決定機構の簡素化を進める中で、典型的な総長部の構成を提示することにはならなかったといえる。

4　大学の法的地位再考

　国立財団型大学の創設をめぐって、非国有化と意思決定機構の簡素化が模索された。しかし非国有化と意思決定機構の簡素化は、直ちに大学側の受容するところとはならなかった。むしろ当初の基本原則をゆがめながら、新大学法が成立したといっても過言ではない。その結果として、いささか典型的とはいい難い財団型の大学ができあがったこと自体興味深いけれども、そのこととは別に、国立財団型大学の成立がドイツの大学の法的地位について再考する手がかりになることも見落としてはならないであろう。

　大学の法的地位を考察するとき、公法上の社団の性質をもつことに異論はあるまい。問題となるのは国家の施設の捉え方である。施設を営造物と同義

とするものもあるが (Reich, 1996, S.391)、営造物であるとしても独立の程度は一定しない。また財団を施設の概念に含めてもよいとする解釈もある (Thieme, 1986, S.108-109)。そもそも国家の施設が行政法学の概念ではないから、その解釈が多義的になるのはやむをえない。

　むしろ実際には、施設の概念を構成する個々の要素のほうが大きな問題となる。たとえばニーダーザクセン州の場合には特別な事情があった。今回の検討は大学の組織を対象にしたのであるが、財務においては別の改革が進展していた。つまりニーダーザクセン州の国立大学は2001年1月1日に公企業 (Landesbetrieb) になっていたのである。州立大学が公企業になると、同州の財政法 (Landeshaushaltsordnung) の定めるところにより、企業会計原則の適用など運営の効率化が促進することになる（第26条1項）。だから、公企業となった大学は、財務の分野をみる限り典型的な非独立営造物とはいえない。ところがニーダーザクセン州の立法過程においては、たとえ大学が公企業として取り扱われるとしても法的に独立していない営造物であり、国家行政組織 (staatlicher Behördenaufbau) の一部であると説明された (Palandt, 1999)。国家施設の概念は多義的であるけれども、ニーダーザクセン州において州の施設は非独立営造物と同義であったのである。

　もちろん、そのような解釈を普遍化することはできない。ニーダーザクセン州の今回の立法過程においては、国立大学が非独立営造物であることの問題点を強調することによって、あえて国立財団型大学の創設を促進したとみられるからである。とはいえ国立財団型大学への転換は国家の責任の範囲内において設置形態を変更したのであって、それは非国有化ではあるが、決して民営化ではない。まさに、財団の本質ともいうべき基本財産を確立しないまま、むしろ州政府からの交付金を主たる財源とする変則的な財団型大学へと転換したのである。法律が施行された直後の現段階において、ニーダーザクセン州の事例を精緻に解釈することはできないけれども、大学の設置形態と学内組織を左右する大学観を、政策過程のなかに見出すことは可能なのである。

　ところで、ドイツの隣国であるオーストリアでも大学法が改正されて、大学の設置形態が変更になった。1975年の大学組織法 (Universitätsorganisationsgesetz）は、国立大学を「連邦の施設」と規定していたが、2002年の大学法（Universitätsgesetz）において公法上の法人へと改めた。大学には設置形態について選択の余地はなく、また総合大学では医学部を単科大学として分離独立させることになった。日本の国立大学は、戦後改革では教学面において米国の制度をとりいれたものの、経営面においてはドイツ流の自治観を色濃く残してきた。そのような意味において、類似の設置形態をとってきた両国における大学改革の展開は、とりわけ示唆に富むといえよう。

注
1　国立財団型大学のうち総合大学であるものはStiftungsuniversitätと呼称する。なお本文中の「大学」は高等専門学校（Fachhochschule）を含む広義の高等教育機関をさす。
2　本章では、2002年6月24日に改正されるまでの高等教育法を旧大学法、改正後の大学法を新大学法と呼ぶ。
3　国立財団型大学になった5校とはゲッティンゲン大学、ヒルデスハイム大学、リューネブルク大学、ハノーファー獣医科大学、オスナブリュック高等専門学校である。
4　2000年冬学期の大学数である（BMBF, 2002, S.151）。
5　学術後継者と芸術後継者の若返りは、準教授（Juniorprofessor/-in）の職を新設することにより、40歳を過ぎるまで自立した研究のできる教授職に就くことのできない状況を改善することを内容とする。
6　政府草案（LT-Drs.14/2541）は、2001年5月29日の内閣草案（Kabinettsentwurf）を州議会に提出したものである。
7　審議の過程における草案への賛否についてはコッホ（Koch, 2001, S.57-81）及びブリュンネック（Brünneck, 2002, S.21-44）の論文がある。
8　国立財団型大学と国立直轄型大学というときの「国立」は、大学に対する国家責任という意味で使用している。
9　国立大学に対する概念として非国立大学（nichtstaatliche Hochschule）がある。非国立大学には、公法上の社団たる教会の設置する大学のほか、私法上の法人の設置する私立大学が含まれる。

引用文献
Brünneck, A. v.（2002）. "Verfassungsrechtliche Probleme der öffentlichrechtlichen Stiftungshochschule." *Wissenschaftsrecht.* Vol.53, Tübingen: Mohr Siebeck, S.57-81.
Bundesministerium Bildung und Forschung（BMBF）（2002）. *Grund-und Strukturdaten 2001/2002.* Bonn.
Domröse, W.（2002）. *Stand entsprechend der Drucksache 14/3450.*（http://www.harz.de/

wolfgang.domroese/NHGaktuell.pdf)（2004年2月6日）

Gerber, H.（1965）. *Das Recht der wissenschaftlichen Hochschulen in der jüngsten Rechtsentwicklung*. Vol.1, Tübingen: Mohr.

Koch, T.（2001）. "Verfassungsfragen eines neuen Hochschulrechts für Niedersachsen." *Wissenschaftsrecht*. Vol.34, Tübingen: Mohr Siebeck, S.57-81.

Landeshochschulkonferenz（LHK）（2000）. Niedersachsen. *Stellungnahme zum Entwurf eines Referentenentwurfs für ein Gesetz zur Hochschulreform in Niedersachsen*. Hannover.

Landeshochschulkonferenz（LHK）（2001）. Niedersachsen. *Stellungnahme zum Entwurf eines Gesetzes zur Hochschulreform in Niedersachsen*. Hannover.

Ministerium für Wissenschaft und Kultur（MWK）（1999）. *Empfehlungen der Gemeinsame Arbeitsgruppe von Landeshochschulkonferenz und Niedersächsischem Ministerium für Wissenschaft und Kultur zur Neufassung des Niedersächsischen Hochschulgesetzes*. Hannover.

Ministerium für Wissenschaft und Kultur（MWK）（2000a）. *Referentenentwurf - Gesetz zur Hochschulreform in Niedersachsen* Hannover.

Ministerium für Wissenschaft und Kultur（MWK）（2000b）. *Begründung zum Referentenentwurf*. Hannover.

Ministerium für Wissenschaft und Kultur（MWK）（2000c）. *Anhörungsentwurf - Gesetz zur Hochschulreform in Niedersachsen*. Hannover.

Niedersächsische Landesregierung（2001a）. *Entwurf - Gesetz zur Hochschulreform in Niedersachsen*. Hannover.

Niedersächsische Landesregierung（2001b）. *Begründung zum Entwurf - Gesetz zur Hochschulreform in Niedersachsen*. Hannover.

Oppermann, T.（1996）. "Selbstverwaltung und staatliche Verwaltung." In: Flämig, C. et al.（Hrsg.）. *Handbuch des Wissenschaftsrechts*. 2., völlig überarb. und erw. Aufl., Vol.1, Berlin: Springer.

Palandt, K.（1999）. *Rechtliche selbständige Trägerorganisation für Hochschulen?* Weimar: Arbeitsgruppe Fortbildung im Sprecherkreis der Universitätskanzler.

Präsidident Universität Hildesheim（04.07.2002）. *Das Modell der Stiftungsuniversität nach dem neuen NHG*.（http://www.uni-hildesheim.de/aktuell/stiftungsmodell/files/organigramm.pdf）（2004年2月6日）.

Reich, A.（1996）. *Hochschulrahmengesetz -Kommentar-*, 5., völlig neubearb. Aufl., Bad Honnef: Bock.

Reinhardt, U.（2002）. *Stiftungshochschulen-Wege zur Entstaatlichung der Hochschulen*. Hannover: Bertelsmann Stiftung et al.

Thieme, W.（1956）. *Deutsches Hochschulrecht - Das Recht der wissenschaftlichen Hochschulen in der Bundesrepublik Deutschland und Land Berlin*. Berlin: Heymann.

Thieme, W.（1986）. *Deutsches Hochschulrecht -Das Recht der wissenschaftlichen, kunstlerischen, Gesamt-und Fachhochschulen in der Bundesrepublik Deutschland*. Köln: Heymann.

（初出：江原武一・杉本均編著『大学の管理運営改革―日本の行方と諸外国の動向―』東信堂、2005年、190-205頁）

第3節　ドイツにおける国立大学法人化の新動向

はじめに

　ドイツの国立大学は法人格をもつといわれる。欧米の諸大学が法人格をもつことは、日本の国立大学法人化が進展する一因となった。ところが、ドイツにおいて国立大学法人化は過去の話題ではない。大学の自治は教学面に傾斜し、財務・人事など経営面では、むしろ法人として待遇されていないのである。

　1976年1月に公布された高等教育大綱法（HRG）は、国立大学の法的地位について、公法上の社団（Körperschaft）であると同時に、国家の施設（Einrichtung）であることを規定した。公法上の社団は公法人の一種であるけれども、国家の施設は法人格を否定される傾向がある。いわゆる二重の性格（Doppelnatur）は論理的でないものの、国立大学の法的地位を如実に反映していた。ところが、1998年8月にHRGが改正されたことにより、経営面を含む国立大学の全面的な法人化へ途が開かれた。従来とは異なる法形式（Rechtsform）による国立大学の設置が可能になったのである。

1　国立大学の地位

　ドイツの大学の設置形態を要約するとき、国立大学が中心となっていることが前提とされてきた。もちろん、ドイツにおいて国立大学とは州立大学のことである[1]。ところが、近年になって私立大学が設置されているので、大学と国家の関係に変化が生じているかもしれない。そこで、現在、国立大学の占める位置を確認しておきたいのであるが、そのためには設置者別の機関数を統計で比較するのが簡便であろう。連邦教育研究省の教育統計をみると、

表1　大学の在学者数・機関数

	総合大学		高等専門学校		芸術大学		合計	
	在学者数	機関数	在学者数	機関数	在学者数	機関数	在学者数	機関数
国立大学	1,424,156	88	464,283	103	31,912	45	1,917,778	236
私立大学	9,944	17	35,530	37	241	1	42,528	55
教会立大学	1,825	12	17,243	18	899	10	17,997	40
合計	1,435,925	117	517,056	158	33,052	56	1,986,033	331

注：データはドイツ学長会議（HRK）のHochschulkompass (http://www.hochschulkompass.hrk.de/) から2002年冬学期の数値を使用した。なお、高等専門学校に行政高等専門学校は含まない。

2000年の冬学期において高等教育機関は350校あったが、そのうち79校が非国立大学（nichtstaatliche Hochschule）であった[2]。非国立大学が23％を占めるとなれば、国立大学を中心とする高等教育制度とはいっていられない。

とはいえ、この最もポピュラーな統計は、詳細を知るうえで、いささか不適当である。統計に記載されている非国立大学には、教会立の大学が含まれている。設置者である教会が公法上の社団であり、またHRGに特例が定められているので、教会立大学を私立大学に含めないのがふつうである。そこで私立大学を抽出するために、ドイツ学長会議の提供する2002年冬学期のデータを使用する（表1）。これによると、機関数において国立大学が71％、私立大学が17％、教会立大学が12％を占めることがわかる。なるほど私立大学のシェアが高まっているようだ。

ところが在学者数の統計をみると、別の結論が出てくる。国立大学の学生が97％を占めて圧倒的に大きい。特に総合大学では99％の学生が国立大学に在籍している[3]。在学者数でみる限り、ドイツの大学は現在でも国立大学が主流であるといってよい。国立大学法人化は、ほとんどすべての学生にかかわる問題なのである。

2　国立大学の変革

(1) ドイツ学術財団連合による評価

上述の通り、HRGの改正により国立大学を法人化する下地ができた。これを具体化するには、各州における法改正が必要になる。その全体像を精緻

に比較することは困難であるが、ドイツ学術財団連合が2002年8月に作成した有益な報告書がある[4]。

この調査研究を実施した時点において、ドイツ16州のうち13州は連邦法改正への対応を完了していた。メクレンブルク・フォアポンメルン州とニーダーザクセン州では、すでに政府案が州議会に提出されていたが、ベルリン州では学術文化省により草案（Referentenentwurf）が作成されていたものの、立法は進展していない。

報告書では、そのような法案を含めて各州の改革動向を比較している。9大項目（28小項目）を設定し、あらかじめ各項目の模範型（Leitbild）を明示したうえで、ランキングを実施した。大項目とは、設置形態、計画・目標、財務、人事、組織、入学者選抜、教育、評価、研究の9項目である。評価は、あくまでもベンチマークの提示であって、全体としての厳密なランキングを明示しない。このことは、理想的な大学像について多様な考え方があることを考慮するならば、むしろ読者に対して親切であろう。

大学設置形態の項目をみると、「法律が多様な法形式を大学に許容している」ことを模範型としている。上位群（Best-Law-Gruppe）にランクされたのは5州である。第1位はヘッセン州、第2位はバーデン・ヴュルテンベルク州及びベルリン州、第3位はハンブルク州、第4位はニーダーザクセン州である。その他の諸州は中位にランクされている。中位にランクされた諸州では、大学の設置形態に関する規定が、従来のまま変更されていない。連邦法と州法が連動しないことはよくあるが、ここでは「別の法形式」が規定されていない場合に評価が低くなっている。

そうはいっても上位群と評価された法律であれば、何か注目に値する法形式が盛り込まれているとは限らない。バーデン・ヴュルテンベルク州、ベルリン州、ハンブルク州は、連邦法の規定をそのまま州の法律に移植して「別の法形式」を可能とする文言があるにとどまって具体性がない。

(2) ヘッセン州の事例

ただし、ヘッセン州とニーダーザクセン州は特徴がある。ヘッセン州の規定をみると「州立大学は、公法上の社団であり、同時に国家の施設である」

表2 ドイツ学術財団連合による高等教育法のランキング

	州	上位項目数	中位項目数	下位項目数	評価対象外
上位	バーデン・ヴュルテンベルク州	11	12	1	4
	ブレーメン州	11	13	2	2
	ハンブルク州	12	14	0	2
	ヘッセン州	12	12	0	4
	ニーダーザクセン州	17	10	0	1
中位	バイエルン州	6	14	2	6
	ブランデンブルク州	6	15	0	7
	メクレンブルグ・フォアポンメルン州	6	16	2	4
	ノルトライン・ヴェストファーレン州	5	18	0	5
	ザクセン州	8	13	2	5
下位	ラインラント・プファルツ州	3	13	2	10
	ザールラント州	3	17	1	7
	ザクセン・アンハルト州	3	20	1	4
	シュレスヴィヒ・ホルシュタイン州	4	16	2	6
	テューリンゲン州	4	16	3	5
－	ベルリン州	17	10	0	1

出典：Stifterverband, 2002, S.27.

としたうえで、「州政府は州立大学に別の公法上または私法上の法形式を付与することができる」としている。私法上の法形式が付与されても、やはり州立大学であるが、そこまで許容する法律であることが高く評価されたのであろう。

　もちろん「別の法形式」が法律に明記されても、そのような大学が設置されないのであれば空文となる。その意味において、ヘッセン州の高等教育法は、設置形態の規定が高く評価されたものの実体がない。これまでのところ、「ダルムシュタット工科大学の組織改善に関する法律」の草案が2004年2月に公表されたにすぎない。しかも、この草案は、同大学に適用される特例を定めるけれども、「別の法形式」を採用していない。公法上の社団であると同時に、国家の施設であるという二重の性格に手をつけることなく、財務や組織等に特例を設定することにより、実質的な効果を期待しているようにみえる。

ところで、ドイツ学術財団連合の報告書において、ヘッセン州の事例は、大学の設置形態について、最上位の評価であった。しかし、**表2**に示したとおり、全体としてはニーダーザクセン州やベルリン州と比較すると、評価が芳しくない。たとえば、計画や目標の設定において、州政府の主導になりやすい仕組みになっていることがマイナス要因となっている。つまり、ヘッセン州の法律は、大学の設置形態を多様化する可能性を含むけれども、通常の形態で設置される限り、自律性に乏しい内容の諸規定が適用されるのである。

(3) ニーダーザクセン州の事例

一方、ニーダーザクセン州では、州立大学が経営面の組織形態を直轄型と財団型から選択する仕組みになっている。「別の法形式」に該当するのは国立財団型大学（Stiftungshochschule）である。選択肢が二つしかないので、ランキングで最も高く評価されることにはならなかったようだ。とはいえ、「ニーダーザクセン州の大学改革に関する法律」が2002年6月に成立したのをうけて、一部の大学が2003年1月より財団型大学へ転換している。ゲッティンゲン大学、ヒルデスハイム大学、リューネブルク大学、ハノーファー獣医科大学、オスナブリュック高等専門学校の5大学である。大学の非国有化（Entstaatlichung）を進める新たな設置形態が現実のものとなり、最も注目される事例となった。

もちろん、ニーダーザクセン州に州立大学（高等専門学校を含む）は20校あるから、すべての州立大学が財団型の大学になったのではない。従来の州立大学は、法改正に伴って国立直轄型大学へ移行する。直轄型から財団型へ転換するには、当該大学の評議会が発議し、財団の基本事項を定める命令を州政府が公布することを要する。

国立財団型大学とは、国家の責任の下に設置運営される大学で、設置者が公法上の財団の形態をとるものをいう。財団型大学になると、大学と州政府との間に財団が設置されることになるが、民営化になってはいない。経常費にあてる州の交付金があるうえに、職員は公務員型と非公務員型が混在している[5]。

このようなニーダーザクセン州の事例は、ドイツ学術財団連合の報告書に

おいて、全体としての評価が最も高い。特に、財団型大学における財務及び人事の柔軟性が高く評価されている。

(4) ベルリン州の事例

ところが、表2をみると「別の法形式」の実体がないベルリン州の草案が、ニーダーザクセン州と同等に評価されている。ベルリン州は、特に計画と目標に関する項目において、ニーダーザクセン州より評価が高い。1997年2月に予算構造法（HStrG97）が成立してから、種々の試行を実施してきたことが、その背景にある。

予算構造法によると、大学と州が協定を結ぶことによって、一定期間の予算が保証される。また、ベルリン州の高等教育法に実験条項が新設されるので、大学は、州当局の許可を得ることにより、財務や組織等について法律の規定から逸脱して効果を試すことが可能となった。たとえばベルリンに総合大学が3校あるが、大学の運営組織について自由大学とフンボルト大学に実験条項が適用され、法律中の当該規定は工科大学のみで通用するという状況が生じたほどである。

ベルリン州学術文化省の草案は、そのような実験をふまえている。そう考えてみると、州立大学を「別の法形式」に転換することなく、個々の課題を着実に解決することにより、ニーダーザクセン州のレベルまでは到達することが可能といえる。もちろん、ベルリン州以外では実験条項が存在しないか、または有効に活用されていないのが実情である。

3　理論上の課題

国立大学法人化に、そのような限界の生じる理由は何か。実は、「別の法形式」に制約があるとみられるからである。「別の法形式」とは、公法上の社団である大学が、同時に国家の施設であることを強制されないことであるとの解釈がある[6]。少なくとも教学面において公法上の社団であること、つまり構成員による自治が行われることが、大学の運営にふさわしいと認識されているからであろう。ニーダーザクセン州の立法過程においても、大学が公法上の社団であることは議論の焦点にならなかった。

そのニーダーザクセン州の場合には特別な事情があった。州法の改正以前に、州立大学が公企業（Landesbetrieb）になっていたのである。州立大学が公企業になると、州の財政法（LHO）の定めるところにより、企業会計原則の適用など運営の効率化がはかられる。ところが立法過程において、州立大学は国家行政組織の一部とみなされていた[7]。むしろ、大学が非独立営造物であることを強調し、その問題点を指摘することによって、あえて国立財団型大学の創設を促進したようにみえる。

現在ドイツで進展する国立大学法人化は、主に経営面における法人化である。しかし、ニーダーザクセン州の事例をみる限り、それは非国有化としては不完全である。財団の本質ともいうべき基本財産を確立しないまま、むしろ州政府からの交付金を主たる財源としつつ財団型の大学へと転換しているのである[8]。

もちろん、国立大学を、たとえば株式会社（AG）または有限会社（GmbH）のような私企業として設置することができるとの見解もあるが[9]、法律の具体化において、実体がどこまで伴うのか不明なところが多い。

4　公設民営型大学との関係

各州において、「別の法形式」がどのように展開していくのか、まだ不確定な要素が多いのであるが、すでに、その枠組みを越えた大学が存在する。それはブレーメン国際大学（IUB）であり、ニーダーザクセン州の事例よりもラディカルだと認識されている。

2002年冬学期において、ドイツに私立総合大学は13校あった。その所在地はバーデン・ヴュルテンベルク州に5校、ヘッセン州に2校など8州にわたるものの、残りの諸州には存在しない。ブレーメン国際大学は、1999年2月に設置され、2001年秋に学生の受け入れを開始した、州内唯一の私立総合大学である。学部（School）の構成は理工学部と人文社会科学部であり、ブレーメン大学とライス大学（米国ヒューストン市）が協力関係にある。大学の設置にあたり、ブレーメン州は230百万マルク（137百万ドルに相当）の基本財産を拠出したけれども、設置者は有限会社であり、州政府関係者を含まない理事会が経営の中心となる。2002年度の授業料は年額15,000ユーロ、

学生宿舎（食事付）は月額400ユーロであった。納付金は高額といえる。

　ブレーメン州の高等教育法は「別の法形式」を規定していないが、財政法の定めるところにより、私立大学の経営に関与することはできる。とはいえ私立大学として州の認可が必要となるのであって、もはや国立大学法人化の延長線上にないようだ。

おわりに

　ドイツの大学は、教学面に法人格をみることができる。しかし、経営面では法人格をもつといえない状況にあった。本稿では、後者の法人格を国立大学が取得しつつあることを述べた。しかし、その有様は州により異なる。教学面において国際的通用性が高まっているのとは対照的である。学位や単位互換の領域では、州や連邦の枠組みを越えて規格化されている。これに対して経営面における統一は進んでいない。

　今、ドイツの大学は法人格をもつかという問いに対して、大多数の大学は法人格をもたないけれども、一部に法人格をもつ大学が出現し始めたと回答するのが正しい。これまでに法人化された国立大学は5%、そこで学ぶ学生は3%にすぎないのである[10]。

注

1　統計では、国立大学に連邦立大学が含まれている。
2　Bundesministerium für Bildung und Forschung. *Grund-und Strukturdaten 2000/2001.* 2002, S.150-151.
3　本稿中、総合大学に同等の高等教育機関である教育大学、神学大学等を含めている。なお、私立総合大学として、近年MBAを取得するためのビジネススクールと、授業で英語を使用するインターナショナル・ユニバーシティの設置が目立っている。
4　Stifterverband für die Deutsche Wissenschaft. *Qualität durch Wettbewerb und Autonomie, Landeshochschulgesetze im Vergleich.* 2002.
5　ドイツの官庁には、公務員型の職員と非公務員型の職員が混在するのがふつうである。前者は官吏法・俸給法等が適用される公法上の任用関係にあり、後者は連邦雇員協約（Bundesangestelltentarifvertrag）等が適用される私法上の雇用関係にある。
6　Reich, Andreas. *Hochschulrahmengesetz –Kommentar.* 8. Aufl., 2002, S.495.

7 Palandt, Klaus. *Rechtliche selbständige Trägerorganisation für Hochschulen?* 1999.
8 基本財産を確保できない以上、財団型大学は成立しないとの見解がある。Sandberger, Georg. *Organisationsreform und -autonomie -Bewertung der Reformen in den Ländern.* Wissenschaftsrecht, 2002, S.130.
9 Haug, Volker (Hrsg.). *Das Hochschulrecht in Baden-Württemberg.* 2001, Rdnr. 491.
10 全ドイツの国立総合大学に占める国立財団型大学4校の占有率。

（初出：『比較教育学研究』第30号、日本比較教育学会、2004年6月、81-88頁）

第4節　ドイツの大学における組織改革と財政自治

はじめに

　本報告では、ドイツにおける大学組織改革の最近の動向について紹介したい。特に、二つの改革、つまり70年代から80年代にかけて行われた管理運営組織に関わる改革と90年代に始まった会計制度改革に関わる大学組織上の問題を扱う。もっとも、後者を90年代の改革とするのは早計であろう。会計制度の改革は現在進行している途中であるうえに、州ごとに事情が異なっているから、暫定的な完結をみるとしても、それは21世紀のことになると思われる。しかし、90年代か21世紀かという年代の区分の何れが適切かという問題は措くとして、今時の改革を大学紛争前後に始まった管理運営組織の改革とは区別しておいたほうがよいことは間違いないであろう。

　改革の手続に着目して、二つの改革の特徴を挙げるならば、70年代の改革が立法化を推進力とする改革であったのに対して、90年代の改革は規制緩和にともなう改革ということができる。また、70年代以来、連邦が立法を通して州の高等教育政策に関与していたが、90年代になってからは連邦のイニシアチブが比較的弱まった状態で改革が進められているといってよい。もちろん、連邦が大綱的立法権を失ったのではなく、むしろ各州の自律的な動きが先行するようになったとみるのが妥当であるし、会計制度が州の事務とされていることがそもそもの原因であろう。

そのような近年の状況をふまえて、ここでは次の手順で論述を展開したい。あらかじめドイツの高等教育機関の種類、法的性格及び管理運営組織のあらましを説明したうえで、まず、70年代から80年代にかけて行われた管理運営組織に関わる改革の内容を解説し、次に90年代に始まった会計制度に関わる改革の進捗状況を説明する。そして最後に両者を関連させて、大学組織の近い将来を展望したい。

1　大学の種類と法的地位

(1) 高等教育機関の種類

ありふれた表現であるが、ドイツの高等教育機関（以下の記述では、単に大学という）の主要部分は総合大学（Universität）であり、総合大学やこれに匹敵するステイタスをもつ大学は、おおむね州立大学である。もっとも主要部分という表現には語弊がある。伝統的なタイプの大学の方が適切かもしれない。

現在のドイツの大学は均質的ではなくなっていて、法律上いくつかの種類に分類されている。その詳細な種別は州により若干の異同があるけれども、多くの州において総合大学、芸術大学及び高等専門学校に大別される。

総合大学は学術的大学（wissenschaftliche Hochschule）と同義で用いられることがある。英語で表記するならば"scientific university"となる。ドクトルの学位や教授資格（Habilitation）を授与することなど、大学の要件を完備している機関をいう。その概念は狭義の総合大学のほか、工業大学、総合制大学、神学大学、教育大学などを包含する。

一方、高等専門学校（専門大学と訳されることもある）は技術系の中等教育機関を昇格させたものが多いが、現在では教育の分野が多様化している。高等専門学校はドクトルの学位や教授資格を授与する権限をもたない機関であり、非学術的大学（nichtwissenschaftliche Hochschule）と考えられている。

特別な位置にあるのは総合制大学と芸術大学である。総合制大学は学術的な課程と、高等専門学校の課程を併設している大学である。また、芸術大学は学術的大学と高等専門学校のいずれにも当てはまらない大学である。

このような分類が存在するのであるが、法律の体系をみると、一般的な高等教育法がある場合、機関の種別毎に法律が定められている場合、個別機関

の設置法がある場合などさまざまである。もちろん一般的な高等教育法がある場合であっても、その第1条の定める適用範囲の中に分類があるので、この場合を含めるなら大学の分類は法律上の区分といえる。ただし、多くの法律は、州立大学を直接の対象にしており、州立以外の機関の名称を法律の条文中に見出すことはできない。

　州立以外の大学は"nichtstaatliche Hochschule"と呼ばれる。つまり国立ではない大学という意味であって、純粋に私立の大学と、教会によって維持される大学とがある。ドイツの大学の主要部分は、おおむね州立大学であるという場合に、それは総合大学を中心とする伝統的なタイプの大学についていえることである。およその割合を示すならば、総合大学の1割、高等専門学校の4割が州立の機関ではない。一方、教育大学と芸術大学はすべて州立であるが、神学大学はそのほとんどが教会の維持する大学である。

(2) 大学の法的地位

　このように例外は少なくないが、ドイツの主要大学は州立の機関であり、財政面において国家財政に依存し、職員の身分は国家公務員として扱われる。しかし、大学の組織を州の機関とみるだけでは、その性格を十分に理解したとはいえない。ここまでドイツの大学が州の機関であることを強調してきたが、ドイツの大学の法的性格を論ずるとき、このことのみを前提とすることはできない。その理由は、大学の法的地位が単に州の機関であるだけでなく、公法上の団体の性格を併せもつことにある。公法上の団体とは社団のようなもので、成員資格をもつメンバーで構成される。たとえば、地方公共団体がこの範疇に含まれる。公法上の団体は法人格をもつと考えられているから、州の機関であることと公法上の団体であることは論理的には両立しない。しかし、大学は両方の性格を併せもつとみなされ、大学の二重の性格と呼ばれている。大学の二重の性格は、連邦や各州の法律に明文化されている。連邦法の条文を例示するならば、「大学は、公法上の団体であり、同時に国の機関である。大学は、法律の範囲内で自治行政の権利を有する」となっている（高等教育大綱法第58条）。総合大学であれ高等専門学校であれ、機関の種類にかかわらず、二重の性格をもつのである。

もちろん、大学が自治行政権を有する公法上の団体であるとはいえ、財務と人事の領域では、この性格は限定的になる。大学と州との間に事務の分担がある。つまり、アカデミックな内容をもつ自治事務（Selbstverwaltungsangelegenheiten）と財務や人事を含む国の事務（staatliche Angelegenheiten）に加えて、両者の中間的な性格をもつ事務に区分されている。かつて自治事務は公法上の団体たる大学の自治組織によって処理され、国の事務は州の機関として国家行政組織によって行われた。現在では大学が州の委任を受けて国の事務を処理することになるので、特に委任事務（Auftragsangelegenheiten）などと呼ばれることがある。公法上の団体たる大学の自治行政の行為に対して、州は合法性を点検するにすぎないが、国の事務に関してはさらに合目的性に及ぶ監督に大学が服することになる。つまり国の事務に関する部分において、大学はなお州の機関としての性格をもつといえる（高等教育大綱法第59条）。

このような意味で、"Dualismus"は、現在でも管理運営組織を記述するうえで不可欠の概念となっている。

2 組織の改革

(1) 大学の二重の性格

このような二元的な組織は法的には70年代まで残存したが、その形態は多様であった。ふつう四つに類型化される。つまり、学長と並んで独任制つまり単独で職務を行う学監（Kurator）が置かれる場合、合議制の理事会（Kuratorium）が置かれる場合、運営委員会（Verwaltungsausschuß）が置かれるもの、自治行政機関でもある学長と評議会が国の事務を併せて処理する形態である。

四つの類型の中で、二元性が最も明確であったのは学監によるものである。学監が置かれた大学では、学長は自治事務のみを管理し、一方、国の事務は大臣の出先機関である学監が行った。学監制は元々プロイセンの大学において広く行われた制度であったが、第二次世界大戦後になると衰退した。

第二の類型である理事会は合議制の機関である。理事会は、もともと国、都市、大学の間の調整機関としてフランクフルト＝アム＝マインとケルンの公立大学に設置された。戦後になるとベルリン自由大学やヘッセン州のギー

セン大学などに理事会が置かれ、これらの州立大学において国の事務を処理した。

　第三の類型は運営委員会である。バイエルン州の大学の中には、運営委員会が国の事務のための機関として設置されるものがあった。運営委員会は2種類に分類される。ミュンヘン大学とヴュルツブルク大学の運営委員会は、評議会と並立する独立した機関であり、エルランゲン大学では評議会に附属するひとつの委員会であった。どちらの運営委員会も、学長のほか比較的長い任期で選出された数名の教授を成員とする合議制機関であったから、運営委員会の構成は評議会のような自治行政機関に類似していた。

　第四の類型は、二元的管理の原則から最も遠く位置づけることができる組織形態である。つまり、学長と評議会が国の事務を処理し、そのための独特の機関をもたないものである。この形態は南西ドイツシステムといわれ、バーデン＝ヴュルテンベルク州のハイデルベルク大学、フライブルク大学、テュービンゲン大学を典型とする。しかし、これに類似する形態であっても、学長が大臣を代理する機関として国の事務を処理した大学もあり、この場合の学長は評議会に対して責任を負わなかった。

　以上のように、自治事務と国の事務というように二元的に捉え、これに組織を対応させるのが、大学の管理運営を理解するうえで常套手段となっていた。このような二重の性格は現行法においても部分的に残存している。たとえばバイエルン州の高等教育法には「大学は、団体として固有の事務（eigene Angelegenheiten）を遂行し（団体の事務：Körperschaftsangelegenheiten）、州の機関として国の事務を遂行する」との規定がある。この法律では国の事務として人事、予算、組織など8項目を列挙するとともに、団体の事務について「他に定めのない限り、大学のすべての事務」と定めている（バイエルン州高等教育法第5条）。

　しかし、ドイツの大学の特性であった管理運営の二元性は、現行の法律が一元的管理を原則としているため、多くの場合にはあまり目立たなくなった。1968年の学術審議会の勧告等により、かつての学長と学監の権限を併せもつ新たな統轄機関として総長（Präsident）を置くことが構想されたのである。

(2) 一元的管理

　70年代から80年代にかけての改革で問題となったのは、一元的管理における統轄機関の形態であった。その類型については、高等教育法で定められている。連邦の法律で定められている組織の類型には4種類あり、学長 (Rektor)、学長部 (Rektorat)、総長 (Präsident)、総長部 (Präsidialkollegium) と呼ばれている（高等教育大綱法第62条）。これらの機関は、名称が同じであっても、権限と資格などは厳密には同じでなく、その法的及び実態的概念は一義的ではない。ここでは、さしあたり三つの点について、次のように整理することができる。

　第一に、学長は、もともと大学に所属する教授が1年の任期で務める職であったが、これを学外者から選任され、任期が比較的長期にわたる総長へ移行させることが試みられた。第二に、自治行政の機関として学長が単独で団体としての大学を統轄する独任制の形態から、補佐的な職を設けるか、または合議制の機関を設けて大学全体を統轄するようになった。第三に、1960年代に各州で高等教育に関する立法が始まったが、統轄機関の形態について各州・各大学における展開は多様であった。

　上記の学術審議会勧告に始まる立法過程には複雑な要因が関わっていたが、ともかく1976年に施行された高等教育大綱法の特色は、大学の統轄機関の形態を、ほぼ改革の議論で用いられた概念としての総長または総長部と定めたところにある。一方、学長及び学長部は例外的に認められたにすぎない（高等教育大綱法第62条第5項）。

　高等教育大綱法が標準とした独任制の総長及び合議制の総長部が置かれる場合の総長に要求される資格の特徴は、当該大学の教授であることが要求されないこと、つまり学外者を総長にすることができるところに新しさがあった。しかし、現実としては学外者が総長になる事例は稀であり、むしろ、その大学の教授の中から総長を選任する、いわゆる教授総長 (Professoren-Präsident) が通常であった。総長には学術、経済、行政または司法における能力が要求される。当初の構想からすれば、学術の分野での経験を充たす者として教授が総長になれることは抜け道ともいえるが、州の高等教育法の中には総長の資格を当該大学の教授に限定するところさえあった。とりわけ

バーデン＝ヴュルテンベルク州、ノルトライン＝ヴェストファーレン州、ザールラント州の三つの州では、何らかの形で、この職に求められる資格を教授に限っていた[1]。

このようなことから1976年の定めはプログラム通りには普及しなかったと評価することができる。むしろ、1985年の高等教育大綱法を改正する過程においては、学長部の形態が支持された。すなわち「高等教育大綱法の効果の調査研究に関する専門家委員会」の報告を受けて、学長及び学長部の導入が可能とされたのである[2]。いうまでもなくこれは教授総長のようなものである。そして、これを受けて1985年にこの法律が改正されると、州の高等教育法により選択肢が部分的に制限されることはあるものの、基本的に学長、学長部、総長、総長部の4種類を、すべて同等の選択肢とすることになった。

実際には、統轄機関の種類は名称が同一であっても、意味するものが異なることがあるから、名称のみからその性格を判断することはできなくなっている。ともかくここで統轄機関にかかわる変化の要点を提示するならば、次のことがいえよう。つまり、このときの改正により定められた4種類の統轄機関は、総長だけでなく学長も専任の職であるところに特徴があり、この点において当初構想された総長及び総長部の系譜に属する。しかし、教授が学長または学長部の成員となることを通常の形態と定めている点において、従来の学長及び学長部の要素も含んでいるといえる。一方、学長の任期は少なくとも2年以上とされ、総長の任期が4年以上であることを考えれば、新たな学長の任期も長くはないが、それでも高等教育法が整備される以前の学長と比較するならば統轄機関の連続性が重視されている。

以上が70~80年代にかけての統轄機関の形態の変遷である。しかし、ドイツの大学の統轄機関の性格については、そのほかに、一元的管理との関係も考える必要がある。この原則により、大学は国の事務に関わるものである場合にも、一元的管理によってその任務を遂行するものとされている（高等教育大綱法第58条）。

この場合に、学長なり総長なりと、事務局長（Kanzler）との関係が問題となる。たとえば、総長のもつ管理運営能力の問題がある。すなわち、行政に

おける職業経験は総長としての適性として要求されるいくつかある選択肢のひとつにすぎないから、総長を選任する上での必須の要件ではない。したがって、事務局長をめぐる権限関係は多様であるにしても、大学の事務局長が統轄機関の下で、あるいは合議制統轄機関の構成員として、専門的な管理の知識を如何にして発揮するかが重要な意味をもつことになる。

3 会計制度の改革

(1) 予算の諸原則と包括予算

このように、学外者による総長制は挫折し、かえって教授が学長または総長となることの重要性が改めて確認された。もっとも、組織的にはそうであっても、大学の予算についてみる限り、これが国の事務に属することから、大学の裁量の余地は依然として小さい。

大学の裁量の余地が小さいということは、予算に関するいくつかの原則に拘束されるということである。つまり、総計予算主義に基づいて大学の予算は州の予算の一部に含まれて法律の形式で定められる。そして、特定性原理 (Spezialitätprinzip) によって項目ごとに使用目的が指定されるとともに、予算単年度主義 (Jahrlichkeit) が適用される。予算単年度主義は、債務負担授権により緩和される。ただし、債務負担授権は予算に見積もられることが必要であるから、必ずしも柔軟な制度ではない。

しかし、予算原則の例外として、予算単年度主義に対する予算の繰越 (Übertragbarkeit) と、特定性原理に対する予算の流用 (Deckungsfähigkeit) がある。

予算の繰越とは、通常、財務大臣の同意を得て、余った資金を翌会計年度に持ち越すことである。また予算の流用とは、一定の目的を指定された資金を、定められた条件の下で、別の目的にも使用できることを意味する。しかし、予算の繰越は予算削減の理由となりうるし、また予算の流用は、予算の通覧性 (Haushaltsübersicht) を妨げるなど、それぞれ適用に消極的にならざるをえない要素を含んでいる[3]。

これらの予算原則が大学に適用されるのは州立大学の宿命であるといってよい。特に、州立大学は州の予算から独立した大学固有の予算をもたない点

において、同じく公法上の団体でありながら予算高権を有する地方公共団体と性格を異にする。ただし、特に例外的な性格をもつものとしてベルリン州の大学がある。すでに述べたとおり、ベルリン州の大学には、大学と州が協力するための機関として合議制の理事会が設置され、州からの補助金（Zuschuß）を財源として、大学の理事会が予算高権を行使する。このことについてベルリン州の高等教育法では「大学は、その任務を果たすために、ベルリン州の補助金を受け」、「ベルリン州の予算に見積された補助金に基づき、理事会が大学の予算を定める」と規定する（ベルリン州高等教育法第87条及び第88条）。

このようなベルリン型の理事会制の意義について、かつてのベルリン州学術相シュタインは、教授の招聘手続きと比較して、次のように指摘している。やや長いが引用したい。

　　大学の教員招聘の手続きでは、招聘候補者名簿の作成は、権限を有する大学の機関で行われ、名簿中の氏名と順位は、大学が自己の責任で自律的に確定する。それに対して、この招聘候補者名簿から招聘されるべき者を選出することに責任を負うのは、所轄する大臣のみである。したがって、教授招聘過程の後半の部分は、大学にとってはまったく外部による決定である。……（中略）……また、大学における予算の査定（Haushaltsansätze）は全体にわたり外部による決定の要素が強い。それは、政府及び最終的には議会が決定する州の補助金の範囲内でなければならないからである。もっとも補助金が包括的に与えられ、大学が資金の分配に対して細部に至るまで強い影響力をもつならば、自律性は比較的高い。たとえばベルリンでは、資金の分配を大学と州からの同数の代表で構成される理事会で行う。この「自律性」はたしかに限定的だが、大学の予算が所轄する省において経理される他の多くの州よりもはるかに大きい[4]。

なお、ベルリンにはいくつかの州立大学があるが、ベルリン州高等教育法で定められている理事会制は、もともとこの州のすべての大学で採用されていたのではない。1990年にベルリン州高等教育法が改正されるまで、自由

大学、工業大学、芸術大学の3大学のみに理事会が置かれ、その他の機関——社会事業・社会教育高等専門学校、工業高等専門学校、経済高等専門学校、行政・司法高等専門学校——は理事会をもたなかった。この改正が行われる以前の法律では、高等専門学校の収入及び支出は、ベルリン州の予算に盛り込まれるものとされ、さらに、高等専門学校にベルリン州の予算制度の規則が適用されるものと規定していたから、理事会が置かれる大学と比較して、高等専門学校は団体としての自律性が小さく、他州の大学と同じく州の機関としての性格が強かった（ベルリン州高等教育法第113条）。1990年に行われた法改正の特徴のひとつとして高等専門学校の地位の向上が挙げられるが、その一環として高等専門学校にも理事会が置かれることになったのである。

ところで、現在、ベルリン州以外の大学にも、クラトリウムという同じ名称をもつ機関が置かれることがある。そのような理事会は、地元や経済界との協調を目的とし、大学の管理運営について勧告等を行う参与会的な機関であり、これはベルリン型の理事会とは性格を異にする。

しかし、ふつうの州立大学で、予算上の自由を拡大しようとする考え方として包括予算（Globalhaushalt）がある。包括予算を上述のベルリン型の理事会制と比較するならば、理事会制では国の事務を行うために特別の機関を設けて独自の予算を編制するのに対して、包括予算制度では理事会のような特別の機関を置くことなく、大学の自治行政機関に委ねるところに特徴がある。包括予算が採用されると州が予算の総額を決定し、大学がこれを分配することになり、自治行政の領域が拡大することになる。しかし、その反面、高等教育の実態を考慮することなく、財政状況を理由に大学の予算が削減されるのではないかと問題点が指摘される。また、大学内部で包括予算の分配に関わる事務を処理する評議会や学部会議などの自治行政機関に、過大な負担を要求することになるのではないかともいわれる[5]。しかし、このような課題が指摘される包括予算ではあるが、近年になって普及しつつある。

(2) ノルトライン＝ヴェストファーレン州における財政自治

ただし、包括予算という合い言葉で始まった90年代の財政改革は、実施される段階で財政自治と言い換えられるようになった。ここでは、この財政

第4章　ドイツにおける大学改革の動向　163

改革の先行事例となったノルトライン＝ヴェストファーレン州の場合について紹介する。このモデル実験は「大学と財政自治（Hochschule und Finanzautonomie）」と呼ばれている。ノルトライン＝ヴェストファーレン州においてどのような理由から包括予算という呼び方を財政自治に改めたのかは定かでないが、ヘッセン州においても包括予算を財政自治と言い換えており、こちらのほうはその理由がわかっている。それによると、定員という考え方を存続することにより、予算に一定の枠組みを残すところが財政自治の特徴である。つまり財政自治は包括予算の柔軟性を抑制していることになる。

　ノルトライン＝ヴェストファーレン州では、まず1990年にノルトライン＝ヴェストファーレン州の学術研究大臣アンケ・ブルンがモデル実験を予告した。そして1992年にボッフム大学とヴッパータール大学で実験が開始された。ボッフム大学の創設は1969年で、ヴッパータール大学は1972年であるから、どちらも比較的新しい大学である。そして2年後の1994年にドルトムント高等専門学校とニーダーライン高等専門学校に実験を拡大し、さらに1995年にデュッセルドルフにあるロベルト＝シューマン音楽大学が加わり、同時にすべての総合大学が財政自治を獲得した。計画によれば1996年にその他の芸術大学に拡大し、ノルトライン＝ヴェストファーレン州のすべての州立大学が財政自治を獲得することになる。

　当初、この財政自治の内容には三つの柱があった。それは「収入を大学に残す」、「流用することができる」、「人件費を柔軟に使うことができる」ということである。

　第一の柱である「収入を大学に残す」とは、聴講料金や利用料金などが州の予算に収納されないことを意味する。したがって、大学は収入を上げようと努力することにより、支出を増大させることが可能になる。

　第二の柱である「流用」とは、人件費、物件費及び投資費を相互に流用することができることを意味する。そして、予算制度上は、ある領域でしかるべき節約をした場合に、別の領域で当初の請求額を超えて支出することを授権するものと解される。これにより大学は予算を効果的かつ能率的に投入することができる。

　第三の柱である「人件費予算の柔軟性」とは、財政自治の枠組みの中で、

大学が追加的なポストを設けることができることを意味する。これは予算定員を約5%超過することができるというものである。もちろん、物件費及び投資費において節約された場合に限り、定員を超過することができるのであり、また、議会の予算制定権を保障するために、定員は5年後に再び元の状態に戻すことができるものとなっている。逆に定員が利用され尽くされない場合には、節約した人件費を大学が使用することができる。

　学術研究省によると、ボッフム大学とヴッパータール大学における試行の初期における評価は、直面している問題に迅速かつ効果的に対応できるとして肯定的であった。もっとも、ヴッパータール大学の学長ヘードルは、次の会計年度へ繰越することができないことが、最大の欠陥であるとして、大学の予算の1%を限度とする繰越を提案している。一方、ボッフム大学の事務局長ヴィーベルは、人件費予算の柔軟性を活用することが困難であると指摘している[6]。

　このようにモデル実験は課題を抱えていたのであるが、1996年になると上述の三つの柱に加えて第四の柱が新設され、前者の問題が解消した。それは「積立金の形成」である。

　これにより、予算規模の1%について、投資目的のための積立金を設けることができるようになり、毎年度末生じる「12月フィーバー (Dezemberfieber)」を抑制するとともに、大学は単年度原則から離脱することができるのである[7]。

おわりに

　このように、財政自治についてはノルトライン=ヴェストファーレン州において対象となる機関の範囲が広がり、また規制緩和も進展した。ドイツのほかの州でも、包括予算または財政自治が論議されている。このような90年代の財政改革は、70年代以来の組織改革にとって代わる形で注目されるようになった。

　しかし、今後の展望を試みるならば、包括予算ないし財政自治という財政制度改革に続いて、再度、組織上の改革の必要性が高まってくるであろう。財政改革により規制緩和が進むことにより、管理運営組織の改革を余儀なく

されるのである。ノルトライン＝ヴェストファーレン州において、改革の最中にだされた冊子"Weniger Staat für die staatlichen Hochschulen"の中では、財政自治と並んで統轄機関の改革が掲げられている。ここでは事務局長の位置づけが議論されたことが記されているが、一致した見解には至らなかったようである。

一方、ヘッセン州では明らかに大学の組織の変更を求める見解がまとまっている。つまり、ヘッセン州の大学には独任制の総長"Präsident"が置かれ、事務局長は総長の下で職務を行っていたが、合議制の統轄機関である総長部または学長部を設けることにより、事務局長を統轄機関の成員とし、補助する機関としてよりも、分担する機関としての性格を高めることを求めている[8]。

会計制度の改革が今後どのような段階に進むのか、またドイツの他の州にどのように影響するのかは、まだわからない。しかし、会計制度の改革は組織上の改革を誘引すると予想している。かりに組織改革なしに会計制度改革を行うことができないとしたら、これまでの段階で州によりまた大学により異なっていた管理運営組織の状況により、その進む方向も変わってくるのではないか。そのような意味で、ほかの州の動向についても今後注目していくことが必要と考えている。

注

1 Avenarius, Hermann. *Hochschulgesetzgebung*. 1979, S. 72-74. なお、ブレーメン州では学長の名称を使用しているが、この職は実質的は総長に相当する（ブレーメン州高等教育法第78条）。
2 Der Bundesminister für Bildung und Wissenschaft. *Bericht der Expertenkommission zur Untersuchung der Auswirkung des Hochschulrahmengesetz（HRG）*. 1984, S.78-85.
3 Schuster, Hermann Josef. Haushaltsrecht. In: Flämig, Ch./ Grellert, V./ Kimminich, O. u. a.（Hrsg.）. *Handbuch des Wissenschaftsrecht（HdbWissR）*. 1Bd. , 1982, S.333-335.
4 Stein, Werner. Zwischen Kontrolle und Selbständigkeit - Zur Autonomie der Universität. In: *DUZ*. 1969, 17/18, S.1.
5 Müller, Burkhart. Finanzverfassung. In: Karpen, Urlich（Hrsg.）, *Hochschulfinanzierung in der Bundesrepublik Deutschland*. 1989, S.70-72.
6 Dettmar, Rainer. Globalhaushalt. Freiheit in Grenzen. In: *DUZ* 5/1993, S. 18-19.
7 Ministerium für Wissenschaft und Forschung des Landes Nordrhein-Westfalen（Hrsg.）. *Modellversuch Hochschule und Finanzautonomie*. 1995, S.8.

8 Hessische Ministerium für Wissenschaft und Kunst (Hrsg.). *Autonomie und Verantwortung*. Hochschulreform unter schwierigen Bedingungen. 1995, S.338-339.

(初出:有本章編『ポスト大衆化段階の大学組織変容に関する比較研究』高等教育研究叢書46、広島大学大学教育研究センター、1997年10月、128-137頁)

第5章　ドイツにおける大学の質保証の展開

第1節　ドイツにおける大学教授学の展開

はじめに

　大学教育の質について議論するときに、ひとつの視点として大学の変質、つまり大衆化を挙げることができる。ドイツの大学史を区分する場合に、70年代の改革はひとつの有力な転換期となる。1810年に創設されたベルリン大学をモデルとする古典的な大学から、大衆化した大学へ転換したとみるのである。高等教育への進学率は1960年の7.9%から、1975年になると19.5%に上昇している[1]。もちろん、この時代の進学率の高まりは、進学者数の増大を伴って進行した。総合大学（Universität）の新設・拡充と、技術系中等教育機関の高等専門学校（Fachhochschule）への昇格は、このような事態への対応であった。

　しかし、現在の状況をみると、若年者人口の減少のために、進学率はさらに上昇するものの、学生数は増加していない。高等教育をとりまく基本的な状況が変化しているのである。そこで、本稿では、新段階における大学教育をめぐる改革について、まずハイルブロンナとロイツェのコンメンタールをもとに70年代以来の高等教育法の状況を説明したうえで、ウェーブラーの論文に沿って、現在進行中の改革の概略を紹介したい[2]。

1 70年代の改革

(1) 大学教授学センター

ドイツでは大学大衆化の進展に対応するために、大学教授学（Hochschuldidaktik）にかかわる施設が、ハンブルク大学をはじめとして多くの大学に設置された。このことは70年代になって高等教育の領域における立法化が連邦と各州において進展したことと関わる。90年代の大学改革の特徴が規制緩和あるいは規制撤廃を鍵とするのに対して、70年代の改革は立法化を主な手段とし、このときに大学教授学が法律に明文化されたのである。連邦の高等教育大綱法（Hochschulrahmengesetz）が施行されたのは1976年のことである。州の高等教育法の中には、この連邦法の成立より前から存在していたものと、この法律が定められた後に初めて成立したものとがある。前者についても連邦法に沿って改正される建て前となっていたから、各州の高等教育法は連邦法に準拠し、一層詳細にわたって規定しているのが普通である。そこで、連邦法における大学教授学の位置づけを整理しておきたい。ところが法律に大学教授学が見出されるという顕著な変化があったとはいえ、少なくとも連邦法に限っていえば、大学教授学について、独立した条を設けていない。いくつかの大学改革に関連する条項中の一部として言及されているにすぎない。

それらの大学教授学に関わる規定の内容は、次のように集約することができる。まず、大学間の協力関係を整えることにより、特定の学科目（Fach）に関わる大学教授学、及び複数の学科目にまたがる大学教授学の発展を保障する。また、教育及び学修の諸形態を、教授法上の認識及び教授学上の認識にかなうものとするために、大学が学修改革と大学教授学の発展に必要な措置を講じる。さらに、学修規程の中で学修の内容及び構成等について定めるときは、大学教授学の発展を考慮する[3]。

このように、大学教授学が法律上の概念になったことは、大学教授学の存在感を高める役割を果たした。しかし、問題がないわけではない。たとえば、教育と学修の諸形態が教授法上の認識及び教授学上の認識を考慮すべきであるとしても、実際の教授学の対象は学修の形態であるよりも、むしろ学修の

内容に関わってくるので、この規定は、当初より問題を含んでいるとの指摘があった[4]。たしかに現在の改革は、後述のように、そのような意味で70年代と異なるといえる。

　また、大学教授学を固有の学問として確立することが要請されていても、学科目に特有の内容が問題となる場合には、学問一般を扱う大学教授学はほとんど助けにならない。そこで実際上、専門分野を担当する教員にその役割を多分に委ねることになる。法律に定めがある以上、大学を所轄する学術省や大学組織自体が大学教授学への対応を求められることは明らかであるが、個人の領域に大学教授学の研究と教育が置かれる場合には、事実上、これを法律によって推進することは、ほとんど意味をもたなくなる。

　このことは、単なる技術的な問題ではない。ドイツの大学の根底には、基本法第5条第3項の定める学問の自由、とりわけ研究及び教授の自由が厳然と存在し、この基本権の侵害につながるのではないかとの危惧を払拭することは難しい。大学教授学の問題は、このことと切り離すことはできない。しかし、そのような大きな問題をはらんでいるとはいえ、大学教授学について詳細に規定する主体はもはや連邦ではない。基本法第75条第1号のaにおいて、連邦は「高等教育制度の一般的諸原則」について大綱的立法権を有するにすぎないからである。そこで大学教授学への対応は、かなりの部分が州の立法、あるいは大学自身の対応に委ねられることになり、その対応は州により異なってくる。

　ともかく、独立した研究教育の分野として大学教授学を導入する措置について大学が義務を負うことになったのであり、このことは大学教授学の発展を支援することが有意義であることを暗黙の前提としている。少なくとも大学における教授学の研究教育の重要性が公に認知されたのである。

　ここで、州における対応の事例としてノルトライン＝ヴェストファーレン州の法的状況をみておきたい。もちろん、ここで取り上げるものは、連邦共和国を構成する16州の中の1州にすぎないが、現在の大学教育の質の向上に関する動向の中で、注目されるべき位置を占めている州である。

　この州の大学法において大学教授学に言及しているのは、第6条、第35条、第85条である。大学教授学に関わる条文の表現は全体として連邦法と

共通しているところが多い。ただし、35条だけは大学教授学に関するセンターについて独立した条を立てて規定している点に置いて連邦法に含まれない内容になっている。それは、特定の学科目に関わる大学教授学及び複数の学科目にまたがる大学教授学を支援するために、アーヘン工業大学、ビーレフェルト、ドルトムント、エッセン、ミュンスターの各大学及びケルン高等専門学校に、全学的な教育研究施設（Zentralwissenschaftliche Einrichtungen）として大学教授学センターを置くこと、並びに、大学教授学センターは、協定に基づいて、他大学の大学教授学上の課題を引き受けることができることを定めている。つまりノルトライン＝ヴェストファーレン州では、大学教授学センターを法律によって設置するとともに、大学の共同利用を考慮している。

　もちろん、このような連邦法にない部分もあるが、大学教授学センターについて定める第35条においても、その設置目的は、連邦法を継承した州の大学法第5条と一致しており、任務について新たな内容は含まれていない。むしろ、全学的な教育研究施設として大学教授学センターが設置されることにより、大学教授学が大学の任務を果たすための純粋なサービスとみなされるのではなく、研究及び教育に直接従事するものと位置づけられていることが重要な意味をもつ。この点においてノルトライン＝ヴェストファーレン州の大学に設置される大学教授学センターは教育研究を支援する施設（Betriebseinheiten）とは性格が異なる。

　なお、"EUROMECUM"には大学教育に関するいくつかの施設についてデータが掲載されている。ノルトライン＝ヴェストファーレン州では、アーヘン工業大学の大学教授学センターに12名の職員（うち教員10名）、ビーレフェルト大学の大学教授学学際センターは9名の職員（うち教員4名）が置かれている。また、ベルリン州では、フンボルト大学教育学部に大学研究・大学教授学教室が置かれ7名の職員（うち教員6名）が所属し、ベルリン自由大学の大学教授学研修相談所には5名の職員（うち教員3名）が配置されている[5]。

(2) 学修相談

　このように大学教授学について支援し、その一環として大学教授学セン

ターを設置することと並んで、学修相談を行うことも、大衆化した大学の担う重要な任務となった。やはり連邦法と州の高等教育法に学修相談に関わる規定が存在しているから、学修相談も法的に強制力のある大学の任務である。連邦法をみると大学の協力関係を整備することにより「効果的な学修相談」の実施を保障することが定められている[6]。大学が行う学修相談の内容は多義的であると思われるが、基本的には、学籍登録した学生及び入学志願者に対して学修の機会、学修の内容、構成及び条件について周知するとともに、学生の履修を支援する専門的な相談を行う[7]。

ノルトライン＝ヴェストファーレン州の場合をみてみると、連邦法の内容を補足している部分もあるが、またある部分では、学修相談の性格を示す独自の内容を見出すことができる。つまり、一般的な学修相談のために全学的な相談所が大学事務局に設置され、そのような意味において、学修相談は直接的に教育研究を行うものとして位置づけられていない。また、全学の教育研究を支援する施設として学修相談を目的とする施設を設置し、当該大学はもちろん、他の大学での一般的な学修相談も実施することができる点においては、大学教授学センターと同様に大学の共同利用を考慮しているということができる[8]。ただし、この場合にも、組織上の位置づけは大学図書館や計算機センターと同等の教育研究を支援する施設であり、直接に教育研究を行うことを目的としていない。ただし、一般的な学修相談とは別に、学生の履修を支援するための相談は、学部が直接行うことになっている。

2　90年代の改革

(1) 改革の萌芽

70年代に始まった大学教授学の教育研究と、学修相談の実施は、なお引き続いて行われている。しかし、現在の大学教育の質を改善しようとする動きは、必ずしもこれまでの流れの延長線上にあるのではない。二つの点においてそれまでの措置とは異なる。上述のような大学教授学センターの設置とか学修相談の実施は、いわば教室の中に立ち入ることに消極的であった。それに対して90年代の大学教育の質をめぐる政策は、教室の中に立ち入ることに積極的である。

これに加えて、80年代において盛んに指摘された大学教育の問題は、学生の在学期間が長きにわたることであったが、現在の改革が授業の改善そのものに重点を置いていることも、重要な相違点である。在学期間の短縮が、必ずしも教室で行われる授業の問題ではなく、大学や国家が実施する修了試験のあり方を考えることであったのと、状況が異なる。もちろん、90年代の対応も、学生の在学期間の短縮を含んでおり、標準的な在学期間を定着させるための対応がはかられている。そのような在学期間短縮については、学術審議会と常設文部大臣会議によって1986年と1988年に勧告されている。

これに対して、大学教育の質を評価したり、さまざまな措置を設定したりすることは、90年代になってからの特徴である。すでに1988年には当時の西ドイツ学長会議（Westdeutsche Rektorenkonferenz）が「大学における業績評価と業績比較」をテーマとするシンポジウムを開催していたが、1990年から1992年にかけて大学教授学研究グループ（AHD）、連邦議会の調査委員会、教育学術労働組合（Gewerkschaft Erziehung und Wissenschaft）、大学連盟（Hochschulverband）、大学情報システム（HIS-GmbH）などにおいて、大学教育の現状の診断、解決策の開発及び措置の要求について議論が交わされた。たとえば、大学教授学研究グループは別掲の措置を要求している。もちろん、これらの議論の中には大学教育に関する改革について消極的なものもあったが、ともかく各州で教育の質の改善が不可欠であることについて政治的コンセンサスが確認されていった。

ヴェーブラーによると、これまでに大学教育の質に関わるプログラムを策定したり、大学教育の改善とその評価などを支援するための予算措置を講じたのは、16州中の10州であり、バーデン＝ヴュルテンベルク州（1989年/1993年より）、バイエルン州（1992年より）、ブレーメン州（1994年より）、ハンブルク州（1993年と1994年のみ）、ヘッセン州（1992年より）、ニーダーザクセン州（1993年より）、ノルトライン＝ヴェストファーレン州（1991年より）、ラインラント＝プファルツ州（1992年より）、ザールラント州（1994年より）及びシュレスヴィッヒ＝ホルシュタイン州（1993年より）となっている。つまり、旧西ドイツの諸州のうち、ベルリン州以外では、何らかの対応をしたことになる。一方、ベルリン州、メクレンブルク＝フォアポンメルン州、ザ

大学教授法グループの要望（1990年12月、抜粋）

1. 専門学会において効果的な授業計画を広める。
2. 授業の提供（Lehrangebot）を発展・改善させるために特別の予算措置を講ずる。
3. 学修を支援するためにチューター・プログラム、その他の形態の小集団の作業を設ける。
4. 自己点検として、また是正の根拠として、授業を自己評価する。
5. 授業批判を行う：受講者はすぐれた教育業績をもっと認識する。容認できない業績を自由に批判する。すぐれた授業を（学部自治会新聞等において）取り上げ、「すぐれている」とは何かを具体化する。
6. 教育方法の多様なレパートリーを獲得する。大学教授学の相談及び研修へ参加する（すぐれた授業もさらに改善する）。
7. 大学教授学開発プロジェクトにおいて革新的な教育を開発する。
8. 新任教員のための相談員を設ける：副手及び新たに招聘された教授が初めて勤務する年に、2人のベテランのメントールが、授業計画と授業進行について十分に討論する（臨時聴講も行う）。それにより学部の改革理念を伝達するだけでなく、年長者（自身）の研修にもなる：相談相手として人生経験及び教育経験が認められることにより、自らの教育経験を新たに反省する機会をもつことによって相談をうまく進める。
9. 試験準備の面倒をみることに適当な報酬を行う（成果を上げた教員は負担が重いことを認められ、支援されるべきである）。
10. 学修成果に関する詳細なフィードバック（たとえば、研究報告類、学業成績の詳細な検討）を行う。
11. 学修組織上の障害を除去する（学修するうえで必須の部分の提供が限定されていたり、もしくは少なすぎる。授業の時間割が改革の妨げになる。特に、教職課程において時間の調整を改善する）。
12. 学修の個性化と、大学の種別化を支援するために、学修規程及び試験規程を緩和し、必修と選択必修の指定を削減する。
13. 「学習者の視点」を重視する。学生の学習経験を利用する。学部の

教育計画へ学生が積極的に参加する。
14. メンター・プログラムを設ける：教員を在学中固定した世話係として配置する。
15. 教育問題について学部長の「円卓会議」（講師と学生が参加）を行う。
16. 成果を上げた大学教員が経験の交換を行うための研究班を設けるか、または、成果を上げた授業に関する報告を行うために、学部長が召集して討論集会（構想、経過等）を行う。
17. 授業担当資格（venia legendi）を授与するにあたり、教育能力を重視する：教授資格（Habilitation）の取得にあたり教授学上の問題に系統的に関わったことの証明を義務づける。副手在職中に、実践的な教授学上の養成・研修へ参加することを義務づける。
18. 大学レベルですばらしい教育を表彰する（研究費と対になるもの。審査委員会は、すぐれた教育に関する基準とともに、これを公表する）。
19. 教育資格認定が重視されるように招聘基準を追加する。
20. 卒業率が高い、中途退学者が少ない、平均在学期間が短縮されるなど、教育成果が良好であること（または向上したこと）が証明されたとき、学部に対する予算を割増する。
21. 教育業績と結びついた資金をプールする（チューター費、メントール費、物件費）ことにより、授業提供の革新的な開発・改善（大学教授学上の開発プロジェクト）のために使用することができるものとする。
22. 革新的な教育を開発するために（たとえば標準的な授業で特に困難をともなうもの）、負担を一部免除したり、授業を担当しない学期を設ける。
23. 学術支援団体が、教育関連の開発プロジェクトに対する重点的支援を整える。
24. 招聘政策において教育業績を露骨に重視する：研究資格認定が同等の場合に、教授学上の能力を考慮して招聘の決定を行う。
25. 大学教員の意識改革もしくは大学教育の価値を高めるための措置として、大学教員像を政治的に公開して形成する。
26. 業績に応じた特別手当に、俸給規程を適合させる：研究業績及び教育業績並びに学内管理職に対する特別手当を（同様に）基本給に含める。

クセン州、ザクセン＝アンハルト州及びチューリンゲン州はその種の構想に取りかかっていない。旧東ドイツの領域にある諸州では、大学の再建と新設が当面の課題となっていたことと関わっているが、ブランデンブルク州は1996年に対応することになっている。

　各州の講じた上記の措置は、1996年になっても継続されており、たとえばバーデン＝ヴェルテンベルク州では3.25百万マルク（1995年）から3.335百万マルク（1996年）に、ヘッセン州では2.5百万マルク（1992年）から3.6百万マルク（1996年）へ増大している。ノルトライン＝ヴェストファーレン州の「教育の質に関する行動計画」を実行するための資金は、9.5百万マルク（1991年）、15.5百万マルク（1992年）、20.5百万マルク（1993年）、23.3百万マルク（1994及び1995年）、24.3百万マルク（1996年）というように増大している。シュレスヴィッヒ＝ホルシュタイン州では削減されているものの、多くの州では大学教育の質の改善のための整備が進められているようである。

　ただし、ハンブルク州でこの種の予算を設けたのは2年間だけであった。1993年と1994年に支出した改革準備のための資金は期限付きの措置であったこと、そもそも教育水準と適切な授業の提供に対する責任は大学自身にあることが、その理由であった。そうなると大学は財政上の自律性を高めることを目的とする包括予算制度の中で、自主的に大学教育の改革のために必要な予算を投入することになるので、大学教育の質を改善することを目的とする予算措置がみえにくくなる。

(2) 実質的な契機

　ところで、大学教育の質にかかわる措置の導入を躊躇せざるをえない状況にあった大学が、なぜ5年ほどの間に各種の措置を受け入れることになったのか。上述のように、大学教授学をめぐる議論が盛んであったことは確かである。しかし、大学に影響したのは、そのような大学教育の質に関する議論であるよりも、むしろ1989年12月にシュピーゲルが発表した大学ランキングであった。このランキングは、研究業績ではなく各大学の教育上の業績を比較したところに新しさがあり、また大学教育の質が政治問題化する原因になった。もちろんシュピーゲルの調査方法に対する批判はあったが、結果と

して大学が動き出すことになった。たとえば、ブラウンシュバイク工業大学では、特に大学教授資格取得志願者の教授学上の準備を目的として常設の作業グループを創設し、またドルトムント大学とブレーメン大学など、この他の大学でも大学教育の質の改善に関する動きが活発化した。実質的な原因が何であれ、チューター（メントール）・プログラム、教育評価（学生の授業批判）、大学教授学に関する養成と研修、教育報告の実施、学修における負担と試験における負担の軽減、すぐれた教育に対する表彰、革新的な教育のために資金をプールすることなどが検討されるようになったのである。

なお、ノルトライン＝ヴェストファーレン州では、1991年から、四つの行動領域と28項目の措置を含む包括的な行動計画に基づいて学修改革が進められている[9]。この行動計画は学術研究省の「1995年から2000年までの活動計画」に継承されており、その中には大学教授学センターの充実がもりこまれていることから、大学教授学の政策上の重要性は維持されているようである[10]。

4 課題と展望

とはいえ、大学教育の質を改善するための措置の成果は直ちに表れるものではない。大学教員の質を改善するうえで欠落していることとして、とりわけ次の4点が指摘されている。

まず第一に、大学教授を招聘する手続きにおいて教育資格認定がもっと重みをもたなければならない。第二に、助手の採用及び教授資格授与について、これまで研究業績のみが評価の対象となっている。教育と試験に関する専門的な教育を義務的に受けさせることが行われていないし、そのような機会が保障されていないために教育上の業績の真価が教授資格を取得しようとする学術後継者に浸透しない。第三に、教育・学習の成果を判定することにより、場合によってはカリキュラムの変更、あるいは個人的に教育上の変更を要求されることになるが、そのことを目的とした適当な機関、つまり適当な資格を有し、かつヒエラルヒーの組織構造をもたない機関の整備が図られていない。そのために教育評価に対する不信感を拭い去ることができない。第四に、せっかく評価を実施しても個人的な研修のための条件整備が人的にも物的にも進んでいない。

これらの点については、これまでのところ解消されていないようである。しかし、その一方で、90年代の10年程の間に、すべての教授のほぼ50％の公募が行われることから、将来の大学教員が教育面において十分な準備ができているべきとの合意があれば、教育資格の認定を普及させる好機となるとの期待もある。

　大学教育の質に関する問題は、以前は大学自身の課題とみなされていたが、90年代になってからは、外部から大学教育の質を統制しようとする傾向が現れた。その傾向は、行動計画を他州にさきがけて策定したノルトライン＝ヴェストファーレン州において強いといわれる。これに対して、大学の外に設置され、しかし全体としては大学自治の影響下にある機関を設けて教育の質を維持していくことが模索されている。もちろん、そのような機構が実際に機能するのか予測することは困難である。しかし、この問題にまだ取り組んでいない州もあることを考慮すると、連邦国家であるドイツの大学教育改革の進む方向は、そのような先進的な州の成果によって定まるのではないかと想像される。

注

1　Bundesministerium für Bildung und Wissenschaft. *Grund- und Strukturdaten 1993/94*. S.128.
2　Hailbronner, Kay（Hrsg.）. Kommentar zum Hochschulrahmengesetz（HRG）, Losebl.-Ausg. Leutze Dieter; Bender, Gisela: Gesetz über die Universitäten（bisher: wissenschafitlichen Hochschulen）des Landes Nordrhein-Westfalen, Losebl.-Ausg. Webler, Wolff-Dietrich: Qualität der Lehre - Zwischenbilanz einer unübersichtlichen Entwicklung. In: *Das Hochsculwesen 1992/4*. ders.: Zum Stand der Aufwertng akademischer Lehre durch die Bundesländer. In: *Das Hochsculwesen 1996/4*.
3　§4, §8 und §11 HRG.
4　Thieme, Werner. *Deutsches Hochschulrecht*. 2. Auflage, 1986, Rdnr.295.
5　EUROMECUM, Losebl.-Ausg., D4.2 244.
6　§4 HRG.
7　§14 HRG.
8　§32 UG NW.
9　Ministerium für Wissenschaft und Forschung des Landes Nordrhein-Westfalen. *Aktionsprogramm Qualität der Lehre*, Abschlußbericht, 1991.　なお、四つの行動領域とは「基礎的学修課程の構造改革」、「教育の強化」、「学生に対するオリエン

テーション的援助及び教育経営の形成への学生のより積極的な関与」、「特別の教育上の達成と改革措置への働きかけ及び教育評価の促進」である。なお、この行動計画については、木戸裕「ドイツの大学改革と大学評価（資料）」、平成7年度文部省科学研究費総合（A）中間報告書:資料編（研究代表者　桑原敏明）『大学評価に関する総合的比較研究』99-109頁に紹介されている。
10　Ministerium für Wissenschaft und Forschung des Landes Nordrhein-Westfalen. *Arbeitsprogramm 1995-2000, Projekte aus Wissenschaft und Forschung.* 1995, S.22-25.

（初出：『京都大学高等教育叢書』第2巻、京都大学高等教育研究開発推進センター、1997年6月、42-47頁）

第2節　ドイツにおける学位改革の進展

はじめに

　本稿では、ドイツ連邦共和国のボッフム大学及びオルデンブルク大学における複数専攻及び複数学位の取得システムに係る現状及び最近の改革動向を検討する。ドイツにおいて学位に関する目下の課題は、ディプロームとマギステルを残しつつ、新しい種類の課程を試行（Erprobung）することである。
　1998年8月20日に連邦法（Hochschulrahmengesetz）が大幅に改正された。この改正により、新規の学位であるバチェラーまたはバカラレウス（Bachelor- oder Bakkalaureusgrad）並びにマスターまたはマギステル（Master- oder Magistergrad）の学位を取得するための課程を開設できることになった。バチェラーまたはバカラレウスの学位を取得するための課程は標準修業年限が3年以上4年以下であり、マスターまたはマギステルの学位を取得するための課程の標準修業年限は1年以上2年以下と定められている。この二つの課程を一貫して開設するときは、標準修業年限を5年以内とすることになっている。現在、連邦法の改正に対応して、各州において学位制度の整備が進められている。
　このような状況を考慮するとき、上記の2大学を対象として学位制度を検討することは、新しい種類の学位と、従来の学位の双方について現在の状況を把握するうえで、最も適切であると考えられる。ボッフム大学及びオルデ

ンブルク大学は、ドイツの大学関係雑誌である"DUZ"の1998年第7号において、学位制度改革の先行的な事例として取り上げられた大学である。とくにボッフム大学がバカラレウス（Baccalaureus Artium）の学位を授与する課程を開設したのは1993年であって、連邦法の改正に先行して、改革が行われた。ボッフム大学の調査により、連邦の動向とは異なる事情から進められた改革の状況をみることができるのではないかと期待できる。

そこで、まずノルトライン＝ヴェストファーレン州と連邦の高等教育政策を比較しつつ、ボッフム大学の制度改革について検討する。次に、ニーダーザクセン州のオルデンブルク大学における複数専攻の学修形態と、学位の新設について、その現状を把握する。そして最後に二つの大学の現状から得られる若干の示唆を提示することとしたい。

1　ボッフム大学の事例

(1) 大学の概要

ボッフム大学（Ruhr-Universitat Bochum）はノルトライン＝ヴェストファーレン州の州立大学である。開学は1965年である。学生数は、表1に示した1999年から2000年にかけての冬学期の統計によると35,790人である。

ボッフム大学には20の学部が設置されている。その種類は、新教神学部、旧教神学部、哲学教育学広報学部、歴史学部、文学部、法学部、経済学部、社会科学部、東アジア学部、体育学部、心理学部、建築工学部、機械工学部、電気情報工学部、数学部、物理天文学部、地学部、化学部、生物学部、医学部である。これに対応して、16のディプローム課程、43のマギステル課程、25の教員養成課程のほか、新旧神学、法学、医学の課程が設けられている。以下の記述では、神学、法学、医学以外の課程に対象を限定する。

(2) ディプローム

ディプロームの課程は、主に工学、自然科学の分野で開設される課程である。精神科学、社会科学及び経済学の

表1　ボッフム大学の学生数

学生数	35,790人
うち男	19,899
女	15,891
うち精神科学	24,201
工学	3,320
自然科学	5,621
医学	2,648

一部でも、ディプロームの課程が開設されている。ディプロームの課程は、基本的に単一科目の学修から成り立っている。ただし、課程の内容により、他科目の副専攻試験に合格することを求められることがある。この場合には、副専攻の登録をすることなく、その科目の学修を進めることができる。

ノルトライン＝ヴェストファーレン州で通用している大学教育の水準を定める規程（Eckdatenverordnung Universitäten）によると、ディプローム課程における学修の量について、精神科学と社会科学では140単位（Semester-wochenstunden）、数学、心理学、体育学では160単位、化学では200単位、自然科学、工学、情報学、デザインでは175単位を上限とすることになっている。

また、ディプローム学位に関する規程（Dipl.-VO-wissH）によると、ディプロームの種類は、農業工学、労働科学、生化学、生物学、化学、デザイン、地理学、地学、健康科学、商業教育、特殊教育、情報学、工学、広報学、商学、景観生態学、論理学、数学、メディア経済、気象学、鉱物学、経済学、家政学、教育学、物理学、心理学、地域研究、安全工学、社会科学、スポーツ経済学、スポーツ科学、統計学、科学技術、神学、翻訳学、環境科学、国民経済学の37種類である。

これらの学位のほかに、経済学の内容をもつ課程で、自然科学または科学技術の科目と関連するものを修了した者に対しては、その専攻分野の内容により経済生物学、経済化学、経済情報学、経済地質学、経済地理学、経済地球物理学、経済工学、経済数学、経済鉱物学、経済物理学の10種類のディプロームを授与することができる。

この規定と関連するものとして、ボッフム大学に経済工学の課程がある。課程の内容は経営学及び経済学であり、この課程を修了すると、経済工学ディプローム（Diplom-Wirtschaftsingenieur）という学際的な学位を取得することができる。この課程の入学資格は、総合大学（Universität）において、9年以上の学修を要する工学の課程を修め、ディプロームの学位を取得した者である。標準修業期間は5学期である。

なお、経済工学の課程は総合大学における学術的な課程を修了した者を対象とする課程として開設されている（Zusatzsudium）。これは、高等専門学校（Fachhoschschule）の修了者を対象として、ディプロームの学位を授与する

ことを目的とする課程（Ergänzungstudiengang）とは区別されている。

(3) マギステル

　マギステルの課程は、主に精神科学の諸学部で開設されている。ボッフム大学において、マギステルの課程は、基本的に主専攻1科目と副専攻2科目で成り立っている。主専攻一つと副専攻二つをもつマギステルの課程では、主専攻が約50％、両副専攻が各25％となる。ただし、歴史学部と哲学教育学広報学部が提供するマギステルの課程では、二つの主専攻につき学修するものとされる。

　副専攻の学修をするためには、主専攻とは別に、副専攻の登録をしなければならない。その場合に、ボッフム大学は最も選択の幅が広いといわれ、マギステル以外の課程を副専攻として選択することができるなど、必要な手続きをすることにより、自由な科目選択ができる。

　マギステルの課程について、大学教育の水準に関する規程（Eckdatenverordnung Universitäten）の定める学修の量に関する規定は、上記のディプロームの場合と同じである。しかし、マギステルの課程では、複数専攻の学修形態となるので、主専攻で比較しても、学修の量はディプロームの課程の50％にすぎない。

　マギステルの学位は、通常はM.A.と表記される。ノルトライン＝ヴェストファーレン州のマギステルに関する規程（Mag.VO-WissH）は、マギステルの学位として、法学（M.Jur.）、経済学（M.Oec）、社会科学（M.Soc.）、自然科学（M.Nat.）、農学（M.Agr.）、公衆健康（M.San.）、家政学（M.Oekotroph.）、工学（M.IngまたはM.Tech.）、体育学（M.Gymn）、神学（M.Theol.）、学術（M.A.）の11種類を定めている。課程が主専攻と副専攻の組み合わせのとき、マギステルの学位の種類は、主専攻の分野で決まる。マギステルの課程が二つの主専攻から成り立っているときは、卒業研究を行った第一主専攻の分野によって、学位の種類が決まる。しかし、マギステルの学位を取得する課程を開設しているのは、ほとんどの場合に哲学・文学・史学関係の諸学部であるから、学位の種類はM.A.となり、専攻分野の詳細が明示されない。

(4) 教員養成

ボッフム大学では、基本的に後期中等教育の教員養成課程（Lehramt für die SekundarstufeⅡ）を設けている。そこでは、教育学に関する学修のほか、2教科について学修することになる。つまり、教員養成課程の学修は、複数の分野にわたる。標準修業期間は8学期（4年）と試験期間の合計であり、160単位に相当する。教職専門科目は約32単位、教科専門科目は、それぞれ約64単位が配当される。教育実習は4〜8単位である。なお、これはギムナジウム上級段階の教員資格を取得するための課程であるが、多くの科目では、別に実施される試験に合格することにより前期中等教育へ資格の範囲を拡大することができる。その場合には、さらに約20単位の学修を要する。その内訳は、教職科目と二つの教科につき各6単位以上である。なお、教科の組み合わせについては制限がある。

(5) その他の方法

このようにマギステルの課程と教員養成課程での学修では、複数の分野を専攻することになるが、そのほかに、複数専攻のためのもっと簡便な方法がある。入学制限のない科目を選んで、複数のディプローム課程またはマギステル課程に登録し、複数の科目を並行して学修することができる。そのような多重学籍について、ボッフム大学では特別の制限をしていない。ただし、入学制限のある科目を2以上同時に学修することはできない。そのような科目を副専攻とすることはできる。登録していない科目であっても、通常は授業、講義、ゼミナールに出席することはできるが、入学制限のある科目ではその限りではない。

(6) マギステルの改革

ボッフム大学では、1993年から1994年にかけての冬学期から、「マギステル改革モデル（Magister-Reformmodell）」とよばれる課程を開設し、6学期の学修の後に、バカラレウス・アルティウムの学位を取得できることになった。これは、ドイツ連邦共和国の中で嚆矢となる。この課程に登録すると、6学期の間、均等の重点を置きながら3科目を学修し、まずバカラレウスを取得

する。バカラレウスの学位は、従来のマギステルの課程における副専攻を3科目の修了する場合と同等の水準である。この基礎段階の学修（Grundstudium）の後に主専攻を決定し、2学期間（1年）にわたって、その分野の学修を深化させる。最後に、マギステルの卒業研究と主専攻に関する試験をもって、この課程を修了する。学生は、バカラレウスの学位を取得した段階で、離学することができる。

　新規に導入される学位に関する連邦法の改正は、ドイツの学位であるディプロームを、世界的に通用しているアングロサクソン系の学位に適合させることを目的としたものである（BMBF. Hochschulrahmengesetz. 1998, S.7）。したがって、ディプローム改革に重点が置かれる。これに対して、ノルトライン＝ヴェストファーレン州では、1991年1月9日に学修改革に関する委員会（Gemeinsame Kommission für die Studienreform im Nordrhein-Westfalen）がマギステルの課程の構造に関する勧告を行った（Empfehlungen zur Struktur des Magisterstudium）。この勧告では、労働市場を考慮して在学期間を短縮することが必要であると認識する一方で、マギステルの課程に登録している学生は中途退学する割合が高いこと（卒業率が20～30%）を懸念した。したがって、ノルトライン＝ヴェストファーレン州におけるバカラレウスの学位は、マギステルの課程に登録したものの、修了するのが困難な学生のために設けられた学位といえる。ボッフム大学のバカラレウスは、マスターの学位の前段階に位置づけられる課程になっていない。

2　オルデンブルク大学の事例

(1) 大学の概要

　オルデンブルク大学（Carl von Ossietzky Universität Oldenburg）は、ニーダーザクセン州にある州立大学である。創立は1973年で、前身は教育大学（Pädagogische Hochschule）であった。学生数は、表2に示した1998年12月1日の統計によると12,139人である。各課程に登録している学生数も、表2に示したとおりである。ディプロームに登録している学生に男子が多いのに対して、マギステルの課程は女子のほうが多い。

　学部は教育学部、広報学美学部、社会科学部、経済学部、心理学哲学体育

表2　課程種別の登録学生

	1998/99冬学期[男/女]	1999年夏学期[男/女]
在学者数	12,139　[5,986 / 6,153]	10,961　[5,381 / 5,580]
ディプローム	6,018　[3,421 / 2,593]	5,399　[3,052 / 2,347]
マスター / バチェラー	5　[　　4 /　　1]	5　[　　4 /　　1]
教員養成	3,539　[1,400 / 2,139]	3,134　[1,248 / 1,886]
マギステル	1,820　[　811 / 1,009]	1,751　[　778 /　973]
プロモチオン	255　[　154 /　101]	226　[　133 /　93]
卒業後の課程	399　[　157 /　242]	334　[　127 /　207]
学位取得せず	103　[　　39 /　64]	112　[　　39 /　73]

学部、数学部、生物学部、物理学部、化学部、情報学部、文学言語学部の11学部がある。オルデンブルク大学で開講されている課程には、15のディプローム課程、19のマギステル課程、61の教員養成課程のほか、近年開設されたマスター及びバチェラーの課程がある。以下の記述では、ディプローム、マギステル、マスター及びバチェラーについて検討したい。

(2) ディプローム

　ディプロームの課程では、単一の科目に重点を置いて学修する。別の科目がディプロームの課程に含まれることがあるけれども、通常は、主専攻の学修に対して意義がある場合に限って、別の課程の学修をすることができる。この点においてボッフム大学より制約があるらしい。ディプロームの試験が実施されるのは、自然科学、工学、経済学、社会科学の課程である。オルデンブルク大学では、経営学、生物学、化学、情報学、多文化間教育学、景観生態学、海洋環境学、数学、教育学、物理学、生産工学、心理学、特殊教育学、社会科学、経済学のディプロームの課程が開設されている。これらは学修の開始が冬学期に限定されている課程が多い。

(3) マギステル

　マギステルの課程は、複数の分野を専攻する課程である。1998年冬学期の時点で、1,820人の学生が、マギステル課程に登録している（いわゆる「第一学修」のみの数値）。

マギステルの課程における学修には〈第一主専攻・第二主専攻〉の組み合わせと、〈1主専攻・2副専攻〉の組み合わせがある。前者の場合に、第一主専攻と第二主専攻では、授業の量は各50％で同一であるが、卒業研究は第一主専攻で行うことになる。後者の場合には、主専攻の授業が50％、副専攻の授業が各25％となる。卒業研究は主専攻の分野で行う。この点は、ボッフムと同様である。なお、マギステルの課程は、夏学期と冬学期のどちらからでも学修を開始できる専攻が多い。

　表3は、〈第一主専攻・第二主専攻〉で専攻の科目を選択をしている学生の傾向を示したものである。この選択形態に該当する学生は1,395人である（「第二学修」等を含む数値）。この人数は、後述の〈1主専攻・2副専攻〉の選択形態の学生が626人であるのに比べて多く、2倍以上である。第一主専攻として登録できる科目は13、第二主専攻として選択できる科目は15科目である。教育学と経済学を第一主専攻として選択することはできない。第一主専攻として多く登録されている科目は、政治学（15.3％）、独語独文学（11.8％）、英語英文学（11.1％）、社会学（9.9％）、歴史学（9.5％）などである。一方、第二主専攻として選択される科目の傾向は、経済学（15.7％）、教育学（12.5％）、政治学（12.3％）、歴史学（11.8％）、社会学（11.0％）、哲学（7.1％）の順である。

　政治学を第一主専攻とする学生のうち28.5％が経済学を、また27.1％が歴史学を第二主専攻として選択している。政治学を第一主専攻とする学生が、社会学を第二主専攻とする事例はまれである。独語独文学を第一主専攻とする学生は、政治学（15.9％）、社会学（15.9％）、教育学（12.9％）、歴史学（11.0％）を第二主専攻とする者が多く、英語英文学を第一主専攻とする学生は、経済学（17.4％）、政治学（14.8％）、歴史学（14.2％）を第二主専攻とする者が多い。

　次に〈1主専攻・2副専攻型〉の場合の選択状況を示したのが表4である。この形態の場合に主専攻として登録できる科目は、上記の第一主専攻として選択できる科目と同一で13科目であるが、副専攻として選択できる科目は19科目と多くなっている。化学、女性学、ユダヤ研究、教育学、心理学及び経済学は、副専攻として登録できるが、主専攻とすることができない。主専攻として選択される科目は、登録者の多い順に社会学（16.3％）、政治学

表3　マギステル課程における第一・第二主専攻の組み合わせ（1998年12月1日現在）

第一主専攻＼第二主専攻	英語英文学	宗教学	地理学	独語独文学	歴史学	芸術学	音楽学	オランダ学	教育学	哲学	政治学	スラブ文学	社会学	体育学	経済学	合計
英語英文学	0	2	10	9	22	4	1	15	9	10	23	9	13	1	27	155
宗教学	1	0	0	1	9	0	2	0	1	4	2	1	7	0	0	28
地理学	7	0	0	3	14	2	1	9	7	5	27	1	35	0	14	125
独語独文学	11	2	2	0	18	14	2	6	21	8	26	15	26	3	10	164
歴史学	6	5	7	4	0	4	0	3	5	12	61	6	12	0	8	133
芸術学	5	0	2	21	8	0	5	0	24	3	3	1	10	3	5	88
音楽学	3	0	3	8	4	5	0	3	17	3	7	0	4	0	10	67
オランダ学	11	0	6	0	3	1	0	0	1	6	2	2	5	0	6	43
哲学	14	4	3	0	15	0	0	2	1	0	12	3	29	0	7	90
政治学	21	1	13	17	58	1	1	2	16	15	0	7	1	0	61	214
スラブ文学	6	0	1	7	3	0	0	0	4	2	4	0	2	0	17	43
社会学	9	2	8	5	10	5	1	0	30	32	5	2	2	0	27	138
体育学	1	1	3	14	3	2	1	0	42	1	2	0	10	0	27	107
合計	95	17	58	92	165	38	14	42	175	99	171	46	154	10	219	1,395

（14.1%）、独語独文学（12.5%）、哲学（10.7%）、英語英文学（10.1%）、歴史学（8.3%）、の順となっている。副専攻として選択される科目として多いのは歴史学（25.6%）、政治学（20.1%）、独語独文学（18.5%）、芸術学（17.1%）、社会学（17.1%）、哲学（14.1%）の順に多い。主専攻として最も多く選択されている社会学の場合に、副専攻として選択される科目は、政治学（27.5%）、歴史学（26.5%）、哲学（19.6%）、独語独文学（18.6%）の順に多い。また、政治学を主専攻とする場合には、歴史学が副専攻として選択される傾向がある。

(4) マスター及びバチェラーの課程

オルデンブルク大学では、バチェラーまたはマスターの学位を授与する課程を新設した。その目的は、アングロサクソン系の学位に準拠することである。つまり、連邦法の趣旨に沿ったものといえる。

表4 マギステル課程における主専攻と副専攻の組み合わせ（1998年12月1日現在）

主専攻＼副専攻	英語英文学	化学	宗教学	女性学	地理学	独語独文学	歴史学	ユダヤ研究	芸術学	音楽学	オランダ学	教育学	哲学	政治学	心理学	スラブ文学	社会学	体育学	経済学	合計
英語英文学	0	2	1	5	5	15	13	3	16	0	8	2	9	17	3	5	17	0	5	63
宗教学	1	2	0	2	0	0	4	4	2	2	0	2	4	1	0	1	1	0	0	13
地理学	0	8	0	5	0	7	10	0	0	2	2	6	18	0	3	18	0	6		47
独語独文学	15	1	3	5	0	28	3	10	2	2	12	11	23	11	3	18	1	8		78
歴史学	8	2	4	1	4	14	0	11	8	0	4	1	11	21	1	12	0	1		52
芸術学	1	0	3	2	1	5	0	1	0	1	2	5	10	0	1	0	0			30
音楽学	3	0	0	2	0	4	1	2	0	0	1	7	0	0	0	0	4			19
オランダ学	4	0	1	4	0	6	2	3	0	0	0	0	0	0	0	0	0			19
哲学	7	3	6	12	1	14	16	3	20	1	0	12	2	1	18	0	0			67
政治学	14	1	7	13	13	21	50	5	13	0	2	5	16	0	7	1	2			88
スラブ文学	5	0	1	2	1	4	1	0	4	2	0	0	0	0	0	0				14
社会学	11	1	3	16	1	19	27	5	18	4	5	18	20	28	13	0	1			102
体育学	2	2	0	5	0	1	7	3	0	0	2	17	2	13	6	0	4			34
合計	71	22	30	69	33	116	160	52	107	11	31	86	88	131	70	20	107	8	39	626

　応用物理学の分野では、工学のバチェラー及びマスターを、また理学のマスターを授与する課程を設けている。この場合に、工学のバチェラーの標準修業年限は6学期、工学のマスターは8学期、理学のマスターは10学期となっている。この課程の入学資格は、高等専門学校の入学資格または一般の大学入学資格である。この課程の特徴はオストフリースラント高等専門学校（Fachhochschule Ostfriesland）と共同で課程を提供し、また第5学期には協定を結んだ外国の機関へ留学することが、カリキュラム上明示されているところにある（当然英語が重視される）。表1によると、この課程に登録している学生は、1998年から1999年にかけての冬学期において5名である。今後の展開は、明らかではない。

　このほかに、コンピューター・サイエンスの分野では、バチェラーの学位（B.Sc.）を授与する課程を2000年の冬学期より開設する。この課程は6学期

で修了し、さらに3学期の学修によりマスターの学位（M.Sc.）を取得することができる。

オルデンブルク大学で新設された課程は、いずれも複数専攻の要素を含んでいない。

3　日本の状況への示唆

複数専攻及び複数学位の取得システムに関する知見をドイツの高等教育の現状から得ようとするとき、国際化の文脈の中でバチェラー及びマスターの学位を導入した、いわば目立つ改革の部分から得られるものは少ないのではないか。むしろ、ボッフム大学の例でみたように、マギステルの改革の中で、新たにバカラレウスの学位が授与されるようになったことの背景に、複数専攻による学修の課題が現れていると考えられる。しかし、政策の流れとしては、連邦法の改正により、いささか低度の学位としてバチェラー及びバカラレウスが用意されたことが、マギステルの改革を前進させるきっかけとなったことは間違いない。

ドイツ大学と比較して教養的教育が重要な位置を占める日本の大学において、そのまま複数専攻の制度を導入する余地はないように思われる。教養的教育のあり方とあわせた検討が必要であろう。また、複数学位ではなく、ボッフム大学における経済工学のディプロームのような複合領域の学位を設けることは一考に値するのではないか。

（初出：平成12年度文部科学省委嘱研究研究成果報告書（研究代表者川島啓二）『欧米諸国の大学における複数専攻及び複数学位の取得システムに関する調査研究』国立教育政策研究所、2001年3月、53-61頁）

第3節　高等教育機関の評価——ドイツ編

1　大学評価の導入

ドイツでは、1990年代の前半に大学評価の議論が始まった。そして、95

年にドイツ学長会議（HRK）による「教育に留意する大学評価」の決議が、また、96年に学術審議会（WR）による「評価による大学教育の強化」についての勧告があった。98年には、それまでの大学評価に関する調査研究を踏まえ、連邦法である高等教育大綱法を改正して必要な事項を規定した。

一方、大学評価を促進するために、大学間で連携する動きが各地で相次いだ。たとえば、94年にブレーメン、グライフスヴァルト、ハンブルク、キール、オルデンブルク、ロストックの六大学が北部ドイツ大学連合（VNU）を、翌年にニーダーザクセン州立大学協会が大学評価センター（ZEvA）を創設している。また、高等教育情報提供機構（HIS）や高等教育開発センター（CHE）など学外の機関が、技術面において大学評価の支援を開始した。

2　適格認定の開始

ところが、そのような大学間の連携は順調に発展していない。99年のボローニャ宣言において欧州高等教育圏が構想されると、学位・課程を共通化するための適格認定（アクレディテーション）を優先する傾向が明らかになった。ドイツには、大学の授与するディプロームの学位（同等のマギステルの学位を含む）と、高専の授与するディプロームの学位の2系統があった。それらを、バチェラーとマスターの2段階の学位へ再編するとともに、適格認定により国際的に通用させるのである。

そこで、中心的な役割を担うのは、適格認定協会（AR）である。ARは、評価機関を認証するドイツで唯一の機関である。98年に開設した後、2005年にノルトライン＝ヴェストファーレン州の法律に基づく財団法人となった。財団法人の理事会は常設州文部大臣会議（KMK）とHRKで構成し、経費は諸州が応分に負担する。

3　認証評価機関

大学と高専が開設する個別の課程は、六つの評価機関が適格認定を実施する。評価機関は、適格認定する分野により2種類がある。ZEvA、ACQUIN、AQASは、全分野の課程を対象に適格認定する評価機関であり、ZEvAはニーダーザクセン州、ACQUINはバイエルン州、バーデン＝ヴュルテンベ

ルク州、ザクセン州、テューリンゲン州、AQASはノルトライン＝ヴェストファーレン州とラインラント＝プファルツ州を地盤とする。これらのほかに、FIBBA、ASIIN、AHPGSがあって、それぞれ経営、理工、福祉の各分野を対象とする評価機関である。

　一方、設置形態には3種類あって、ZEvAがニーダーザクセン州立大学の共同利用機関である他、FIBBAが財団法人、そのほかの4機関は社団法人である。評価機関の違いによって適格認定の効果に差異が生じるものではないので、同一大学の中で課程により適格認定を受ける機関が異なっていることは少なくない。また、シュレースヴィッヒ＝ホルシュタイン州のキール大学のように、ACQULNとAQASの両方において社団法人の社員となっている大学もある。

4　適格認定の進捗

　各評価機関は適格認定の申請があると、大学の提出する内部評価報告書をふまえて、外部評価を実施する。外部評価とは専門家による視察と鑑定である。評価機関は、それらの結果をふまえて可否を判定する。ドイツには、大学と高専に新旧を合わせて11,719課程ある。そして、バチェラーまたはマスターの学位を授与する5,420課程のうち、1,749課程が適格認定を済ませている。どちらかというと大学より高専のほうが、適格認定への取り組みが進んでいるようである。高専の授与するディプローム学位は"Diplom（FH）"のように高専を意味する略号"FH"を付記する必要があった。ところがバチェラーとマスターでは、大学と高専の授与する学位に見かけ上の違いがなくなる。ARではマスターの学位を、学術の研究を指向するものと、学術の応用を指向するものとに区別しているが、そのことは必ずしも高専にとって大きな不利益にならない。学術の研究を指向する課程であると適格認定の際に認められると、高専の授与する学位であっても、大学の授与する学位と同等の職業資格として扱われるのである。実際に高専の開設するマスターの課程で適格認定を受けたものが420あり、そのうち309の課程が大卒と同等であるとみなされている（数値は2006年11月現在）。

5 大学評価と適格認定の異同

このように新しい学位への移行と適格認定の実施は、道半ばであるとはいえ、それなりに進捗している。その反面、適格認定に結び付かない大学評価の活動が、目立たない。たとえば、ノルトライン=ヴェストファーレン州では、大学と高専のそれぞれについて評価を促進するための連絡事務所を設置したのであるが、事実上活動を休止している。

また、ヘッセン州、ラインラント=プファルツ州、ザールラント州、ザクセン=アンハルト州、テューリンゲン州の18大学は、2001年にダルムシュタット工科大学を拠点とする学術評価機構（ENWISS）を組織したものの、2003年になるとラインラント=プファルツ州とザールラント州の12大学が南西ドイツ大学評価連合（HESW）を結成してマインツ大学を拠点に活動を開始した。両者は地域的に重複しながら併存する状況にあり、大学評価が体制づくりの途上にあるとの印象を拭えない。

大学評価と適格認定は密接に関係するとはいえ、適格認定が最低基準を充足していることを証明するのに対して、大学評価には大学を質的に向上する固有の意義がある。両者の関係は、ZEvAの事例に着目すると理解しやすい。

ZEvAは、当初ニーダーザクセン州の大学評価センターとして設立されたのであるが、2000年になると正式名称をハノーファー大学評価・適格認定機構と改称した。適格認定を業務に取り込んだことにより、サービスの対象を、もはや州立大学に限定しなくなったのである。

それでもZEvAの組織には大学評価と適格認定の2部門があって、現在、なお前者が同州の大学と高専の評価活動を担っている。ドイツの大学と高専に本来的な評価が定着するのかという問題は、ボローニャ=プロセスが完了する10年を待って結論するほかない。

（初出：『週間教育資料』965号、日本教育新聞社、2006年12月、14-15頁）

書評

ウルリッヒ・タイヒラー著、馬越徹・吉川裕美子監訳
『ヨーロッパの高等教育改革』

　本書は、カッセル大学の教授である著者の論文11編を収録する。第Ⅰ部（1～3章）では欧州高等教育の多様性と欧州高等教育圏の可能性について、第Ⅱ部（4～5章）ではドイツの高等教育にみられる二元性と東西ドイツの統一について、第Ⅲ部（6～7章・補章）では大卒者の就職と雇用について、第Ⅳ部（8～9章）では欧州域内における学生の流動性について、第Ⅴ部（10～11章）では高等教育改革に関する比較研究の成果について論述する。欧州高等教育圏の実現を企図するボローニャ・プロセスの進展を多角的に考察することを主眼とするが、高等教育をめぐる近年の諸問題にとどまらず、歴史的・文化的背景まで踏み込んだ奥行きのある論考となっている。ただし11章は本書の中では異色であり、知識社会、ガバナンス、グローバル化に注目して、現在の高等教育の課題を総論する。各論文は1993年から2004年までの間に執筆され、序文のほか三つの章が書き下ろしとなっている。

　本書の第一の特色は、各種のデータに基づく欧州諸国間の国際比較研究がなされていることである。2章ではエラスムス計画に参加した学生と新進研究者たちが最高に評価するのがデンマーク、ドイツ、オランダの高等教育であり、ベルギー、アイルランド、ポルトガル、イギリスが中程度、あまり良くないのがスペイン、フランス、イタリア、ギリシアであること、留学先でのサポートはイギリスとアイルランドが高く評価されていることなどを明快に説明する。また、補章では、ほとんどの卒業者が自らが受けた教育・知識のレベルに相応な職務に就いていると考えているものの、詳細を検討するとスペイン、フランス、イタリアの卒業者が雇用問題を抱えるのに対して北欧では問題が少ないという欧州域内の南北問題が存在するというように、全体の傾向を容易に把握できるようになっている。

　もっとも、欧州の高等教育事情に関する予備知識の有無が、本書の理解

の程度を左右するであろう。比較に重点を置く反面、各国の高等教育制度の基本的事項を解説してはいない。たとえば各国の高等教育の体系とユネスコのISCED（国際教育分類）によるレベル5からレベル7までの対応関係を明示する方が親切であろう。また、1章と7章にISCEDを使用する分析があって、7章に訳者注があるのだが、本来ならば1章で詳しく説明するべきではないか。読者はEURYDICEを活用するなどして、各国の学校体系を一つひとつ調べながら読み進めることになろう。

　本書の第二の特色は、ヨーロッパの高等教育を議論するだけの広い視野と、結論を性急に導くことのないバランスのとれた立論である。監訳者が「タイヒラー教授が描くヨーロッパ高等教育論は、教授の多彩な経験からくる『世界の目』によってほどよく相対化されており、礼賛論にも悲観論にも与していない。いま世界が注目している『ヨーロッパ高等教育圏構想』についても、冷静な見方に徹している」と論評するのに同感である。その具体的な例を3章と9章にみることができる。著者は、ボローニャ・プロセスの引き金となった基本的な仮説は十分な統計的な根拠に基づくものではなかったと指摘する。世界中からヨーロッパの非英語圏諸国に留学してくる学生の割合が減少傾向にあるわけではないし、ヨーロッパの高等教育をより魅力あるものとするために構造上の収斂という手段が最も重要なのか明らかではないという。また、ヨーロッパ諸国内に類似したプログラムと学位が設けられるならばヨーロッパ内の学生の移動も推進されるという漠然とした期待に対しては、ヨーロッパ内の学生の移動は多様なプログラムと学位のままでもすでにエラスムス計画の枠内で上首尾に機能してきたのであり、ヨーロッパ諸国においてプログラムと学位の構造が同一となり、類似したカリキュラムが提供されることになると見込むことに疑問を呈する。このような意外性のある見解を随所にみることができる。

　ところで、本書には、大学セクター（university）と非大学セクター（non-university）を対比する場面が少なくないのだが、はたして両者の関係をすべての読者がすんなりと理解できるだろうか。非大学セクターには多種多様の高等教育機関が含まれるので、相対的な関係を見失うことのないように訳語を充てるのが望ましい。イギリ

スのポリテクニクとフランスの"institut universitaire professionnalisé"は原語を使用するが、ドイツの"Fachhochschule"には専門大学を、オランダの"hogeschool"、スウェーデンの"hogskola"、フィンランドの"ammattikorkeakoulu"には高等専門学校を訳語に充てる。専門大学が非大学セクターに属するのはわかりにくいし、4章にでてくる専門単科大学は大学セクターの一種なのだから難解である。

とはいえ、ドイツの専門大学が1971年に、オランダの高等専門学校が1986年に高等教育機関に昇格したように、非大学セクターを整備する時期が国により異なるうえに、従来から使用されている訳語との整合性を考慮しながら翻訳することに困難があることは理解できる。また、2章において著者は、大学セクターと非大学セクターの区別が消滅すると予想する専門家を批判して高等教育の二元性を強調するものの、5章にはオランダの高等専門学校の教員資格は中等教育学校の教員資格とそれほど違わないのに対し、ドイツの専門大学の教員資格は明らかに高等教育レベルであるとの指摘があるから、非大学セクターの中で専門大学と高等専門学校を区別する理由もある。

高等教育の二元性を、どのように捉えるのが理解しやすいだろうか。7章にあるように、大学セクターと非大学セクター間の区別に限らず、公式に高等教育と扱われない中等後教育と非大学型の高等教育の区別が不鮮明さを増しているのが現状である。本書では言及していないが、ドイツの専門大学の中にはバチェラーに加えてマスターの学位を授与するものが多数出現している。そのマスターの学位には学術的なものと非学術的なものの2種類があって、アクレディテーションにあたり学術的なプログラムであると認定されるならば、専門大学の授与するマスターの学位であっても大学の授与するマスターの学位と同等の職業資格として通用することがある。今や非大学型高等教育機関を"university of applied sciences"と総称するし、オランダでは"hogeschool"をドイツ語で表記するときに"Fachhochschule"を使用する。大学と専門大学と高等専門学校を峻別する意義はなくなりつつあるのかもしれない。ただし、"university of applied sciences"が"non-university"であることには留意しなければならない。

このような視点は"tertiary education"の構造を描写するうえで不可欠である。ドイツのいくつかの州に職業アカデミー（Berufsakademie）があってデュアル・システムによる中等後教育を行う。これまでのところ高等教育に含められていないが、英訳するときは"university of cooperative education"と表記する。これも"university"の一種ではないので、卒業者の称号は、大学セクターの"Diplom"とか非大学セクターの"Diplom（FH）"とは区別して"Diplom（BA）"と表記する。評者はドイツ以外の状況を説明できないが、いずれ"tertiary education"の三層構造を意識しつつ、適切な訳語が考案されることになるだろう。

　ところで、本書に収録する論文は、すべて英語で執筆されているが、著者は高等教育のあらゆる場面で英語が万能であると考えてはいない。10章にあるように、かつて大学評価団の一員としてフィンランドを訪問したとき、自己評価書が英語に翻訳され、面接調査が英語で行われたことについて、そのような方法が通常の手続きとして確立されるとは思わないと述べている。また、英語やその他の広く知られる言語によるコースやプログラムの提供がしばしば改善策として提唱されているものの、現在に至るまで、これらの解決策は例外的なケースを除いて実現していないことにも言及する。比較研究の手法として英語による統一的な表記を選択した著者であるが、高等教育の現場における英語使用の課題について事実を歪めることなく記述している。

　多くの読者は欧州高等教育事情の断片を集積しながら、その全体像を組み立てるのであろうが、慎重な姿勢を貫く本書を一読するならば、事実を見誤ることなく実像に迫ることができるのではないかと思われる。まさに有益な一冊である。（A5判、308頁、5,000円＋税、玉川大学出版部、2006年）

（初出：日本比較教育学会編『比較教育学研究』第35号、日本比較教育学会、2007年6月、194-196頁）

第3部
日本における大学改革

第6章　大学の法的地位と組織改革

第7章　教員養成史と大学の役割

第8章　学部教育改革の課題

書評　鳥居朋子著『戦後初期における大学改革構想の研究』

第6章　大学の法的地位と組織改革

第1節　明治期大学独立論からの示唆

1　基本的視座

　昭和20年代前半の改革により、日本の大学制度は、ドイツ・モデルからアメリカ・モデルへの転換が図られた。しかし、組織としての大学には、これまでのところドイツの大学から受けた影響が色濃く残存している。ところが、今日に至って、組織としての大学のあり方、とりわけ国家に対する大学の独立性のあり方が問われるようになった。本稿では、ドイツ・モデルの大学が形成された明治期の大学独立論を再検討することにより、現在の問題を認識するための手がかりを得ることとしたい。

2　大学独立論の展開

　ところで、単科大学や公・私立大学の設置が法的に認められたのは、大学令が施行された1919（大正8）年以後であるから、ここでいう明治期の大学とは、主に帝国大学のことである。

　明治期における大学独立論に関わって、まず想起されるのは、大学自治の慣行が形成される過程である。特に、1905（明治38）年の戸水事件は、1913（大正2）年の澤柳事件とともに、教員の人事に関わる大学の自律性が拡大する契機となった。しかし、ここでは二つの事件を論及の対象としない。教員人事については、現在、教育公務員特例法の定めるところにより、大学に一

定の自律性があるからである。

　他方において、経済上の自立と関わる大学独立論がある。その盛り上がりの時期は1889（明治22）年であったが、大学独立論の起源は、それよりも古い。朝比奈知泉の「大学の独立を論ず」と題する論説に「大学独立の問題は、加藤弘之氏が東京大学綜理たるの日に起り、渡邊洪基氏が帝国大学総長たるの時に再燃し、二氏が狭隘なる職権の範囲に於て煩瑣なる収入の財源より独立の資金を蓄積せんとし、為に頗る心力を費したるは、世人或は之を知らざるべし。余輩は、大学が決して之を忘れざるべきを信ず」とある[1]。また、澤柳政太郎の論説にも、「帝国大学独立のことは、其始まる近年にあるにあらず。東京大学三学部と称したる以前に於いて既に早く起りたる談にして、屢其策を按じ其法を画するものありたり」とある[2]。帝国大学が成立した1886（明治19）年以前に大学独立への取り組みが始まっていたのである。

　とはいえ、明治20年代の大学独立論は、1890（明治23）年の国会開設と深く関係していたところに特別な意味があった。民党が経費節減・民力休養をスローガンにしていたから、帝国議会の開設により大学の予算が不安定になることが危惧された。当時、帝国議会からの独立を確保するために提案された方策として、基本財産700〜800万円を一括して大学に与えるもの、大学を法人として政府が毎年35〜40万円の経費を与えるもの、経費を皇室費から支弁するものなどがあった[3]。もっとも帝国大学をアメリカの大学のように独立させるための経費を捻出することは困難であったので[4]、結局、1890（明治23）年から1893（明治26）年にかけて、帝国大学の定員を勅令を以て定め、また、大学に評議会、教授会、講座を設置することにより組織を整備するにとどまった。大久保利謙は、これらの変革が当時喧しく論ぜられていた大学独立論に対する回答であり、これにより帝国大学の制度が成就したと評価している[5]。

　次いで明治30年代になると、ドイツ流の大学自治観が台頭した。この時期の代表的な大学論と評価される高根義人の「大学制度管見」は「人或は財産の独立なくば大学の独立なきが如く論ずるものあり。是れ英米多数の私立大学の状態のみを知りて其他を知らざる者の言なり。欧洲大陸の諸大学は多く官立にして其費用は殆んど全部毎年国庫の支出する所なりと雖も法律を

以て大学に自治を許し教授を終身官と為すが故に研究の独立を得るに於て私立大学と択む所なきのみならず費用の豊富なる私立大学の及ぶ所にあらず。独立の実を挙げんと欲せば教授を終身官たらしめ大学に自ら其機関を撰むの機能を与ふるに如かず。而して大学の代表者を貴族院に列せしめ（普国の如く）或は大学を以て衆議院の選挙区画と為す（英国の如く）如きは大に大学の独立を重んずる所以たるべし」と持論を展開している[6]。このようなドイツ・モデルの大学では、経済面における独立はありえない。

　ところが、1903（明治36）年になると、教科書疑獄事件に端を発する文部省廃省論が起こり、これに誘発されて大学独立論が再燃した。しかし、戸水寛人は「大学が経済的に独立するには、二千万円の基本金を要する。この事は今日に於ては行はれまい」と消極的な立場であった[7]。また、「大学をして完全に独立せしめんには、少なくもその基本金二、三千万円を得ざるべからず」との見積もりもあった[8]。結局、大学の独立には至らなかったのであるが、1907（明治40）年に帝国大学特別会計法が成立した。この法律は、「東京帝国大学及京都帝国大学ハ資金ヲ所有シ政府ノ支出金、資金ヨリ生スル収入、授業料、寄附金其ノ他ノ収入ヲ以テ其ノ一切ノ歳出ニ充ツルコトヲ許シ特別ノ会計ヲ立テシム」こととし、「前条ノ政府支出金ハ東京帝国大学ニ在リテハ毎年度金百三十万円、京都帝国大学ニ在リテハ毎年度金百万円トシ一般会計ヨリ之ヲ繰入ルヘシ」と規定した。政府の支出額を、毎年度の予算ではなく、法律をもって定めることを定額支出金制という。明治憲法第67条が「憲法上ノ大権ニ基ツケル既定ノ歳出及法律ノ結果ニ由リ又ハ法律上政府ノ義務ニ属スル歳出ハ政府ノ同意ナクシテ帝国議会之ヲ廃除シ又ハ削減スルコトヲ得ス」と定めていたから、大学は定額の政府支出金を保障された。しかし、支出額の改定には特別会計法の改正を要することとなった[9]。

3　今日的課題への示唆

　以上のように、明治期にも経済面における大学独立論が展開されたが、十分な基本財産を確保する見込みがなかったために、大学の独立には至らなかった。そのかわりに、国が設置するけれども自律的な運営を基調とするドイツ・モデルの大学組織が定着した。見方を変えると、明治期においては、

条件さえ整えば、ドイツ・モデルの大学組織を、他のモデルへ転換する可能性があったのである。必要な基本財産の額が見積もられていたことは、注目してもよいであろう。これに対して国立大学の独立行政法人化をめぐる目下の議論は、行政整理を前提としているから、明治期の大学独立論と様相を異にするものとならざるをえない。

注
1 朝比奈知泉「大学の独立を論ず（上）」『東京新報』第113号、1889年4月19日。
2 澤柳政太郎「帝国大学維持法に就きて疑を述ぶ」『朝野新聞』1889年5月10日。
3 「大学独立のための三方策」『朝野新聞』1889年4月7日。
4 「大学独立論、再び起る」『東京日日新聞』1890年1月26日。
5 大久保利謙『日本の大学』創元社、1943年、343頁。
6 高根義人「大学制度管見」『法律学経済学内外論叢』1902年10月11日、87-88頁。
7 「法学博士戸水寛人君」『教育時論』第662号、1903年9月5日、26頁。
8 「大学独立問題に発展する形勢」『東京朝日新聞』1905年12月12日。
9 帝国大学特別会計法成立の経緯については、東京大学百年史編集委員会編『東京大学百年史』通史二（東京大学出版会、1985年）を参照されたい。

（初出：『教育制度学研究』第7号、日本教育制度学会、2000年11月、100-103頁）

第2節　国立大学大学院における独立研究科の設置状況

はじめに

　平成8年度は、国立のすべての教員養成大学（学部）が修士課程を置く大学院研究科をもつに至った年である。また、東京学芸大学と兵庫教育大学には博士課程を置く連合学校教育学研究科（独立研究科）が設置された。教育以外の分野でも、さまざまな形態で大学院の整備拡充が進んでいる。そこで、本稿では国立大学に設置される独立研究科等について平成8年9月に行った調査に基づき、その独立概念に関する考察を行う手がかりを提示する。
　大学院の形態については、すでに類型化が試みられている。ところが文部省の出版物である『我が国の文教施策』をみると研究科の分類が刊行年によ

り異なることがわかる。たとえば、昭和63年度版から平成元年度版までの表記は「近年、学術研究の学際化、流動化、総合化等の要請に応じ、独自の構成に基づく独立研究科、複数学部に基礎を置くいわゆる総合大学院、複数の大学の関係学部に基礎を置く連合大学院の設置により、大学院の形態が多様化している」となっていた。それが平成7年度版では「大学院の組織形態は、①従来からの一般的な形態である学部の教育研究組織を母体とする一般研究科・専攻のほかに、②学部横断的なあるいは学際的な教育研究を行う研究科（独立研究科・専攻）、③学部を置かない大学院のみの大学（独立大学院）、④複数の大学が連携して組織する研究科（連合大学院など）、⑤学外の研究所等と連携する研究科（連携大学院）など多様な形態がある」となっている。つまり、前者に掲げられた総合大学院が後者では明示されなくなり、新たに連携大学院が本文中で例示されたのである。

　しかし、同じく『我が国の文教施策』に掲載されている図版をみると、さらに顕著な違いに気付く。平成元年度版（平成2年版も同様）と平成7年度版の最も重要な相違は、前者では連合大学院（類型3）と連携大学院（類型5）が独立研究科の類型として扱われているのに対して、後者では独立研究科とは別の形態として扱われていることである。

　このように多義的な独立研究科のメルクマールについて文部省内教育法令研究会編集の『教育法令コンメンタール 高等教育編』では①特定の学部・学科に基礎を置かず、独自の組織編制を行っていること、②大学院本務教員を置いていること、③当該研究科の管理運営が、関連する学部から独立して行われていることを掲げ、「国立学校特別会計の予算編成においては、主に定員管理の便宜上、②を独立研究科・独立専攻の基準としている」と説明している。また、大学設置・学校法人審議会の内規である「大学院の設置上留意すべき点について」では、独立研究科を（1）大学院担当を本務とする教員を中心とした独自の組織としての研究科、（2）研究所または附属施設を主たる基礎とする研究科、（3）数個の学部等を基礎とする研究科の三つに区分し、それぞれについて設置許可にあたり留意すべき事項を規定している。ここでいう独立研究科は上記①に相当する概念であろう。

　これらの記述から、独立研究科の語義が、使用される文脈により一定して

いないことがわかる。そこで広義の独立研究科と、独立研究科ではないが組織的独立性を有する「部局化」された研究科を取り上げ、設置されている課程、設置年度、研究科長の位置づけ、講座の有無と種類、評議員の人数について、さらに上記②に該当する独立研究科については研究科を本務とする教員数について関係法令を参照し、また各研究科への照会を行うことにより調査した。

1 結　果

その結果は表1に示したとおりである。上記②に該当する研究科には国立学校設置法施行規則に基づく研究科長が置かれている。ただし、その中には教育公務員特例法施行令に基づく「部局の長」として扱われる研究科長と、そうでない研究科長がある。一方、評議会については、一般研究科では通例、学部長1名と学部の評議員2名が出席し、研究科独自の代表はいない。独立研究科では研究科長だけが評議会に出席する場合と、研究科長の外に教授が1名の場合、あるいは教授が2名加わって学部と対等の扱いを受ける場合がある。また、そのような扱いの基礎になると思われる本務教員数についても、教授1名の研究科や助手のみの研究科から、100名を超える教員が所属する研究科まで多様である。ただし連合研究科は教授1名にすぎないが、研究科の長は「部局の長」とされている。

このように研究科の独立の程度を示すいくつかの指標がある。もちろんいずれの独立研究科も、兼担または兼任の教員に支えられているのであるが、その中には独立研究科と名乗るにしては、基礎となる学部に多くを依存している研究科が少なくないことがわかる。独立研究科に関する②の定義では、語感と実体とが乖離している。

2 考　察

このような実態をふまえて、ここでは研究科が類型化されてきた経緯を概観しておきたい。

昭和52年4月の『文部時報』には「大学院制度の整備をふまえ、昭和50年度においては、東京工業大学の総合理工学研究科を独立研究科として創設、

表1　国立大学大学院に設置される「独立研究科」等に関する調査結果

大学名	研究科名	課程	設置年度	科長	講座	評議員	独立研究科の本務教員数等(現員)
北海道	理学	博士	昭和28	◎	○	1+2	(部局化)
北海道	獣医学	博士	昭和28	◎	○	1+2	(部局化)
北海道	地球環境科学	博士	平成5	◎	○	1+2	教授26, 助教授24, 助手12
岩手	連合農学	博士後期	平成2	◎	○	1	教授1 (参加大学:帯広畜産・弘前・山形)
東北	理学	博士	昭和28	◎	○	1+2	(部局化)
東北	国際文化	博士	平成5	◎	○	1+2	教授16, 助教授16, 助手4
東北	情報科学	博士	平成5	◎	○	1+2	教授34, 助教授26, 講師3, 助手27
茨城	理工学	博士	平成7	×	○	-	(一般研究科)
埼玉	政策科学	修士	昭和52	◎	△	1	教授12, 助教授10, 講師1, 助手1
埼玉	理工学	博士	平成元	×	○	-	(一般研究科)
千葉	社会文化科学	博士後期	平成7	○	○	1	助手2
千葉	自然科学	博士	昭和63	◎	○	1	教授2, 助教授5, 助手14
東京	総合文化	博士	昭和58	◎	○	1+2	(部局化)
東京	人文社会系	博士	平成7	◎	○	1+2	(部局化)
東京	教育学	博士	昭和38	◎	○	1+2	(部局化)
東京	法学政治学	博士	昭和38	◎	○	1+2	(部局化)
東京	経済学	博士	昭和38	◎	○	1+2	(部局化)
東京	理学系	博士	昭和40	◎	○	1+2	(部局化)
東京	数理科学	博士	平成4	◎	○	1	教授24, 助教授26, 助手8
東京	工学系	博士	昭和40	◎	○	1+2	(部局化)
東京	農学生命科学	博士	平成6	◎	○	1+2	(部局化)
東京学芸	連合学校教育学	博士後期	平成8	◎	○	-	教授1 (参加大学:埼玉・千葉・横浜国立)
東京農工	生物システム応用化学	博士	平成7	◎	○	1+2	教授12, 助教授11, 助手0
東京農工	連合農学	博士後期	昭和60	◎	○	1	教授1 (参加大学:茨城・宇都宮)
東京工業	理工学	博士	昭和31	×	○	1+2	(一般研究科)
東京工業	総合理工学	博士	昭和50	◎	○	1+2	教授37, 助教授35, 講師4, 助手37
東京工業	社会理工学	博士	平成8	◎	○	1+2	教授33, 助教授27, 講師1, 助手24
東京工業	情報理工学	博士	平成6	◎	○	1+2	教授27, 助教授21, 講師3, 助手26
お茶の水女子	人間文化	博士後期	昭和51	○	○	1	助手10

第6章 大学の法的地位と組織改革

大学名	研究科名	課程	設置年度	科長	講座	評議員	独立研究科の本務教員数等(現員)
電気通信	情報システム学	博士	平成4	◎	○	1+2	教授14, 助教授11, 助手12
一橋	言語社会	博士	平成8	◎	○	1+1	教授15, 助教授5, 助手1
横浜国立	国際経済法学	修士	平成2	◎	△	1+1	教授10, 助教授3
	国際開発	博士後期	平成6	○	○	1	助手3
新潟	現代社会文化	博士後期	平成5	○	○	1	助手1
	自然科学	博士	昭和62	○	○	1	教授4, 助教授4
金沢	社会環境科学	博士後期	平成5	○	○	1	助手4
	自然科学	博士後期	昭和62	○	○	1	教授3, 助教授2, 講師1, 助手18
岐阜	連合農学	博士後期	平成3	◎	○	1	教授1 (参加大学:信州・静岡)
	連合獣医学	博士	平成2	◎	○	1	教授1 (参加大学:帯広畜産・岩手・東京農工)
静岡	理工学	博士	平成8	×	○	-	(一般研究科)
	電子科学	博士後期	昭和51	○	○	1	助手4
名古屋	理学	博士	昭和28	◎	○	1+2	(部局化)
	多元数理科学	博士	平成7	◎	○	1	非公表
	国際開発	博士	平成3	◎	○	1	教授14, 助教授9, 講師2, 助手8
	人間情報学	博士	平成4	◎	○	1	教授14, 助教授7, 助手6
京都	文学	博士	昭和28	◎	○	1+2	(部局化)
	法学	博士	昭和28	◎	○	1+2	(部局化)
	理学	博士	昭和28	◎	○	1+2	(部局化)
	医学	博士	昭和28	◎	○	1+2	(部局化)
	工学	博士	昭和28	◎	○	1+2	(部局化)
	エネルギー科学	博士	平成8	◎	○	1	教授21, 助教授21, 講師1, 助手7
	人間・環境学	博士	平成3	◎	○	1	教授32, 助教授14, 助手9
大阪	理学	博士	昭和28	◎	○	1+2	(部局化)
	言語文化	博士	平成元	○	○	1	教授3, 助教授3, 助手3
	国際公共政策	博士	平成6	◎	○	1+1	教授12, 助教授8, 助手4
兵庫教育	連合学校教育学	博士後期	平成8	◎	○	1	教授1 (参加大学:上越教育・岡山・鳴門教育)
神戸	文化学	博士後期	昭和55	○	○	-	講師1, 助手5
	自然科学	博士	昭和56	◎	○	1	教授8, 助教授5, 講師2, 助手24
	国際協力	博士	平成4	◎	○	1+1	教授16, 助教授7, 助手2

大学名	研究科名	課程	設置年度	科長	講座	評議員	独立研究科の本務教員数等（現員）
奈良女子	人間文化	博士後期	昭和56	○	○	1	助手2
鳥取	連合農学	博士後期	昭和60	◎	○	1	教授1（参加大学：島根・山口）
岡山	文化科学	博士後期	平成5	○	○	1	助手3
岡山	自然科学	博士後期	昭和62	○	○	1	講師2, 助手23
広島	社会科学	博士	昭和61	×	×	-	（一般研究科）
広島	生物圏科学	博士	昭和60	×	○	-	（一般研究科）
広島	国際協力	博士	平成6	◎	○	1+2	教授15, 助教授7, 助手6
山口	連合獣医学	博士	平成2	◎	○	1	教授1（参加大学：鳥取・宮崎・鹿児島）
愛媛	理工学	博士	平成8	×	○	-	（一般研究科）
愛媛	連合農学	博士後期	昭和60	◎	○	1	教授1（参加大学：香川・高知）
九州	システム情報科学	博士	平成8	◎	○	1+2	教授37, 助教授37, 助手32
九州	比較社会文化	博士	平成6	◎	○	1+2	教授22, 助教授19, 助手6
九州	数理学	博士	平成6	◎	○	1+2	教授21, 助教授10, 講師12, 助手8
九州	総合理工学	博士	昭和54	◎	○	1+2	教授14, 助教授14, 講師2, 助手21
長崎	海洋生産科学	博士後期	昭和63	○	○	1	助手6
熊本	自然科学	博士後期	昭和63	○	○	1	助手9
鹿児島	連合農学	博士後期	昭和63	◎	○	1	教授1（参加大学：佐賀・宮崎・琉球）

注：筑波大学及び独立大学院を除く。科長欄の○印は国立学校設置法施行規則により研究科長が置かれることを、◎印は教育公務員特例法施行令により研究科長が部局の長であることを示す。講座欄の○印は、国立大学の学科及び課程並びに講座及び学科目に関する省令により博士講座が、また△印は修士講座が研究科に置かれることを示す。評議員欄の左側の数字は研究科長が評議会の構成員であることを、また右側の数字は当該研究科の教授であることによって評議員となる者の数を示す。

昭和51年度においては、初めての博士後期課程研究科として、お茶の水女子大学に人間文化研究科、静岡大学に電子科学研究科を創設し、また昭和52年度においては北海道大学に独立研究科として環境科学研究科等を設置することとしている」との記述がある。東京工業大学の総合理工学研究科は最初に設置された独立研究科といわれる。北海道大学の環境科学研究科も独立研究科であることが明らかである。しかし、お茶の水女子大学の人間文化研究科と静岡大学の電子科学研究科が独立研究科の一類型なのか明らかでは

ない。一方、昭和60年4月の『文部時報』をみると、昭和60年の愛媛大学と東京農工大学に初めて置かれた連合農学研究科は、当初より独立研究科として扱われていたことがわかる。

その後、審議会で大学院の形態が議論されるときに、研究科の類型化が試みられている。まず、昭和61年の臨時教育審議会第二次答申を見ると「大学院の形態には、学部講座積み上げ型の大学院のほかに、とくに博士課程について独立研究科、総合研究科、あるいは連合大学院等諸種のものがある」となっている。次いで昭和63年の大学審議会答申では独立研究科を（類型1）主として大学院担当を本務とする教員によって組織される場合、（類型2）主として数個の学部または修士課程を基礎とする場合、（類型3）主として複数の大学の学部または修士課程を基礎とする場合、（類型4）主として大学の附置研究所その他教育研究施設を基礎とする場合、（類型5）大学以外の研究機関が参加する場合と類型化し、独立研究科は広範な内容をもつことになった。この概念は平成元年度版と平成2年度版の『我が国の文教施策』に引き継がれた。さらに平成7年の大学審議会大学院部会における審議の概要「大学院の教育研究の質的向上について」では、大学院独自の教員組織を整備した独立研究科、複数の大学の協力による連合大学院、国や企業の研究機関と大学が連携して研究を行う大学院などが列挙され、独立研究科の範囲が狭められた。これは、平成7年度版の『我が国の文教施策』における分類につながっている。

審議会の答申等と教育白書の表記に連動を認めることができる。とはいえ、審議会の答申と厳密に連動しているかというと必ずしもそうではない。昭和63年の大学審議会答申の後に公表された平成元年度版の『我が国の文教施策』に図示された研究科の類型では、独立研究科の概念が総合研究科、連合研究科、後期3年のみの博士課程を置く研究科を含むまで拡大された。しかし、冒頭に述べたように、白書の本文のほうではそうはなっていない。平成元年度版でも独立研究科とは別立てで総合大学院と連合大学院を列挙している。もっとも、このような混乱を説明することは難しくはない。昭和63年度版と平成元年度版では一字一句異ならない記述が継承されているにすぎない。それだけでなく、教育白書が刊行される1年前の昭和62年に出版され

た文部省教育改革実施本部編集の『教育改革の推進』でも同じ表現になっている。おそらく、その後、平成2年度版から平成6年度版まで独立研究科概念が揺らいだのであろう。

ところで平成3年の大学審議会答申「大学院の整備充実について」のなかに「将来的には、学部から独立した教育研究組織としての実体を具備するよう、特定の学部・学科に基礎を置かない独立研究科・独立専攻以外の場合についても、大学院の専任教員を配置する方向を目指すよう努力すべきである」との提言がある。しかし、本務教員数の少ない研究科であっても独立研究科の語が使用されるとすれば、答申の解釈を多義的にしてしまう。そのような事情から多様な類型を含む独立研究科の概念は不適切になり、これを改めて整理する必要が出てきたのではないか。ここでは独立研究科の概念の変化は、まさにそのような背景において起ったのではないかという仮説を提示しておきたい。

(初出:『教育行財政研究』第24号、関西教育行政学会、1997年3月、37-42頁)

第3節　国立大学の独立行政法人化と再編・統合

はじめに

この報告は、国立大学の改革課題となっている独立行政法人化と再編・統合の二つの事項から成り立っている。しかし、これらは本来独立した問題として捉えるべきであろう。たしかに二つの課題に直面して、国立大学が浮き足立っているのが現状であるから、両者が密接に関連しているように受け取られるのも無理はない。とはいえ、国立大学の再編・統合は、独立行政法人化を前提としないから、やはり両者は本質的には別の問題である。

ところで、文部科学省が国立大学について構造改革の方針を提示したのは、2001(平成13)年6月に経済財政諮問会議で審議に付されたいわゆる遠山プランにおいてである。この方針の第一の柱となっているのが、国立大学の再編・統合を大胆に進めること、つまり、既存の大学をスクラップ・アンド・

ビルドすることによって国際競争力のある大学として活性化することである。第二の柱は、国立大学に民間的発想の経営手法を導入することであり、そのために国立大学を国立大学法人へ移行する。さらに第三の柱として、第三者評価により大学に競争原理を導入するとともに、国公私立大学の「トップ30」を世界最高水準に育成しようと目論んでいる。

　大学人の多くが遠山プランに衝撃を受けたが、そこに取り上げられた事項は、必ずしも以前から並行して議論されてきたのではない。たとえば国立大学の再編・統合は、山梨大学と山梨医科大学が2000年（平成12年）に合意したのが始まりで、独立行政法人化を待つことなく2002（平成14）年10月に実現される。一方、国立大学の独立行政法人化は、直接的には1997年（平成9年）4月に行政改革会議が国立大学の民営化を議論したのが始まりで、結論が出るのは2003（平成15）年度と見込まれている。そして「トップ30」の大学を世界最高水準に育成しようといいだしたのは、まさに遠山プランであり、検討が始まってから最も日が浅い。とはいえ国立大学がこれら個別の課題を共有することになったのであるから、遠山プランの意義は大きい。

1　法人化される前の国立大学

　国立大学の独立行政法人化は、法人格をもっていない国立大学に、法人格を付与することである。では、法人格をもたない現在の国立大学は何かというと、それは施設等機関である。もちろん国立大学は、施設等機関として位置づけられているとはいえ、国立学校設置法のほか、教育公務員特例法、国立学校特別会計法のような特別に用意された法令が適用されるために特殊な性格をもつ。独立行政法人の問題を論じるときに、国家施設型の大学と、コーポレート型の大学の二分法をとることがあるが、実際には、国家施設である大学を、あたかも国家施設でないかのように運営することは可能であるし、実際に関連する法的な整備がなされてきた。しかし、特例はあくまでも特例にすぎないのであって、原則を根本的に変更するのであれば、コーポレート型への転換は手法のひとつとして理解できる。もちろん、その場合に純粋なコーポレート型大学だけでなく、国家施設の名残のある大学も想定できるのである。

2 国立大学の独立行政法人化

　2001（平成13）年7月に、文部科学省は「国立大学等の独立行政法人化に関する調査検討会議」を設置した。この会議は同年9月に、議論の展開を方向づける中間報告を公表した。さらに文部科学省では、中間報告の「原文」とは別に、中間報告の「概要」を作成し、関連する会議で配付している。「概要」というからには中間報告の「原文」を要約しているはずである。しかし、精読すると記述に若干の齟齬があることがわかる。ここでは、主に中間報告の「原文」と「概要」を比較しつつ、法人格をもつ国立大学のあり方について検討してみたい。

　まず、法人の単位について、「概要」では各大学に独立した法人格を付与するとしている。たしかに「原文」でも概ねそのような内容となっている。ところが、詳細をみていくと「原文」では、各大学に法人格を付与することを原則とすると表現されていて、再編・統合のなりゆきによっては、複数大学で一法人とすることを考慮しているとの解釈もある。一方、「原文」では、一大学一法人とする場合に大学の運営組織とは別に法人固有の組織を設けないこととしている。当然のことであるが、複数大学一法人の場合には、法人組織と大学組織の一体化は不自然である。むしろ中間報告の原則とは異なる組織ができあがる可能性がある。ところで、法人組織と大学組織を分離しないのは、法人化以後の大学の設置者を国とするためといわれる。また、法人が固有の組織をもつと、大学と法人との関係が問題になると考えたようである。しかし、大学と法人を法令上分離することは、何ら差し支えない。私立大学と比較するとわかりやすい。学校法人と私立学校は法令上分離されているものの、実態として大学主導で運営されている場合がある。そのような大学では、学長が理事長を兼ねる。あえて両者を分離することにより、学内と学外の境界を明確にしておくことの意義は小さくない。

　次に、学外者の参画による運営システムの制度化はどうなるのであろうか。学外者の参画とは、具体的には、学長、副学長、監事などの役員に学外の有識者・専門家を招聘することと、役員以外の運営組織に学外者の参加を制度化することである。「原文」では両論併記にとどまっていて、明確な方向性

を示していない。これに対して国大協は、まず中間報告に対する「意見」において両論併記の問題点を指摘し、その後の「提言」において独自の案を示した。「提言」によると法人の経営に関する重要書類を審議する運営協議会の設置の有無は、法人が定めることになっている。運営協議会を設置しない場合には、評議会は、教学と経営の両面について審議することとなり、その場合の評議会に法人の教職員以外の有識者を加えることができるけれども、加えなくても差し支えない。このとおりに運用されると、学外者の参加に限っていえば、現行の組織とあまり異ならなくても許容されることになる。もちろん、すべての大学が学外者参画の意義を否定するのではないから、全体としては学外者が参画する余地は拡大するであろう。それでも「概要」の表現は誇張といわざるをえない。

　さらに、中期目標と中期計画を媒介にして、大学と文部科学省がどのような関係になるのかということをみておきたい。「概要」では、各大学の理念・目標、計画を策定し、これに基づいた運営が行われることになっている。くれぐれも読み違えてはいけない。各大学が理念等を策定するとは書いてない。つまり、策定の主体が明示されていないのである。もともと、独立行政法人通則法では、中期計画を主務大臣が定め、独立行政法人に指示することになっている。そして独立行政法人は中期目標を達成するための中期計画を作成し、主務大臣の認可を受ける。これに対して、国立大学法人は、独立行政法人の手法を国立大学の業務内容にふさわしいように修正した上で適用しようとするものであるが、中間報告に対する国大協の「意見」では、それが大学の業務にふさわしいのか疑問視している。中間報告では、各大学の提案を受けて文部科学大臣が自ら中期目標を策定するのが基本となっている。これに加えて、各大学が中期目標を作成し、文部科学大臣がこれを認可するという一部の意見があったことが「原文」で紹介されている。当然のことであるが、国大協の立場からは、各大学が中期目標を作成し、文部科学大臣は認可するにとどめるべきだということになる。大学の自主性を強調しながら、具体的な制度に反映されていないことへの反論であるが、この点について一層の議論が必要であることをうかがわせる。

　以上みてきたとおり、中間報告が公表されたとはいえ、未解決の課題が少

なからず残されている。それにもかかわらず、中間報告の「概要」が確信にみちた表現になっていることに、いささかの違和感を覚える。

3 国立大学の再編・統合

それでは、もう一つの課題である国立大学の再編・統合はどうなっているのか。再編・統合をめぐる検討状況を見渡すと、これまでに合意したり、あるいは協議を進めているのは、すべて同一県内の大学間にとどまっている。しかも、医科大学などの単科大学が含まれている。これらは専門分野の重複しない相互補完的な統合であり、また教養教育の実施体制などスケール・メリットが期待できるものである。問題となるのは、単科大学が総合大学の一学部になるだけなのか、それとも総合大学にも何らかの変化が生じるのかということである。

文部科学省では、国立大学の再編・統合は、大学の数の削減自体を目的とするのではなく、各大学の枠内では不可能であったような抜本的な改革を進めることだとしている。しかし、現実には遠山プラン以後、当面の効果を見込めなくても統合を模索する動きが始まった。皮肉なことだが、将来のスクラップのための原資が生ずることこそ、再編・統合の成果ではないか。相互補完的な統合に引き続いて、どのような動きが起こるのか見通しがない。まったくの想像にすぎないけれども、少子化の進む中で学生を獲得しようとするならば、主要都市に拠点を置くように大学を再編せざるをえないであろう。

4 最近の動向

そのことと関連して、大学の地方分散を進める根拠となっていた工業（場）等制限法の廃止について国土交通省が検討を始めたことが、今後の大学の配置に影響するのではないかと指摘しておきたい。この法律は、首都圏と近畿圏における大学の新設と増設を制限してきた。その規制がなくなることにより、郊外に移転した大学が、都心部に戻ってくるかもしれない。条件のよいキャンパスを有効に使うことが肝要であろう。郊外に移転した大学にとって厳しい課題となるに違いない。

（初出：『教育行財政研究』第29号、関西教育行政学会、2002年3月、37-39頁）

第4節　大学のガバナンス——光華女子大学での講演

【金子】　非常勤講師の金子です。毎週、後期だけですけれども教育行政学の授業を火曜日の午前中に担当させていただいておりますが、今日は大学のガバナンスということで50分お話をさせていただきたいと思っております。

　先ほど学長先生から教育行政学が専門だとご紹介いただきましたが、この教育行政学を専門としていると申し上げるのは、多少躊躇するところがあるわけです。なぜかと申しますと、もともと専門として研究しておりますのがドイツの大学、ドイツの高等教育でありますので、一般の教育行政からしますと非常に隅の、とても主要な領域ではありませんで、他の人はあまりやらないようなことを自分の研究課題としております。

　ですから授業で教育行政を担当する、あるいはゼミで院生の卒業論文などを指導するというときには、自分の研究の内容と非常にかけ離れた分野について仕事をする、というふうなことでありまして、専門分野は何かと申しましても、自分の研究の専門分野と教育上の専門分野がどうしても分離してしまうということになっています。

　それで、先生方に今日はお忙しい中おいでいただいているわけでありますが、どうしても大学の教育面というのが最近、非常に重要視されておりますので、教育に関する仕事というのは京都大学でもますます増大しているわけであります。そうしますと時間が不足して参りますので、自分の研究は後回しということで、学生、院生の研究課題、非常に幅広いですから、さまざまなことについて学習するという機会は増えて、知識の幅は広がるのでありますが、自分の研究はなかなか後回しになって深まらないということで、そういう悩みを抱えているわけでありますが、おそらく光華女子大学の先生方も、ご自身の研究と教育の内容がなかなか一致しないというような状態であろうかと思っています。

　その中で大学がどうあるべきか、ということを考えていきませんと、時間

が無限にあるわけではありませんから、成果を教育面でも研究面でもなかなか上げられないということが起こってきます。そうしますと、我々も、特に大学院生、定員充足するというのは非常に、志願者は多いのでありますが、将来研究者などで就職できるようなレベルの志願者を集めるということになると、なかなか難しい状況になっておりますので、教育面をいかに重視するかということは手を抜けないような課題になってきているわけでありまして、大学の経営面というのが非常に大切になってきているわけです。

今日は特に、大学のガバナンスということでお話させていただく、ということになったわけですが、このガバナンスという言葉は最近よく耳にする言葉であります。よくキャッチコピーなどを考えるときに、濁点が入ると非常に関心を引くといわれておりますが、ガバナンスといいますと、何だ、と耳に残る言葉であります。ですから、大学のガバナンスといいますと、その中身が何だというところまで、なかなか普通は考えないのでありますが、言葉としてはよく使われるようになってきております。

ただ、その中身をどう理解するか、あるいは定義をどうするかということでありますし、またもうひとつ、自分の大学で、どうこれを適応するかということになりますと、これはこれはなかなかすぐには身近な言葉として位置付かない、そういう言葉であろうかと思っています。

そこで今日はまず、ガバナンスという言葉が一般にどう考えられているのかということを最初に説明いたします。その後に、大学にガバナンスという概念をもち込んだときに、それがどういう意味をもち、現在の大学の抱えている課題にとってどのような意味をもつのか、ということについてお話をさせていただきたいと思います。

それで、スライドの2番目のところでありますが、四つのパートに今日のお話は分かれております。最初の1番と2番がガバナンスとは何かということで、その概念について二つの観点から考え、ご説明していきたいと思います。それから次に、大学のガバナンスの現状、それから課題について述べたいと思います。

このガバナンスの概念を二つの観点から考えるというのは、これは普通に行われていることだろうと思います。一つは通常の政策を実施するという意

味合いでのガバナンスという、公的な領域におけるガバナンスであります。もう一つはコーポレート・ガバナンスという言葉が最近非常によく使われますが、二つ目の使われ方としてはコーポレート・ガバナンスといいます、民の領域におけるガバナンスであります。根っこではつながっているのかもしれませんが、しかし使われ方としてはかなり異なって参りますので、一応分けておいたほうがよいだろうと思います。

　ガバナンスという言葉を取り上げる前に、まずこのガバナンスという言葉の語源は何であるかということでありますが、これは舵を取る、あるいは舵を切るというのがガバナンスの語源であります。

　それは英語でいいますと、ステア、ステアリングという言葉が同じ意味を持ってきます。厳密に区別するということは非常に難しいことなんだろうと思いますので、ここではそのようなことに立ち入らないことにいたしますが、舵を取るというガバナンスという言葉、それが社会の中でどのように使われて、どのように変化しているのかということを、まずガバナンスの概念1というところからお話を進めていきたいと思います。

　まず一つ目のガバナンスの概念ですが、これはよくガバメントからガバナンスへというような、そういう表現で使われるものであります。ガバメントとガバナンスという言葉は、これは非常に密接につながる言葉であります。どちらも語尾から考えたら名詞でありますが、ガバメントといいますと、まず政府という言葉を思い浮かべるだろう、ということになりますが、しかしこれは同時に統治するという行為を意味する言葉でもあります。一方ガバナンスという言葉になりますと、これは政府という意味合いは薄れてきまして、統治するというような、そういう言葉であろうかと思います。

　それで、このガバメントからガバナンスという言葉をどのように理解するのかということになると、これはひとつ難しいことであります。単純にガバメントとガバナンスという言葉を並べたときに、ガバメントは政府である、それからガバナンスは統治するということでありますので、ガバメントは統治の主体でガバナンスは統治の行為であると、そういう理解をしがちでありますが、しかしガバメントという言葉自体にも統治するという意味合いがありますので、これは必ずしもそのような主体と行為とに分けることはできな

いわけです。

　それで、このガバメント、ガバナンスという言葉と関連する概念としてもうひとつ、アドミニストレーションという言葉があります。私は教育行政を専門にしていますというときに教育行政というのは、エデュケーショナル・アドミニストレーションというふうな表現をするわけであります。教育に関する行政ということであります。統治と行政、ガバメントあるいはガバナンスとアドミニストレーションというのは一体どのような関係にあるのかというのも、これはひとつ難しい概念の問題となってきます。

　それで、この今日のお話の準備を始めてから、私がここでガバナンスについて取り上げることは、はたして適任であったのかということをいろいろ考えました。といいますのは、高木先生からやるようにといわれたわけでありますけれども、実は80年代に高木先生がガバナンス、アドミニストレーションということについては論文の中で取り上げているわけです。で、そのガバナンスとアドミニストレーションというのは、やはり主権者たる国民があって、一方アドミニストレーションというのは行政ですからそれを実施する立場でありますので、何がしかの区別がある、区別できるかもしれないということであります。

　一方、そのような高木先生の論文に対して、市川昭午先生という中央教育審議会の委員もされている人でありますが、その先生が、いや、ガバナンスとアドミニストレーションは厳密には区別できないので自分は一緒に混ぜて使うんだ、という論文を書いたりしまして、非常に把握の仕方が難しい概念でありまして、その辺をすでに高木先生が論文でお書きになっておりますので、私がここでどうこうということ、少し準備をしてもなかなかそれよりも深まらないのであります。

　それから実はガバナンスということについては、一昨年から教育行政学会の課題研究のテーマになっておりまして、今日私の後にご報告の予定になっております川島先生は、その研究推進委員でありますので、さて私は何を喋ろうかというふうに、準備をしていたらどうしても川島先生の文章にぶつかってしまうということで、そういう先行研究みたいなものはそれなりにあるわけであります。

ただ、現代のガバナンスという言葉が非常にもてはやされるというような状況というのと、高木先生がお考えになった時代というのは少し違うのかもしれないと思いますので、今日ここでは現在のガバナンスの概念というものに引き付けて考えてみたいと思います。

　それで、時代の変化として最も大きな違いとして何があるのかといいますと、行政主体の多様化ということだろうと思います。行政の主体は元来ガバメントであるわけです。ガバメントといいますと、ステイト・ガバメントとローカル・ガバメント。国家の政府、国の政府と地方の政府というふうにありますけれども、いずれにしても政府があってそれがガバナンスを行うということになるわけであります。

　行政主体である政府というのは、いうまでもなく官であります。パブリック・セクターということになるわけでありますが、現在その行政に関わる作用というものが必ずしも官の領域だけで行われているとはいえないわけです。ここで、ノンプロフィットというふうに書きました。あるいはノット・フォー・プロフィットという表現の方がいいかもしれませんが、非営利の法人が行政の一部を担う、あるいは民の領域、私法人プライベート・セクターが行政の一部を担うということは普通に起こっているわけです。

　つまり、公務員という言葉は非常に、私は数年前に国家公務員ではなくなったので、法人化によって公務員ではなくなって雇用保険のカードとかをもらったりしましたが、公務員という言葉は非常に言葉としてはよくないと思うんですね。つまり公務員というのは、公務に従事している職員という意味合いの言葉であるはずなんですが、普通、公務員というときには、国家公務員とか地方公務員、国家公務員法、地方公務員法が適用される一般職の公務員を指しているのが普通だろうと思います。言葉の意味は公務に従事しているということであるわけなんですが、その身分が公的であると、雇われ方が公的であるというふうなことをもって公務員という表現をしているわけです。

　それとは逆に、ここでお示ししていますのは、その実施主体が公的なのか私的なのか、その組織的な統制というのがどうであるかということと関係なく、そこで行われている業務というものが公的な性格をもっている、行政の行っていることであるというような、そういう見方が可能なわけであります。

そうなりますと、行政主体というのは必ずしも官だけではありませんで、政府から委託をされた非営利法人それから私法人が行政を担うということは、これは普通に行われるようになってきているわけです。

そうなりますと、資料は2ページ目に入りますが、統治の主体というのも多様化してくるわけであります。つまり、政府におけるガバナンス、それから非営利法人の中におけるガバナンス、それから民間の法人におけるガバナンスというふうなものが行われてきますので、つまりガバメントからガバナンスというときに、その主体というものがガバメントだけではなくなるという意味合いが出てくるわけです。

ですから、そういう意味でガバメントということだけを考えていますと、行政を捉えきれないと、それぞれのセクターにおけるガバナンスを考慮する必要が出てくるということになった。そのように理解する必要があるだろうと思います。

そのように多様化した行政の主体にとって、そこで専門的に力を発揮する職員は一体どうやって養成されるのか、ということをひとつ考えてみたいと思います。

通常、職能というのは職場で形成されると、あるいは就職する前に学校教育において形成されるということがあるわけなんですが、アメリカですと専門職大学院などというものが存在するわけです。この専門職大学院という言葉も、私は誤訳だというふうに思っています。

プロフェッショナル・スクールというのは専門職大学院ではない。つまり、専門職として、つまり教養ではないことをしている、担当している、大学の部局はプロフェッショナル・スクールであるわけでありまして、たとえばビジネス・アドミニストレーションという言葉がありますが、修士であればMBAということになりますけれども、ビジネス・スクールというのは大学にもよりますが、バチェラー・オブ・ビジネス・アドミニストレーションという学位もありますし、アソシエイト・オブ・ビジネス・アドミニストレーションつまり経営の準学士、日本でいうと短大相当になりますが、そのような称号というのもあるわけです。

ですから、大学の中にビジネス・スクールというのがあるときに、それは

必ずしも大学院レベルの教育だけを行っているわけではありませんで、日本でいう学部教育、あるいは短大に相当するような教育を行っているプロフェッショナル・スクールというのがあるわけです。

ですから、専門職大学院というふうにプロフェッショナル・スクールを訳すと、これは誤解を生むわけでありますが、誤解している人の方が圧倒的多数でありますので、それに従わなければいけないという面もあるわけです。

そのようなプロフェッショナル・スクールがいろいろありまして、よく耳にするのが法科大学院、アメリカでいえばジュリス・ドクターの学位を出すわけですが、それから医者になろうとする人はメディカル・スクールでドクター・オブ・メディシンの学位を取得するわけであります。

それと同じように職業資格に直結するような学位というのがアメリカにはありまして、たとえば、行政の官の領域において働こうとする人たちが取得するような学位としては、マスター・オブ・パブリック・アドミニストレーション、MPAというふうに略しますが、それからマスター・オブ・パブリック・ポリシー、MPPと省略しますが、そういうものがあります。

マスター・オブ・パブリック・アドミニストレーションというのは行政の専門職。それからマスター・オブ・パブリック・ポリシーは政策の専門職。政策を分析し立案する、そういう専門職を養成する大学院があります。

このような所でパブリック・セクターの職員を養成するような仕組みというのがありますが、そういうプログラムを提供している大学院の、日本流に言うと研究科でありますが、どのような名前が付いているかということですが、ハーバード大学でいうとJ. F. ケネディ・スクール・オブ・ガバメント。スクール・オブ・ガバメントという言い方をするんですね。つまり、政府に関することを教育している研究科ということで、ハーバードの場合学部教育の専門職をやっておりませんので、当然大学院になるわけでありますが、スクール・オブ・ガバメントという所で、行政あるいは政策のプロフェッショナルを養成しているわけです。

一方、民の領域ということになりますが、こちらはよく知られておりますマスター・オブ・ビジネス・アドミニストレーション、MBAというのがあるわけです。ビジネス・スクールで養成されているわけでありますが。この

二つの種類ですね、まあ三つの種類でありますが、専門職の養成というのが行われているわけでありますけれども、これを先ほどの統治主体の多様化の図式に当てはめてみますと、スクール・オブ・ガバメントにおいて、わが研究科ではどのような職員を養成しているのかと、どのような人を養成しているのかというのを説明する時に、パブリック、ノンプロフィット、プライベートセクターで働く人を養成している、という言い方をします。ですから、公務員の養成をしているという看板を掲げながら、その活動領域には民のセクターも含むんだという説明の仕方になるんですね。

一方、ビジネス・アドミニストレーションの方のMBAの学位を出しているようなビジネス・スクールの人たちのいうことによれば、自分たちは公的な領域において働く、そういう人も養成しているんだと、いうような言い方をします。ですから、MBAの学位と医学の博士号を一緒にとって病院の経営をする、そういうプロを養成するとかですね、それからMBAの学位と、教育学のEdDドクター・オブ・エデュケーションの学位を取るような、そういうデュアル・ディグリー、二つの学位を両方取るようなコースを設定して学校の経営、大学の経営のプロフェッショナルを養成するというようなことが普通に行われているわけです。

日本では、なかなかそういったものが流行らないというふうに思っていたのでもありますが、京都大学の学内にあるスクール・オブ・ガバメントという看板を掲げている部局があって、経営管理大学院という言い方をしておりますが、法学部の一部と経済学部の一部を切り裂いて新しい大学院を作って、そういう人たちの養成をするという、学部を基礎に置かない研究科というのが日本でもいくつか設置されてきているわけであります。ですから、そのガバナンスを行う人の養成というのも、今日本で始まってきているという、そういう段階になってきております。

それから、これは余談になりますが、日本では大学評価というのが行われていて、今認証評価という仕組みになっているわけでありますが、これは一般的に大学として通用するということを評価するものであるわけですが、当然アメリカから輸入してきた制度でありますので、アメリカにも同じようなものがあるんですが、特にアメリカの場合には分野ごとの適格認定、アクレ

ディテーションというのがありまして、NASPAAこれは公務員を養成するための大学院のアクレディテーション団体。それからAPPMというのは、政策の分析をする人の養成をする大学院のアクレディテーションを行う。それからAACSBというのはビジネス・スクールのアクレディテーションを行うというようなことで、これはそれぞれの分野ごとに認定を行って、たしかにそこで学んだ人は然るべき実力をもっていると、そういうことを可能とするプログラムが動いているということを評価する、そういう仕組みが出来上がっているわけであります。

このように、ガバナンスというものが官の領域から民の領域まで広がっていって、あるいは非営利の領域まで広がっていって、そういう中で働く人たちの養成というのが行われている。ガバナンスの意味合いというのはそれだけ広がってきているわけです。

ただ、このような一つ目の、ガバメントからガバナンスへというようなアプローチで考えたガバナンスの概念というのは、いくつか問題点があります。一つ目ですがいろいろ調べてみますと、ガバメントとガバナンスという言葉の用例というのは、やはり統一はされていない。いろいろと調べれば調べるほど複雑に、それぞれ使い分け切れていないような状況であろうかと思います。

たとえば、ここに用例は統一されていないという、一つ例を挙げましたが、アメリカン・アソシエイション・オブ・ユニバーシティ・プロフェッサーズという、アメリカの大学教授の専門職団体でありますが、これが1966年に大学のガバメントに関する宣言というのを出しておりますが、これはガバメントという言葉を使っておりますが、紛れもなくこれは大学という、しかも公私を問わず含むわけでありますが、ガバメントという表現を使っております。

したがって、このガバメントという言葉自体、官の領域の言葉なのかというと、どうもそうでもないらしいということで、今説明して、せっかくお聞きいただいたわけですが、それで全部説明ができるということにはならないだろうと思います。

大体、外国の制度を研究している場合、言葉の使い分けというのは、きれいに整理できないものであります。ですから、例外はいくらでも出てくるというふうな、たとえばカレッジという言葉も、中学校ではカレッジは単科大

学だなんて習いますが、まったくの嘘でありますが、学部かもしれないわけですよね。ですから、用例は必ずしも今の説明のとおりにはならない、ということです。

それから、先ほど行政の主体が官だけではないんだというような言い方をしましたが、それならば私立大学の設置している学校法人というのは、統治とか行政の主体であるのかということを、それがきれいに整理できるのかどうかという問題が出てくるわけです。日本の法律をみますと、新しい教育基本法第6条でありますが、法律に定める学校は公の性質を有するということで、これは国公私立すべての学校を含めて公の性質をもつというふうにいっているわけであります。

それから、私立学校法の第1条には、私立学校の特性にかんがみ、その自主性を重んじ、公共性を高めることによって、私立学校の健全な発達を図る、とありまして、つまり特性にかんがみたり自主性を重んじるというのは、これは民の性格をももっているということの現われでありますが、一方公共性を高める、高めるだから高まってない状況かもしれないですけれども、公的な領域の中に含まれているわけです。このような私立学校の立場というのが、先程の図式の中に現れている民として、民の中に今含めていいのかどうかということ、そういう問題があるかと思います。

日本の大学制度の中では、高等教育計画というのがありまして、これは大学の設置の数を制限する、計画的に整備するというやり方を取ってきたわけです。その中には、すべての大学が含まれるわけですから、その限りにおいては大学における教育サービスの提供というのは、国の責任の下で行われていたということがいえるだろうと思います。

しかし現在の高等教育計画というのは、あまりそういうものとはなっておりませんで、大学というのは要件を満たせば認可をすると。つまり、いくらでも増えますよということになりますので、大学が増えたら、これはどこかの大学で定員割れを起こすということになりますので、そうなってきますと大学全体が、はたして国の行政の責任の下で行われているのかというと怪しくなってくるわけです。

そういう意味では国立大学も法人化して、定員の管理をしっかりしなさい

と、あまり余分に入学させたらオーバーした授業料は取り上げますよという仕組みになってきましたので、少し性格は近づいたということには、根本的には違うんだろうと思いますが、教育サービスと官の距離感というのは、やや離れたかなというような印象をもっています。ただ、この図式の中の民のところに、学校法人が位置付くのかどうかというのは、一つ問題点として挙げられるだろうと思います。

　二つ目のガバナンスの概念ですが、これはいわゆるコーポレート・ガバナンスであります。コーポレート・ガバナンスといいますと、通常企業統治という訳し方をされています。まれに会社統治というのもありますが、多くは企業統治であります。

　企業統治というのは、まず第一に株主に対して会社がうまくいっているということを保証する、そういう役割をもっています。ストック・ホルダーですね。ただ、最近の企業統治というのは、株主だけではなくて、その他の利害関係者、ステイク・ホルダーに対しても適正に経営されているということを保証するということが必要になってきて、つまり企業統治の範囲というのがやや広がっているということになるだろうと思います。

　コーポレート・ガバナンスというのが、先程の統治と関わるガバナンスとは別の話としてよく取り上げられるのは、これは企業の不祥事があったからということになりますが、アメリカで不正な会計操作が行われた、あるいは日本でも、日本といいますか、たとえば大和銀行がアメリカで不祥事を起こしたとか、そんなのがありますので、企業の経営の仕方というものに対して責任を負う、これは株主に対する責任ということもありますし、ただ単に企業価値を高めるというだけでは社会の中で、株主に対する企業価値ということでは受け入れられませんので、社会に対して責任を果たすということも行われるようになってきているわけであります。日本でも商法とかが改正されまして、取締役の独走がやりにくい仕組みというのが導入されるようになったわけです。

　そのような、コーポレート・ガバナンスという概念があるのですが、通常は企業統治というふうに訳されておりますけれど、しかし元来コーポレートというのは企業だけを指しているわけではありませんで、最も基本的な意味

は法人であります。ですから、法人のガバナンスということでありますので、そう考えたときに学校法人のガバナンスということと関わってくるということがいえるわけです。

そこで大学のガバナンスということになるわけですが、まず私立大学のガバナンスということで、私立学校法の一部を改正する法律というのが平成16年に作られたわけでありますが、これによって私立学校の仕組みというのがいくつか変わりました。

三番目の私立学校審議会の構成の見直しというのは、これは都道府県の高等学校とか中学校とかの認可に関わる話でありますので、ここではあまり重要ではないのですが、法人の理事制度などですね、それから財務に関することの変更が行われました。ただこれは大学によっては、法人によっては既に、改める前から似たようなことを勝手にやっていた、というようなところもありますので、すべて変わったということではないのですが、たとえば、それまで学校法人に理事会を置くという規則は私立学校法になかったんですね。なかったけど置いている大学もあったということになりますし、ワンマンのところであるならば、理事が何人いてもあまり関係ないと、いうようなところだって出てくるわけであります。

そうでは社会に対して責任が果たせないだろうということで、理事会は必ず置くというような制度になり、監事の権限も強めると。それから財務報告なども評議委員会でしっかりみていただくというような、そういうことが行われました。

これはどのような背景があるのかといいますと、大きなものは、寄付金の取り扱いが不適正であるというようなことがありましたので、それに対する対応の措置ということになりますが、これは先程民間の企業で行われているようなコーポレート・ガバナンスとつながる考え方であります。

一方、国公立大学のガバナンスといいますと、国公立大学、寄付金で不祥事というふうなこと、ないわけではありませんが、研究費の取り扱いなどで不祥事が起こるということは当然生じてくるわけでありますが、しかし最も大きな変化としては何があったのかというと、設置形態の変更であります。

まず国立大学の場合でありますが、元来国立大学は一体何であったのか、

ということでありますが、国家行政組織法という法律の第8条の2というのがあるんですが、第8条の2というのは、第8条と第9条の間に条文を挟みこんだときに、第8条の2というのが入るんですね。第8条の1というのは無いわけであります。その第8条の2というところに、施設等機関というものに関する定めがあって、何種類かあるんですが、その中の文教研修施設に相当するというふうなことであって、これは法人格をもたない直轄の機関だったわけであります。これが国立大学法人法というものが出来たことによって、法人格をもったわけであります。

　これによって国立大学のガバナンスは大きく変わりました。つまり、それまで国家行政組織法は大したことを何も決めていないのでありますし、当時の文部省設置法もあまり細かいことは決めていないのでありますが、国立学校設置法に関連する法令というものは大学の組織のことをこまごまと、詳細に至るまで定めていました。

　ですから、国立学校設置法というのは、毎年3月にお決まりで改正されるんですね。つまり、どこかの大学で学部を作ったら改正される、というようなことがありますので、毎年改正されるものです。教育基本法が60年ぶりに改正があったわけですが、そういうのとはまったく違うわけですね。

　その詳細まで定めていた国立学校設置法というのがなくなりまして、一方国立大学法人法というのが何を決めているのかというと、簡単にいうと大学の全学レベルの話だけ、中身はそれだけなんですね。学部の構成がどうであるとかいうことは何も決めていない法律であります。ですから、この国立大学法人法というのが出来たことによって、学内の構成を、大学がすべて自由にとはいきませんけれど、非常に柔軟に変更することができるようになりました。

　ですから変更するということになりますと、それぞれの部局との全学と、たとえば学長と学部との力関係とかですね、そういうことが問題になってくるわけであります。たとえば先程の経営管理大学院というのが京都大学の中にできたというお話をしましたが、もう一つ法科大学院というのもあるわけですね。そういうものが出来るとどうなるのかといいますと、法学部とか経済学部、それぞれ本体が痩せ細るんですね。

つまり所属が新しく出来た、新しい部局を作るときには当然専任の教員を置かなければいけませんので、従来経済学部であったとか、法学部であったとか、そういうところで仕事をしていた先生方が、新しい大学院のほうに移籍していくわけです。ですから、それが本当に法学部のためになるのか、経済学部のためになるのか、というふうな問題はそれぞれの学部の中の先生方は非常に心配なり、不満なりはおもちであるわけです。

あるいは私は教育学でありますが、心の未来研究センターというのが出来まして、心について多角的に研究するというようなことを始めたわけですね。そうすると心理学の先生がそちらに一部移籍をする。学部生も大学院生もいるのに、そちらに行ってしまうわけですよね。じゃあ、それを実施するという時に、学部としてはどう対応すればいいのかと。いやですと言うだけでは済まないわけですよね。

かつての、すべて規則によって決まっていますというときには、いやですで済んだわけですが、移籍するのはやむをえないけれども授業はやってください、という形でできるだけ穴が開かないような仕組みで、大学の幹部の人たちと学部との間で折り合いをつけるというようなことが行われてきている。それらが非常に激しくなってきているわけですね。ですから、この国立大学のガバナンスという点では、非常に法人化する前と後では、大きな違いが出てきているわけです。

一方、公立大学の場合ですが、公立大学がどうあるべきかということは、国の立場から勝手に決めるわけにもいかないわけであります。ですから、地方自治法の中に、かつて公の施設という地方公共団体の直轄の機関として公立大学が置かれていたわけですが、それを公立大学法人という仕組みに移行できるような仕組みを設けました。

その仕組みというのは、地方独立行政法人法という法律であるわけでありますが、その中で大学は特別なんだということで、公立大学法人という特別の形式を作ったわけです。ただこちらの場合は、設置者、都道府県、市町村によって、村が大学を作るというのはあまりありませんけれども、法人として経営しているのがいいのか、直轄のままがいいのかという判断については地方に委ねると。ただ、法人化したいときに変われるような仕組みは法律上

整備したということになるわけなんですが、これも、もし法人化したときにはそれなりに学内におけるさまざまな変動というのが生じてくるだろうと思います。

そのように、国立大学、公立大学はこれまでなかなか変われなかったということがありますから、それだけこの法人化によって今までできなかったことをやる。あるいは、大学の置かれている状況も非常に変化してきているから、それにこの際対応しておきましょうということになるわけでありますが、むしろ私立大学のほうがそういう動きというのは緩慢なのかもしれないです。

ただ、大学の経営の状況ということを考えますと、むしろ私立大学も同じように動かなければいけない、ということはいえるかもしれない。しかし、じゃあ動けるのかというと、これはなかなか、そう簡単に変わろうとしても変われないという面はあるわけです。

それで、大学のガバナンスの課題ということになります。そのガバナンスというものが、主体が国だけではないということで、非常に多様化しているということであるわけなんですが、ここでシェアド・ガバナンスということについてご説明したいと思います。

つまり、ガバナンスという言葉は、ガバメントという言葉と違って主体はいろいろ考えられるわけです。たとえば、国と地方という関係であるならば、それぞれ役割分担をしてガバナンスをやっているわけであります。それから大学を想定しますと、法人型の大学で、公立の直轄型の大学は含まない形でありますが、法人と大学の関係、大学と学部の関係、学部と学科の関係、それから講座、学科目、あるいは研究室、教室などの関係、というふうなことで、これは非常に細かい段階に分かれて、それぞれ持ち場、持ち場でガバナンスをやっているわけです。

ただ、大学として何か動くということを考えるときには、やはり、十分に末端の状況を把握したうえでそれなりの中程度、あるいは上層部の組織から動き始めないと全体としては動けないわけですよね。なかなか、それぞれ先生方の、わが大学はこうあるべきではないかというお考えをおもちであろうかと思いますが、それを実現するということになりますと、どこかで然るべき権限をもった機関で動き始めないといけないわけであります。

そのような垂直的な分担関係が出来上がっている中で、意思疎通をどのようにしていくかと。それを、コミュニケーションが上手く行くような状況を作らないと、大学というのは動けないわけです。
　もうひとつ、動くというときに、じゃあトップダウンがいいのかというと、何もかもトップダウンということになると、大学というのは動かない組織であるわけですね。ここで教学と経営というふうに二つに分けておりますが、国立大学の場合でいいますと、全学レベルで教育研究評議会というのと、経営協議会というのがありまして、公立大学法人の法律の中身にも、これに似たような機関を設置するということが規定されております。
　教学というのはできるだけ現場に近いほうがよくわかっているわけでありますし、経営上の問題というのは法人に近いほうがよくわかっているわけです。ですからそれぞれ自分の組織、自分の置かれている、あるいは自分の所属している機関の組織の立場はどうであるのかということで、うまく役割分担をしていかないと意思決定はできないわけです。
　ここで、教学と経営と分けましたが、少なくとも国立大学法人と公立大学法人というのは、教育研究評議会と経営協議会ということで、こういう二元的な組織を作っている。学長がトップにいるということは一元的なんですが、二元的に組織を捉えることによって、できるだけ摩擦が少なくなるように、経営面に大学の先生みんなが関わりたいということではありませんので、そういう面では、面倒なことは任せてしまおうというような組織になっているわけなんですが、ただ問題は、教育に関すること、教育研究、教学に関することというのは経営上の話とまったく不可分ではありませんので、その中間に位置することをいかにして双方うまく納得するような形で決めていくか、ということが問題になるわけです。
　今、先程シェアド・ガバナンスの1番のところで垂直の分担というのを示しましたが、これをもうひとつ別の表現をしますならば、組織が垂直ということとは別に、法人組織と教員組織というふうな、そういう関係にもなるわけであります。それぞれガバナンスがうまく交流するような形を作らなければ、組織は動かないわけでありますし、ここでは、理事会と教授会ということを載せているわけですが、実際には教務に関すること、あるいは学生の確

保ということに関すること、さまざまな経営面のプロというのが大学の中には必要だし、いらっしゃるんだろうと思いますが、そういう立場から、この理事会、教授会というその関係の中にうまく関わっていけるような、関与できるような仕組み、チャンス、機会ですね、そういったものが大学の中に必要だということになるわけです。

　我々、大学の中で日頃どうなのかというと、研究科長が部局長連絡会でこんな話が出たということで教授会で報告して、とりあえず研究科長が、いえるだけのことはいって多少譲歩を引き出したんだからやりましょうか、というようなことで、とりあえず、渋々のときもありますが、やれといわれたら仕事をしていると、そうしていると研究ができなくなる、ということであるわけなんですが、そういうのが私の今居る環境であります。

　今述べたことと、大体重なることであるわけですが、教授会というものは学校教育法で規定されている、非常に重要な組織であるわけですが、自分の置かれている場面を考えるのであれば、教授会というのは万能ではなくて、多元的な意思決定の場のうちのひとつということだろうと思っています。

　この教授会の規定が学校教育法に規定されているというのは、まさにひとつのみそでありまして、私立学校法に規定しているわけではないんですよね。国立大学法人の国立大学法人法の中にも教授会という規定はないわけでありますが、これはまさに水平的なシェアド・ガバナンスを示している、そういうことであります。ただ、これを軽視すると、大学が動かないということです。

　それから、二番目の点ですね。大学の自治の転換に関する二番目の点でありますが、これは人によっていろいろ考え方が違うだろうと思うんですが、少なくとも国立大学は大学の自治という慣行について、見直しがそれぞれの大学が行われているということになるんだろうと思います。

　たとえば、学長を選ぶ手続きですね。極端な例でいいますと、我々は選挙するのが当然だというふうに思っている、我々といっても皆さんを含んでしまってはいけないんですが、私はそう思っていますけれども、私がかつて所属していました大阪教育大学では、学内で投票をやって二番目の得票数の人が当選ということになったんですね。そういうことでトラブルが起きている、場合によっては裁判が起こるような大学、新潟大学とか滋賀医科大学とかで

すね、裁判が起こる大学もあるわけです。あるいは東北大学のように、投票をやりませんというような大学もあるわけです。

　国立大学の大学の自治の形成という点でいいますと、人事というものを最も重要視してきたわけでありますが、この国立大学法人法というものが出来たことによって、それまで慣行として成り立っていたものを見直すと、ある意味では確立したものを自ら放棄する大学も出てきているわけであります。私は放棄したくないですが、そういうところも出てきているわけですね。

　いずれにしても、何がしかの変化は起こるわけなんですが、その際に特に意識する必要があるのはどういうことかというと、これまで法律に基づいて大学というのは、あるいは教育機関というのは運営されてきたと。法律に基づいて従っていれば、国からも補助金が出てくるし、それなりに安定した経営ができていたということであるわけなんですが、しかし今、法律に従っていれば世間は評価してくれるかというと、そうではないんですね。

　ここで経済的に合理的な自治への転換が必要だといいましたが、これは金に目がくらむということではありません。つまり、経済的にというのは、金以外の面でも経済的にということであるわけなんですが、つまり、私など教育学の人間ですが、いまひとつ問題になっているのは学校の教員の免許状ですね。10年間で期限が切れると。講習を30時間受講して試験に合格すると、また10年間延長されるということで、それを京大の教育学研究科で、やるべきか、やらざるべきかと。私は、もうちょっと待ってから考えたらいいんではないですかといっていたんですが、いつの間にかやると決められてしまいましたけれども、そういうところがあるわけですよね。やるということになってしまうわけです。

　これは教員の免許状を出していて、そういう免許更新制という制度が出来たというときに、我々は知りませんというふうなことがどこまでいえるのかと。これは光華女子大学で専任の先生が何人いらっしゃるのかわからないですが、我々教育学研究科は30何人もいますので、それで我々知りませんというのは少しいい難かったということになるわけなんですが、これはそれだけの資源を投資して、大学としてやらせてるんだから、それくらいの貢献はしたらいいんじゃないのという、これは経済的な感覚ですよね。法的には強

制されていないわけですが、そういう経済的な感覚というものをもち合わせるほうが社会の中ではうまくやっていけるのかもしれない。しかし、それに従っていくと研究はますますできなくなるということで、非常に悲しいことではあるわけなんですが、今置かれている大学というのは、そういうものでありはしないかと思っているわけです。

ということで、特に何か結論というのがあるわけではありませんし、こうしたらどうかという具体的な提案というのはまったくないわけでありますが、何か先生方の日頃のお考えと関連することがあって、これからのお仕事の中で、どこかで役立つことがあればと思っております。

以上です。どうもありがとうございます。

【司会】 どうもありがとうございました。この機会ですので、先生方のご質問など承りたいと思いますが、ガバナンスという言葉のエティモジーから始まって、その運用の仕方、特に最後の場合は、この大学にも直接に関係するような内容のお話であったかと思いますけれども、どうぞご遠慮なくご質問を、この際お聞きいただければありがたいと思います。

【質問】 最後のところは特に興味がありますけれど、いろいろ教えていただいて、最後のところもそのお陰でわかったかなと思うんですが、常々やっぱり、どうやって大学というのは意思決定していくのか、というのに関心がありまして、国立大学では変わった、変わったということを、国立大学の先生からもお聞きしますし、どう変わったのかなということも若干お聞きするんですけれども、どう意思決定していくか、物事を決定していくかということについて、ずいぶんお変わりになったように思います。

その変わった要因といいますか、どういう要因とか背景で、これまでとは違う意思決定をされるのかという点にたいへん興味がありまして、最後のところがですね、社会への責任といいますか、社会的な、そこが国立大学の場合、依然として社会からの与えられるミッションでやられるというところもありますから従っておられるところも大きいんだろうと思いますが、それに従って、やはりやるだろう、あるいはやらなければいけないなと判断をされる根拠といいますか、動機といいますか、国立大学の先生がおもちの価値観

というものを教えていただきたい。

【金子】 二つご質問があったかと思いますが、一つ目は大学の意思決定の中で何が変わっているのかといいますと、全員が参加するという方式を放棄した、ということだと思うんですね。教授会の回数が月に2回あったのが1回になりまして、ちょっと幸せなんですが。法人組織に変わってから、理事が大勢置かれるようになって、これは国立大学の中でも小さい大学は、理事の人数が少ないということになりますが、そういう意味で責任をもった専任の理事がいますので、教育の片手間に運営に参加するという必要がなくなった、ということだろうと思うんですね。

その理事の選任というのが、大学によって違うんだろうと思いますが、私の今いる所では、一応学内の意向を考えながら選任されているようですので、ですから日常的に行われていることは任せてしまえと、いうことだろうと思うんです。その分、教育、研究に当てる時間があるかどうかというのは別の問題ですが。そういうことだろうと思うんです。

それから、国立大学の場合、社会に対して何かを還元するという責任もありますので、それに従って意思決定するというふうな考え方でありますが、これはともかく、運営費交付金を、これは税金が元でいただいているわけですが、毎年1％ずつ基本的には減っていくということでありますけれども、それがある以上公的な貢献というのは、社会に対する貢献というのは避けられない、ということだろうと思うんです。

これを逆に私立大学の場合で考えてみるとどうであるのか、ということになると、これは大学の収入をみればいいと思うんですね。授業料が何％を占めているかということになると思うんですが。自分の仕事のパーセンテージに相当する分は、学生の方に向けて行われるべきだということだろうと思うんですね。

国立大学で、大きな大学だと非常にその辺はわからなくなるんですね。なぜかというと、日本の大学の統計というのは、医学部があれば病院まで一緒に含まれて出てくるんですね。病院が含まれると、途端に統計が読み難くなってくるんですけれども、基本的に学生の授業料というのは、研究を進めるための経費として払われているのではないわけですから、その授業料を納

めてもらったらそれに相当する分の仕事はしなければいけない、というふうに心掛けるということですね。

　ただ、その授業と研究というのは、これはまったく分離できるということではないので、その授業のために研究が行われるということは当然あるわけです。ただ、実態としては、研究と教育が一体的に行われるというフンボルト的な大学の理念という、200年前の理念でありますが、それが日本の大学で今通用するかというと、まずほとんど通用しない、ということでありますので、教育と研究はどうしても分離するわけです。

　ですからそう考えると、社会に対する貢献というのは、大学の設置形態によって、どれだけ考慮するかという度合いは変わってくると思うんですが、私立大学の場合には、その収入の中に授業料がどれだけあるのかということを考えて、補助金というのは大体1割とかそんなもんだろうと思いますが、その分は社会に対する貢献というふうな意味合いも含めて考える必要があるのかもしれないというふうに思います。

　ただ、その貢献の仕方というのも、あるいは学生に対する考慮というのも、大学によって多分違うだろうと思うんですね。つまり、大規模な大学は、自分のところは法学部でたとえば公務員を養成するんだと、国家公務員なり地方公務員なりを養成するんだと。それはそれで、大きな需要のある領域でありますのでそれでいいんだと。それは国立であれ私立であれ関係ないだろうと思うんですが、ただ、大学の規模が小さくなってきますと、やはりニッチ産業という意味合いも出てくるわけですね。隙間をうまく探るということで、その隙間がうまく見つかった大学は、小さい大学なのに経営が非常にうまくいくということで、学生を集めるのにあまり苦労しないということになるんだろうと思いますが、その辺がうまく見つけられる大学と、そうではない大学とがあって、どこの大学も今変わる必要はあるんだろうと思いますけれども、成功するところ、それから困難に直面する大学、いろいろそういう点で違いが出てくるのではないかと思います。

【司会】　どうもありがとうございました。他にご質問ございませんか。

【質問】　最後の部分しか聞けなかったんですけれども、最後の部分で、経済的に合理的な次元での変革が必要とされるところですが、それぞれの大学の

個性によって解釈は違うとは思うんですけれど、いくつか共通する点といいますか、経済的に合理的な自治についていくつか挙げるとしたらどういったものが挙げられますか。

【金子】　最近よく問題だとして挙げられるのが、学部の名前をみてもたくさん種類があって、ある学部の名前は一つの大学しか使ってなかったとかですね、そういうことが起こってきて、学部の名前、漢字が四つ続くとかですね、文字が増えるに従って新しい学部だというのがわかるわけなんですが。それぞれ新しいニーズを追いかけたんだろうと思うんですね。それだけでも何がしかの経済的に合理的な方向に向かって動いたと。動くときには、これは先生方も関わって、わが大学は何ができるのかということを考慮して、お決めになっているんだろうと思います。

　ただ、せっかく新しい学部を作っても、基本的には大学の変革というのは現有の教職員で変わるわけですね。新しい人を更にお招きするといっても、これはなかなか大勢お招きするわけにはいかないわけであります。ですから、新しい需要に応えるために何がしかの教育プログラムを作るということであっても、すべての先生がその中でうまく最大限の力を発揮できるということにはならないだろうと思うんですね。

　ですから、それができるだけ発揮できるような形で組織できた大学は合理的であったと。同じ自律的に変革をするということであっても、それが合理的であったところもあるし、それから無理をして、大学で授業をするのにたまにありますよね、一から勉強しないと授業できないというのがあるわけですが、そういう事態が起こるような変革であるならば、それは合理的な判断にはなっていないと。一部の先生がそうなるのは起こりえることかもしれないんですが、大学全体としてそれぞれ専門分野をまったく捨ててということになると、これは合理性というのはなかなか到達できないことだろうと思います。

　ご質問の意図に沿っているかどうか、ちょっとわからないのですが。

【質問】　大学の自治という言葉がありましたが、先生のいらっしゃったところは、学部の自治ということは、今でも現に生きているんですか。それが少し、どんどん変わってきているんですか。

【金子】　よくいわれるのは、大学の自治というのは存在しなくて学部の自治だ、というような言い方はされますが、その学部の自治というのはだんだん弱まってきているだろうとは思います。しかし、教育研究の中身を一番よくご存知なのはそれぞれの学部の先生方である、というのはまた事実であるわけです。

　しかし、その分野が社会の中でどこまで成果を上げられるのか、あるいは生き残れるか、生き抜けるか、ということになるんだろうと思いますけれども、その辺の判断をしたときに、全学的に、わが大学はどういうスタッフがいて、それで最大限に教育成果を上げるには、あるいは研究成果を上げるには、あるいはそういったところとは少し離れて、社会的なサービスで成果を上げるにはどうしたらいいのか、というように考えたときに、学部を超えた視点というのはやはり不可欠なんだろうと思います。

【司会】　それでは時間が参りましたので、この辺で金子先生のご講演並びに質疑はこれで終了したいと思います。ありがとうございました。

　　　　　　　　　　　　　（光華女子大学での講演　2008年1月31日（木））

第7章　教員養成史と大学の役割

第1節　無試験検定制度許可学校方式における認可過程
──「漢文科」の場合

1　「漢文科」の概要

(1) 国語と漢文の関係

　中等教員無試験検定の取り扱いが、漢文科について許可されたのは、1924（大正13）年以後のことである。教員検定は「教員免許令」（1900年勅令第134号）と、「教員検定ニ関スル規程」（1900年文部省令第10号）により実施されていたが、後者に「国語、漢文ハ合セテ一学科目トシテ検定ス」と定めがあったから、「国語及漢文」を単位として無試験検定取扱が許可されていたのである。ところが、1921（大正10）年文部省令第14号により「国語及漢文」が「国語」と「漢文」へ分離することになった。このとき「国語科ノ予備試験ニ於テハ漢文、漢文科ノ予備試験ニ於テハ国語ヲ併セ課ス」ことになったので、国語と漢文がまったく独立した関係になってはいない。とはいえ、本節では漢文科のみを取り上げ、この省令改正以後を論及の対象とする。

　なお、1923（大正12）年の時点で「国語及漢文」の学科目で無試験検定の取り扱いが許可されていたのは早稲田大学高等師範部、国学院大学師範部、東洋大学の大学部及び専門部のほか、京都府立第一高等女学校専攻科であった[1]。

(2) 申請校の概要

　『官報』に掲載された告示によると、漢文科の許可学校は12校であった。

表1 国立公文書館に申請書等が所蔵されている学校

学校の名称	許可申請年月日	許否	裁決定年月日
宗教大学教育部	1922年12月	許可	1924年7月5日
日本大学高等師範部国語漢文科（夜間授業）	1924年6月27日	許可	1924年12月27日
法政大学専門部高等師範科国語漢文科（夜間授業）	1927年1月31日	許可	1928年1月13日
立正大学専門部高等師範科国語漢文科（夜間授業）	1927年4月15日	許可	1928年1月13日
東洋大学専門学部倫理学東洋文学科（夜間授業）	1927年7月11日	許可	1928年5月2日
駒澤大学専門部本科	1927年9月6日	許可	1928年3月24日
臨済宗大学本科	1927年12月1日	不詮議	1928年3月24日
京都府立女子専門学校文学科	1928年6月6日	不詮議	1930年4月22日
東京女子大学国語専攻部	1930年2月22日	不詮議	1931年4月24日
二松学舎専門学校第一部	1930年7月1日	許可	1931年4月24日
二松学舎専門学校第二部（夜間授業）	1930年7月1日	不許可	1931年4月24日
立命館大学専門学部文学科本科（夜間授業）	1931年7月17日	許可	1932年4月20日
関西大学専門部国語漢文専攻科（夜間授業）	1932年6月13日	不詮議	1933年3月14日
国士舘専門学校本科	1936年10月5日	許可	1938年5月12日

　国立公文書館は、表1に示した13校の申請書等を所蔵している。これらの公文書は申請のすべてを網羅してはいないが、不許可となった事例を含んでいる。そこに記載されている内容から、許可に至る過程の法則性を見出すには、申請校のプロフィールをあらかじめ整理するのが有効であろう。その観点のひとつは、昼間授業か夜間授業かということである。当時刊行されていた『教育年鑑』の附録「高等諸学校一覧」をみると、夜間授業の実施状況がわかるので表中に示した。そして、第二の観点は、大学の設置形態による分類である。

　まず、第一の分類は「大学令ニ依ル大学」に併設される専門部である。1919（大正8）年4月に「大学令」が施行されて、公私立大学が正式に発足していた。この分類に6校が当てはまる。それらのうち、漢文に関係する学科が大学部にあったのは、日本大学、法政大学、立正大学及び駒澤大学である。大学部と専門部は教員と設備の一部を共有できるから、専門部は有利な

条件にある。これに対して、立命館大学及び関西大学は「大学令ニ依ル大学」であったけれども、漢文に関係する学科が大学部になかった。もちろん、「大学令ニ依ル大学」として認可された以上は、全体として相応に整備されていたはずである。なお、ここに分類された学校では、大学部、予科、専門部の修業年限は、いずれも3年となっている。

　第二の分類は「専門学校令ニ依ル大学」に併設される専門部である。「大学令」が施行された後に「大学令ニ依ル大学」へ昇格していない場合があって、専門学校令による大学と専門部が併置された状態にある。そのような事例として、宗教大学、東洋大学及び東京女子大学がある。宗教大学には浄土宗教師を養成する宗教部があってこれが大学部に当たり、予科と本科の修業年限は、それぞれ2年と3年であった。一方、中等教員養成を目的とする教育部は専門部に相当し、修業年限が3年で予科がない。この大学は合併などを経て、1926（大正15）年に「大学令」による大正大学となる。無試験検定取り扱いの許可を申請したのが1922（大正11）年であったから、当時は「大学令ニ依ル大学」ではなかった。

　次に、東洋大学であるが、同大学部には予科がなく、修業年限は4年であった。大学部に支那哲学科及び東洋文学科等があって、大学部及び昼間の専門部が「国語及漢文」の学科目につき無試験検定の取り扱いを許可されていた。本節で取り上げるのは夜間授業の専門部である。東洋大学は、1928（昭和3）年に「大学令ニ依ル大学」として認可されたから、夜間専門部による許可申請は、大学部が「大学令ニ依ル大学」へ昇格するのと並行して行われていたことがわかる。

　さらに東京女子大学も、やや変則的ではあるが、この分類に属する。この大学には主に高等学部を経由して進学する大学部があって文学科が開設されていた。修業年限は各3年であったが、女子大学という事情から、結局「大学令ニ依ル大学」にはならなかった。とはいえ、文学科の国文学専修では「支那文学及支那哲学」が必修科目であったから、相応に整備されていたと思われる。漢文につき許可申請したのは専門部に相当する国語専攻部であった。その修業年限は4年であったけれども、そもそも入学資格が修業年限4年の高等女学校卒業程度であったので、国語専攻部の修業年限が特に長いと

はいえない。

　第三の分類は、「専門学校令ニ依ル大学」が申請した臨済宗大学（現・花園大学）の場合である。臨済宗大学には修業年限が5年の本科があった。大学令の施行以後においても財政事情等により、「大学令ニ依ル大学」への昇格を見合わせていた[2]。結局、1934（昭和9）年に臨済学院専門学校へと改称している。なお、東京女子大学と日本女子大学校は同じ境遇にあったけれども、名称を変更していない。

　第四の分類は、大学に併設されていない専門学校が申請した事例である。京都府立女子専門学校（以下、京都府立女専と略記）、二松学舎専門学校（以下、二松学舎と略記）及び国士舘専門学校（以下、国士舘と略記）が該当する。ただし、ここに分類する3校は性質が類似していないので、上記の3分類に属さない諸学校とみるべきである。京都府立女専は3年制で、入学資格は修業年限5年の高等女学校卒業程度であった。すでに「国語及漢文」の許可学校であった高等女学校専攻科の改組にあたり、改めて許可を申請したものである。二松学舎は修業年限が3年、また国士舘は修業年限が4年の専門学校であった。

(3) 視察復命書の概要

　無試験検定取扱の許否を決定するにあたり、教員検定委員会は視察者を申請校に派遣したり、生徒の学力試験を実施している。その概要は**表2**に示したとおりである。あいにく公文書には日本大学、京都府立女専、東京女子大学及び二松学舎の視察復命書等がない。

　これらを除く9校への視察状況を見渡すと、1927（昭和2）年から翌1928（昭和3）年にかけて、督学官である木村善太郎が法政、立正、臨済宗、東洋、駒澤の5大学を視察していることがわかる。その時木村の他に視察者があって、別途復命書を提出しているが、督学官である木村の意見が有力であったようである。しかし、その後、立命館大学と関西大学の申請があったとき、木村はやはり督学官であったけれども、両校の視察者になっていない。その事情は不明であるが、ともかく、この時期の許可過程を知るうえで、木村の判断基準を見落とすわけにはいかない。

表2 許可学校への視察または生徒の学力試験の実施状況

申請校	視察者使命(官職)	視察日(＊は復命日)	許否に関する視察者の意見
宗教大学教育部	塚原政次(督学官)	1914年3月26日	成績優良な者に限り免許状を与えるのが適当である。
法政大学専門部	木村善太郎(督学官)	1927年6月7日	同種の教育施設に許可した以上,同一視するのが公平である。
法政大学専門部	大迫秀(文部属),高橋美登(嘱託)	1927年6月10日＊	同種許可学校に比して遜色ない。成績優等な者に限って許可する。
立正大学専門部	木村善太郎(督学官)	1927年6月7日	(法政大学と同一の内容)
立正大学専門部	清水福市(文部属),佐藤正能(嘱託)	1927年6月7日	学業成績が不良なので,俄に資格を附与しがたい。
東洋大学専門学部	木村善太郎(督学官)	1928年1月31日	管理の厳格化等を条件として許可するのが適当である。
東洋大学専門学部	吉田政一(嘱託)	1928年2月＊	生徒の学力が相当ならば有資格の生徒につき許可すべきである。
駒澤大学専門部	木村善太郎(督学官)	1928年2月2日	試験の出来が一番よかったのだから条件で許可してよい。
駒澤大学専門部	高橋美登(嘱託)	1928年1月20日	生徒の学業成績がよければ許可の取り扱いをしてよい。
臨済宗大学本科	木村善太郎(督学官)	1928年1月20・24日	一層の充実をみるまで許可を保留すべきである。
臨済宗大学本科	吉井美佐男(嘱託)	1928年2月16日	(特記なし)
立命館大学専門学部	吉井美佐男(文部属)	1931年12月7・8日	不詮議とするか,学力試験の結果により許否を決定する。
立命館大学専門学部	島田釣一(嘱託)	1932年2月17・18日	生徒の学力は同種の学校で資格を取得した者と大同小異である。
関西大学専門部	岩垂憲徳(嘱託)	記載なし	考査の答案をみたところ学識は不十分であるようだ。
国士舘専門学校	岩垂憲徳(嘱託)	1938年3月4日	改善の余地はあるが,年々向上している。

(4) 許可の基準

　中等教員無試験検定取り扱いの許可がなされるとき、基準の根本となるのは男子にあっては高等師範学校（以下、高師と略記）、女子にあっては女子高等師範学校（以下、女高師と略記）であろう。「師範教育令」(1897年勅令第346

第7章　教員養成史と大学の役割　241

表3　臨時教員養成所国語漢文科の各年度在籍生徒数

年度	第一臨時教員養成所（東京高師内）			第二臨時教員養成所（広島高師内）			第三臨時教員養成所（奈良女高師内）			第五臨時教員養成所（大阪外語内）			第六臨時教員養成所（東京女高師内）			第七臨時教員養成所（京都帝大内）			第十臨時教員養成所（四高内）			第十三臨時教員養成所（五高内）		
	第一学年	第二学年	第三学年	第一学年	第二学年	第三学年	第一学年	第二学年	第三学年	第一学年	第二学年	第三学年	第一学年	第二学年	第三学年	第一学年	第二学年	第三学年	第一学年	第二学年	第三学年	第一学年	第二学年	第三学年
1922	38	-	-	-	-	-	-	-	-	-	-	-	41	-	-	-	-	-	-	-	-	-	-	-
1923	29	38	-	38	-	-	-	-	-	-	-	-	-	41	-	22	-	-	-	-	-	-	-	-
1924	41	29	-	-	36	-	38	-	-	-	-	-	42	-	-	-	22	-	-	-	-	-	-	-
1925	-	40	-	37	-	-	-	38	-	-	-	-	-	42	-	29	-	-	-	-	-	-	-	-
1926	33	-	-	34	37	-	33	-	-	-	-	-	35	-	-	-	29	-	-	-	-	-	-	-
1927	30	33	-	31	32	-	-	32	-	-	-	-	-	35	-	30	-	-	-	-	-	-	-	-
1928	-	30	30	-	31	30	-	-	32	30	-	-	-	-	35	-	29	-	25	-	-	25	-	-
1929	-	-	30	30	-	31	-	31	-	-	27	-	-	-	-	-	-	29	-	23	-	-	25	-
1930	-	-	-	-	-	29	-	-	-	-	-	27	-	-	-	-	-	-	-	-	21	-	-	25
1931	-	-	-	-	-	-	-	-	25	-	-	-	-	-	-	-	-	-	-	-	-	-	-	-

注：『文部省年報』の各年度版を使用して作成。

号）の規定にあるように、高師は師範学校、中学校及び高等女学校の教員を、女高師は師範学校及び高等女学校の教員を養成するところであるから、そもそも、両者は性質が同一ではない。しかし、教員免許を授与する以上、高師または女高師に相当することを根拠とするのが穏当である。その場合に漢文科と関わってくるのは、東京高師の文科第二部、広島高師の文科第一部、女高師の文科である。

一方、臨時教員養成所（以下、臨教と略記）の官制によると、臨教は師範学校、中学校及び高等女学校の教員を養成する所であり、表3に示した8か所の臨教に国語漢文科が設置されていた。これらのうち第三臨教は奈良女高師内に、第六臨教は東京女高師内に併設されて、生徒が女子であった。同じ臨教国語漢文科であっても、男子生徒が入学した6校とは区別することになろう。

臨教の国語漢文科は、東京帝国大学附設の第一臨教が始まりである。修業年限は2年で、1902（明治35）年及び2年後の1904（明治37）年に入学者を

受け入れた。その後、臨教における国語漢文科の教員養成はいったん途絶えたが、1922（大正11）年度以後、再び同科が設置されていった。これらの臨教国語漢文科も当初は2年課程であった。ところが、1926（大正15）年度の入学者から修業年限が3年に延長された。『教育時論』によると、年限延長が同年3月26日の閣議で決定されている[3]。当時の文相であった岡田良平は、1930（昭和5）年12月5日の文政審議会総会において「臨時教員養成所ガ二年デアッテ其成績ガ甚ダ不十分デアッタノデ、之ヲ三年ニシタヤウナ訳デアリマス」と発言しているから[4]、このとき許可の基準が改められたとみられる。

2　「漢文科」許可の観点

(1) 教員組織

①高師、女高師、臨教の教員組織

申請校の教員組織を審査するとき、高師及び女高師の教員組織が許可の直接的な基準とはなっていなかったようだ。ただ、そこから派生する緩やかな実際上の基準はあった。とはいえ、そのことを説明するには、やはり高師及び女高師、並びに臨教の教員組織からみていくことになろう。話は簡単である。これら官立の教員養成諸学校で漢文を担当していた教員の経歴には明瞭な傾向があった。若干の例外はあるものの、おおむね帝国大学または高師専攻科の卒業者である。前者には、高師本科を卒業した後に帝国大学へ進学した者を含む。もちろん高師専攻科を卒業した者は、後に文学士と称することができることになるので、両者はおおむね対等とみなしてよい。関連する専門分野の呼称は、漢文学及び漢学のほか、支那文学及び支那哲学等である。一方、許可を申請した諸学校の教員組織は、そのように整然としてはいなかったので、極めて対照的である。

②漢文担当教員の資格

申請書類の教員組織一覧には文学博士、文学士、高等学校高等科教員免許状の所有について記載があるが、これらは文学士と同等以上であるか、これに準ずる者と読み替えて差し支えないであろう。申請校によっては中等教員免許状の所有について記載しているが、視察者の復命書で言及されないのが普通である。漢文科の許可にあっては、基準がかなり柔軟であったので、中

等教員資格まで考慮する必要性は小さいと思われる。

　各学校の教員組織は、申請書に履歴書が添付されているので全容を知ることはできるが、これを使用した学校間の比較は簡単ではない。そこで、視察者が教員組織を評価するときの観点に着目し、先に掲げた分類に従って考察したい。

　第一分類の学校の教員組織が充実していたことは、各校への視察者が言及している。まず、木村は法政大学と立正大学を視察したときの復命書で「講師名簿ニツキテ見ルニ講師ハ何レモ十分ノ資格アル人ニシテ、ソノ点ハコノ種ノ学校ノ一種ノ特色ナリ」と述べている。また、立命館大学を視察した吉井美佐男は「相当学識経歴ヲ有スル者多ク、其ノ大部分ガ高等学校高等科教員免許状所有者ト認メ得ベキ者ナリ」と評しているし、同校を視察した島田鉤一も「漢文ヲ担当スル教師ハ比較的優良ナル者多ク、学位ヲ有スル者二名、他ハ皆学士及高等教員免許状所有者ニシテ其学力品位ニ於テ遺憾ナキニ近シ」と報告している。

　第一分類にあって、とりわけ目を引くのは、木村による駒澤大学の視察復命書の記事である。これをみると「本専門部教授三十名中二十名本校専任デアルノハ今回視察シタ四校中他ニ比ガアリマセン。コレハ恐ラク本校大学部教授又ハ助教授タルガタメデセウ。ソノタメデモアリマスガ専任、兼任ヲ通ジテ形式的ニ高等教員ノ資格アルモノ若シクハ同等以上ト見ルベキモノガ二十三名ニ上リ、ソノ中ニハ文学博士モ三人アリマス。形式的ニハ資格ノナイ七人モ悉ク相応ナ人デ、トニカク教員組織ニツイテハ他ノ三校ハ一寸足許ニモ寄レナイト云フベキデセウ」と記載がある[5]。駒澤大学は「大学令ニ依ル大学」として認可されていて、そこに東洋学科があったので、専門部の教員組織を充実できるのであろうが、特に注目したいのは、形式的な学歴、職歴、資格のほかに、実質的な漢学の素養が有資格と判定する根拠となっていることである。

　第二分類の申請校についても、評価に同様の傾向を確認することができる。宗教大学を視察した塚原政次の報告書に「現在ノ教育部ノ教授ヲ担当セル教師ハ文学博士三名、文学士十一名其他高等学校教授及高等師範学校教授等ニシテ適当ナリト認ム」とあるが、むしろ東洋大学を視察した木村の復命書の

方が興味深い。これによると「教授力ニツイテハ全体ノ連絡統一ハ勿論アリマスマイガ、一人一人ノ一騎打トナレバ、トニカク相応ト認メラレテ居ル人ガ多イノデス。即チ二十七人ノ教授中東大教授一人、形式上高等教員ノ資格アルモノ十四人、其ノ他母校タル東洋大学出身者モ五、六人ハアリマス。ソレラノ人モ私立大学、専門学校等ノ教授ヲナシ、又ハ著書ヲ主トシ私塾ヲ開クナド学問ヤ教育ト関係ノアル人バカリデシテ、教授力ダケヲ取離シテ見ルト、コノ種ノ学校トシテヨロシイ方デス」となっている。やはり、形式上の有資格者のほかに、実質的な有資格者を積極的に評価している。

　第三分類の臨済宗大学になると、やや異なってくる。木村は「本校ノ教授力ハヤヤ充実シテ居マス。即チ二十九名ノ教授中大学教授タルモノ三名、高等教員ノ資格ヲ有スル者十四名、仏教学科ノ教授デ高等教員ノ資格ナキ者七名ヲ除キ去ルト、形式的ニ資格ノ不十分ナ教師ハ五名ダケトイフコトニナリマス。……漢文科ニ関スルモノハ寺西、高瀬、福島、奥、牧野ノ五教授デ、中ニ文学博士一名、文学士一名ヲ数ヘマス」と報告している。ここでは、形式的に資格がないけれども、実質的に有資格であるとの評価がない。

　第四分類の学校で視察復命書があるのは国士舘だけである。国士舘の教員組織を評価するにあたり、岩垂憲徳は教員の学歴には、ほとんど関心がなかったようである。形式上資格がない教員について「多年、中等学校・高等予備校・私立大学高等師範部等ニ教鞭ヲ執リ、教授ノ経験ニ富ム」と評したり、「文部省図書再検討ヲ嘱託セラル……講義明快」というように、むしろ授業の能力そのものを積極的に評価している。この傾向は、同じく第四分類の京都府立女専や二松学舎と共通するものではなく、国士舘に特徴的だと思われるが、この事例において教員組織の基準が緩やかであったことを知ることができる。

　③兼任教員の能力

　このように教員個人の資格について、審査は比較的寛容であった。しかし、教員が兼任であることによる教授力低下の問題を指摘された学校がある。木村は法政大学と立正大学の視察復命書で「多クハ他ニ本務ヲ有スルヲ以テ親切ニ生徒ヲ指導スルヲ得ザルモノノ如ク、教室ニ於ケル授業モ、教師ノ独演講義ニテ所謂大学式ニ過グ。蓋シ止ムヲ得ザルベシ」といっている。また、

東洋大学の視察復命書では「悉ク兼任デ専任ハ一人モアリマセン」と述べたうえで、「如何ニ立派ナ学者デモ夜間余力ヲ以テ臨ムノデスカラ、十ノ教授力ハ七ニシカ当タラヌトイフコトニナリハセヌカト思ヒマス」と批判している。さらに立命館大学を視察した吉井も同様の意見であって「要スルニ教員ノ組織編成ハ比較的良好ナリトハ雖、夜間授業ナルガ故ニ、統一セル指導訓練ヲ与フルコト困難ナリ。強テ昼間ニ比シ効果少キハ免レザルベシ」と報告している。

これに対して臨済宗大学に同種の批難はなかった。木村は「兼業者ガ多イノデスガ、比較的真面目デ、余業トイフ様ナトコロノ見エナイノハ結構デス」と好意的に報告している。これは、臨済宗大学が昼間授業であったからであろう。同様に昼間授業となっている宗教大学を視察した塚原の復命書にも、兼任を問題視する記述はない。

とはいえ、兼任教員が多いことが理由で不許可になってはいないようである。むしろ、生徒の学業成績が不良であっても、その責任は教員側に帰せられることになり、かえって学業成績を理由とする不許可を免れているようだ。

(2) 学科課程
①高師及び女高師の学科課程

許可学校の学科課程を詳細に比較するには、本来、教科書と教授要目の内容を分析するのが適当であろう。しかし、ここで漢文科の教育内容に立ち入ることは、筆者の力量不足からできるだけ回避したいところである。視察者の復命書をみると、漢文の授業時数に関する報告と、漢文科の授業内容に関するものがあることがわかる。そこで、はじめに学科課程のなかで漢文の授業時間がどのように配当されているかという、ごく単純な事実関係を知ることにしたい。その際に審査の基本となったのは、どうやら臨教の学科課程であるらしいのだが、そのことを説明する前に、高師と女高師の学科課程をみておく。

東京高師の文科第二部は、はじめ漢文の各学年における毎週授業時数（以下、授業時数と略記）が5時間、7時間、8時間、8時間（以下、5-7-8-8と表記）で、その合計は28時間であった。実際には最終学年の第三学期に授業練習

が設定されているので、それを差し引くと26時間ほどになる。ただし、立正大学を視察した清水福市と佐藤正能が復命書において、東京高師の授業時数に言及するとき、授業練習の配当時間を考慮していないので、これにならって28時間とみなしておく。なお、1932（昭和7）年度より第一学年における漢文の授業時数が1時間増加したので、漢文の授業時数の合計は29時間になった。

　広島高師では、漢文の各学年における授業時数が6-5-8-9となっていた。この場合これを合計すると28時間になる。しかも、「精究」と称する時間が別にあって、少なくとも「7時間以上」と設定されていた。木村は東洋大学の視察復命書の中で、これを7時間と記載している。なお、広島高師でも1932（昭和7）年度に学科課程の改正があった。「精究」に変化はなかったが、各学年における漢文の授業時数が6-6-8-10となり、合計すると30時間になった。漢文に一層重点を置く学科課程へと充実させたのである。

　一方、女高師の学科課程において漢文の授業時数は、高師の半分ほどであった。東京女高師では、はじめ漢文の授業時数は各学年ごとに3-3-3-3となっていた。合計すると12時間である。1929（昭和4）年度に学科課程の改正があって、文科の第三学年以後を国語選修と歴史地理選修とに分けたが、漢文の授業時数に変化はない。

　奈良女高師をみると、文科における漢文の授業時数は3-3-2-2で合計すると10時間であった。同じく1929（昭和4）年度に学科課程の改正があって、文科の第三学年以後では国語漢文または歴史地理を選択履修することになった。国語漢文を選択すると、漢文の授業時数は2-2-6-6となる。合計16時間に増加したが高師と比較すると大幅に少ない。

　授業時数を比較するだけで高師と女高師における漢文の位置づけが、まったく異なっていたことが明らかになった。これは高等女学校において漢文が随意科目であったことと関係すると思われる。実際に女高師附属高等女学校の学科課程をみると漢文がない。漢文の許可にあたり、女高師の学科課程は許可の基準とはならないのであろう。

　②臨教の学科課程
　次に、臨教の学科課程を概観したい。対象となるのは国語漢文科であるが、

高師と女高師の学科課程に差異があるのなら、臨教国語漢文科にも生徒の性別による差異を見出すことができるはずである。

上述のとおり、臨教国語漢文科は1922（大正11）年度から1925（大正14）年度までの入学者は修業年限が2年、1926（大正15）年度から1929（昭和4）年度までの入学者は3年であった。二年課程における漢文の授業時数を合計すると、男子生徒を入学させる第一臨教は22時間、第二臨教は20時間、第七臨教は18時間であった。これに対して、女子生徒を入学させる第三臨教では12時間、第六臨教では10時間となっていた。一方、三年課程では、男子生徒を入学させる第一及び第二臨教は27時間、第五臨教では30時間、第七臨教では34時間、第十臨教では26時間であった。第十三臨教の学科課程では、国語と漢文の授業時数を合算して64時間と表記しているから、漢文は30時間余であったとみられる。これらは、高師の授業時数に匹敵し、または、これを凌駕している。これに対して、女子生徒を入学させる第三臨教は16時間、第六臨教は15時間を漢文に配当していた[6]。やはり、臨教においても、漢文の取り扱いは男子生徒と女子生徒で同一ではなかった。

③申請校の学科課程

《初期申請2校の学科課程》

以上をふまえて、漢文の無試験検定取り扱い許可を申請した各校の学科課程をみていきたい。その際に、申請があった時期に着目して初期申請、中期申請及び後期申請に分類すると、許可の基準がみえやすくなるだろう。

まず最初に取り上げるのは初期申請に当たる宗教大学と日本大学である。これら2校が許可を申請したとき、臨教の修業年限は2年であって、また、「師範学校、中学校、高等女学校無試験検定許可規程」（1927年文部省令第1号）の施行以前であったから、両校に対して審査基準は低度であった可能性がある。

宗教大学教育部は、各学年における漢文の毎週授業時数が9-9-9で合計すると27時間であった。視察した塚原は復命書の中で「国語及漢文ノ授業時数ヲ総計スルトキハ高等師範学校ニ比シテ固ヨリ少キモ臨時教員養成所国語漢文科ニ比スルトキハ余程多キコトヲ認ム」と報告している。ここで塚原は国語と漢文の授業時数の合計を用いて比較しているが、漢文のみに着目するならば、宗教大学の授業時数の合計は高師に匹敵し、臨教の二年課程よりも

かなり多いということになる。一方、日本大学はどうであったのかというと、各学年における漢文の授業時数は7-7-7で合計すると21時間であった。これは臨教の二年課程に相当し、高師の水準に遠く及ばない。日本大学の申請は許可されているから、このとき臨教の二年課程が許可の基準となっていたといえよう。

《中期申請5校の学科課程》

次に、臨教の三年課程を基準としたと目される諸学校の学科課程をみることにしたい。中期申請に該当するのは、法政大学、立正大学、東洋大学、駒澤大学、臨済宗大学である。

視察復命書の内容から学科課程の許可基準が明瞭なのは立正大学の事例である。視察した清水と佐藤は、各学年における授業時数を東京高師と比較している。復命書に比較対照表が記載されていて、漢文の授業時数は高師が合計28時間であるのに対して、立正大学は10-8-9の27時間となっている。ただし、意見の記述がないので視察者の見解は不明である。想像するに、高師と比較すると若干見劣りするけれども、臨教の三年課程に相当すると判断したのではないか。

法政大学についても、復命書から学科課程の許可基準を知ることができる。大迫秀と高橋美登の復命書に、法政大学の国語漢文科と東京高師の文科第二部の学科課程を比較する項目がある。そこに「別紙ノ通リ」と記載されているのだが、公文書中に別紙が見当たらない。とはいえ、両者の学科課程がわかっているのだから、ここで復元することは可能である。高師の授業時数は上述のとおり合計28時間である。これに対して1927（昭和2）年1月に提出した法政大学の申請書によると各学年における授業時数は9-8-7の24時間であった。ところが、これとは別に同年9月に改正予定の新しい学科課程が申請書類に添付されていて、漢文の授業時数は10-8-8の26時間へと増加している。東京高師より2時間少ないが、第十臨教と同程度である。漢文の授業時数が24時間では基準に満たないとして26時間へ増加させたのであろう。

その他の学校をみると、東洋大学は9-12-11の32時間、駒澤大学は9-9-9の27時間を漢文に配当している。また、臨済宗大学の学科課程表に漢文という学科目はないけれども、木村の視察復命書には「本校ノ学科課程ニヨル

ト五学年間ヲ合セテ一週間ニ……漢文三十時」とある。「支那哲学支那文学」を漢文と見なしているのであろう。各学年における授業時数は4-4-5-8-9となっている。そして木村は「之ヲ広島高等師範学校ノ文科第一部ニ於ケル……漢文二十八時（外ニ精究時七時及ビ言語学二時）……ト比較シテ、修身及ビ漢文ヲ目標トスルモノトシテ、大体ヨロシイト思ハレマス。唯漢文ノ時間ヲ今少シ多クシ、ソノ代リニ英語ノ時間ヲ今少シ少クナシテモヨロシクハナイカト存ジマス」と指摘している。しかし、他校との比較において総時数30時間は決して少なくない。おそらく、5年間に30時間なので単年度の授業時数が少ないうえに、後述のとおり生徒の学業成績に問題があったことから、このような評価になったのであろう。

《後期申請6校の学科課程》

臨教の国語漢文科は、1931（昭和6）年度に第二臨教が卒業者を出したのを最後に、すべて廃止された。申請年月を考慮すると二松学舎、立命館大学、関西大学、国士舘の4校の許否に当たり、臨教の学科課程は直接的な許可基準にならなかったであろう。後期申請の各校における漢文の授業時数は、二松学舎と関西大学は10-10-10の30時間、立命館大学は10-11-11の32時間であり、国士舘のみ四年制で8-8-8-8の32時間であった。この時期の申請校は臨教を引き合いに出すまでもなく、いずれも高師に相当する授業時数を確保していたことがわかる。

なお、公文書が残されている申請校のなかに、二つの女子専門学校がある。京都府立女専と東京女子大学国語専攻部であり、この2校は中期申請に分類しても差し支えない。どちらも、漢文の許可申請は門前払いになっている。東京女子大学の事情は、『創立十五年回想録』に記載されている。この時国語と漢文について許可を申請したが、1931（昭和6）年2月6日に督学官が視察したとき、前例がないとの理由で漢文の学力試験を実施しなかったとのことである[7]。

両校の授業時数をみると京都府立女専は6-6-6の18時間、東京女子大学は6-6-6-6の24時間であった。両者は入学資格が異なり、前者は修業年限5年の高等女学校卒業程度、後者は修業年限4年の高等女学校卒業程度であったから、卒業までに要する年数は、どちらも女高師に相当し、臨教より長い。

女子生徒を入学させる専門学校としては、異例といえるほど、多くの授業時間を漢文に配当して、申請にのぞんだことがわかる。

④学科課程の詳細

学科課程の詳細について、視察復命書で言及するのはまれである。立命館大学を視察した島田の復命書は、例外といってよい。もっとも、島田より先に立命館大学を視察した吉井は「学科課程表ニアラハレタル学科目ノ排列並毎週授業時数ニ付テハ大体ニ於テ整ヒ、サシタル欠点ヲ認メズ」としている。その学科課程によると、第一学年では論語、孟子、大学、史記、宋元明文、唐詩選、十八史略につき10時間、第二学年では漢文典、漢書、毛詩、荀子、作詩、曾文正公文、古詩源、文章軌範・古文真宝、支那文学哲学史につき11時間、第三学年では漢文典、尚書、礼記、左伝、韓非子、作詩、文選、古文辞につき11時間となっていた。

ところが、2か月後に視察した島田は、同じ学科課程について問題点を指摘している。島田の意見は「学科ノ編成及時間ノ配当ハ其宜ヲ得サル者多シ。試ニ其科目ヲ挙クレハ、礼記、文選、曾文正公文ノ類ノ如キ是ナリ。書籍トシテハ不可ニアラサルモ三年修了ノ専門学校ノ教科書トシテハ程度高キニ過クルカ若クハ不急ノ科目ナルヲ以テ、之ニ比シテ実用的ニシテ且学力ヲ養フニ足ル書ヲ選フ方適当ナルヘシ。又一週一時間ノ科目多シ。試ニ其科目ヲ挙クレハ、礼記、文選、古文辞類纂、宋元明文、曾国藩文、十八史略、韓非子、文章軌範、漢書ノ如キハ皆一週一時間ナリ。一週一時間ノ課業ハ纏リタル智識ヲ得ルニ不適当ナレハ科目ノ廃合ヲ計リ一科目ノ時間数ヲ増加スルヲ適当ナリトス」というものであった。また、「支那哲学史支那文学史ハ第二年級第三年級ニ毎週一時間ヲ課シ其教科書トシテ西澤道寛著支那文学史ヲ用ヒ哲学史ハ僅ニ文学史教授ノ際ニ補説スルニ過キス。元来西澤道寛ノ文学史ハ相当ノ頁数アルニ授業時間僅少ナル為ニ生徒ハ文学史スラ其一小部分ノ講義ヲ聴クニ止リ哲学史ハ殆ト教ヘサルニアラサルカト疑ハル。今回施行シタル設問試験ニ其成績良好ナラサルハ其原因主トシテ此ニ存スルカト思考ス」というように学力試験の結果をふまえて改善を求めている。

少なからぬ課題を指摘された立命館大学ではあったが、「学科目ノ編成及時間配当ヲ改ムルコト」を条件として無試験検定の取り扱いを許可された。

条件となった3項目とは「(イ) 礼記、古文辞類纂、韓非子、文章軌範ハ現在一時間授業ナルモ之ヲ二時間授業ニ改ムルコト、(ロ) 授業総時数ノ関係ヨリシテ若シ授業時間ヲ減少セシムル必要アル場合ハ中等教員養成上不急ノ類ノ授業ヲ廃止スルモ可ナリ、(ハ) 支那哲学史ト支那文学史ハ各々独立ノ講義ヲナシ、然シテ教科書ヲ使用スル場合ハ各々別種ノ書ヲ用ユルコト」であった。立命館大学では、曾文正公文、漢書、文選、古文辞類纂を廃止し、文書軌範・古文真宝、韓非子、礼記を各2時間とし、支那文学哲学史を支那文学史と支那哲学史に分割している。漢文の総授業時数は1時間増加して33時間になった。

(3) 生徒の学業成績
①学力試験の実施

生徒の学業成績に、試験検定の合格実績や教職に就いた卒業者数が関連するけれども、申請校の中には卒業者が出ていないものがあるので、許否を左右する必要条件とはいえない。むしろ学力試験のほうが重要であった。視察者は申請校の定期試験の結果を点検し、あるいは学力試験を実施して、生徒の学力を判定した。しかし、学力試験の内容についての情報は限られている。大要を知りうるのは岩垂が関西大学で実施した事例である。

岩垂の「漢文答案考査報告」によると、このとき五つの設問があった。第一問、第二問及び第三問では、論語、礼記、左氏伝等より、文理のみやすく、措辞の雅馴なものを選び、文意語路を正しく解釈したか、修辞文法（殊に副詞の位置に関するもの）の知識はどうか、字義訓詁等に誤謬はないか、句読訓点のつけ方はどうか等について考査している。第四問では、当時の中等教科書の水準を自在に教授できる能力があるかを試すために、経義・史伝・文芸・語法等に関する諸問を作成して漢文に対する常識の有無を、また第五問では、現代社会と関係ある文題を課して、漢文表現方法の巧拙、字法・句法。結構・布置等の知識、誤字謬字等の有無を考査している。

②学力試験の結果

学力試験等の結果により、相応の学力があると判断される場合と、学力が不足しているとみなされる場合がある。前者に該当するのは宗教大学と駒澤

大学である。宗教大学を視察した塚原は定期試験の結果に好意的であった。「小官ハ生徒ノ学力ヲ知ル為メニ本学第二学期ノ修身、国語及漢文ノ試験問題及生徒ノ答案ヲ持チ帰リテ調査セルガ高等師範学校文科（国語及漢文ノ免許状ヲ与フル）ノ生徒ト比較シテ大同小異ナリト認ム」と述べている。許可の基準は高師であった。一方、駒澤大学を視察した木村の報告書では「漢文ノ方ハ問題ガ平易デアルト出題者ハ申サレマスガ、兎ニ角、応用問題ニ対スル解答トシテ他ノ三校ト比較ニナラヌ程ヨイ成績ヲ上ゲテ居ルノハ実力ノアル証拠デセウ」と相対評価をしている。このとき木村は、同一問題の考査を4校で実施した。その結果は、駒澤大学が73.4点、東洋大学が51.3点、臨済宗大学が42.3点、西山専門学校が31.8点であった。たしかに駒澤大学は点が良い。

次に、成績が良くないために許可されなかった学校をみてみる。臨済宗大学と関西大学がこれに該当する。臨済宗大学は、駒澤大学との比較でみたような得点であったから、「漢文ハ殊ニヨクナイト云ハネバナリマセン」と、木村の評価は厳しい。また、関西大学について岩垂は「答案ニ現ハレシ所ニテハ、今日ノ中等教育漢文科ヲ担当セントスルニ、（少数ノモノヲ除キ）学識不十分ナルモノノ如シ」と評している。

理解しにくいのは、試験の結果に問題があったにもかかわらず、許可された事例であろう。立正大学を視察した清水と佐藤は「学業成績別紙報告ノ如ク不良ナルヲ以テ今俄ニ資格ヲ附与シ難キモノト認ム」と報告している。ただし、別紙が見当たらないので詳細は不明である。法政大学を視察した大迫と高橋の復命書には、許否決定上参考となるべき事項として「成績優等ナル者ニ限ル」を条件として許可すべきだと記されている。これも、生徒の学業成績が不十分であったことを含意するであろう。東洋大学を視察した木村も「学年試験ノ答案ヲ検シマシタ印象ハ、今回見タ他ノ学校ヨリモ学力ガ稍劣リハセヌカトイフコトデシタ」と報告している。さらに、立命館大学について島田は、授業の視察により「生徒ノ学力稍々薄弱ナルコトヲ感セリ」と印象を受け、筆記試験の結果について「綴込成績表ニ示ス如ク成績余リ良好ナラス。是ハ全ク支那文学史支那哲学史教授ノ方法其宜ヲ得サルニ由ルト思考ス」と述べている。

このように、生徒の学業成績について評価が低いにもかかわらず、いずれ

も許可された。その理由は何であるかと考えてみると、ここに取り上げた、立正大学、法政大学、東洋大学、立命館大学の各専門部は、すべて夜間授業を実施していたことに気づく。そのような学校に共通する「許可の論理」があるようだ。

それは、まず立正大学や東洋大学にみることができる。まず、立正大学を視察した清水と佐藤は、「同科生徒ガ本科生ト同一設備ヲ利用シ入学資格、修業年限等略同一ニシテ修学ノ意気或ハ彼ニ過ルモノアルニ拘ラズ良好ナル成績ヲ挙ケ得ザル所以ノモノハ同科生ノ過半数ガ昼間小学校ニ勤務スル者ニシテ学修研究ノ余暇殆ド之ナキガ為メナル可シ。従テ斯種ノ夜間ノ学校ニ於テハ或ハ修業年限ヲ延長シ或ハ専攻科目ヲ減ズル等、彼等向学ノ努力ニ酬ユル所アラシムル為メ何等カノ方策ヲ考究スルノ要アルニ非ルカ」と問題提起している。これは、同校を視察した木村の復命書をふまえていると考えられるが、両者のニュアンスはかなり異なっている。

木村の法政大学及び立正大学の視察復命書をみると、「両師範部主任者ニツキテ聴クニ、生徒ノ大部分ハ小学校教員ナリトイフ。果シテ然ラバソノ向上ノ意気、修学ノ努力ニ至ッテハ感激ニ堪ヘズ。然レドモ昼間忠実ニ業務ニ従リ、夜間通学シテ熱心ニ学修スルコトガ、果シテ両立スベキコトナリヤ否ヤ。トニカクコレラノ生徒ガ学修シ得ル時間ハ、多ク夜間ノ教室ニ在ル間ノミニシテ、殆ンド復習、研究ノ余裕ナク、従ッテ如何程完全ナル設備アリトスルモ利用機会ナカルベシ。唯夜間聴講シタル所ヲ以テ直チニ昼間小学校ノ授業ニ於テ実習ヲナシ得ルハ頗ル有利ニシテ教授ノ実際ニ於テ上達スベキハ察知スルニ難カラズ」とある。木村は東洋大学についても、類似のコメントを残しているのであるが、そのような木村の意見で生徒の学力不足は不問に付されたといえるだろう。そして「教員養成ノ立場ヨリ見レバ、両師範部トモ決シテ満足ナリトイフヲ得ズ。コノ程度ノ修学ニアリテ、更ニ検定試験ヲ課スルノ一層無難ナルヲ信ズルモ、他ニコノ種ノ教育施設ニ於テ既ニ多ク無試験検定ヲ認メタル以上同一視スルガ公平ナルニアラザルカ」というように生徒に同情したうえで、同種の前例をもち出すのである。

一方で、このような生徒の事情が斟酌される「許可の論理」に対する異議も存在した。立命館大学を視察した島田は次の意見を述べている。

上述ノ如ク実地教授ノ視察及設問解釈ノ成績ニ依レハ、生徒ノ学力ハ薄弱ニシテ十分ナラサルモ、此ト同種ノ学校ニシテ已ニ教員無試験検定資格ヲ得タル者ニ比スレハ略々大同小異ナリト思ハル。元来夜間授業ノ学校ハ、其生徒ノ大半ハ昼間ニ職業アリテカヲ学科ノ予習復習ニ専ラニスルコト能ハサルヲ以テ昼間授業ノ学校ニ比シテ遜色アルハ止ムヲ得ス。已ニ夜間学校ニ資格ヲ許ス以上ハ、是ヨリ以上ノ要求ヲ為スハ稍々難ヲ責ムル嫌アレハ学科等ニ就キ改善スベキ者ハ之ヲ改メシメテ許可セラルルヲ適当ナラント思考ス。尚附ケテ一言シタキハ此ノ種類ノ学校ハ、資格ヲ得サル以前ニアリテハ生徒ハ多少緊張シテ学業ニ従事スレトモ、已ニ資格ヲ得タル後ニ至レハ全ク弛緩シ、教員カ如何ニ督励ヲ加フルモ到底其効ナキハ私立専門学校ヲ通シテ見ル所ノ弊害ナリ。今ニシテ有資格ノ学校ニ対シテモ時々視察シ、其軽キ者ハ警告ヲ与ヘ、其甚シキ者ハ相当ノ制裁ヲ加フルニアラサレハ、学力不足ノ者カ無制限ニ資格ヲ得テ教師トナリ中等教育ニ悪影響ヲ与フルコト少ナカラスト思ヒ戸茲ニ当局ノ一考ヲ煩ハス。

(4) 施設・設備
① 「教員養成上必要ナル施設」
　視察復命書には「教員養成上必要ナル施設」に関する記述があるので、許可にあたって特に考慮すべき項目とされていたのであろう。そこには、演習、実習、見学等について、各学校の実施情況が記載されている。もっとも、これは教員養成において一般に必要と考えられていることであって、漢文という学科目に特有な事情を反映してはいない。ただし、教育実習については、夜間授業が多いという許可申請校のプロフィールと関わって、独特の判断があったと思われる。
　ここでも、最初に高師及び女高師の学科課程をみておく。そうすると、教育実習あるいは授業訓練を最終学年の第三学期に実施するのが通例であることがわかる。これらの学校には附属中学校または附属高等女学校などがあって、実施体制が整備されていた。
　一方、臨教には、そのような仕組みが必ずしも整っていなかったようであ

る。臨教の学科課程には、教育実習が明記されている場合と、そうでない場合がある。記載の有無で判断してよいかは不明であるが、高師または女高師内に設置された臨教に教育実習があったのは確かであるけれども、それ以外の臨教では教育実習の体制が整備されていなかったようである。つまり、臨教を許可の基準とするならば、教育実習の実施体制について、申請校に大きな期待をするわけにいかない。

　もちろん、許可を申請する以上、その学校は体制を整えていた。各申請校が教育実習を実施するうえで協力関係にあった学校を示すならば、次のようになる。まず、中学校を使用するものとして、駒澤大学と臨済宗大学があった。駒澤大学は私立世田谷中学校で、臨済宗大学は系列の花園中学校で実地授業を実施する。商業学校を使用するのは立正大学と法政大学で、どちらも夜間の学校であった。本来、商業学校と許可学校は無縁であるが、そのことは問題になっていない。そして国士舘では、国士舘中学校と国士舘商業学校で教授実習を実施することになっていた。

　教育実習ついて、目を引く指摘があったのは、東洋大学の事例である。東洋大学には井上円了が設立した系列の京北中学校があるにもかかわらず、これを教育実習に活用していない。木村の復命書をみると、「教員実習ハ本部デハ余リ力ヲ用ヒテ居ナイ様デス。京北中学校トイフ宝モ持腐レデ、何カ経営上ノ問題カ何カノタメニ一切コレヲ利用セヌコトニシテ居ル模様デス。併シコノ点デハ現在ノ生徒内容ガ継続スルモノトスレバ、サシタル故障ハアリマスマイ。何故ナラバ、前述ノ通リ生徒ハ小学校ニ於テ実際教鞭ヲ執ッテ居ルモノガ多イノデ、教ヘテ居ル内容ハ異ッテモ、ソノ形式ハ練習スルワケニナルノデスカラ、中等学校ノ教壇ニ立ッテモ、ソノ呼吸ヲ応用スルコトハ極メテ容易ダラウト考ヘラレマス」とある。木村の法政大学及び立正大学の視察復命書にも、「許可の論理」でみたとおり同様の指摘があって、むしろ積極的な評価を下している。もちろん、夜間授業であることと、生徒が昼間仕事をもっていることが温情的な評価の前提となろう。

　しかし、立命館大学の場合には夜間授業であっても、事情が異なっていたようである。吉井は、まず「文学科ハ夜間授業ノ関係上生徒中昼間何等カノ職ヲ有スルモノアリ。其ノ職ヲ有スル大部分ハ小学校教員ナリ。視察ノ当日

特ニ第三学年生徒ニ対シ各個人ニ付キ職業調査ヲナセル結果ハ在籍三十三名中小学校教員十名、会社員一名、無職二十二名ニシテ昼間職ヲ有セザル者ガ其ノ三分ノ二ヲ占ムルハ寧ロ珍ラシキ現象ト見ルベク、コノ点東京ニ於ケル夜間授業ノ専門学校ト著シク趣キヲ異ニセルモノト云フベキナリ」と述べたうえで、「立命館中学校並商業学校、京都市立二条高等女学校等ニ於テ実地授業ノ参観ヲ行フ以外ニ特ニ教員養成上ノ施設トシテ見ルベキモノナク、此ノ施設ノ不充分ナルハ本学専門部ノミナラズ一般夜間授業ノ許可学校ヲ通ジテノ欠点ト考ヘラル」と批判している。これは木村に対する批判とも考えられるが、昼間職業をもたない生徒の多い立命館大学では、それだけ教育実習を整備すべきであったのだろう。しかし、それでも立命館大学は無試験検定取り扱いを許可されている。申請書の記事によると、立命館大学は1929 (昭和4)年6月17日に初めて申請したものの、生徒の学力が不十分であったために不詮議になっていた。そして、吉井は「前回不詮議ノ主ナル理由ガ生徒ノ学力試験ノ成績不良ニヨルモノナルヨリ見ルモ当該申請ガ此ノ際不詮議トナスカ或ハ更ニ進ミテ専門家ヲ派遣シ教授訓練ノ状況ヲ視察セシムルカハ今回施行セル生徒学力試験ノ結果ニヨリ決定相成可然モノト考フ」としている。前回申請時の視察者の判断を尊重し、かなり遠慮しているのであるが、その視察者が誰であったかは不明である。

②「設備ノ状況」

設備といえば、校地、校舎、教室、研究室、図書館等を指す。その中で、図書館蔵書については、申請書と復命書において、言及されることの多い項目である。

まず、第一分類の学校は、次のようにみられていた。駒澤大学を視察した時の木村の復命書には「図書館ハ丁度竣工シタトコロデ、マダ十分整理ハツイテ居マセンガ、コノ種ノ学校トシテハ理想的ニ出来テ居リ、蔵書モ相応ニアリ、利用ノ情況モ悪クハアリマセン、殊ニ専門部生徒ガ多ク利用シテ居ルコトガ統計デワカリマス」とある。利用状況が悪くないのは、駒澤大学専門部が昼間授業だからであろう。また、木村が法政大学と立正大学の視察復命書で「設備ノ点ヨリ視ルニ両大学ハ共ニ大学令ニヨリ認可セラレタルモノニシテ、ソノ本科卒業生ハ専攻ノ各学科ニツキ夫々中等教員免許状若シクハ高

等教員免許状ヲ得ベキ資格ヲ有セリ。然ラバ同一設備ヲ利用セル高等師範部卒業生亦ソノ入学資格、修業年限ニシテ略同一ナル以上ハ同一資格ヲ得ベキ理アリ」といっているように、やはり有利である。しかし、そのような記述に続いて「然レドモ各学科専用ノ特別教室、研究室ヲ有セズ、図書館ノ蔵書ガ或ハ法制経済或ハ宗教ニ偏シテ教育ノ方面ニ乏シキハコレヲ教員養成上ノ立場ヨリ考ヘテ満足ナリトイフヲ得ズ」との指摘もある。もちろん法制経済に偏しているのは法政大学、宗教に偏しているのは立正大学のことであろう。

　第二分類の東洋大学についての木村の復命書は、複雑な内容である。まず「本校ハ夜間専門部ノ外ニ、専門学校程度ノ大学部及ビ専門部ガアッテ、現在ノ設備ニヨッテドチラモ中等教員無試験検定ノ資格ヲ与ヘラレテ居マス。夜間専門部ハ唯夜間トイフ点ガ違ヒマスガ、ソノ外ハ右ト同ジ物的条件ノ下ニ設ケラレテ居ルノデアルカラ、設備ニツイテ多ク述ベル必要ハナイ筈デス」といっている。ところが、「図書館ダケガマヅ相応ニヨイ建物デスガ、蔵書ハ決シテ十分デナイ様デス」と問題点を指摘する。そして、結局「大体ニ於テ設備ハ不十分ダト思ヒマス」といいながらも、「尤モソレラノ設備ガ十分デアッテモ夜間部ノ生徒ハ恐ラク利用スルコトガ出来ナイト思ハレマス」として、結局不問に付している。

　これらの学校は問題点を指摘されながらもそのまま許可されたのであるが、第一分類であっても立命館大学では、そうなっていない。吉井は復命書において「立命館文庫ト称スル程度ノ図書館ヲ有シ国漢ニ関スル図書モ十分トハ云ヒ難キモ生徒ノ研究上支障ナキ程度ニ備付ケアルモ何分夜間授業ニシテ昼間何等カノ仕事ヲ有スル文学科生徒ニアリテハ其ノ利用ハ一部分ノ者ニ限ラレ居ルモノト認ム」といっている。立命館大学は許可されたけれども、支那哲学及び支那文学の研究資料となる図書のほか、字典及び参考書の購入が条件とされた。翌年視察した島田の復命書に関連する記事があり、「閲覧室及書庫ハ略々整頓シ経史子集ノ書籍モ相当ニ収蔵セラレ専門学校生徒ノ研究ニハ差向支障ナカルヘキモ、支那哲学史ノ資料トシテハ宋元学案ハアルモ明儒学案、漢学師承記、国朝先正事略ナク文学ノ書トシテハ明清人ノ集類少ク字書トシテハ康熙字典、辞源（上海商務印書館発行）、中国人名辞書（同上）、中国地名辞書（同上）ノ類ノ如キ生徒ノ参考若クハ自修ニ必須ナル書ヲ備付ケ

ザルハ生徒ノ学修上不便少カラザルニ付補充ヲ要スヘキモノト思考ス」と述べている。そして立命館大学では条件に従って図書を購入した。

　図書館の状況が許否をめぐってとりわけ問題となったのは、臨済宗大学である。木村は復命書の中で「書庫ハ稍離レタ校庭ノ一隅ノ通ニ近イトコロニアリマス、鉄筋コンクリート四階建デ小サイガ頑固ニ出来テ居マス。書籍ハ目下ソノ第一階ヲ充タスニ止リ、仏書ハ相応ニ多イ様デスガ、其ノ他ハトニカク研究ノ為ニ応ズル程度ノモノニ過ギズ、ソノ中央ニ仮ニ机数脚ヲ置イテ研究室ノ用ヲ足シテ居マス。然シソレモ近頃書物ノ整理ヲシテ居ルノデ利用ヨロシカラズ、昨年十月以降デ貸出約百五十位ニ止リ、シカモ卒業論文参考用ガ多イノデス」と述べている。臨済宗大学は昼間授業であるにもかかわらず、図書館の利用が少ない。夜間部に甘い木村の評価基準からすると、大きなマイナスポイントであったと思われる。

3　まとめ

　以上みてきたとおり、漢文科の申請校を最も多く視察した木村は、夜間授業の専門部に問題があるとしても、結果としては許可されるように配慮した。ところが、立命館大学の許否をめぐり、吉井や島田から前例となる許可学校について種々の問題点を指摘された。そのあたりを解釈するには、復命書にしばしばみられる「コノ種ノ学校」が何を意味していたのか判明しなければならない。しかし、それは夜間授業の申請校であると推定されるものの、確かな証拠はない。たとえば比較的初期に申請した日本大学は「コノ種ノ学校」に該当するのか。『日本大学七十年略史』をみると「これまで私大高師部の新設科に対しては、二回以上の卒業生の成績を勘案してようやく認可する方針とされていたが、本学の国語漢文科が二回の卒業をもって認可されたことは異例であった。第一回、第二回の卒業生中から、文部省の試験検定によって合格する者が数名あったことから、全体的に実力ありと認定されたものである」と記述されている。気になる内容だが、にわかに「コノ種ノ学校」と断定するわけにいかない。

　ともかく「コノ種ノ学校」が問題視されて、許可の基準が引き上げられたことは間違いなかろう。関西大学の夜間部が不詮議となり、また二松学舎で

は昼間部が許可されたものの、夜間部は不詮議となった。しかし、一度は厳格化された基準も、時勢の成り行きに従って変化があったのだろう。国士舘を視察した岩垂は、「剣道・柔導ヲ主トセル学校トシテハ、本校漢文講読ノ程度、稍、高キニ過グルヲ覚ユ」としたうえで、「大体ヨリイフト、本校ハ年ヲ逐ウテ向上シ、職員一致シテ教授ニ熱心ナルコト、生徒ニ浮華ノ風ナク、真摯ナルコト、学校所在地トシテ環境ノ最モ適切ナルコト、松陰神社ニ接シ、精神教育ヲ施スニ絶好ノ処ナルコト等ハ、本校ノ特色ナリ」と評価している。許可の基準において精神的側面がかなり重要になっていったらしい。おそらく漢文科に特徴的なことであろうが、同時期に申請した例が他にないので断定するに至っていない。

注
1　帝国教育会編『教育年鑑』大正12年版、文化書房、1923年、274-275頁。
2　花園大学三十年史編集委員会編『花園大学三十年のあゆみ』花園大学、1979年、26頁。
3　『教育時論』第1469号、1926年4月5日、43頁。
4　日本近代教育史料研究会編『資料文政審議会第三集総会議事速記録（2）』明星大学出版部、1989年、250頁。
5　木村は1928（昭和3）年の1月から2月にかけて駒澤大学（国語、漢文）、東洋大学（修身、国語、漢文）、臨済宗大学（修身、漢文）、西山専門学校（国語）を視察した（括弧内は申請学科目）。
6　臨教の学科課程については、各臨教の「一覧」等を参照した。
7　東京女子大学編『創立十五年回想録』東京女子大学、1933年、489頁、600頁。
8　日本大学編『日本大学七十年略』日本大学、1959年、234頁。

（初出：船寄俊雄・無試験検定研究会編『近代日本中等教員養成に果たした私学の役割に関する歴史的研究』学文社、2005年、151-175頁）

第2節　新制大学の展開と教育学部

1　教員養成系学部の特殊性

1947（昭和22）年に学校教育法が施行されたことにより、1948（昭和23）

〜1949（昭和24）年にかけて多くの新制大学が設置された。大学の数は1947（昭和22）年に49大学であったが、1950（昭和25）年には201大学まで増加していたのだから、その創設には少なからぬ困難があったと容易に想像できる。無理を伴う大学の創設は、結果として再編を余儀なくされるし教員養成系学部は、その展開の中に位置づけられるであろう。本章では、教員養成系学部をとりまく高等教育政策を鳥瞰する。論及の対象は1965（昭和40）年頃までの大学改革とし、特に高等教育政策における教員養成の特殊性の存否を再検討する。ここで再検討というのは、教員養成系学部には特殊性が存在するとの有力な見方が、すでに存在するからである。その特殊性とは、ひとことでいうと、教員養成系学部には、その他の学部と比較して消極的な政策がとられてきたことである。このような見方の根底には、すべての学部あるいは学問領域は同一に処遇されるべきだとの考え方があると思われる。そして、教員養成学部に特殊な政策が不合理であることと、すべての学部が同一の措置をとられるべきだということの根拠が十分に説明されないまま、教員養成政策に関する批判がなされてきたのではないか。

　そのような教員養成系学部の特殊性が指摘されるときに、二つの視点がある。第一の視点は、教員養成系学部を、旧制大学の学部と比較するものである。たとえば、政令改正諮問委員会の再編構想について「未整備な状況にある教員養成大学の現状を、国力と国情に合わせてむしろ現状のままで再編し、しかも教員の計画的養成という見地から、これを農・工・商と同様の職業教育機関としての性格をもつ専修大学として、年限を短縮しようとする構想であって、戦後改革の養成理念とその計画は基本的に差異のあるものであった」[1]とする、戦後改革の理念から乖離することへの批判がある。政令改正諮問委員会の答申では大学が普通大学と専修大学に区分され、両者の間に格差が設けられる。そして教員養成を主とする学部は、農・工・商の各学部のような職業専門教育を目的とする学部と対等の関係となる。そのことへの反発が答申への批判となった。また、第二の視点として、教員養成を主とする学部には、教員養成を目的としない学部と異なる政策が適用され、格差が生じたとするものがある。教員養成系学部の課程と学科目が省令化されたことについて「一般大学から区別された別種の大学としての性格をいちじるし

く強めることとなったことは否めない」といわれる[2]。しかし、そのような種別が教員養成系学部と一般学部の伝統ないし格式の相違に基づくのか、教員養成系学部の教育機能に基づく差異なのか、十分な検討がなされなかったのではないか。

そこで本稿では、まず第2節において、師範学校などを母体とする学芸学部及び教育学部の成立が、その他の専門学校に相当する諸学校の場合と基本的に異ならない待遇であったことを確認する。次いで、第3節及び第4節において1951 (昭和26) 年頃に始まったと考えられる職業専門教育に重点をおいて、いわば伝統的な大学と異なる性質をもつ機関へ転換させる政策が、教員養成学部以外の学部でも進展したことを明らかにする。そして最後に第5節において教員養成系学部の特殊性の存否を示すことにしたい。

2　講座制と学科目制の区別

まず、師範学校などを母体とする教員養成系学部の成立が、その他の専門学校に相当する諸学校の場合と基本的に異ならないことを確認する。

新制大学は多様な教育機関を包括して形成された。その学部の成立をみると、旧制大学を母体とする学部と、旧制の専門学校に相当する諸学校を母体とする学部がある。新制大学とは広義では学校教育法に基づく大学のすべてをいうが、狭義には大学令に基づく旧制大学を継承しない新たな大学・学部を指す。旧制大学を継承した学部と新制大学の学部には講座制と学科目制の区別があった。教員養成系学部は後者の意味における新制大学の一種であり、国立大学の学科及び課程並びに講座及び学科目に関する省令により教員組織として学科目制が定められた。

講座は、1893 (明治26) 年8月11日の帝国大学令改正と、同年9月7日の帝国大学各分科大学講座の種類及びその数により設置されたのが始まりである。これにより帝国大学の分科大学 (大正7年以後は学部) に講座が設置されることとなったが、1949 (昭和24) 年5月31日の国立学校設置法の施行により国立総合大学令と各大学の講座令が廃止されて講座制は法的根拠を失った。一方、1947 (昭和22) 年7月8日に大学基準協会が決定した大学基準において「大学はその目的、使命を達成するために必要な講座またはこれに代る適

当な制度を設けなければならない」と定められ、また、国立学校設置法では
「国立大学の各学部に置かれる講座または之に代るべきものの種類その他必
要な事項は、文部省令で定める」と規定された。国立大学の講座に関する省
令が定められて、各大学の具体的な講座の種類と数が確定したのは、1954
（昭和29）年9月7日のことである。この省令は講座を大学院に置かれる研究
科の基礎となるものと定義した。旧制大学を継承した学部に、大学院の基礎
となる講座が発足したのである。

　一方、旧制の専門学校等を包括して学部が新設されるとき、その学部には
学科目が置かれた。それは、1964（昭和39）年2月25日に公布された国立大
学の学科及び課程並びに講座及び学科目に関する省令による[3]。実際には講
座と呼称された場合が少なくないけれども、それは学内の慣行によるもので
あった。だから省令により講座制が適用された旧制大学との比較において、
学科目制の教員養成系学部に異なる処遇があったともいえるが、農・工・
商・文理など教員養成以外の分野でも同様の措置がとられたのだから、学科
目制が適用されただけでは、教員養成系学部に特殊性があったとはいえない。
もっとも、戦後に設置された学部であるのに講座制で発足した事例は少なく
ない。その例外の態様は、国立学校設置法が成立する前に旧制の学部として
設置されたものと、国立学校設置法により初めて設置されたものとに区別す
ることができる。前者には旧制帝国大学に欠落していた学部の整備が該当す
る。たとえば、北海道大学と大阪大学の法文学部、名古屋大学の文学部と法
経学部などである[4]。後者に該当するのは東京大学の教養学部[5]と、旧帝国大
学等に設置された教育学部である。これらの教育学部の中には、旧制大学の
文学部等に由来するものがあるが、そうでない場合であっても旧制大学の学
部に相当するものとして設置することが計画されていた[6]。なお、名古屋大
学が岡崎高等師範学校を包括して教育学部を創設したが、この場合に高等師
範学校の教官は一般教育を担当することが前提となった[7]。つまり、専門学
校に相当する諸学校に講座制が直ちに適用されてはいないのであって、高等
師範学校の教員組織が教育学部の講座になったとみることは適当ではない。

　また、教員養成系学部が特別扱いされたとして、学科目の種類を決めると
きの手続きが問題とされる。文部省は学科目を省令に定めるにあたり、大学

側に文部省案を示して調査を行った。しかし、調査の結果はほとんど反映されることなく、結果として教育職員免許法施行規則の別表に沿って文部省の提案した画一的な学科目が省令に定められたといわれる[8]。このことについて教員養成系学部は不満であったといわれるのであるが、講座または学科目の編制が画一的で特徴がないことが必ずしも教員養成系学部に限らないことは、他の分野の学部と比較すれば明白である。医学部に置かれた講座はいくつかの例外をのぞけば、ほとんど共通の講座編制になっている。また、一般教育に関する学科目にも大学間の共通性が高く、大学基準から大学設置基準へと継承された一般教育科目の例示に準拠している。つまり、画一的であることの問題点は否定できないとはいえ、教員養成系学部に限って画一的な学科目となったと理解することは適当ではない。

そもそも1964（昭和39）年頃に講座名変更が珍しくないことを知るべきである。この省令は講座と学科目の名称が、大学・学部ごとに、一つひとつ列挙される形式になっている。それに対して、それまで通用していた国立大学の講座に関する省令では、講座の種類と数を定めていた。このときに、ナンバー講座から、具体的な分野の名称を冠する講座名に改称されたものがある。たとえば、『広島大学二十五年史部局史』に「学部の講座名は、既述のごとくナンバーで呼ばれていたが、昭和39年からは学科目を冠して講座内容が明確にされた」と記述がある。地理学の2講座が人文地理学と自然地理学になったのであるが、この点について「学問の継承性が明確化される利点はあるが、講座内容、人事に柔軟性を欠く欠点をはらむこととともなった」と問題点が指摘されている[9]。

以上のとおり、旧制専門学校に相当する諸学校は学科目制であることにおいて同等の待遇であった。講座制と学科目の間に格差があったとはいえ、そのことを教員養成に特殊な政策とみなすことはできない。もっとも大学院に修士講座が設置される時期が分野によって異なったのであり、この点は別途検討を要する課題である。

264　第3部　日本における大学改革

3　旧制専門学校の展開

(1) 一般教育重視の転換

　次に、旧制専門学校を母体とする学部に対する政策と、教員養成系学部に対する政策を比較する。政令改正諮問委員会の答申と関わって、工学部、経済学部（商学部を含む。以下同じ）と農学部については、教員養成系学部のおかれた条件と共通性がある。政令改正諮問委員会の答申の目的は、終戦後に行われた教育改革の中で、日本の実情に即しない部分について改善することであったが、以後の政策において教員養成系学部は特殊なものとして扱われたのか。

　ここでは目的養成との関係において、一般教育と専門教育の位置づけの変化が政策に及ぼした影響を考える。この時期まで、大学教育に関する論調は概して一般教育重視であったが、それに関して1951（昭和26）年4月26日に技術教育協議会が文部省に提出した要望書は重要な意味をもつ。この要望書は工業教育に関するものであったが、そこで一般教育の一部を基礎教育に転換するとともに、専門教育の目的を明確化して、4年間の修業年限内で社会の要望する優秀な技術者を育成することを求めたのである。

　もともと一般教育の重視は第一次米国教育使節団の報告書に始まる。その後、米国学術顧問団、第二次米国教育使節団のほか、米国工業教育使節団をはじめとする各分野の使節団または顧問団が来日し、また、GHQの内部でも民間情報教育局のほか、経済科学局、公衆衛生福祉局、天然資源局が、それぞれ科学技術、医療。公衆衛生、農林水産業に関わる教育の改革に関与した[10]。このことについて高等教育政策の全体に目配りした体系的な研究は見当たらないが、少なくとも多元的な支配関係の下で高等教育に関する占領政策が遂行されたと考えられる。しかし、そこでは概して一般教育重視の大学教育が求められた[11]。

　そのような背景の下で、政令改正諮問委員会答申では、工学部、商学部、農学部を職業教育を主とする専修大学とすることが構想された。その趣旨は経済界及び産業界から、旧制の専門学校が果たしていた中級技術者の供給源としての役割を果たすべき職業専門教育機関の創設が望まれたことに対応す

る。答申の内容が実現するには紆余曲折があり、その後の中央教育審議会の答申において実現が模索されたのであるが、そこに一般教育重視から専門教育重視への転換を読みとることができる。

(2) 工学部

それでは、政令改正諮問委員会の政策は、工学部との関係でどのように位置づけられるであろうか。工学部は、大学を構成する学部の中で、特に戦後急成長したとの印象をもつ。たしかに1957（昭和32）年12月17日に閣議決定された「新長期経済計画」と1960（昭和35）年11月1日の「国民所得倍増計画」との関連で、工学部の規模は拡大した。しかし、それはあくまでも高度経済成長政策以後のことである。では、それ以前はどのような状況であったのかというと、工学部の規模は拡大していない。その代わりに国立大学に工業短期大学部が併設された。国立大学に併設される工業短期大学は、1951（昭和26）年度に名古屋工業大学、京都工芸繊維大学及び九州工業大学に設置され、1960（昭和35）年まで新設が行われた。新制大学に工学系の学部・学科が増設されるようになったのは1959（昭和34）年以後である。このときに工業短期大学部は、工学部第二部に転換されて4年制になった。さらに1962（昭和37）年から工業高等専門学校が設けられた。

(3) 経済学部

経済学部の状況も、初期の段階においては工学部と同様であった。長崎大学に商業短期大学部が設置されたのも工業短期大学と同じく1951（昭和26）年であった。以後、1960（昭和35）年まで国立大学の経済学部に商業短期大学部が設置された。この場合にも経済学部は拡充されないで、むしろ学部の教官が短大の授業を支援することとなった。『新潟大学二十五年史』には学部拡充のための概算要求は認められず、短期大学の設置はやむをえなかったとの記述がある[12]。しかも、工学部が高度経済成長政策により拡充されたのに対して、商業系の短期大学にはそのような事情がなかった。そのために、4年制大学に改組されるまで年数を要した。従来の経済学部と合併して夜間主コースなどに転換されたのは、岡山大学が比較的早かったという例外を除

くと、1973（昭和58）年以後のことである。

(4) 農学部

次に農学部はどうであったのかというと、1951（昭和26）年から総合農学科が設置されたところに特徴がある。当時、従来の農学や農業技術が実用性に乏しく、農業と結びついた役に立つ研究が必要だとの見方があり[13]、農林省では全国の市町村に農業改良普及員を配置して、科学的技術の普及を進めていた。それを支援するのが総合農学科であったが、実態としては農業高校教員の養成が主目的とみなされた。農学部の変革について本格的な議論が行われたのは、1960（昭和35）年10月4日の科学技術会議答申「10年後を目標とする科学技術振興の総合的基本方策について」と、1961（昭和36）年6月12日の農業基本法制定の後である[14]。農業基本法は、他産業との生産性の格差是正、国際競争力の強化、農業総生産性の増大を求めるものであり、これを承けて文部省の技術教育協議会は、1962（昭和37）年6月28日に「大学における農学教育の改善について」の建議を行った[15]。この建議には大学における農学教育の目標は、指導者、技術者、研究者を養成することにあり、そのために農業の動向に即して農学系学部の学科構成やその内容に改善を加える必要があると述べられている。このような農学部に特徴的な動きは体質改善と呼ばれる。体質改善により農業工学科などが設置されて、総合農学科は廃止された。

4　旧制高等学校の展開

旧制高等学校は新制大学において一般教育の実施を担当することとなった。その組織形態に大学の分校となったもの、法文学部と理学部の2学部となったもの、文理学部になったものなどがある[16]。これらは全学の一般教育を担当し、学部となっているものは、学部の専門教育も担当した。いずれも教員組織は学科目制であり、また学部となったものには課程制ではなく学科制が採用された。教員養成学部との違いは学科制がとられたことである。

これらの学部は、工学部のように卒業生の需要により産業界と結びつくことが少ないだけに、目立った発展はなかった。文理学部はもともとリベラル

アーツ・カレッジとして構想されたが、実際には文学と理学の複合学部にすぎなかったために、早くも政令改正諮問委員会の答申において整理の対象に位置づけられた。はじめは「予算も教官定員も学部数も増さない」のが文理学部改組の三原則とされたが、大学生急増に対応するため、1965（昭和40）年から1968（昭和43）年にかけて多くの文理学部が改組された。

1963（昭和38）年の中央教育審議会答申「大学教育の改善について」は、教養課程における教育を行うための組織が制度上確立していないことの問題性を指摘して、教養部を制度的に認めることを求めた。この答申は、文理学部を、教員養成を目的とする学部、または人文科学系、社会科学系もしくは自然科学系の学部等に再編成すべきであるとしたが、実際には文理学部を教養部と複数の学部へ分割したものが多かった。このようにして各部局の目的が明確になり、大量の進学者の受け皿として整備が図られた。

新制大学の設置にあたり、旧制高等学校を母体として複数の学部を設置した大学であっても、教養部の設置という同じ問題を抱えていた。教養部に関する問題の解消は、1991（平成3）年6月3日に公布された大学設置基準による、いわゆる大綱化以後までもち越されたのであり、また基本的には学科目制であって大学院が設置されて講座化されるまでに年数を要した。

5　高等教育政策の中の教員養成

教員養成系学部に学科目制の教員組織が採用されたことは、新制大学の他学部と共通することである。また、教員養成系学部には学部設立当初、教員の需要に対応するために4年課程と並んで2年課程が設置され、ベビーブーマーが学齢を通り過ぎるまで存続した。これは短期大学ではないが、工業や商業の短期大学が設置されたことと共通する点である。

一方、教員養成系学部に学科ではなく課程が置かれたことは、他学部との比較において顕著な相違である。大学設置基準の定めるところによると、課程は学部の教育上の目的を達成するため有益かつ適切であると認められる場合に、学科に代えて学生の履修上の区分に応じて組織されるものである。課程と学科目はどちらも教育を考慮して設けられる組織であるから、研究を軽視する政策として非難があった。

ここで教員養成系学部の一形態である学芸学部をみると、そこで行われる教育は一般教育、教科専門、教職専門の三領域で構成されるのに対して、教員組織は一般教育と教科専門を担当する学芸部と教職専門を担当する教育部の二部門となっている。つまり研究組織と教育組織が単純な対応関係にない。国立大学の学科及び課程並びに講座及び学科目に関する省令によって学科目が規定されたとき、教員養成課程に関わる学科目と一般教育に関する学科目は明確に区別された。しかも教養部が設置されることになれば一般教育に関する学科目は教養部に移管され、そこに所属する教官は専門教育を担当できなくなる。研究者にとって教養と教科からの択一が困難であったことは想像に難くない。学芸学部の特殊性はこの点に見出すことができるのであるが、一方、一般教育と教科専門を文理学部等に委ねていた当時の教育学部にとって、問題はまったく異なっていたから、学芸学部の事情は教員養成系学部に普遍的な問題とはいえない。

　しかし、そのような問題に別の見方が可能であることを確認しておきたい。課程制の採用は、当初は教員養成に限られ、その問題点が指摘されたが、むしろ課程制は教科の専門性が前提にあり、教科を教職に一元化することができないために、教員組織である学科目とは別に構成される学生の組織として設定されなければならなかったのではないか。そのことは、後に課程制が徐々に普及したことと重ね合わせて積極的に評価する必要があろう。

　以上の論議は、国立大学に特殊なことである。そこに生じた講座と学科目の格差は、現実の問題として無視しえないのであるけれども、高等教育政策の中に教員養成を位置づけるために、あえてそれを捨象した議論を展開した。以下の各章では、教員養成に関する個々の政策について具体的な検討を行うことになる。

注

1　海後宗臣編著『教員養成』（戦後日本の教育改革8）東京大学出版会、1971年、429頁。
2　同上、491頁。
3　国立大学の学科及び課程並びに講座及び学科目に関する省令は、国立大学の学部に学科または課程を、国立大学の学部または学科に講座を、国立大学の学部、

教養部または学科に学科目を置き、大学院に置かれる5年または4年の課程の研究科の基礎となる講座を博士講座、2年の課程の研究科の基礎となる修士講座とすることを定めた。なお、この省令の施行により従前の国立大学の講座に関する省令は廃止された。

4 医学専門学校の医科大学への改組もこれに該当する。
5 東京大学百年史編集委員会『東京大学百年史通史三』東京大学、1986年、674-676頁を参照されたい。なお、東京大学教養学部に講座が設置されたのは1955（昭和30）年であり、その後も一般教育等のために学科目が存続した。
6 この件に関しては羽田貴史『戦後大学改革』玉川大学出版部、1999年、108-117頁及び日本近代教育史料研究会編『教育刷新委員会教育刷新審議会会議録』第4巻、岩波書店、1996年、159頁を参照。
7 名古屋大学史編集委員会『名古屋大学五十年史通史二』名古屋大学、1995年、137-142頁。なお広島大学皆実分校に広島高師から14名の教官が配置されたこと（広島大学25年史編集委員会『広島大学25年史部局史』広島大学、1977年、853頁）、東京教育大学の学部内に問題が生じたこと（家永三郎『東京教育大学文学部:栄光と受難の三十年』(現代史出版会、1978年）も同一の事情による。
8 海後、前掲（1）、489頁。
9 広島大学二十五年史編集委員会『広島大学二十五年史部局史』広島大学、1977年、6頁。なお、『東京工業大学百年史』によると国立大学の講座に関する省令の制定にあたり、1952（昭和27）年10月に文部省からの「講座名称変更の件」という問い合わせがあり、大学が回答したことが記されている（東京工業大学編『東京工業大学百年史通史』東京工業大学、1985年、805頁）。
10 羽田貴史、前掲（6）、166-169頁。土持ゲーリー法一『新制大学の誕生』玉川大学出版部、1996年、59-61頁。
11 以下の文献を参照。和田小六「大学における工業教育」『科学』第22巻、岩波書店、165-170頁。玉蟲文一『科学と一般教育』岩波書店、1952年。日本科学史学会『日本科学技術史大系』第10巻、第一法規出版、1966年、381-382頁。
12 新潟大学二十五年史編集委員会『新潟大学25年史部局編』新潟大学25年史刊行委員会、1980年、1081頁。
13 原政司「農業技術者と農民を結ぶもの」『科学』1952年4月号、岩波書店、18頁。
14 高校の生徒数は1965（昭和40）年にピークを迎えたから、この時期には高校教員採用数の減少を考慮する必要が生じていたと考えられる。
15 『文部広報』昭和37年7月3日、1頁。
16 東京大学の教養学部については注（6）を参照。また、詳細は加藤博和、羽田貴史「新制大学における一般教育実施組織の成立と展開―国立大学の場合―」有本章編『学部教育改革の展開』広島大学大学教育研究センター、2000年を参照。

（初出：TEES研究会編『大学における教員養成の歴史的研究』学文社、2001年、261-272頁）

第8章　学部教育改革の課題

第1節　大学入学までの学習の状況

はじめに

　今日のリメディアル教育の背景になっている要因として「大学入試の多様化・弾力化」と「高校教育の多様化」が指摘されている[1]。高校での科目履修の状況と受験勉強の経験を問うことの意義は、今や決まり文句になったといえる「大学入試の多様化」とか「高校教育の多様化」と、大学教育との関連を数量的に明示することにある[2]。

　そもそも、リメディアル教育の背景に「大学入試の多様化」と「高校教育の多様化」があることは一般的に誤っていないと考えられるが、「大学入試の多様化」と「高校教育の多様化」を出発点として大学生の学力を概括的に想像することは、多くの問題をはらんでいる。たしかに、大学入試の多様化の具体的な表れとして、大学入試科目が削減される傾向が顕著になる。たとえば、工学系学部の入試であっても、物理と化学の2科目が必須科目に指定されるとは限らない。いずれか1科目が必須科目とされたり、または選択科目のひとつとして受験科目に含まれるにすぎないことが多くなっている。それどころか、国立大学の個別学力検査（2次試験）の科目から理科が消滅していることもある。このようなことから、大学入試科目の削減に伴って、高校での科目履修の幅が狭くなっていると想像されることは理由のないことではない。しかし、その関連は必ずしも自明のことではない。

第8章 学部教育改革の課題 271

　一方、医学系や農学系の学部においては事情が異なっていて、高校の生物を履修していることが大学での学修の前提になると予想されるけれども、この分野の学部において生物が入試の必須科目として指定されることはまれであり、むしろ、生物は理科の選択科目群のひとつになっていることが多い。大学入試において理科の中から2科目を選択することが要求されても、生物を選択して受験するとは限らない。しかし、このような状況は「大学入試の多様化」とか「高校教育の多様化」の以前から存在する別種の問題である[3]。
　もちろん、農学系学部と医学系学部において、生物を選択して受験した学生が相対的に多いと予想することはできる。大学入試センター試験については受験者全体の選択パターンを公表しているし、各大学では内部資料により詳細にパターン化することができるであろうから、受験科目の傾向を知るための手掛かりがまったくないのではない。しかし、各大学、各学部の学生の科目選択に関するデータを目にする機会は滅多になく、多様化した大学入試における科目選択の傾向を比較分析するためには、本調査（広島大学大学教育研究センター（研究代表者荒井克弘）「授業理解度に関する調査」1995年実施）の手法を用いるほかない。
　それにとどまらず、受験した科目に関する情報を得ること以上に、受験しなかった科目についての情報を得ることは一層困難である。78年8月の高等学校学習指導要領の改正（82年4月施行）により、高校の教育課程が多様化したといわれる。しかし、大学進学者のほとんどを供給している高校普通科において科目選択の幅が広がったといっても、普通科の課程を履修した学生が、実際にどのような科目を選択してきたのか明らかになっていない。まして、リメディアル教育の需要と方法を考察するためには、特定大学の特定学部あるいは特定学科に入学した学生に特有の科目選択の傾向を知ることを欠くことはできない。その実態を明らかにするには質問紙によるほかなく、受験者の調査書を点検する方法によっても、質問紙法に及ばないのである。
　本調査の問7は、高校での科目履修の状況と受験勉強の経験を、国語、社会、数学、理科、外国語の5教科について質問している。この問は、大学の学修を開始する段階において、その時点における教科・科目に関する到達度が、授業の理解を左右すると想定している。

もっとも、このような手法は、本調査が最初ではない。梅埜国夫ほかによる「高等学校での履修科目と大学入試の受験科目」がある[4]。とはいえ、この先行研究では調査の対象となった科目が、本調査より広範に及んでいるものの、その分析においては、全体の傾向を平板にコメントしているにすぎない。しかも、「人文」、「法経」、「理工」、「教育」の四つの学部群ごとに傾向を分析しており、本調査において理学系学部と工学系学部を峻別しているのと比べて、大学教育の実情にそぐわない。さらに、この先行研究の中で「応用生物系学部について調査したらどうなるか」という疑問が呈されているが、本調査の立場からは、そのような学部群が調査から欠落しているとしたら、高校教育と大学教育の接続を考えるうえで致命的というほかなく、本調査の意義は、まさにこの点にあることを強調してよい。

ところで、ある科目を大学入試で受験していないことと、高校で履修していないことを、ことさら区別して考えることには、それなりの理由がある。たとえば、大学入試で選択科目に含まれていると、その科目が選択されないことがあっても、当然その分野の基礎知識を修得していることを前提として大学の授業が展開されるのではないかと考えられる。そして、学生の立場からは、高校で履修した経験のある科目については、当該科目が大学での学修の基礎となる場合には、自分の理解できない原因をある程度認識することができるであろうが、履修経験のない場合には、その科目の内容をほかの学生が、すでに高校で修得していることさえ知ることができない。大学の授業の内容が高度であって、たとえ高校であらゆる科目をみっちり学修しても授業の理解が困難なのか、それとも、高校で選択しなかった科目であっても、当然高校で学修してきたものとみなして授業が行われ、基礎学力の水準と大学での授業の水準にギャップが生じているために授業の理解が困難なのか、不明なのである。少なくとも学生の基礎学力不足に対処するうえで、受験していないことと、履修していないこととの違いは、学生にとっても、教員にとっても、重大な問題である。

このような問題意識をもとにして、本稿では履修経験と受験勉強の経験について、次の順序で分析していく。まず第一に基本的なデータについて先行研究と比較し、併せて出身高校の学科別及び設置者別の特性について明らか

にする。第二に、受験勉強をした科目についての履修経験の割合を算出して「履修した科目で受験する」という傾向を確認する。そして、第三に各科目の履修経験と受験勉強の傾向について、学部と大学の特性を明らかにする。そして最後に高校での履修経験や受験勉強の経験と大学におけるリメディアル教育との関連について、小括をしたい。

1　先行研究との関係

　本調査の結果だけから高校での履修経験と大学入試における受験勉強の経験について一般化して論ずることは、必ずしも適切ではない。その結果は、調査対象の選定に依存するからである。ともかく先行研究と比較することにより、母集団の相対的な特性について把握しておくことが必要であろう。

　上述の先行研究の報告書には、「高校での履修科目」と「大学入試での受験科目」についての一覧表が掲載されている。本調査の集計をこれと比較することは重要であるが、もちろん質問の仕方が回答の傾向を左右することも考えられる。先行研究では、高校で履修した科目に○印を、履修しなかった科目に×印を記入することを求めている。それに対して、本調査では「高校での学業はいかがでしたか」という質問に対して、「1得意　2普通　3不得意　4履修していない」の4つの選択肢で回答を求めた。ここでは選択肢の1~3を履修経験があると回答したものとみなしている。

　同様の操作を受験勉強の経験についての問でも行っている。先行研究では、大学入試で受けた科目について○印を、受けなかった科目に×印を記入することを求めている。それに対して、本調査では「受験勉強をしましたか」という問について、「1した　2少し　3しない」の3つの選択肢で回答を求めている。そのために本調査では、選択肢の1~2を受験勉強の経験があると回答したものとみなしている。つまり、先行研究では受験した経験を問うのに対して、本調査では直接に受験した経験を問うのではなく、大学入試の対策として受験勉強をした経験の有無をたずねている。

　このほかに先行研究では「入学した今の大学だけでなく、これまでに受験したすべての大学についてお答え下さい」と注意を喚起しているのに対して、本調査では、そのような配慮をしていないところも同じではない。しかし、

表1 履修状況（本調査の結果） (無回答除く%)

科目名	国立大学							私立大学		全体	職業学科	
	総合	人文法経	理	工	農水	医歯	教育	人文法経	工		工	全体
国語	98.0	99.5	99.8	99.1	99.8	99.6	100.0	99.7	98.9	99.4	97.5	98.3
現代社会	69.0	64.1	65.5	61.3	59.2	65.4	71.1	71.7	79.6	68.0	87.1	87.4
倫理・政経	33.1	51.6	34.2	36.5	39.1	45.2	41.3	55.3	47.1	44.4	52.3	50.9
世界史	70.8	77.6	52.2	56.0	55.9	59.7	60.1	84.0	65.2	65.4	80.0	71.3
日本史	56.3	72.5	41.5	48.1	47.1	54.6	66.6	82.4	62.7	61.2	65.6	58.4
地理	48.6	54.2	53.2	63.3	58.8	58.3	47.1	57.6	66.0	58.5	56.6	54.4
数学I	99.3	99.4	99.4	99.2	99.0	99.3	99.7	98.0	99.8	99.3	98.7	98.7
数学II	81.1	74.5	73.3	75.7	73.0	73.8	85.1	66.2	67.1	73.5	68.4	72.3
代数・幾何	97.3	94.0	99.2	98.9	98.0	98.7	94.4	77.1	97.5	95.1	52.3	43.2
基礎解析	96.6	94.4	99.4	99.2	97.9	99.3	95.2	87.3	98.0	96.3	65.2	51.7
微分・積分	64.2	43.0	94.4	98.9	93.0	93.8	53.5	42.9	94.0	75.9	58.7	51.1
確率・統計	83.0	72.4	93.4	93.3	92.1	94.5	76.7	52.4	82.9	81.5	20.8	25.4
理科I	84.1	75.4	77.9	78.5	77.5	75.1	86.1	77.4	89.1	80.7	89.8	90.5
物理	59.2	47.6	79.8	89.1	72.6	81.5	38.4	59.7	94.3	73.5	83.5	68.8
化学	77.9	69.4	94.7	96.3	94.7	96.2	66.1	77.5	91.8	84.8	49.4	45.7
生物	61.1	76.6	48.6	36.6	64.5	56.0	71.9	84.5	49.5	59.7	25.2	32.3
地学	24.1	41.0	21.8	20.7	20.8	23.9	23.1	44.2	27.5	28.8	19.9	18.6
英語	100.0	99.9	99.8	99.9	99.8	100.0	100.0	99.8	99.9	99.9	98.7	99.2
独仏など	2.9	2.7	1.0	2.5	2.3	2.0	0.7	2.9	4.6	2.7	6.9	5.5

　質問の構成から本調査でも入学した大学だけでなく、また結果として受験しなかった科目についても、受験勉強の経験を回答していると考えられる。
　さらに、本調査のほうが、履修経験と受験勉強の経験について扱っている科目を限定している。それは課題がより明確であったことによると思われる。しかし、本調査において、倫理と政治・経済の2科目を「倫理・政経」として1つの科目とみなしたことは、大学入試センター試験の科目設定にあわせたとはいえ、適切ではなかったかもしれない。
　このように先行研究と本調査では、質問の仕方にいくつかの相違があり、厳密に比較することはできない。しかし、先行研究において指摘されている

表2　高校での履修科目（先行研究より）　　　（無回答除く％）

科目名	国公立大学				私立大学				全体	人数	性別	
	人文	法経	理工	教育	人文	法経	理工	教育			男性	女性
国語（Ⅰ・Ⅱ）	94.9	94.8	91.9	95.9	97.9	96.3	96.8	95.7	95.5	2,035	94.4	96.9
国語表現	31.5	43.9	15.2	28.2	35.2	40.6	22.0	24.0	29.8	615	29.2	30.6
現代文	94.1	92.1	88.5	87.8	94.2	90.7	85.2	98.3	90.8	1,926	89.8	91.8
古典（古文）	98.0	89.4	83.0	87.6	97.5	91.9	78.1	96.7	90.1	1,912	88.2	92.2
古典（漢文）	95.7	85.0	79.1	91.6	91.4	81.9	74.7	88.0	87.7	1,861	84.9	90.9
現代社会	90.6	75.2	86.8	91.4	88.0	88.8	89.6	91.7	88.4	1,868	86.8	90.1
日本史	76.6	62.3	52.2	76.6	89.1	83.6	60.0	76.7	73.2	1,523	69.6	77.3
世界史	86.7	80.2	62.3	71.8	83.1	82.2	63.9	64.8	74.4	1,564	69.4	79.9
地理	43.4	43.0	70.7	58.6	58.0	54.8	48.7	59.6	55.5	1,160	56.8	53.9
倫理	32.1	35.7	27.6	35.6	36.7	32.9	20.3	32.6	32.9	676	30.3	35.8
政治・経済	39.5	32.0	34.7	39.9	50.2	65.2	30.7	42.6	41.1	851	41.7	40.5
数学Ⅰ	99.6	98.7	98.7	99.7	99.2	99.4	100.0	99.5	99.4	2,116	99.0	99.8
数学Ⅱ	55.0	58.7	29.6	49.2	58.8	69.7	29.1	51.4	50.1	1,035	49.0	51.4
代数・幾何	96.5	78.2	97.9	92.2	75.8	70.1	98.7	75.8	87.5	1,848	88.0	86.8
基礎解析	98.0	94.3	97.9	95.2	81.0	73.2	98.7	88.5	92.2	1,948	91.6	92.8
微分・積分	33.6	41.7	96.2	52.1	33.8	41.8	98.1	46.6	54.0	1,120	62.3	44.5
確率・統計	72.9	60.7	93.6	71.5	40.9	43.7	93.5	56.5	68.0	1,416	72.6	62.7
理科Ⅰ	92.9	92.5	91.5	93.3	85.4	85.9	96.8	87.9	91.3	1,928	91.0	91.7
理科Ⅱ	25.7	30.6	10.3	19.9	38.3	38.0	26.5	29.9	25.5	518	24.1	27.1
物理	38.0	45.0	90.2	53.8	52.4	53.5	94.9	48.1	57.5	1,194	67.7	45.8
化学	70.2	60.7	97.0	73.8	72.8	73.9	91.6	66.5	75.2	1,574	79.4	70.4
生物	76.8	45.7	38.3	65.6	77.1	65.2	38.0	76.0	62.0	1,287	53.8	71.2
地学	31.3	29.4	20.4	31.6	30.4	35.5	20.4	33.7	29.6	605	29.8	29.4
美術	29.2	37.3	36.0	33.8	25.5	35.8	45.5	32.8	33.9	716	41.6	25.0
音楽	48.2	38.2	42.8	44.0	47.3	40.3	30.1	40.6	42.5	899	35.2	51.0
書道	19.8	22.7	16.1	20.4	26.3	22.0	21.2	22.2	21.1	446	20.1	22.2
工芸	2.8	1.8	5.1	1.8	0.8	1.9	3.2	4.4	2.5	53	3.1	1.8

出典：梅埜国夫ほか「高等学校での履修科目と大学入試の受験科目―共通編・質問Bの結果」1990年。87頁。

現代社会と理科Ⅰの履修率の低さを、本調査でも確認できる。ただし、先行研究と本調査を比較すると、現代社会と理科Ⅰのいずれも履修経験の割合にかなり差異があるが、これらの科目を履修する割合の低下が経年変化なのか、それとも母集団の違いからくるのかは明らかではない。ともかく、あくまで

表3　受験勉強の経験（本調査の結果）　　　　　　　　（無回答除く％）

科目名	国立大学							私立大学		全体	既修受験	職業学科	
	総合	人文法経	理	工	農水	医歯	教育	人文法経	工			工	全
国語	91.3	89.4	81.1	74.9	82.8	89.2	90.3	86.5	25.6	72.4	99.9	19.6	32.5
現代社会	6.1	8.1	10.6	6.7	7.8	7.1	8.8	6.7	8.1	7.8	97.4	7.8	14.5
倫理・政経	9.3	11.6	11.5	12.5	15.5	14.7	7.1	9.0	6.1	10.3	92.4	6.9	10.8
世界史	41.2	56.5	29.7	27.4	31.0	34.1	32.9	38.5	10.8	32.3	99.1	7.3	8.6
日本史	35.8	54.6	30.8	28.0	30.8	34.5	54.4	47.1	12.1	35.6	98.5	6.8	8.9
地理	28.9	31.7	43.6	42.6	44.8	37.0	26.8	10.9	17.3	30.4	97.6	8.2	13.4
数学Ⅰ	95.9	91.3	95.9	95.2	96.7	97.1	97.3	31.4	93.1	88.9	99.8	76.7	67.9
数学Ⅱ	83.8	69.8	77.1	78.5	75.8	76.1	86.8	21.3	68.3	70.2	94.4	52.9	45.5
代数・幾何	77.7	79.9	95.6	96.1	95.7	96.0	76.6	20.9	91.2	83.0	99.6	52.0	41.4
基礎解析	76.5	77.6	93.9	96.2	94.8	95.2	76.2	21.4	93.7	82.8	99.7	61.6	47.3
微分・積分	55.9	25.0	91.0	95.4	83.3	89.8	39.3	8.1	84.3	65.0	98.7	52.7	40.5
確率・統計	63.3	37.1	75.6	75.3	76.0	84.4	44.5	12.9	54.2	55.3	97.9	14.8	15.9
理科Ⅰ	26.6	16.9	27.0	32.0	34.4	27.8	27.5	8.9	50.1	30.1	98.7	30.1	28.8
物理	39.6	9.9	64.0	93.9	56.6	73.4	16.8	4.0	67.8	51.1	99.4	38.1	30.0
化学	47.9	29.9	75.4	77.9	85.0	89.8	37.4	9.4	49.6	53.5	99.7	11.6	11.5
生物	48.9	50.9	30.5	6.3	51.9	36.6	62.6	18.3	9.2	30.5	98.2	6.4	15.7
地学	7.8	24.9	7.7	3.3	3.6	2.8	14.0	7.3	4.5	9.7	91.4	5.0	4.9
英語	98.0	98.1	96.8	95.8	97.5	98.0	98.2	92.6	88.0	94.9	99.9	63.7	72.3
独仏など	2.5	1.0	0.8	1.6	1.4	0.9	0.4	0.5	2.2	1.3	62.0	4.5	4.0

表4 大学入試での受験科目（先行研究より） (無回答除く%)

科目名	国公立大学				私立大学				全体	人数	性別	
	人文	法経	理工	教育	人文	法経	理工	教育			男性	女性
国語（Ⅰ・Ⅱ）	86.9	73.0	80.3	86.7	70.5	66.7	32.5	69.6	75.8	1,587	73.5	78.4
国語表現	32.7	46.6	7.2	28.0	27.4	25.0	5.4	27.3	26.3	538	22.1	31.2
現代文	83.4	81.2	56.7	80.3	71.3	63.9	23.8	75.4	71.4	1,496	66.8	76.7
古典（古文）	88.9	80.3	63.4	83.6	72.9	65.8	23.2	72.4	73.8	1,548	68.7	79.7
古典（漢文）	87.4	66.1	61.6	79.0	68.2	49.7	22.0	58.0	67.4	1,409	62.6	72.9
現代社会	11.7	36.5	16.3	18.5	5.6	2.6	5.3	9.0	14.9	308	18.9	10.4
日本史	40.5	52.2	20.6	40.7	40.3	32.7	9.3	34.1	36.2	746	34.9	37.7
世界史	49.8	49.1	19.7	29.3	24.6	18.7	6.0	16.1	28.7	593	24.0	34.0
地理	6.9	28.1	53.0	26.2	6.9	8.5	11.4	12.8	21.4	439	28.6	13.1
倫理	4.5	8.6	9.5	11.0	3.5	2.0	6.7	7.3	7.6	156	8.6	6.6
政治・経済	4.5	5.0	10.8	8.6	4.7	11.0	6.0	9.4	7.6	155	9.7	5.1
数学Ⅰ	88.2	79.0	91.5	97.4	27.4	23.9	79.7	38.8	74.1	1,552	77.1	70.7
数学Ⅱ	63.6	68.0	42.4	59.2	15.6	14.7	29.5	21.5	45.2	924	45.2	45.2
代数・幾何	52.2	76.8	92.8	73.6	16.9	17.2	79.2	27.1	59.6	1,237	66.4	51.9
基礎解析	51.2	61.4	91.9	72.9	16.5	16.6	78.6	29.4	57.5	1,192	63.8	50.4
微分・積分	11.4	33.6	92.3	25.2	8.7	7.9	71.4	11.4	31.3	643	41.9	9.3
確率・統計	30.6	26.4	88.0	37.1	11.7	12.0	62.3	16.0	36.4	748	44.2	27.6
理科Ⅰ	34.8	42.0	53.7	43.1	13.0	8.6	52.3	16.9	35.7	736	40.7	30.1
理科Ⅱ	9.9	24.4	3.7	8.9	2.6	4.0	12.9	4.6	9.0	181	19.6	8.1
物理	2.9	19.5	71.4	21.4	3.9	2.6	62.3	4.0	22.9	470	33.7	10.6
化学	27.5	26.7	84.6	36.5	10.0	7.2	29.4	12.4	32.1	661	36.7	26.9
生物	54.6	41.3	18.9	49.1	15.1	5.9	2.7	20.6	32.8	673	26.5	39.8
地学	8.6	13.2	4.1	12.3	3.1	2.6	2.0	5.2	7.9	160	9.3	6.3

出典：梅埜国夫ほか「高等学校での履修科目と大学入試の受験科目－共通編・質問Bの結果－」1990年、88頁。

も参考値にすぎないが、先行研究との比較のために表2と表4を掲げておく。

2 出身高校と履修経験

ところで、本調査の回答者のうち、高校普通科を卒業した者は97.2％であった。リメディアル教育を考えるとき、職業（専門）学科の課程を履修し

表5 高校設置者別履修経験の状況(本調査の結果) (無回答除く%)

科目名	履修経験			
	国立	公立	私立	その他
現代社会	73.0	72.1	54.8	71.8
倫理・政経	47.3	43.4	46.8	41.5
世界史	70.2	63.7	69.7	50.0
日本史	65.9	58.1	69.8	41.9
地理	62.9	58.8	56.8	57.6
理科Ⅰ	78.3	84.9	68.9	76.8
物理	76.7	72.6	75.5	67.7
化学	85.7	84.2	86.9	72.0
生物	60.6	58.7	62.6	54.8
地学	40.7	28.3	27.8	26.4
人数(合計)	715	9594	3274	137

た学生や、帰国子女入試、または社会人入試で入学した学生の基礎学力は重要な問題になるが、本調査において243人いる職業学科出身者は主に工学系学部（164人）と経済学系学部（32人）に在籍している。統計的に処理できる工学系学部をみると、ほとんどが普通科出身者である全体の傾向とは、かなり異なることが一目瞭然である。しかし、以下の分析は全回答に基づくものであり、おおむね高校普通科を卒業した学生のリメディアル教育を考察の対象としている。なお、職業学科出身の学生について集計したものは表1及び表3の右端の2欄である。

また、出身高校の設置者によって、履修状況に違いがあるのではないかと推測される。表5は、本調査における高校設置者別の履修経験の状況（社会と理科）を表したものである。

履修経験は、学生が所属する学部の学問分野によって異なってくるが、ここでは考慮していない。公立高校は私立高校と比べて現代社会、理科Ⅰを履修している割合が大きく、私立高校は公立高校と比べて世界史と日本史を履修している割合が大きいことが、一見して分かる。調査対象となったほとんどの学生は、現代社会と理科Ⅰが必修であったと考えられるが[5]、必ずしもそのように運用されていないことが分かる。しかし、その他の科目も考慮すると、私立高校出身であるために履修の幅が狭いとは言い切れない。本調査の場合には、受験体制を必要としない附属高校出身者が私立大学に比較的多

いことが関係しているのではないか。

3　受験勉強した科目と履修経験の関係

一般に、大学入試で受験した科目については、受験勉強において特に努力を注いだはずであり、また、その多くは高校で履修した科目であると予想できる。もちろん、高校で履修しなかった科目を、独学や予備校での学習によって補い、大学入試の受験科目として選択した学生もいるであろう。また、大検など、高校で学修することなく大学入学資格を取得した学生も含まれているはずである。しかし、その可能性を一つひとつ配慮すると、論の展開が散漫になりかねない。そこで、「履修した科目で受験する」という傾向が、以後の分析において、所与の前提とすることができることを確認しておきたい。表3の「既修受験」欄は、各科目について受験勉強の経験があると回答した学生の中に占める当該科目既修者の割合を示したものである。

この表から、受験勉強をした科目については、大方、高校で履修していることを確認することができる。ただし、倫理・政経、地理と地学については、受験勉強をしたとの回答数は多くないものの、高校で履修しなかったとの回答の占める割合がやや大きい。このことは、倫理・政経、地理、地学が他の科目に比べて高校で開講されていないことが多いこと、高校で履修していなくても相当の水準まで到達できることが、その背景にあるのではないかと想像することができる。また、ドイツ語やフランス語など、英語以外の外国語の受験勉強をした場合に、高校で履修してないケースが多いことも、独力で受験勉強をしたことによるであろう。

4　所属学部ごとの分析

「履修した科目で受験する」という傾向を確認したうえで、工学系、農学系、医学系、理学系、文科系の五つの学部群における高校での科目履修状況と、大学入試における受験勉強の経験について比較したい。

(1) 工学系学部

工学系学部については、国立8大学及び私立4大学で調査を実施した。た

表6　工学部系学部の入試指定科目

大学名	学科名	数学								理科				
		数学I	数学II	工業数理	簿記会計	代数・幾何	基礎解析	微分・積分	確率・統計	理科I	物理	化学	生物	地学
A大学	機械・電気・情報(センター)	◎	◎								①	①	①	①
	機械・電気・情報(2次)					◎	◎	◎			①	①		
	建築・応化・海洋(センター)									①	①	①	①	①
	建築・応化・海洋(2次)						◎	◎	◎		①	①		
B大学	(センター)	◎	◎								①	①	①	①
	(2次)	◎				◎	◎	◎	◎		②	②	②	②
C大学	(センター)	◎	◎								①	①	①	①
	(2次)					◎	◎	◎			◎	◎		
D大学	(センター)	◎	◎								①	①	①	
	(2次)					◎	◎	◎	◎					
E大学	(センター)	◎	◎								①	①	①	①
	機械・電気・建設(2次)					◎	◎	◎						
	化学(2次)					◎	◎	◎			②	②	②	
F大学	(センター)	◎	◎							①	①	①	①	
	機械・電子・情報(2次)					◎	◎	◎				①		
	環境・材料・生化・応物(2次)					◎	◎	◎	◎			①		
H大学	〈昼〉機械・電気・材料(センター)	◎									①			
	〈昼〉建設・情報・応化〈夜〉全(センター)	◎									①	①	①	
	〈昼〉〈夜〉全(2次)						◎	◎	◎					
I大学	(センター)	◎	①	①	①					①	①	①	①	①
	機械・電気・情報(2次)					①		◎	①		◎	①	①	
	環境(2次)					①		◎			①	①	①	
J大学		◎				◎	◎				①	①		
L大学		◎				◎	◎				①	①		
N大学		◎									①	①		
O大学		◎									①	①		

注：高校普通科出身者向けの科目指定を示した。分離分割入試を行っている場合は、募集定員の多い日程の科目指定を表示した。◎は必須科目。①は1科目選択。②は2科目選択。

出典：JEC日本入試センター『'93-'94代々木ゼミナール大学入試データリサーチVol.3受験校決定資料』(1993年)をもとに作成。表8、表10、表12、表14も同様。

だし、国立1大学については工学系学部以外の理科系（数学物理系）学生を含み、私立1大学では複数の工学系学部が設置されている。

　工学系学部の基礎となる教科は、数学と理科ということになろう。受験科目でそのことを確認しておくと表6に示すようになる。その特徴は、数学において多くの大学で微分積分を必須科目としていること、理科については物理と化学、とりわけ物理が重視されているところにある。そこで、微分積分と物理、化学の履修経験と受験勉強経験を工学系学部間で比較し、その異同を明らかにしたい。また、その他の理科系学部の特徴と比較するために、生物と地学の状況も示しておく。

　工学系部学生の履修経験と受験勉強の経験の割合を調査大学ごとに整理したものが表7である。工学系学部の学生は、高校の微分積分のほか、物理と化学は、ほぼ既修であることがわかる。そのなかで、物理についてみると100％に達する大学がある一方で、O大学で84.6％となっており履修経験の割合が最も低くなっている。しかし、全体として大学間における高校物理の履修経験の差は大きくない。ところが、受験勉強の状況を見ると大学間の相

表7　工学系学部の履修と受験勉強　　（無回答除く％）

大学名	微分・積分		理科Ⅰ		物理		化学		生物		地学	
	履修	受験	履修	受験	履修	受験	履修	受験	履修	受験	履修	受験
A大学	99.1	94.0	88.1	41.8	97.8	93.1	91.9	61.7	12.2	5.8	5.5	2.5
B大学	99.7	97.2	70.6	30.5	99.5	97.8	99.3	96.7	51.7	6.4	35.0	5.3
C大学	100.0	96.7	69.4	29.1	100.0	96.7	100.0	98.3	52.5	8.0	28.8	2.0
D大学	89.2	84.9	89.0	28.6	91.9	71.6	67.6	49.3	16.9	1.7	4.3	－
E大学	99.8	98.2	86.8	36.4	99.3	96.5	99.8	97.4	23.0	4.2	14.6	2.2
F大学	100.0	98.8	82.4	39.3	100.0	93.3	93.8	57.4	26.6	3.2	12.4	1.7
H大学	98.0	92.5	75.6	23.9	95.2	89.1	95.5	50.0	39.3	8.3	10.6	1.4
I大学	95.1	86.3	85.0	26.8	95.9	87.7	86.3	36.2	43.9	11.9	33.6	6.9
J大学	96.2	84.0	89.5	55.1	94.9	67.3	91.4	51.5	53.1	12.7	28.9	6.4
L大学	97.5	92.8	85.1	48.8	95.2	71.0	92.1	46.7	53.4	7.1	25.7	3.0
N大学	94.9	87.9	89.7	54.5	92.2	63.7	92.6	54.3	54.1	10.3	26.5	5.4
O大学	89.3	77.0	91.0	43.9	84.6	68.8	91.5	47.1	41.3	6.9	28.3	3.5

違が明確になってくる。物理の受験勉強をしたとの回答は、工学系学部平均で81.1％であったが、これより受験勉強をしたとの回答の割合が小さかったのが国立のD大学のほか、私立のJ大学、L大学、N大学、O大学の4大学であった。

物理と同様に、大学での学修の基礎になると考えられる化学についても、I大学で履修経験の割合が86.3％と小さいとはいえ、全体としては、ほぼ既修であるといってよい。ところが、化学の受験勉強をしたとの回答は工学系学部全体では64.0％であって、物理の場合よりもかなり低くなっている。このことは、工学系学部の入試で求められる理科の科目数が1科目であり、物理の方が重視されることが多いことが反映していると考えられる。しかし、視点を変えると、大学入試の多様化の中で工学系学部の入試科目が削減されているとしても、高校における物理と化学の2科目履修は成立しているとみて差し支えないということになる。

(2) 農学系学部

農学系学部については国立5大学で調査を実施した。ただし、国立1大学については農学系学部以外の理科系（化学生物系）学生を含む。

農学系学部の基礎となる教科は、工学系学部と同様に数学と理科ということになろう。

入試の科目でそのことを確認しておくと表8に示すようになる。その特徴は、数学において微分積分の重要性が工学系学部と比較して小さく、理科において物理と化学のほかに生物が選択科目として含まれていることである。後述の履修経験や受験勉強の経験に関するデータをふまえると、工学系学部の基礎学力を物理化学重点型の基礎学力と呼ぶとしたら、農学系学部ではやや幅の広い化学生物型の基礎学力が求められているといえよう。

表9に示した集計の結果をみると、農学系学部については、工学系学部と比べて生物既修者の割合が64.5％となっていて大きいところに特徴がある。このことは、予想どおりであるともいえるが、それでも、大学別にみるとおよそ20％〜40％の学生が生物を履修していない。この中でI大学は生物履修者の割合が特に高い例外的な事例であり、その代わりに物理既修者の割合が

表8　農学系学部の入試指定科目

大学名	学科名	数学								理科				
		数学I	数学II	工業数理	簿記会計	代数・幾何	基礎解析	微分・積分	確率・統計	理科I	物理	化学	生物	地学
A大学	(センター)	◎									①	①	①	①
	(2次)						◎	◎			①	①	①	①
B大学	(センター)	◎	◎								①	①	①	①
	(2次)	◎					◎	◎	◎		②	②	②	②
C大学	(センター)	◎	◎								①	①	①	①
	(2次)						◎	◎	◎		①	①	①	①
E大学	(センター)	◎	◎								①	①	①	①
	(2次)						◎	◎			②	②	②	②
I大学	(センター)	◎	①	①						①	①	①	①	①
	生物生産・生物資源(2次)						①		①	①	①	①	①	①
	生産環境(2次)					①		①	①		①	①	①	①

表9　農学系学部の履修と受験勉強

（無回答除く%）

大学名	微分・積分		理科I		物理		化学		生物		地学	
	履修	受験	履修	受験	履修	受験	履修	受験	履修	受験	履修	受験
A大学	85.8	66.3	85.2	45.1	56.1	44.9	90.2	70.9	59.0	60.8	6.9	4.2
B大学	99.2	97.7	69.1	29.8	89.9	78.5	99.0	95.5	62.0	33.1	30.3	3.6
C大学	100.0	97.0	78.9	34.9	70.9	38.7	99.4	95.8	73.7	68.6	23.8	2.1
E大学	90.3	73.9	88.4	29.4	58.0	44.7	92.2	91.1	63.3	64.4	11.3	4.5
I大学	75.6	50.0	80.0	27.2	58.9	14.7	82.6	51.6	80.9	71.4	23.5	3.0

低い。工学系学部においてほとんどの学生が高校で物理と化学を集中的に履修しているのとは事情が違う。また、受験勉強の経験になると、調査対象大学の農学系学部学生の平均51.9%が生物の受験勉強をしたと回答しているにすぎない。これは、生物以外の科目で農学系学部を受験できたことによると考えられる。特にB大学で顕著になっているように農学系学部と工学系学部の入試科目が共通性をもつことは受験生が進路の選択をするうえで好都合で

はあるかもしれない。

　しかし、仮に、農学系学部の授業が、高校の生物を基礎にしているとするならば、高校段階での関連知識をまったく修得してこなかったことを前提とした生物分野の補習を行うことが必要になるのではないか。つまり、大学入試の受験科目の指定が問題の背景にあることはもちろんのこと、高校での学修の偏りも、大学での学修を妨げる可能性があると想像できる。

(3) 医学系学部

　医学系学部（医学科に限る）については、国立5大学の医学系学部で調査を実施した。ただし、国立1大学については医学科の回答が少なかったので、ここでは採り上げていない。

　医学系学部の基礎となる教科も数学と理科であろう。受験科目でそのことを確認しておくと表10に示すようになる。その特徴は、応用生物系学部という共通点をもつことによるのか農学系学部に類似している。しかし、数学において微分積分を軽視していないこと、大学によっては物理と化学を必須としている点で、農学系学部に見られない特徴をもつ。一方、個別学力検査において、これらの科目を課していない大学もある。

表10　医学系学部（医学科）の入試指定科目

大学名	学科名	数学								理科			
		数学Ⅰ	数学Ⅱ	工業数理	簿記会計	代数・幾何	基礎解析	微分・積分	確率・統計	理科Ⅰ	物理	化学	生物	地学
A大学	（センター）	◎	◎								②	②	②	
	（2次）						◎	◎	◎					
B大学	（センター）	◎	◎								①	①	①	①
	（2次）	◎					◎	◎	◎		②	②	②	②
C大学	（センター）	◎	◎								①	①	①	
	（2次）						◎	◎	◎		②	②	②	
E大学	（センター）	◎	◎								①	①	①	
	（2次）						◎	◎	◎					

表11 医学系学部の履修と受験勉強　　　　　　　　　（無回答除く%）

大学名	微分・積分		理科Ⅰ		物理		化学		生物		地学	
	履修	受験	履修	受験	履修	受験	履修	受験	履修	受験	履修	受験
A大学	98.7	96.0	78.9	26.5	82.2	79.5	97.4	94.7	37.1	30.2	12.1	―
B大学	98.9	98.9	60.2	22.9	93.3	88.4	95.5	96.5	66.3	28.6	39.8	3.7
C大学	96.6	97.7	76.1	32.5	94.4	83.9	97.8	97.7	65.5	30.0	39.5	6.7
E大学	98.9	100.0	67.8	22.8	95.4	96.4	100.0	98.8	42.9	14.3	23.5	―

表11に示した調査への回答の傾向から、医学系学部では、農学系学部と同様に生物既修者の割合が工学部に比べて大きいことがわかる。とはいっても、生物を履修した割合は文科系学部よりも低く、どちらかというと、理科2科目を物理と化学の組み合わせとしたケースが多いようである。調査対象とした大学の中には、理科2科目を選択科目に指定する大学があるが、それは従来の入試形態の場合と事情は変わらない。一方、A大学のように、理科が大学入試センター試験のみで課される場合には、履修と受験勉強の経験がない学生でも入学する途がはじめから開かれているといえる。

(4) 理学系学部

(1)～(3)では理科系学部の中でも専門教育的性格が比較的大きい学部群の基礎学力についてみてきた。理学系学部も理科系学部であり、特に理工系学部として工学系学部と隣接する関係にあるとみなされることが多い。しかし、表12の入試科目の指定をみるとわかるように、工学系学部よりも農学系学部や医学系学部のパターンに類似していることから、少なくとも理学系学部の求める基礎学力は工学系学部と同一ではないといえよう。しかし、表13からわかるように、受験勉強の経験という点では、物理を勉強して入学してくる学生が、工学系学部ほどではないものの、かなり多いことも事実である。このことは、理学系学部が数学、物理、化学のように、工学系学部からみて直接的な基礎にあたる領域を含む一方で、学問領域としては、間口の広い学部であり、狭い基礎学力で理学系学部全体の教育研究を見通すことができないことを示唆しているようである。

もっとも、理学系学部においても高校理科のすべての科目を必須として入

表12　理学系学部の入試指定科目

大学名	学科名	数学								理科			
		数学Ⅰ	数学Ⅱ	工業数理	簿記会計	代数・幾何	基礎解析	微分・積分	確率・統計	理科Ⅰ	物理	化学	生物	地学
A大学	（センター）	◎	◎								①	①	①	①
	数学（2次）					◎	◎	◎						
	物理（2次）						◎	◎	◎		◎			
	化学（2次）						◎	◎				◎		
	地学（2次）										①	①	①	①
	生物（2次）												◎	
C大学	（センター）	◎	◎								①	①	①	①
	（2次）					◎	◎	◎	◎		②	②	②	②
E大学	（センター）	◎	◎								①	①	①	①
	数学（2次）					◎	◎	◎	◎		①	①	①	①
	物理（2次）						◎	◎	◎		◎			
	物性（2次）						◎	◎	◎		①		◎	
	化学（2次）						◎	◎				◎		
	生物・地球（2次）										①	①	①	①
I大学	（センター）	◎	◎							①	①	①	①	①
	数学（2次）					①	◎	◎	◎		①	①	①	①
	物理（2次）						◎	◎	◎		◎			
	化学（2次）					◎		◎				◎		
	生物（2次）					②	②	②	②				◎	
	海洋（2次）					②		②	②		①			①

表13　理学系学部の履修と受験勉強 （無回答除く％）

大学名	微分・積分		理科Ⅰ		物理		化学		生物		地学	
	履修	受験	履修	受験	履修	受験	履修	受験	履修	受験	履修	受験
A大学	88.5	82.5	91.9	31.7	64.3	60.0	88.5	72.7	42.1	39.8	13.3	14.6
C大学	100.0	97.4	67.9	23.6	93.7	87.8	100.0	97.3	48.1	23.9	22.1	7.8
E大学	99.2	98.1	79.6	30.5	85.5	70.8	99.2	81.2	39.8	20.4	16.7	3.2
I大学	89.0	83.3	69.5	19.5	76.2	45.4	89.9	58.5	67.3	42.2	35.8	9.5

試をしているのではなく、2ないし1科目を必須または選択科目に指定しているにすぎない。しかし、個別学力検査で学科の内容に対応する科目を必須科目に指定している学科がある。特に、物理系学科、化学系学科、生物系学科でそのような傾向があるのに対して、数学系学科、地学系学科で必須科目を指定しない傾向がある。もちろん学科別募集をしている大学と、学部で一括して入学を許可している大学とでは、履修経験と受験勉強の経験の状況が

表14 文科系学部の入試指定科目

大学名	学科名	数学						社会					
		数学Ⅰ	数学Ⅱ	工業数理	簿記会計	代数・幾何	基礎解析	現代社会	倫理	政治経済	日本史	世界史	地理	
A大学	人文法(センター)	◎								①	①	①	①	
	経済(センター)	◎	◎							①	①	①	①	
B大学	(センター)	◎	◎							①	①	①	①	
	(2次)	◎				◎	◎			②	②	②		
C大学	文教経(センター)	◎	◎					①	①	①	①	①		
	文教経(2次)					◎	◎							
	法(センター)	◎	◎											
	法(2次)					◎	◎							
E大学	文法(センター)	◎	◎						①	①	①	①		
	経済(センター)	◎	◎						①	①	①	①		
	経済(2次)					◎	◎							
G大学	行政社会(センター)	①	①						①	①	①	①		
	行政社会(2次)					②	②		①	①	①	①		外・数・社から2科目選択
	経済(センター)	①	①						①	①	①	①		
	経済(2次)					②	②		①	①	①	①		外・数・社から2科目選択
I大学	法文(センター)	◎	①	①	①			①		①	①	①	①	
K大学	法	②				②			①		①	①	①	数学2科目または社会1科目
L大学	法	◎	①			①		①		①	①	①		数学2科目及び社会1科目
M大学	文													
P大学	文									①	①	①		

異なっているであろう。

(5) 文科系学部

文科系学部については、国立6大学10学部、私立4大学4学部で調査を実施した。

表14に示した入試の科目からみて、文科系学部では、日本史、世界史、地理が高校で履修しておくことが期待される基礎科目といえる。また、経済学部については、数学も基礎科目といって差し支えないであろう。とはいえ、高等学校学習指導要領は「広い視野に立って、社会と人間についての理解と認識を深め、民主的、平和的な国家・社会の有為な形成者として必要な公民的資質を養う」ことを社会の目標としており、科学的に考察する能力・態度を育てることを目標にしていないから、基礎科目としての社会の性格は、基礎科目としての数学や理科の性格と必ずしも同じではないと考えられる。

文科系学部に所属する学生の社会の履修経験を示した**表15**をみると、ごく一部を除いて80%以上の学生が履修しているケースはほとんどない状況であり、大学ごとのバラツキも大きい。また、現代社会、倫理、政治・経済は、文科系学部の入試において選択科目に指定されていないことがあり、ま

表15 文科系学部の履修と受験勉強 (無回答除く%)

大学名	現代社会		倫理・政経		世界史		日本史		地理	
	履修	受験	履修	受験	履修	受験	履修	受験	履修	受験
A大学	75.4	9.5	37.8	11.1	65.6	43.7	63.7	52.1	40.4	23.1
B大学	58.2	4.3	47.4	3.7	91.7	84.2	78.7	65.5	68.7	52.4
C大学	64.4	6.1	54.1	7.5	79.2	50.8	78.9	54.2	47.2	19.2
E大学	76.9	9.1	42.7	9.0	78.2	43.6	73.6	54.3	41.2	17.7
G大学	55.6	4.3	60.7	8.2	70.9	40.2	74.4	49.9	50.6	14.8
I大学	67.2	26.0	71.7	48.6	53.3	24.5	50.2	27.0	47.2	28.0
K大学	66.4	4.5	44.4	12.9	84.6	51.2	80.1	50.7	44.7	7.7
L大学	69.5	12.1	64.6	18.8	85.4	29.8	87.2	46.4	69.5	9.3
M大学	79.7	7.2	60.7	6.2	76.2	21.4	80.7	42.2	59.8	7.8
P大学	72.0	5.3	55.2	2.6	87.0	43.0	82.4	47.8	59.6	15.8

た、受験勉強をしたと回答した割合は極めて低い。文科系学部にとって、これらの科目は基礎科目と認識されていないといってよい。

　このような状況は、理科系諸学部の事情とは様相を異にする。では、「大学入試の多様化」や「高校教育の多様化」とどのような関係にあるのか。いわゆる「高校教育の多様化」の始まりは78年に改正された学習指導要領が施行された82年といえる。また、大学入試において、特に国立大学で共通一次試験が行われるようになり、大学独自の試験で社会を課さなくなったのは79年以後のことであるが、87年から大学入試センター試験が5教科5科目になり、社会が1科目選択になったことは社会の学修の偏りに拍車をかけたであろう。とすれば、少なくとも、主に国立大学の文科系学部では「大学入試の多様化」が進展したことが、学生の基礎学力に関して問題を生じさせる背景となっているのではないかと思われる。

おわりに

　本章では、ある科目を大学入試で受験勉強をしていないことと、高校で履修していないことを、ことさら区別して考えることを手掛かりにして、大学におけるリメディアル教育の背景を明らかにすることを目的として分析を展開した。その結果、学部ごとに「大学入試の多様化」と「高校教育の多様化」の現れ方が異なることが明らかになった。

　工学系学部（理学部の数物系学科を含めて差し支えない）では、物理については既修で受験勉強の経験があり、「大学入試の多様化」や「高校教育の多様化」が直接にリメディアル教育の背景になってはいない。一方、化学については、受験勉強をしていない学生が多い大学がある。つまり、「大学入試の多様化」がリメディアル教育の背景になっている可能性がある。しかし、そのような学生であっても、多くは高校で化学を履修しており、「高校教育の多様化」はリメディアル教育の背景にならない。つまり、化学については「受験科目でないこと」と「履修していないこと」との間には、直接には関係ない。

　農学系学部と医学系学部では、化学については既修で受験勉強をしており、工学系学部における物理と同様に「大学入試の多様化」や「高校教育の多様

化」は直接にリメディアル教育の背景にならない。一方、生物については履修経験も受験勉強の経験もない学生が少なからず存在し、「大学入試の多様化」と「高校教育の多様化」のいずれか、もしくは両方が直接にリメディアル教育の背景になっている可能性がある。そのことは、同じく履修経験も受験勉強の経験もない学生が多い農学系学部の物理についても同様である。

理学系学部と文科系学部は、学部全体としてみると、教育・研究の領域が高校の特定科目と関連しているとはいえない。学科レベルに細分化して、その他の専門教育的学部と同様に、それぞれの基礎科目と関連させればよいのか、それとも、これらの学部では、いわば裾野の広い知識と思考が必要とされているのか、本調査だけでは明らかにならない。それだけに、「大学入試の多様化」と「高校教育の多様化」が、いろいろな場面で問題になると考えられる。学科等の内容と直接に関わる基礎学力を何らかの方法で補完する必要性は存在するであろうが、学部全体として一致したリメディアル教育のイメージを形成することは困難であろう。

さらに、ここで着目した履修経験と受験勉強の経験を、リメディアル教育の需要と短絡的に結びつけてはならないことに留意しなければならない。履修経験と受験勉強の経験に加えて、受験勉強の到達度を含めた指標が、大学の教室においてもつ意味は、分析の手続きとして集計を許容するほど単純ではない。基礎知識の欠如がまったく許されない分野があるとしたら、当該基礎科目の履修経験をもたない学生が教室にいる場合には、その割合がわずかであっても、見逃すことのできない問題になるであろう。

そうはいっても、今回の調査における履修経験のパーセンテージをみる限り、これまでのところ予想していたほどには高校での履修のバラツキがなかったと思われる。しかし、「高校教育の多様化」を奨励する新学習指導要領が「定着」する過程で、履修する科目の偏りが堂々と躊躇することなく増大する可能性がある。そのような意味から、履修経験と受験勉強の経験の状況を数年間後に再点検することに重要な意義があると考える。

注
1 荒井克弘・羽田貴史「大学におけるリメディアル教育——全国調査の中間段階で

―」『IDE―現代の高等教育』民主教育協会、1995年5月号（No.366）、12-13頁。
2　弾力化については、本稿では考察の対象にしない。
3　専門分野と入試教科の関連に着目した研究である肥田野直「大学教育の専門分化と高校教育課程」（『高等教育研究紀要』第5号、1985年所収）は、現在の問題状況の分析をするには粗雑にすぎる。
4　梅埜国夫・島村直己・猿田祐嗣・有本良彦「高等学校での履修科目と大学入試の受験科目―共通編・質問Bの結果―」『大学生がとらえた中等教育と大学一般教養教育との連関性―受講者へのアンケートの結果―』（科学研究費総合研究（A）中等後教育への接続関係研究会（研究代表者手塚武彦））、国立教育研究所、1990年、85-94頁。
5　78年に改正された高等学校学習指導要領には、次のような附則が定められている。「第1章第3款の1のすべての生徒に履修させる各教科・科目のうち、『現代社会』の履修については、当分の間、特別の事情がある場合には、『倫理』及び『政治・経済』の2科目の履修をもって替えることができる。なお、この場合にあっては、『現代社会』の目標及び内容を考慮して指導するものとする」。

（初出：荒井克弘編『大学のリメディアル教育：第Ⅰ部リメディアル教育の調査』高等教育研究叢書42、広島大学大学教育研究センター、1996年9月、19-34頁）

第2節　秋季入学の歴史と政策の展開

> **概　要**
>
> 　大学の入学時期を秋季へ移行することは、はじめ臨時教育審議会において国際化推進等の視点から検討された。しかし、秋季入学の意義と必要性が国民一般に受け入れられていなかったこと、受け皿となるべき生涯学習の基盤が確立していないこと、財政上の負担が予想されることなどから、導入が見送られた。
> 　これとは別に、大学への入学機会の複数回化に対応するために、秋季入学を拡大するための法的な整備が進められてきた。しかし、入学時期の全面的な移行と、入学機会の複数回化は両立しない。また、高校卒業後に半年の空白ができる秋季入学の導入にあたっては、大学入学時期を早める「飛び入学」との関係を整理する必要がある。いずれも教育上有意義であると判断して導入されたのだから、これらとの整合性をふまえて、秋季入学の効果を考慮することが望まれる。

1　秋季入学問題の背景

　元来、学校の学年始期は多様であった。たとえば東京大学の前身のひとつである東京開成学校は9月11日より7月10日に至るまでを学歳とし、他方において東京医学校は11月16日から11月15日までであった。1986（明治19）年に帝国大学を含む諸学校令が成立しても、入学時期の多様性は解消していない。高等師範学校が同（明治19）年、小学校が1890（明治23）年、中学校と高等女学校が1901（明治34）年に4月を学年の始期とし、また、1905（明治38）年には新設される直轄学校も同様とする方針であったけれども、このことによって春季入学へすんなりと移行してはいない[1]。東京高商と東京高工が入学時期を4月に変更したのは1915（大正4）年のことであったし、その他の歴史ある専門学校の入学時期も区々あった。4月入学への統一が完了するのは、1919（大正8）年の高等学校規程と、帝国大学における1921（大正10）年の通則改正を待たねばならなかった。

　これと関わる臨時教育会議の諮問第3号「大学教育及専門教育ニ関スル件」への答申をみると「学年ノ始ヲ四月トスルコト」と記されている。その理由は、大学を卒業するに至るまでの教育年限を短縮し、かつ、高等学校と大学との連絡を密接なものとするためと説明されていた。

2　秋季入学の再検討

　4月入学の学校体系が完成してから26年後の1947（昭和22）年3月31日に学校教育法が公布された。新学制の発足を受けて、教育刷新審議会（1949年6月3日～1952年8月24日）において、秋季入学に関する議論が行われた。ところが大学の入学時期を9月とする案は有力な支持を得たものの、高等学校以下についてはそれを実施するうえで多くの支障があることを確認している。過渡期における教室と教員の不足を補充することは財政上困難であり、当時の経済状況の下において克服すべき良策を到底見出し難いとの理由からであった。しかし、この問題は主に高校以下に関することであるし、また、担当した第17特別委員会における議論は多分に教育的ないし生理的側面に傾いており、国際化に焦点を当てる今日的課題への示唆は乏しい。

むしろ今日的課題と直接に関わるのは臨時教育審議会における秋季入学の検討である。

臨教審には教育改革に関する四答申があり、1987（昭和62）年4月1日の第三次答申と同年8月7日の第四次答申が「入学時期」を取り上げている。そこでは生涯学習体系への移行、国際化の推進、学年暦の合理化の視点から、秋季入学への移行を求めている。しかし、当時において、秋季入学の意義と必要性が国民一般に受け入れられているとはいえなかったこと、受け皿となるべき生涯学習の基盤が確立していないこと、財政上の負担が予想されることなどから、「国民世論の動向に配慮しつつ、将来、我が国の学校教育を秋季入学制に移行すべく、関連する諸条件の整備に努めるべきである」と結論するにとどまった。また、大学の秋季入学を先行させることについては、高等学校卒業時から大学入学時までに相当の空白期間が生じることや、大学卒業までの期間が制度的に延長されることなど問題があるので、慎重な検討が必要であるとしている。

ところで、秋季入学を推進するといっても、国際化だけが目的とは限らない。1997（平成9）年12月12日の行政改革委員会「最終意見」には「大学入学機会及び受験機会の複数回化」という項目がある。そこでは秋季入学を柔軟に導入することができるように、学年の途中における学生の入学と卒業に関する要件について「特別の必要があり、かつ、教育上支障がないとき」とする限定の撤廃を求めた。これは、文部省の通知する「大学入学者選抜実施要項」の定める時期に大学入試が集中的に実施される限り受験生は春の試験に合格できなければ1年待たなければならなくなり、そのために自分の希望よりも入学すること自体を優先させる状況が生まれ、それが不本意入学の一因となっていると考えたことによる。したがって、この場合には秋季入学の比重を高めるとしても、春季入学を閉ざすことにはならない。この「最終意見」への対応として、1999（平成11）年3月31日に学校教育法施行規則が改正されている。

また、大学審議会には2000（平成12）年11月22日に「大学入試の改善について」の答申があり、そのなかで「秋季入学の拡大」を取り上げている。この答申は、秋季入学が一部の大学が取り組んでいるにとどまっており、ま

た、その多くが、欧米諸国等のような学年暦の異なる国との円滑な交流を図る観点から留学生や帰国子女等を対象にしたものとなっていることを問題としている。つまり、受験生の選択の幅を広げ、多様な学習計画を可能にするといった観点からも、各大学において、一般選抜における秋季入学の導入を積極的に行うことを求めたのである。

このように秋季入学の力点が、受験機会の複数化と関連づけて議論されてきたのであるが、教育改革国民会議における議論や先頃内閣府が実施した調査は、国際化の推進を見据えた内容になっており、そのような意味において臨教審における議論へと主たる関心が回帰したということができる。

3 「飛び入学」との関連

このような、入学時期複数化とは別に、いわゆる「飛び入学」との整合性を考慮する必要がある。高校卒業後に半年の空白ができる秋季入学は、大学入学時期を早める「飛び入学」と異なる方向の政策だからである。「飛び入学」の考え方は、1991（平成3）年4月19日の中央教育審議会答申「新しい時代に対応する教育の諸制度の改革について」を受けて、1997（平成9）年6月の中央教育審議会答申「21世紀を展望した我が国の教育の在り方について」において具体化された。その対象者となるのは稀有な才能を有するごく少数の者であって、一般的な制度と位置づけることを想定していない。1997（平成9）年7月31日に改正された学校教育法施行規則第69条によると、高等学校に2年以上在学した者等で、一定の要件を満たす大学が、数学または物理学の分野における特に優れた資質を有し、かつ、高等学校を卒業した者と同等以上の学力があると認めた者に、大学入学資格が認められる。あくまでも分野が限定されていたのであるが、2000（平成12）年12月22日の教育改革国民会議の報告「教育を変える17の提案」に「特に優秀な子どもでその大学の教育目標に合う者は飛び入学ができるよう、現在原則18歳となっている大学入学年齢制限を撤廃する」とあって、2001（平成13）年7月11日に学校教育法第56条第2項が改正された。これにより、「飛び入学」の対象となる分野が、数学及び物理学の分野に限定されないこととなった。

4　秋季入学への移行の課題

　もちろん、「飛び入学」は例外的な措置である。そのような運用を活かして成果を上げる学生は、ごく少数だと考えられているからである。では、入学時期を秋季にすることが有効となる学生は、どれほどいるのか。外国の大学へ留学することを予定しない者にとって、秋季入学は有意義か。半年間のボランタリーな活動を将来における社会的貢献の基礎とすることのできる学生がどれほどいるのか。秋季入学への移行に関する議論は、そのような疑問への明確な回答を踏まえる必要があり、政策の意義を一層吟味したうえで実施に移すことが肝要であろう。

参考文献
佐藤俊夫（1978）「学校は何故四月からはじまるのか」『月刊百科』第187号、平凡社。
寺崎昌男（1992）『プロムナード東京大学史』東京大学出版会。

（初出：平成12年度文部科学省委託研究研究成果報告書（研究代表者川島啓二）『大学の秋季入学に関する調査研究』2003年3月、7-10頁）

第3節　教養的教育と専門的教育
──カリキュラム改革は成功したか

はじめに

　「大学は、学術の中心として、広く知識を授けるとともに、深く専門の学芸を教授研究し、知的、道徳的及び応用的能力を展開させることを目的とする」というのが、学校教育法の定める大学の目的である。この目的規定に基づいて、わが国の大学教育は、一般教育等と専門教育から構成される点をひとつの特徴としてきた。そして、これを保障していたのが大学設置基準である。ところが、平成3年に大学設置基準が改正（いわゆる大綱化）されてからというものの、多くの大学で教育研究組織の改組や学部課程（学士課程）のカリキュラムの改訂が進められている。

広島大学も例外ではない。最近のカリキュラムの改訂は、一般教育と専門教育の区別を廃止し、四（六）年一貫教育を施すことを主眼としている。これまで、多くの学部は専門教育のみを担当し、総合科学部が全学の学生を対象とする一般教育等と、総合科学部学生のための専門教育を併せて受けもつのが基本的な組織構造であった。したがって、カリキュラムの改革は、全学的な規模で対応せざるをえないものとなった。とはいえ、昭和38年に法制化された教養部の改組を伴うカリキュラム改革を行った大学とは事情を異にする。既存の組織を所与のものとして、カリキュラムのみを改編したところも広島大学の特徴である。法令の改正を要する学部や大学院研究科の新設や、教員組織の改編が改革に含まれないことから手続きは簡便といえなくもない。けれども、クサビ型カリキュラムが明瞭になると（そもそも、この名称自体が教養と専門の区別を前提としている）、学生は1年次から当然に複数の学部にまたがって学修することになる。大学に入学するまで、与えられたカリキュラムの中で限定的に許容された選択しか体験したことのない学生の目には難解な仕組みとして映るであろう。いくつかの学部で開講される授業を、自分の学修の中に主体性をもって位置づけることの困難性と重要性は、四（六）年一貫教育に基づくクサビ型カリキュラムの方が一層高まるのではないか。

とはいえ、大学全体を視野に入れたとき、カリキュラムをどのような視点に立って組み立てると、大学教育が良好な成果を上げることができるかということについては、未知の部分が少なくない。概して大学改革というものは、すべての構成主体の賛同を得て、その方向が確定されるとは限らないし、かりに大多数の支持を取り付けることのできた改革案であっても、期待される効能のほかに、予期することのできない副作用を伴うことも考えられる。そもそも、教員の立場からみて理想的だと思えるカリキュラムであっても、学生にとって最良のものかどうかは、いったん学生の立場から捉え直してみなければ知ることはできない。綿密に計画が立案されたとしても、それが適切に実施・運用されていることを不断に点検していかなければならないのである。

このような意味で「広島大学の学部教育と学生生活に関する調査」は、学生の立場からみた現行カリキュラムの課題を知るための情報源のひとつにな

るのではないか。そこで、調査票の中から、一般教育等の改革に関わる項目を取り出して、広島大学における教養的教育と専門的教育の課題について、カリキュラムの周知度ならびに学生の期待と教育の実態との違いを意識して、学部間の比較を交えながら論じてみる。

　ところで改正以前の大学設置基準では、大学で開設すべき授業科目は、その内容により、一般教育科目、外国語科目、保健体育科目及び専門教育科目に分けるものとされていた。この中で一般教育科目については周知のように人文・社会・自然の三分野にまたがる履修が定められていた。また、このほかに、教育上必要であるときは、専門教育の基礎となる授業科目として、基礎教育科目を置くことができた。これに対して、現行の教育課程に関する規程は「学部等の専攻に係る専門の学芸を教授するとともに、幅広く深い教養及び総合的判断力を培い、豊かな人間性を涵養するよう適切に配慮しなければならない」として、教養の重視を謳っているものの、そのための基準を明示していない。そこで各大学は、自己の判断に基づいてカリキュラムの編成ができるようになった。

　このような流れの中での広島大学の対応は、従来の人文・社会・自然の三系列区分、及び一般教育と専門教育の区分を廃止し、新たに学部教育を充実、深化、拡大させるために、①総合・教養科目、②外国語科目、③体育実技科目、④情報関係科目、⑤専門関連科目、⑥専門基礎科目、⑦専門科目、の諸科目を設けるというものであった。

　とはいえ、本稿の至る所で目にする「教養的教育」については、その概念がつまびらかでないように思われる。実際の科目の設定は複雑であるので、厳密に定義することは困難であろう。しかし、以下の議論を展開するうえで何らかの位置づけをしておかなければならない。そこで、総合科学部開設授業科目と教養的教育に関する授業科目とを、内容的に重なる部分の多い類似の概念とみることにする。

1　カリキュラムは周知されているか

(1) 視点
　カリキュラムを改訂した場合に、その成否を判定するための材料となるも

ののひとつに、学生がそのカリキュラムの仕組みを理解して学修しているかということがある。すぐれたカリキュラムが提供され、かつ、教員がそれ自体立派な教授を行ったとしても、履修しようとする科目の位置づけを学生が知らなければ、学修の成果を上げることを期待できない。カリキュラムの提示は、学生の主体的な学修のガイドラインであらねばならない。このことについて本調査では、レベルの異なるいくつかの問いを設定している。まず、Q6において「あなたは、あなたの学部や学科の教育理念を知っていますか」と問い、Q14cでは「私は学部一貫カリキュラムの中での教養的教育の位置づけを理解している」という命題について「はい」「いいえ」の選択で回答を求めている。また、Q15では総合科学部授業科目区分、たとえばG1とかS1の意味について理解度を質問している。

　これらは、学部カリキュラムの枠組みの認知度ということができる。ただし、本調査の教養的教育と専門的教育に関する問いは、教室における教授・学習過程を対象としていないので、以下の記述では外的条件の整備に関する成否に関心を限定することになる。とすれば、枠組みの理解がどの程度であるかということを軸にして、教養的教育と専門的教育の関係について考察することが妥当であろう。ただし、分析にあたり、カリキュラム改革の進行の関係で、たとえば調査実施時に3年次であった学生が1年生であった2年前には、まだ現行のカリキュラムは一部の学部を除いて施行されていなかったことから、当面、1年生だけを取り出した集計を基に分析を進める。この場合に、一部の学部を分析の対象から除外しなければならない。

(2) ラベルについて

　まず、学生が履修計画を立てる上でおそらく出会うことになる総合科学部開設授業科目に付与されたラベルの理解度から話を起こしてみたい。このことは調査票のQ15の1から知ることができる。ここでは「総合科学部授業科目区分（G1、S1等）における、Sは総論的科目を示している」という命題について正誤の判断を求めている。集計によると「Sは総論的科目を示している」が正しいとの回答が20.1％、誤っているとの回答が78.1％であった。もちろんSは各論的科目を指すから、この問いに対する回答によれば、およそ

表1　ラベルの意味するもの

G1	基礎的で総論的科目。主として1・2期に開講する科目。
S1	基礎的で各論的科目。主として1・2期に開講する科目。
G2	高度な総論的科目。主として3・4期に開講する科目。
S2	高度な各論的科目。主として3・4期に開講する科目。

2割の1年生はGとSの違いを理解していないことになる。また、Q15の2は「総合科学部授業科目区分における、1は2よりも授業の難易度は高い」という命題について正誤の判断を求めている。これについて、正しいとの回答が22.6％、誤っているとの回答が76.0％となっている。これまた4人に1人の回答が間違っている。なお、この二つの問いについて、いずれも誤答したものが21.3％あり、少なくとも一方に誤答したものが37.7％あった。

　では、教養的教育におけるG1とかS1という区分は、どのような科目群として構想されていたのであろうか。『広島大学白書2』によれば、総合科学部で開設される授業科目は類似するものを括って、いくつかの「教育科目」に分類されるとともに、総論的なもの（General）と各論的なもの（Specific）、また、程度より、基礎的なもの「1」、高度なもの「2」に分類し、各授業科目に「G1、G2、S1、S2」のいずれかのラベルを張ることによって、学生に一定の情報を与える方式を取り入れた[1]、ということになっている（表1）。つまり、ラベルの意味を認識することのできない学生は、学修にとってこの区分が重大な意味をもっているとするならば、主体的に計画された学修を行うことさえおぼつかないということになる。しかるに総合科学部開設授業科目を学修する上で欠くことのできないはずのGとSの区別と1と2の区別をともに正しく理解していた学生が1年次の回答学生の6割程度しかないのであるから、これまでのところ「ラベルを張ることによって学生に一定の情報を与える方式」がうまく機能しているか疑問である。

(3) 教養的教育の位置づけ

　次に、学生が教養的教育を、自分なりにカリキュラムの中に位置づけることができているかというレベルに目を向けてみよう。これもカリキュラムの

周知度を尋ねるものであるが、学生が主体的に学修すると仮定すれば、教養的教育の位置づけも多様に設定されてしかるべきであろう(もちろん学部として、いくつかの方向性を示しておくことが重要であることはいうまでもない)。このことについてQ14では「私は学部一貫カリキュラムの中での教養的教育の位置づけを理解している」という命題について選択式の回答を求めている。この質問に対して、1年生の28.0%が「はい(理解している)」と回答しており、「いいえ(理解していない)」とする回答は70.9%となっている。4人のうち3人近くが教養的教育を学部一貫カリキュラムに位置づけることができていないことは、このことが学生の主体的学修の基礎的条件であることを考慮すれば深刻な問題といわざるをえない。

(4) 学部・学科の教育理念との関わり

さらに、もっと根本的な問題としてQ6に「あなたは、あなたの学部や学科の教育理念を知っていますか」との質問がある。表2にみられるように、学部の教育理念を知らないとの回答がおよそ3分の1を占めている。この状況は各学部による学部・学科の教育理念の公表の仕方と無縁ではないにせよ、ゆゆしき問題といえよう。

学部や学科の教育理念の認知度を尋ねたこの問いからは、本項との関連において、次のことがいえよう。つまり、学部・学科の教育理念を知っていると回答した学生は、そうでない学生より教養的教育の位置づけを知っていると回答する傾向があることである。

さらに、学部の教育理念の認知度については、学部間の差異が明瞭である。総合科学部、医学部及び歯学部では、学部の教育理念についておおよその内

表2 学部学科の教育理念と教養的教育の位置づけ(1年次)

		教養的教育の位置づけを		計
		1. 理解している	2. 理解していない	
学部学科の 教育理念を	1. おおよそ知っている	43.7	55.3	23.1
	2. あることは知っている	29.0	70.2	42.9
	3. まったく知らない	16.2	82.5	34.0
	計	28.0	71.0	100.0

表3 学部と教育理念の認知

	総科	文学	教育	学教	法学	経済	理学	医学	薬学	保健	歯学	工学	生生	法2	経2
1.おおよそ知っている	56.8	−	32.5	31.3	11.5	5.9	24.3	58.6	24.1	21.2	52.4	13.1	−	16.7	25.0
2.あることは知っている	27.0	−	40.7	56.3	41.8	51.5	42.9	31.0	51.7	54.5	33.3	44.9	−	33.3	66.7
3.まったく知らない	16.2	−	26.8	12.5	46.7	42.6	32.9	10.3	24.1	24.2	14.3	42.0	−	50.0	8.3
	74	−	123	16	122	68	70	29	29	33	21	283	−	12	12

容を知っているとの回答が多く、まったく知らないとする回答は少ない。これに対して法学部及び経済学部では、おおよその内容を知っているとの回答が少なく、まったく知らないとする回答が多い。これは、前者については、とかく専門教育が重視されやすいわが国の大学において学部の理念が存立の意義に関わるといえる総合科学部と、医師養成・歯科医師養成に代表される職業専門教育がとりわけ求められ、卒業と資格とが密接に関わり合う医学部と歯学部であるとすれば理解できることである。この点は、教員養成を主な目的とする学校教育学部でも学部・学科の理念を「まったく知らない」との回答が少なく、医学科・歯学部と同じ傾向にあるといえる。

(5) 情報提供について

このように、いくつかの学部では学部・学科の教育理念さえ、あまり知られていないのが現状であるといってよい。残念ながら教育理念の内容に踏み込んだ質問は本調査に含まれていないが、これと関連してQl4eで「授業内容に関する情報提供は十分である」という命題について判断を求めている。ここで「はい（十分である）」と回答した学生は**16.7%**でしかなく、**82.3%**が「いいえ（十分でない）」と回答している。これを学部ごとに集計したものが**表4**である。多少の差はあるものの、いずれの学部も情報提供が十分であるとの回答は少ない。

情報不足は、多くの学生がGとSの区別と1と2の区別を理解しにくい状況にあることの背景になっているかもしれない。たとえば、Q14aでは「総合科学部の『履修等の手引』を読めば授業内容がよくわかる」ということにつ

表4 学部と情報提供

	総科	文学	教育	学教	法学	経済	理学	医学	薬学	保健	歯学	工学	生生	法2	経2
1.はい(十分である)	17.6	−	16.1	31.1	15.4	17.4	25.0	36.7	20.0	24.2	14.3	11.6	−	0.0	16.7
2.いいえ(十分でない)	81.1	−	83.1	68.8	84.6	81.2	73.6	60.0	76.7	72.7	85.7	87.7	−	100.0	83.3
計	74	−	124	16	123	69	72	30	30	33	21	284	−	12	12

いて「はい(よくわかる)」と回答した学生が28.3%であったのに対して「いいえ(わからない)」と回答した学生は70.8%である。本調査において時間割作成のためにもっとも利用されていることが示され、それゆえカリキュラムを周知する上で最も重要な媒体となることが期待される「履修等の手引」は、その期待の大きさにかかわらず、効果を発揮していないといえるだろう。

しかも、Q12によると、「履修等の手引」から情報を得ている者が71.4%、「先輩・友人からの口コミやパンフ」から情報を得ている者が64.6%となっている。これに対して、「教員のガイダンス」は13.2%で多くない。教員のガイダンスから情報を得たと回答した学生が、具体的にどのような情報を入手して時間割の作成の参考にしたのかはアンケートだけから知ることはできない。

(6) まとめ

このように、学修計画づくりを支援するはずのラベルが理解されていないことの原因として、次のことが考えられる。まず、ここで集計の対象を1年生に限定したことである。1年次で履修する科目の多くはG1に分類されるからである。調査の時期が年度の早い時期であったことも関連していると思われる。次に、総合科学部開設授業科目については、総合科学部独自のG1、S1、G2、S2の区分のほか、各学部ごとに①総合・教養科目、②外国語科目、③体育実技科目、④情報関係科目、⑤専門関連科目というように別途分類されるので、せっかく総合科学部開設授業科目をラベル化しても、この再分類の時にラベルによる指定が明示されない場合には、この分類によることなく、むしろ意識としては学部指定科目くらいの位置づけで選択履修している可能

表5　学部便覧によるラベルの使用（例）

学部	科目区分	履修方法または科目の指定
教育学部	教養	総合科学部で開設されるG1、S1、G2レベルの授業科目のうちから、できるだけ広範囲にわたって履修すること。
	専門選択	教育学部及び他学部の専門科目（総合科学部の場合はS2レベルの授業科目）から選択すること。
	科目区分を問わない自由選択	教育学部及び他学部の授業科目（総合科学部の場合はすべてのレベルの科目）から履修すること。
経済学部	総合・教養	総合科目2単位を含み「外国語」「スポーツ実習」を除く教育科目のG1からできるだけ広範囲にわたって履修することが望ましい。
	専門関連	数理科学通論A、数理科学通論B、情報学科目、経済・技術・統計のG2科目
工学部（第一類）	総合・教養（第1群）（第2群）	第1群は「哲学・思想・宗教」「芸術」「文化論」…（中略）…のうちG1、G2授業科目を指す。 第2群は「人類学」「経済・技術・統計」…（中略）…のうちのG1、G2授業科目を指す。
	専門関連	微分学、積分学、線形代数学Ⅰ、線形代数学Ⅱ、基礎数学演習Ⅰ、基礎数学演習Ⅱ、力学Ⅰ、力学Ⅱ、基礎物理学Ⅱ、物理学実験、一般化学Ⅰ、化学実験
生物生産	総合・教養	教育科目のスポーツ実習、情報学、外国語でくくる授業科目及び指定した専門関連科目を除くG1、S1レベルの授業科目から選択する。
	専門関連	数理科学通論A、一般物理学Ⅰ、一般化学Ⅰ、有機化学、種生物学、細胞科学、物理学実験、化学実験、生物学実験

性がある。また、学部の履修表でラベルが明示されても、その意味について説明がなされていない場合もある。この場合にも、学生はラベルの意味に関心をもつことなく、時間割をつくるのではないか（表5を参照）。そうであるならば、このラベル自体は総合科学部の学生が8学期の間に履修するうえでの目安にならないこともないが、少なくとも他学部の学生には、あまり役立たないのではないか。

2　教養的教育と専門的教育の効能についての期待

（1）教養的教育について

　次に、教養的教育と専門的教育に対する学生の期待について、学部間の違いを意識しながらみていきたい。ここでは、1年生と3年生以上を対比する

表6 G1への期待

	総科	文学	教育	学教	法学	経済	理学	医学	薬学	保健	歯学	工学	生生	法2	経2
1.必要最低限の知識	50.0	-	43.8	44.4	55.4	56.5	60.5	55.0	35.7	30.4	33.3	47.9	-	62.5	50.0
2.特論的な授業	1.9	-	9.6	0.0	10.8	4.3	9.3	10.0	28.6	8.7	0.0	5.4	-	0.0	0.0
3.学問の本質・研究方法	15.4	-	6.8	11.1	14.9	10.9	25.6	25.0	28.6	13.0	0.0	15.0	-	37.5	16.7
4.教員の人生観・社会観	38.5	-	50.7	55.6	36.5	32.6	32.6	40.0	14.3	52.2	66.7	44.9	-	37.5	33.3
5.専門的教育の理解	42.3	-	43.8	55.6	31.1	39.1	34.9	30.0	64.3	47.8	50.0	40.7	-	0.0	50.0
6.現代社会の問題解決	42.3	-	42.5	33.3	45.9	41.3	30.2	30.0	21.4	34.8	50.0	32.3	-	37.5	33.3
計	52	-	73	9	74	46	43	20	14	23	6	167	-	8	6

形で話を進めていきたい。

　教養的教育一般については、Q16の「教養的教育（G1）に関して、どのような授業を受けたいですか」とか、Q17の「教養的教育（S1）に関して、どのような授業を受けたいですか」という質問が、これに関連している。みてきたようにG1とかS1の理解度はおよそ6割（59.4%）であり、この数値を多いとみるべきか少ないとみるべきかは必ずしも即断できないにせよ、科目に付与されているラベルの意味を理解していない学生が4割程度いるのであるから、この問い自体が意味をもたないかもしれない。とりあえず1年生全体の集計をみておくと、G1の科目では「その領域に関する必要最小限の知識を教える授業」（48.6%）が期待されており、S1の科目では「次年次以降の専門的教育を理解するのに役立つ授業」（47.2%）が期待されている。前者は、いわば概論的授業であろうし、後者は基礎教育的授業といえよう。

　このことはG1とS1の意味について誤解している回答者を除いて集計しても全体として大きな違いはないようである（それぞれ49.5%と46.8%、表6及び表7を参照）。

　1年生からみた教養的教育への期待に関するこの結果と、ある程度比較可能な質問としてQ25があるので、こちらもみておきたい（表8を参照）。ここでは3年生以上からみて、教養的教育がどのように役立つと考えるか質問し

表7　S1への期待

	総科	文学	教育	学教	法学	経済	理学	医学	薬学	保健	歯学	工学	生生	法2	経2
1.必要最低限の知識	25.0	−	23.3	44.4	21.6	28.3	18.6	15.0	21.4	8.7	33.3	26.3	−	25.0	33.3
2.特論的な授業	30.8	−	38.4	22.2	48.6	41.3	39.5	35.0	50.0	34.8	16.7	31.7	−	75.0	33.3
3.学問の本質・研究方法	25.0	−	30.1	0.0	25.7	26.1	46.5	35.0	50.0	13.0	16.7	31.7	−	25.0	50.0
4.教員の自然観・社会観	36.5	−	23.3	22.2	12.2	32.6	32.6	35.0	7.1	34.8	50.0	28.1	−	25.0	33.3
5.専門的教育の理解	50.0	−	54.8	77.8	52.7	28.3	41.9	25.0	42.9	60.9	50.0	47.9	−	0.0	33.3
6.現代社会の問題解決	21.2	−	24.7	22.2	31.1	26.1	14.0	35.0	21.4	30.4	33.3	20.4	−	25.0	0.0
計	52	−	73	9	74	46	43	20	14	23	6	167	−	8	6

表8　教養的教育は何に有益であったか

	総科	文学	教育	学教	法学	経済	理学	医学	薬学	保健	歯学	工学	生生	法2	経2
1.必要最低限の知識	62.8	48.0	60.9	56.2	62.5	0.0	64.6	47.8	46.2	0.0	40.0	56.0	52.6	60.0	57.1
2.特論的な授業型	7.0	8.0	8.9	6.2	0.0	0.0	6.3	8.7	7.7	100.0	20.0	8.5	5.3	0.0	14.3
3.学問の本質・研究方法	4.7	4.0	8.1	4.1	0.0	0.0	8.9	8.7	15.4	0.0	13.3	6.0	10.5	40.0	0.0
4.専門的教育の理解	14.0	4.0	9.3	6.2	12.5	0.0	10.1	30.4	23.1	100.0	26.7	16.0	10.5	20.0	0.0
5.社会の一般常識	30.2	40.0	33.7	39.7	50.0	33.3	27.8	21.7	30.8	0.0	20.0	30.0	21.1	20.0	42.9
6.高校の学習の深化	9.3	20.0	14.0	13.0	25.0	0.0	16.5	26.1	7.7	0.0	6.7	17.0	10.5	0.0	14.3
7.視野の拡大	51.2	68.0	51.2	50.7	25.0	100.0	41.8	43.5	46.2	0.0	33.3	36.5	57.9	60.0	57.1
計	43	25	258	146	8	3	79	23	26	1	15	200	19	5	7

ており（ただし3年生にとっては一般教育というほうが正確であろう）、その回答は「その領域に関する必要最低限の知識の学習」が57.8％で最も多く、「社会や人生に対する視野の拡大」（46.2％）と「社会に出たときに役立つ一般常識の習得」（33.1％）がこれに続く。逆に基礎教育型は全体としては多くない。

このことから次のいずれかの見方ができそうである。ひとつの可能性は、教養的教育の基礎教育化が進んだという見方である。また、1年生のときには専門の基礎となる授業を期待するが、3年生になってから振り返ると、そのような効能がなかったことに気付いているという見方も考えられる。それに第三の見方として、「教養的教育」という語の捉え方に違いがあったかもしれない。理学部を除いて旧カリキュラムで履修している3年生にとって、教養的教育とは耳慣れない言葉であったはずだからである。たとえば、工学部で必修扱いされていた自然分野の一般教育科目が教養的教育に含めて回答されたのか定かでないのである。

　それでも、表8をみると学部の特徴を見出すことができる。それは、概論型あるいは常識型（低度の一般教育というべきか）と、視野拡大型の授業が多いという点で各学部の一致がみられるものの、医学部では相対的多くの3年生が基礎教育として有益であったと回答していることである。

(2) 英語教育について

　次に、英語についてであるが、これも総合科学部開設授業科目であり、教養的教育に分類される。しかし、各学部のカリキュラムでは、いわゆる「教養・総合科目」とは別の扱いを受けることが多い。英語の授業は、カリキュラム改革以前において、英語で書かれた各種の評論・文学作品の講読や、英作文・英会話を通じて、英語の読解力と表現力を身につけるとともに、英米文化一般を把握し、また広く一般科学における知識と判断力を養うことを目的として開講されていた。多くの場合は「英語Ⅰ」「英語Ⅱ」あわせて8単位を履修し、これらは指定されたクラスにおいて受講することが原則とされた。それが、新しいカリキュラムでは、平成6年度生入学生の第3セメスターから、すなわち平成7年度から、「総合英語」に加えて、4技能別英語「リーディング」「リスニング」「ライティング」「スピーキング」が開設され、分化が進められている。

　旧カリキュラムについては「英語の授業では、次のような能力をどの程度身につけましたか」と問うQ23において3年生以上に回答を求めている。その結果、「外国の文学作品を読解する能力」「外国の新聞や雑誌を読解する能

力」「外国のTVニュース、映画などを理解する能力」「外国人との日常的な交流（手紙・会話等）ができる能力」の四つの選択肢のいずれについても、「かなり身についた」との回答は極めて少なく（0.8%～2.4%）、「外国人との日常的な交流（手紙・会話等）ができる能力」が「あまり身につかなかった」との回答が85.0%もある。この結果をみる限り、旧カリキュラムにおける英語教育は惨憺たる状況にあったといえる。

一方、これから学修する1年生をみると、Q18の「英語の授業では、どのような内容のものを受けたいと思いますか」との問いに対して、「外国人との日常的な交流（手紙・会話等）ができる能力」(77.4%)とか、「外国のTVニュース、映画などを理解する能力」(57.1%)とか、「外国の新聞や雑誌を読解する能力」(39.2%)を身につけることができるような内容の授業、つまり実践的に英語を操る技術の習得が期待されていることがわかる。反対に、「外国の文学作品を読解する能力を身につける」(9.3%)ことができるような内容の授業は、あまり望まれていないらしい。

ここでも学部ごとに集計すると、とりわけ教育学部と学校教育学部では、「新聞雑誌を読解する能力」よりも「TVニュース、映画などを理解する能力」を選択した回答が多かった。文字情報と映像情報とを対比させるならば、この2学部では後者に対する欲求が高いことを推測することができる。

もっとも、英語教育の問題は大学入学以前に受けてくる英語教育が変われば、学生の期待も変わってくるという性格をもつと考えられる。英語教育における改革がもたらす効果を検証するためにはもう少し時間が必要であろう。

表9　英語教育への期待

	総科	文学	教育	学教	法学	経済	理学	医学	薬学	保健	歯学	工学	生生	法2	経2
1. 文学作品の読解	5.4	−	8.3	12.5	9.8	7.2	16.7	10.3	10.0	18.2	19.0	7.0	−	16.7	0.0
2. 新聞や雑誌の読解	43.2	−	26.4	31.3	43.1	42.0	43.1	48.3	36.7	27.3	42.9	40.1	−	41.7	58.3
3. TVニュース、英語の理解	55.4	−	66.9	75.0	63.4	55.1	58.3	34.5	60.0	54.5	42.9	54.2	−	33.3	58.3
4. 日常的交流	83.8	−	84.3	75.0	70.7	68.1	69.4	75.9	76.7	72.7	76.2	79.7	−	83.3	75.0
計	74	−	121	16	123	69	72	29	30	33	21	284	−	12	12

(3) 情報教育について

英語教育と同じく情報教育科目も、総合科学部開講科目である。Q19の「情報関係の授業では、どのような内容のものを受けたいですか」との問いに対する1年生による回答を集計すると「プログラミング」(59.7%)、「ワープロの使い方」(47.8%)、「コンピュータ通信」(24.3%)に関する授業を受けたいとなっている。

これと関連して、Q24で3年生以上を対象に「あなたは、大学入学後に、どのような情報関係の能力を身につけましたか」とたずねている。これによると、全体として「大学の授業で身につけた」との回答は、それほど多くはなく、「パソコンの操作」が24.1%、「BasicやC等の言語」が17.4%、「ワープロの操作」が3.8%、「コンピュータ通信」が2.4%となっている。

この項目を学部ごとに集計すると、もっと明瞭な傾向を見出すことができる。総合科学部、理学部及び工学部ではプログラミングの実習が多く、教育学部、学校教育学部及び法学部ではワープロの使い方に関する授業を受けた

表10 情報関係の授業への期待

	総科	文学	教育	学教	法学	経済	理学	医学	薬学	保健	歯学	工学	生生	法2	経2
1.ハードウェア	12.2	–	4.9	0.0	5.9	14.5	22.2	20.7	16.7	3.0	4.8	20.2	–	18.2	0.0
2.プログラミング	63.5	–	46.7	43.8	45.8	58.0	73.6	58.6	60.0	42.4	42.9	72.0	–	36.4	66.7
3.OSの仕組み	23.0	–	12.3	25.0	20.3	20.3	23.6	20.7	6.7	15.2	19.0	23.8	–	27.3	8.3
4.ワープロの使い方	47.3	–	68.0	87.5	64.4	43.5	31.9	44.8	60.0	57.6	76.2	30.9	–	36.4	58.3
5.表計算、データベース	10.8	–	13.9	18.8	8.5	8.7	18.1	13.8	16.7	12.1	9.5	14.2	–	0.0	33.3
6.通信の使い方	31.1	–	31.1	6.3	31.4	24.6	20.8	17.2	20.0	33.3	23.8	24.8	–	36.4	16.7
7.社会と人間との関わり	6.8	–	10.7	6.3	9.3	11.6	2.8	0.0	3.3	9.1	4.8	2.8	–	0.0	0.0
8.基礎理論	2.7	–	5.7	12.5	7.6	11.6	2.8	3.4	6.7	9.1	0.0	6.0	–	27.3	16.7
計	74	–	122	16	118	69	72	29	30	33	21	282	–	11	12

いとの回答が多かった。もっとも、ワープロの使い方については、理科系の学部でも多い。特に理学部と工学部は、類似の傾向を示している。

　情報教育の課題として、まず、供給が需要に追いついていないと考えられる点がある。Q22では、総合科学部で開講されている教養的教育の科目等（G1、S1のみ）を列挙し、開講授業数を現在よりも増加してほしいと思う科目を選択させている。集計によれば、情報学は「授業時間数を現在よりも増加してほしい」科目のひとつに挙げられている。

　Q14gは「情報処理関係の教育が充実している」ということに対して判断を求めているが、3年生以上の回答では「はい」との回答が13.6%、「いいえ」の回答が84.2%であったのに対して、1年生の回答は「はい」が34.6%、「いいえ」が61.1%となっており、改善の方向にあると思われる。

(4) 専門的教育について

　専門的教育については、Q26で3年生以上の学生に質問している。「あなたの受けている専門的教育は、どのように役立つと思いますか」との質問に対して専門的教育は「理論的な勉強」として役立つとの回答が51.7%と最も多くなっている。しかし、きっと所属学部による差異があるだろう。たとえば、リーガル・マインドの形成を目指す法学部であれば「論理的・体系的な考え方の習得」が多くなるであろうし、人とのコミュニケーションを欠くことのできない医学部や学校教育学部では「職業に就く心構えの形成」のために役立つと回答するのではないか。他方、これらとは対照的に文学部や理学部では「社会人としての基礎知識の習得」が少なく、「理論的な勉強」が多くなるのではないかと予想される。実際にQ26において「理論的な勉強」に役立つとの回答は理学部で83.5%という高い比率を占めており、工学部の56.2%と比較すると、それは明確になる。また、「職業に就く心構えの形成」に役立つとの回答は、学校教育学部で63.3%と高くなっている。なお、文学部と法学部についても予想どおりの結果を期待していたのだけれども、この質問は対象を3年生以上に限定したこともあってサンプルが少なく、ここでは結果を論じることを見合わせておく。

　このこととは別に、専門的教育の効能については、将来の進路について質

表11　専門的教育の効能

	総科	文学	教育	学教	法学	経済	理学	医学	薬学	保健	歯学	工学	生生	法2	経2
1.理論的な勉強	53.7	64.0	48.7	36.7	62.5	66.7	83.5	18.5	61.5	0.0	21.4	56.2	52.6	50.0	75.0
2.社会での実務	22.0	4.0	31.8	31.3	50.0	33.3	16.5	55.6	34.0	100.0	64.3	25.6	31.6	66.7	37.5
3.社会人として基礎知識	17.1	16.0	16.0	17.0	25.0	0.0	6.3	14.8	7.7	0.0	0.0	14.8	10.5	33.3	50.0
4.論理的・体系的考え方	53.7	72.0	35.6	23.8	25.0	66.7	49.4	14.8	23.1	100.0	14.3	44.3	42.1	33.3	25.0
5.職業に就く心構え	12.2	4.0	46.0	63.3	12.5	0.0	8.9	55.6	46.2	0.0	35.7	20.2	21.1	0.0	0.0
計	41	25	261	147	8	3	79	27	26	1	14	203	19	6	8

問したQ10やQ11とも関わってくるだろう。Q10によると、専門的教育が「理論的な勉強」に役立つとの回答は民間企業技術者を志望する学生で57.1％、研究者・大学教員を志望する学生で76.5％と高くなっている。また、「論理的・体系的な考え方の習得」に役立つとの回答は、研究者・大学教員を志望する学生で54.4％となっている。一方「職業に就く心構えの形成」に役立つとの回答は学校教員を志望する学生で56.9％となっていて、同一の質問に対する学校教育学部学生の回答にみられる傾向と一致している。このことと関連して、Q11によれば、大学院に進学したいと思っている学生は、「理論的な勉強」に役立つとの回答が59.4％となっており、大学院に進学したいと思っていない学生の43.8％と比較して比率が高い。

(5) まとめ

「教養的教育一般」「英語教育」「情報教育」「専門的教育」に求められるものについて、学生の立場から若干の分析を試みた。その結果、同じ分類に属する科目であっても、履修者の求めるものは異なってくる。これは学生の所属する学部や、将来の進路に左右されるようである。ということは、一口に「専門教育と一般教育的教育の有機的連関」といっても、その理念は分野や進路によって複雑な関係を生じさせる性質をもっているのではないかと考えられる。

第 8 章　学部教育改革の課題

おわりに

　以上、カリキュラムの認知度と、各科目分類への学生の要望を軸にして、教養的教育と専門的教育のあり方について考察を試みた。これをふまえて今後の課題を提示しておきたい。

　まず現状認識としては、学部の理念から個別授業科目の目標まで、授業を提供する側からの情報は、学生にとって学習を支援するうえで、十分であるとは評価されていない。その背景については第1節に示したとおりである。この場合、科目分類はもちろんのこと、個々の科目名に至るまで、提供する学部の如何を問わず、一定のルールを設ける必要があるのではないか。そうすることによって、自分の所属する学部以外の学部で開講される授業であっても、自分にとって有意義であるのか、はたまた手に余る難物なのか、判断する参考になるであろう。このことは、1年生が将来の学習を見据える上で有効であろうと考えられる。

　次に、教養的教育と専門的教育の関係であるが、この関係は、カリキュラム改革によってどのように変化したのか改めて考え直す必要があろう。カリキュラム改革は、教養的教育の地位を確立したのか。専門カリキュラムによる一貫した学修を促進しただけではないか。教養的教育と専門的教育の一体化の名の下に、むしろ、教養的教育の形骸化が進んではいないか。

　このようなことを判断するのは拙速であるかもしれない。しかし、そうみえる要因が本調査により浮かび上がってきたのではないかと思う。

注
1　広島大学自己点検・評価委員会『広島大学白書2　新しい大学像をめざして─教育と研究との創造的展開─』1995年、25頁。

（初出：有本章・山崎博敏編『学部教育の改革と学生生活：広島大学の学部教育に関する基礎的研究（2）』高等教育研究叢書40、広島大学大学教育研究センター、1996年3月、26-37頁）

書評

鳥居朋子著
『戦後初期における大学改革構想の研究』

1　本書の構成

　本書は、二部構成となっている。第一部では、戦後初期における大学自治機構の改革を、大学基準協会の動向に注目して分析している。第二部では、東京商科大学及び東京工業大学における戦後初期の改革を組織運営を中心に議論している。東商大と東工大を論究の対象に選定するのには理由がある。両者は、旧制の官立大学であることと、新制大学の発足時に外部からの包括校がなかったことにより、高等教育機関の合併と昇格から派生する諸問題の影響を受けることのなかった希少な事例である。また、両校は戦後初期の大学改革において最重要な役割を果たした人物が大学長の職にあったことで知られている。上原専禄と和田小六である。

2　東工大における基礎教育の充実

　東工大の戦後初期における改革の出発点とみられるのは、『東京工業大学百年史』（東京工業大学, 1985, 664頁）が引用する和田の「覚え書」である。この「覚え書」には和田の思索の形跡がある。和田は応用と基礎の連繫する工業単科大学（Technische Hochschule）の形態が、工学教育に適当であるとみた。工業単科大学の中身について、和田は説明していないから、具体的な事例から間接的に想像するほかない。ドレスデンの工科大学では19世紀後半に一般教育部（Allgemeine Abteilung）を設置し、その後に数学・自然科学部が一般教育部から分離独立している。ドイツの工科大学にとって、一般教育と基礎教育を充実することは、総合大学と同格の地位を獲得するうえで必須であった。和田は一般教育と基礎教育の充実した工業大学を構想したのだろう。

　戦後初期における東工大の改革といえば和田に注目するのが普通であるが、評者は八木秀次が前任大学長であったとき、文部省に大学予科の設置を求めたことに着目する。大学予科設置理由書に「基礎学科教育ノ充実」の項目があって、「物理学、化学、数学、

力学及ビ図学等ノ諸学科ハ工学学修上ノ根基ヲ為スモノニシテ之等諸学科ニ関スル知識ノ浅薄ハ工学学修上ニ影響スル所極メテ大ナルモノアリ」と予科を必要とする理由を説明している。東工大において、特に基礎学科の充実に関心があったことは、入学者の経歴と関係する。理由書によると、昭和17年度入学者の出身学校内訳は、高等学校出身者が24％、高等工業学校の出身者が72％であった（東京工業大学, 1985, 645-646頁）。高等学校卒業者を確保できない以上、同程度の高等普通教育を行う予科を設置するほかない。東工大と同時期に大学へ昇格した神戸商大が1940年に予科を設置した実例がある。しかし、東工大に予科は設置されることなく、1944年に附属工業専門部が発足した。

3 東工大における学科制の廃止

本書では、東工大が運営組織である学科と教室を、系と仮設講座に再編する過程を取り上げている。当時、染料化学、紡績、窯業、応用化学、電気化学、機械工学、電気工学、建築工学、化学工学、金属工学の10学科と、基礎学、物理学、数学、有機化学、無機化学、分析化学、物理化学、生産工学、応用力学の9教室があったと記述がある。評者は予科設置構想との関係を想定して、基礎学教室の存在に興味を引かれたのだが、基礎学教室が実在した形跡が見当たらない。附属工業専門部の第1回入学式において、専門部の新設により昇格以来の念願である予科の設置がかなえられた思いがすると、八木大学長が演説したことを伝える記事が「百年史」にあるから（東工大, 1985, 633頁）、専門部の教員組織を基礎学教室と呼称した可能性があるのだが、基礎学教室は8教室の総称となっていたと思われる。

学科制を廃止して、系と仮設講座を新設する過程は、本書に詳らかな説明がある。評者は、後の東工大と比較すると仮設講座の数が非常に少ないことの説明が必要だと考える。附属工業専門部の設置と廃止、附属予備部等の包括に伴う学内配置換と学外転出入があったことを、考察の対象に含めるのが望ましい。

4 東工大における修学の自由

東工大は、戦後初期に学制改革に取り組んだ。特に「修学の自由」の拡大を重視している。本書では、1946年にコース別課程制度を導入する過程

を分析している。新制度では学生の入学を一括募集方式とするほか、一年次において数学、物理、化学のような基礎学科と、工学と工業に関する全般的な見通しを与えるための総論的な共通科目を履修することとなっている。そのようにして学科の束縛をまぬがれるのである。

評者は、「修学の自由」の程度について、他大学の工学部と比較することが必要であろうと考えた。関連規定を見比べると、東北帝国大学の工学部において、学科課程の自由度が高いことがわかる。工学部の科目を自由に選択して学習することができ、科目の選択にあたって担当教員の許可を必要としない。規程中に学科課程表を掲載しているが、「本表ニ於ケル科目ノ種類及学修ノ順序ハ各学科ノ学士試験ヲ受ケントスル者ノ便宜ニ依リ表示セルモノナリ」と但し書きがあって、必修科目の設定による受講の強制がない。

改革前の東工大では、各学科の標準課程が厳格に運用されて自由度が少なかったようである。「東京工業大学刷新要綱」は、他大学の工学部においても制度上は学修の自由を認めていながら、実際には画一的な教育が行われていたというように、工学部に共通する課題として把握している（東京工業大学, 1985, 673頁）。一方、『東北大学百年史』には、東北帝大では科目の選択を完全に自由としていたとの記述がある。また『工明会誌』の創刊号に掲載されている「学府の自由に就て」と題する文章の中で、八木教授が工学部生の中に自由を放棄する傾向があるのは遺憾であると述べたことを紹介している（東北大学百年史編集委員会, 2007, 245-246頁）。このことから学部として「修学の自由」の活用を奨励していたことを知ることができよう。

5　東工大が手本にしたMIT

東工大の改革はマサチューセッツ工科大学（MIT）を手本にしたといわれる。MITの工学教育を検討し、学内の教学刷新調査委員会等の改革方針に取り入れた。評者は、重要な役割を担った人物として池原止戈夫に着目する。池原は『アメリカ学生生活』を著して、米国大学事情の一端を紹介している。

同書の著者略歴によると、池原は1922年に神戸一中を卒業して渡米したのち、1924年にMITに入学して大学院まで在学した。バチェラー・オブ・サイエンスとPh.Dの学位を取得

したほか、同大学で助手を務めている。1934年に帰国して、大阪帝国大学理学部の講師となり、1944年に東工大助教授となった。松尾博志の『電子立国日本を育てた男』に、阪大が池原を採用するとき、八木が関与したとあるが（松尾, 1992, 248頁）、東工大への異動においても同様の関わりがあったと思われる。

池原の著書は、自己の経験を中心に記述しているのだが、MITの教育事情についてはカタログを参照しながら解説している。電気工学科の教育課程を見ると、一年次において数学、物理学、化学、図学等が必修であること、二年次になると応用力学のような基礎的な科目に加えて、電気工学入門、電気工学原論のような専門科目が始まるほか、音楽、文学、経済学等の一般教養科目があること、三年次になると電気工学実験に時間をあてることになるが、経済原論が必修となっていたり、心理学、労働問題、工業経済入門、科学と思想の歴史、美術、国際関係が文化教養科目として用意されていることがわかる（池原, 1947, 123-149頁）。東工大が1946年に導入した教育課程との共通点を見出すことができる。同書の序言から、同僚である久保輝一郎と谷口吉郎が原稿を読んで、池原に助言したことがわかる。学内での検討と関係のある書物であることを示唆している。

6　理事会の導入に関する議論

本書によると、大学基準協会が設置した大学行政研究委員会の第5回委員会に、池原が出席している。同委員会は1948年3月に開催されたのだが、その直前に和田とCIEのイールズとの会談があって、理事会方式の導入が話題となっている。委員会における和田の発言は、CIEの意思を代弁するようであったらしい。委員会に向けて十分に用意する余裕のなかった和田が、議論の展開によっては発言させることができるように、米国事情に詳しい池原を同席させたのではないか。

池原の著書は、カール・ティラー・コンプトンがMITの総長に任命されたときの逸話の中で、そのような重要な役職者は「教授会の投票による安易なものではなくて、大学関係の最高の職にある評議員数名の責任のもとに撰ばれるのである」と米国の大学事情を紹介している（池原, 1947, 178頁）。評議員とは、法人の役員のことである。

本書は、上原が「教授会中心方

式」と「理事会中心方式」の二者択一ではなく、両者の折衷を模索したことを指摘する。上原はCIEが導入を求める米国大学型の理事会を、そのまま無条件に取り入れようとはしない。その上原は、1948年2月に「大学自治の理念」、同年7月に「大学管理の一方式」と題する論文を執筆している。前者よりも後者のほうが米国型大学自治の研究に深みがあり、そして、後者の論文では、大学の理事会は「アメリカにおける特殊の社会事情、経済情況、政治環境、法律観念の産物であり、ヨーロッパにおいてはもとより、ラテン・アメリカにおいても類例を見出しがたい一種独特なる歴史的生成物と見られるべきものである」と見解を表明している（上原、1949、100頁）。

7 東商大における一般教育

東商大には、諸外国の商科大学に関する研究の蓄積があった。『欧米高等商業教育之現況』は、ドイツの商業高等学校（Handelshochschule）について「開設セル学科ノ性質ヲ見レバ経済学、法律学、商業学（商業実務及簿記商業算術ヲ含ム）及外国語ヲ主ナルモノトシ之ニ配スルニ機械工学、応用化学、商品学、地理、歴史等ヲ以テス。其期スル所ハアンヴェルス高等商業ノ如ク専ラ実用的知識ノミヲ積マントスルニアラズシテ商人ニ須要ナル知識ト共ニ所謂一般教育（Allgemeine Bildung）ニ資スベキ基礎的素養ヲ与フルニアリ」と概説する。商業高等学校とは、商科大学のことである。そして、「独逸商業高等学校ガ如何ニ広汎ナル学問上ノ範囲ニ亘ルカヲ示ス為メニ」としたうえで、ベルリンの商科大学には経済学、法律学、商業学、外国語、自然科学、精神科学の学科分類があること、自然科学の分類には商品学、物理学、化学、機械工学、応用化学、工場衛生を含み、精神科学の分類には歴史、美術史、文学、哲学が属すことを説明している（東京高等商業学校調査部、1913、15-16頁）。

商科大学における一般教育の開設について、予備的な知識があったにもかかわらず、東商大に開設する一般教育に類する学科目が限定的であったのは、大学予科からの進学者が然るべき割合を占めていたからであろう。

8 戦後初期の意味

本書は戦後初期の大学改革の展開を、資料を丹念に検討しながら浮き彫りにした労作である。上原と和田を主

役に据えるのは、この分野の研究として穏当であるが、評者は、あえて八木と池原に着目することにより、別の角度から再構成してみた。米国の主要大学の一つであるMITの工学教育を模倣することに積極的であった和田と、理事会方式による米国的な大学自治の受容に消極的であった上原を対比した。

本書を通読して特に印象的であったのは、東京文理科大学長である務台理作が、大学行政研究委員会における審議の中で、昇格する大学を念頭に置くよう促す場面であった。新制大学の形態が不明確なまま、旧制大学の幹部が新制度の構築を模索しているのである。同様に、東商大と東工大の改革は、新制国立大学の11原則が公表された時点より前の事柄を多く含んでいる。本書で取り上げている戦後初期の東商大と東工大における改革は、旧制の高等教育諸学校が合併と昇格により新制大学となる創設話とは異質である。旧制大学が、終戦後の混乱の中で、山積した諸課題の解決に邁進した足跡を、本書を通して辿ることができた。

文献一覧
池原止戈夫（1947）『アメリカ学生生活』小峰書店。
上原専禄（1949）「大学管理の一方式」『大学論』毎日新聞社。
東京工業大学（1985）『東京工業大学百年史』通史、東京工業大学。
東京高等商業学校調査部（1913）『欧米高等商業教育之現況』東京高等商業学校。
東北大学百年史編集委員会（2007）『東北大学百年史』通史一、東北大学研究教育振興財団。
松尾博志（1992）『電子立国日本を育てた男』文藝春秋。

（初出：『教育制度学研究』第15号、日本教育制度学会、2008年11月、210-214頁）

解題

学問の意義と大学の役割―金子勉の大学研究に学ぶ ……………高木 英明

金子勉の大学論の原点に関する研究 ……………………………服部 憲児
　　―「フンボルト理念」をめぐる諸問題について

金子勉による大学の管理運営制度論の今日的意義…………山下 晃一

「大学」制度史に関する覚え書き―金子勉からの示唆を得つつ ……大谷 奨

大学の法的地位・設置形態の研究と大学の可能態…………大野 裕己
　　―金子勉の大学研究に学ぶ

開放制中等教員制度の原型としての無試験検定制度 ……木岡 一明
　　―金子勉の研究姿勢に学ぶ

解　題	学問の意義と大学の役割
	——金子勉の大学研究に学ぶ

高木　英明
（京都大学名誉教授）

1　学問の意義

　学問の意義には、①学問とはどういう意味なのかという面と、②学問の存在意義は何かという面の二つがあるので、初めに学問の意味について考えてみよう。

(1) 学問の意味

　学問とは、率直に考えれば、文字通り「学び問う」ということであるから、これは乳幼児から後期高齢者に至るまで、全ての人が日常的な生活環境の中で自ずから行っている行為である。それは英語で言えばlearningであろう。この通常の人が日々自分の知らないことを自ら学んで次第に知識を増幅させてゆく行為は、学者・研究者が既存の学術文化の中から知識を獲得して知識量を増やしてゆく行為となんら変わりがない。しかし、後者は前者とは異なり、そこで留まることを許されない。単なる知識の獲得ではなく、さらにそれを超えて新たな知見を創出して行かなければならない。そこには発見・発明、あるいは原理・法則・理論などの開発がなければならない。つまり、それは創造的・独創的な営み（真理の探求とも呼ばれる研究開発）でなければならない。そこに「学問を行う」こと（動態としての学問）の難しさがある。金子勉はそれを目指していたのではないか。

　また、世には「〇〇学」なる言葉がよく使われる。何か対象さえあれば、それに学をつければすべて〇〇学になり、あたかもそういう学問（すでに成熟した、静態としての学問）が存在しているかのように思わされる。何らかの

対象について色々と学習し、研究し、一定の見識を持って論じたものはあるだろう。しかし、それらは「体系化された学」として確立しているものではない。このことは「教育行政学」についても言えることであり、教育行政「論」や教育行政「研究」は今や無数に存在していると思われるが、それらは全体的に集合して「教育行政学」になり得ているのであろうか。これは高等教育や大学教育について考えればより明確になる。高等教育論（〜研究）や大学教育論（〜研究）は数多いが、それらは「高等教育学」や「大学教育学」を形成せしめているであろうか。答えは「No!」であろう。それは何故か？　確かに「高等教育学会」が結成されてすでに久しく、あたかも「高等教育学」が確立しているかのように思われるものの、そこには一定の「方法論」はなく、高等教育に関する諸研究が「体系化」されているとも言えないのではないか？

　では、方法論とは何か？　かつて卒論や修論の試問において、審査教官から「君の論文の方法論は何か」と訊かれて、答えに窮する学生が多かった。既存の文献を渉猟して諸説を批判したり、膨大な多様な資料を分析・検討したり、歴史を調べて物事の由来を明らかにしたり、外国の状況を研究したり、実態調査をして新たな事実を発見したり等々、研究の方法は色々と説明できるのだが、いざ「方法論は？」と問われると、答えられないのである。私にもよく分からないが、研究には必ず対象があり、研究の対象は単なる対象ではなく、その対象が持っている解明すべき課題を探してそれを実証的に追及するのが研究であり、その研究成果を終始一貫した論理性をもって展開するのが研究論文であろう。何らかの方法で追及・研究した成果を論理的に筋道を立てて展開し、読者がなるほどと納得できる結論に導くやり方が方法論ではないか？　そこには一貫した論理性と実証性が求められる。そうして追及され、蓄積された多くの研究成果（諸論）が総体的・体系的に整理されたもの（体系的纏り）が「学」を構成するのではないか。金子勉は研究の最終目標をそこに置いていたのではなかろうか？

(2) 学問の存在意義（有用性・有益性）

　そんなことを研究して何の役に立つのか？　あるいはそんな研究をして何

の意味があるのか？　と他者から問われて、はたと困ったり、自らの研究の意義を見出せなくて悩んでいたりする研究者は少なくないのではないか？現代の研究者（学者）は通常大学か研究機関に雇われている者が多いから、社会的に何らかの意義（有用性・有益性）のある研究成果を生み出さなければ、納税者や出資者あるいは学納金納付者に対して申し開きができないことになる。特に最近のように成果主義・業績主義・評価主義が強調されるようになると、単に数量的成果に留まらず、その中身（内容）までが問われかねない。かつてドイツや日本の大学は「国家奉仕大学」、あるいはアメリカの大学は「社会奉仕大学」として分類されたことがある。そういう場合には、国家や社会に役立たない研究や学問は軽視されたり、無視されたり、さらには迫害されたりすることになる。そうなると健全な学問の進歩や発展は望めない。

　したがって、学問は本来「自己目的的」でなければならないのではないか。確かに研究成果が国家・社会（納税者や出資者あるいは学納金納付者）の役に立つ方が喜ばれるであろうし、歓迎されるであろうが、それでは国家・社会に役立つものだけが残り、学問全体の健全な発展は望めない。学問の自由が強調されるのもこのことに関わっている。とは言うものの、研究や学問は全く自由に、自己目的的に、あるいは無目的に行われればそれで万事OKか？かつて湯川秀樹博士は原子物理学（中性子理論）の研究が原子爆弾の開発に使われることになったことについて深刻に悩まれ、その後世界平和の確立に向けた運動に献身された。学問の自由は重要な理念であり、その学問（研究の成果）が国家・社会にとって有用か否か、役に立つか否かは、国家・社会の方で決めることであるが、学問（研究）に携る者としてはその有用性あるいは無益性（さらには有害性）に全く無関心であっていいと言うことにはならないであろう。

2　大学の役割

　大学（University・Universitaet）の源は、その語源（universitas）が示すように、古く中世ヨーロッパ（特にイタリア）に求められるが、その後の歴史的経過の中で、それは世界の各国に普及し、それぞれの国で多様に発展してき

た。しかし、その本質的（本来的）機能が「学問の研究と教授（伝達）」であることには変わりがない。したがって、大学の第一の役割は、①学問の研究推進（継承・維持・開発）と②教授（学問の次世代への伝達、それを通しての次世代の教育・育成）である。この二つの役割は、特にドイツ語圏の諸国において、フンボルト（Wilhelm von Humboldt）の大学改革以来、強調されてきた。金子勉はここに強い関心を示していた。戦前の日本の大学も、明治政府がプロイセン帝国の政治体制をモデルにしたことから、ドイツ的「国家奉仕大学」の様相を呈していた。いわば国家に奉仕する役割を担わされていた。

その後未曾有の敗戦に伴う、戦後の政治・経済・社会・文化等のあらゆる分野の大変革により、大学（教育制度全般）もアメリカ化され、学問の研究と教授という本質的機能そのものには変わりがないものの、その主たる役割はエリート教育から大衆教育へと重点を移した。いわば戦前の大学教育（3年または4年）と旧制高等学校教育（3年）が合体され、4年の大学教育（2年の教養教育＋2年の専門教育）として実施されたので、そこから様々な不都合な問題と混乱を生じたが、ここでその詳細をたどる余裕はない。ただ平成時代に入ってからの極端な「自由化政策」に伴い、戦後改革後の大学のあり方も大きく様相を変えてきていることだけを指摘しておこう。その変化した状況を大学の役割に絞ってみれば、次のようなことがいえるのではないか。

① 「学問の研究と教授」という基本的機能は大学に付設された大学院の方に移っている。

　特に大学院重点化政策により大学院に比重が移された大学では、それらの機能は大学院の方に移り、今や大学は「大学院に付設された機関」に成り下がっているとも言える。だからと言って、大学は創造的研究とその伝達をしなくてもいいということにはならないであろう。

② また、「教授」（学問の伝達）という機能は、研究成果をただ伝達すればいいというものではなく、大学・学部の目的・目標ならびに学生の受容状況に沿って丁寧に教えるということ（学習指導、生活指導等）に重点が移されてきている。従来「研究・教育」と言われていた大学の機能（役割）に関する表現も、近年は「教育・研究」という言い方に変わり、そ

の重点の置き方（順序）が逆転している。
③ 教養部・教養課程等が廃止され、基礎教育・教養教育・専門教育等の配分が自由化されたため、そのありようが大学ごとに多様化し、大学教育の概念、特に教養教育の概念、ひいてはその役割が曖昧になってきている。
④ 「大学開放」・「生涯学習」(社会人教育) 等が強調され、社会との連携強化（社会奉仕化）が進んでいる。アメリカ化を志向した戦後大学改革の理念がここに来てようやく生かされようとしているとも言えるが、その分だけ大学の役割が増幅していることにもなる。
⑤ 近年のいわゆるグローバル化に伴い、大学も国際交流が強調され、単に自国の学生だけを相手にしておればいいという状況ではなくなってきた。国境や国籍を超えるという意味で大学の国際化は本来的な姿ではあるが、閉鎖的であった日本の大学にとっては極めて大きな変革（研究・教育そのものの国際化、教員・学生の多国籍化、教授用語の英語化・多言語化、秋入学の実施等々）をもたらし、大学の役割もそれに応じて多様に変化せざるを得ないであろう。

このほかにも大学の役割は時代の変化に応じて多様に変化してゆくと思われるが、特に大学の使命（主要機能）の遂行を担う個々の大学教員は、対外的にも、学内的にも、それに応じた多様な活動を迫られることになる。現在でも、多くの教員が、本来の研究・教育活動のほかに、受験生の獲得、初年次教育、補償教育、セクハラ防止対策、就職指導及び斡旋、FD、自己点検評価、研究資金の獲得（補助金申請）業務等々、実に多様な周辺的活動を迫られ、多忙を極めているように見える。今や「大学」本来の理念に立ち返って、そのあり方を再検討（整理）してみるべきではないか。金子勉もそのように考えていたのではなかろうか？

（初出：『教育行財政研究』第39号、関西教育行政学会、2012年3月、29-31頁）

解題
金子勉の大学論の原点に関する研究
―「フンボルト理念」をめぐる諸問題について

服部 憲児
（京都大学）

1　金子勉の大学論の原点（フンボルト理念）に関する研究

　金子勉はドイツと日本を中心に大学研究を行ってきた。その研究業績はいくつかにグループ分けできる。大学の設置形態に関する研究、大学の管理運営に関する研究、大学論の原点に関する研究、（教員養成を中心とした）大学における専門職養成に関する研究などである。このうち、これから本格的に取りかからんとしていたテーマが「大学論の原点に関する研究」（「フンボルト理念」をめぐる問題）である。

　「フンボルト理念」に関する金子の研究業績は、2009年に発表された「大学論の原点」『教育学研究』第76巻第2号（本書第1章第1節。以下、「原点」論文）と、2011年に発表された「ドイツにおける近代大学理念の形成過程」『大学論集』第42集（本書第1章第2節。以下、「理念」論文）である。この他に関連する文章として、2010年に『教育学研究』第77巻1号に掲載された「潮木守一著『フンボルト理念の終焉？ 現代大学の新次元』（図書紹介）」（以下、「書評」）がある。これらにおいては、「近代大学の出発点は1810年に創設されたベルリン自由大学である」、「ベルリン大学の基本構想を作ったのはヴィルヘルム・フォン・フンボルトである」という通説に対するパレチェクと潮木守一の批判を、批判的に検討している。そして、「フンボルト理念」は存在したこと、ベルリン大学が近代大学の原点であることを、資料を丹念に分析することにより証明しようとしていた。

　まず「原点」論文では、ヴィルヘルム・フォン・フンボルトの「ベルリン高等学問施設の内的ならびに外的組織の理念」を「大学論の原点」と位置づ

けて、「日本の大学関係者の大学観に影響したと考えられるドイツの大学理念について検討」を行っている。「ベルリン大学を近代大学の典型と位置づけて、フンボルトの大学論を重視することを疑問視する」パレチェク、そしてパレチェクの仮説を基本的に支持する潮木守一の通説批判に対して、批判的な検討を行う。次に、高根義人、福田徳三、ヘルマン・ロエスレル等の大学論を紹介しながら、また、ベルリン大学やベルリン科学アカデミーの歴史、大学関係法令の分析、ゼミナール、インスティトゥート等諸施設の性質を考察を行うことで、研究施設の教育目的での活用というドイツ大学の特徴を示している。そして、ベルリン大学令における大学と研究施設の関係の規定と、他大学の規定とを分析することで、前者が後者に継承されたと主張し、パレチェクや潮木の主張に反証を行っている。

次に「理念」論文では、「原点」論文と同様にパレチェクや潮木の主張を批判的に検討している。そこでは、ディーテリチ、コッホ、シュレジエルらの著作を引用しながら、当時から「フンボルト理念」が知られていたことを示している。また、ベルリン大学創設の理念を示す文書とされている「ベルリン高等学問施設の内的ならびに外的組織について」[1]（「覚書」）が、実はベルリン科学アカデミーの改革案であったことを、「覚書」と科学アカデミーに生じた変化との対応関係を検討することによって明らかにするとともに、これを大学論に仕立て上げたのはパウルゼンであると指摘している。さらに、これら様々な文書や事実関係の詳細な検討を踏まえ、明治期の日本にドイツ・モデルの大学教育を導入しようとした者たちが「フンボルト理念」という言葉を使っていないことに対しては、「フンボルトを媒介にすることなくドイツ型大学の特質を語ることができた」ことを明らかにしている。

2 「フンボルト理念」と現代日本の大学

潮木守一も指摘するように、日本における「フンボルト理念」の解釈は多様である。潮木はその著書において、自身が遭遇した「フンボルト理念」の多様な解釈による言説を紹介している。その多くは「フンボルト理念」を負の歴史遺産であるかのごとく批判するもので、それが「教授会による独善的な大学支配を正当化」している、「大学改革に抵抗するための錦の御旗とし

て悪用されている」、「教育をおろそかにする口実として使われている」、「大学改革を阻害し、学部教育を危機に陥れ」ている、「老人世代のかつての良き時代に対するノスタルジーに過ぎない」といった具合である[2]。

このような批判が出てくるということは、意図的であれ無意図的であれ、大学現場で「フンボルト理念」への支持が根強いことを物語っているとみなすことができよう。では、この「フンボルト理念」とはどのようなものなのであろうか。関西教育行政学会2月例会（平成24年2月18日・大阪教育大学天王寺キャンパス）において、金子の師匠でもある高木英明が整理した「フンボルト理念」の特徴は、①研究と教育の一体化、②真理の探究とそのための自由・自治の必要性、③学問の前での教師と学生の対等性、の3点である。

潮木が紹介した現代日本での「フンボルト理念」の批判の多くは、「フンボルト理念」が研究重視、教育回避を謳っているとするものである。しかし、高木の整理では「フンボルト理念」は研究一辺倒ではなく、教育や学生がその重要な対として位置づけられている。また、金子も「フンボルトの大学構想は、アカデミーや研究施設等を学生の教育に活用するところに特色がある」[3]と述べている。ヴィルヘルム・フォン・フンボルトの「ベルリン高等学問施設の内的ならびに外的組織の理念」を読んでみると、実際に教育や学生に関する言及は多く、以下のような記述さえ見られる。

　教師の職分は学生がそこに居ることにかかっている。学生が居ないことにはどうしようもない。そこでもし学生たちが自発的に自分のまわりに集まってこないなら、彼は、自分の熟達した、しかしそのゆえに片よったものになりがちの、そしてすでにいきいきした力が弱くなっている力と、まだ弱いが、なお片よることなく、あらゆる方向に向かって進んでゆこうとしている力とを結びつけることによって、少しでも自分の目的に近づこうとして、学生さがしに出かけるであろう[4]。

そのなかにいつもある程度の数の、自分も教師といっしょに考えようとする頭のもち主が含まれている聴衆のまえで自由に口頭で行なわれる講義は、このような学問の仕方に慣れっこになっている本人を刺激し点火する。

…（中略）…学問の進歩は、明らかに、いつも多数の人びとが、しかも精力的で、活発で、若わかしい頭のもち主がひしめき合っている大学において他とくらべてより急速に溌剌として生ずるものである[5]。

背景となる時代が違うとはいえ、教育や学生の重要性をアピールしているようにも読め、批判のいくらかは誤解や不勉強に起因するようにも思えてくる。ただ、その一方で「フンボルト理念」が現状と乖離している面もあることは、多くの大学人が感じているところであろう。では、そのようなズレはどのようなものであるか、教育と研究の関係という点から少し考えてみたい。

上で示した「フンボルト理念」の第3の特徴、すなわち「学問の前での教師と学生の対等性」から出発しよう。この200年の間の学問の進歩・高度化と、近年における大学の大衆化の影響により、学生と教員の間の知識や経験に大きな差ができているという事実がある。例外的な学生は存在するかもしれないが、ほとんどの大学・学問分野において、学生と教員の間に学問なり思考の基礎をなす知識量に圧倒的な差が生じているのが現状であろう。そうなると、「学問の前での対等性」を理念としては了承するにしても、そこに行き着くためにまずは知識を注入しようとする。そして、学問の高度化と大学の大衆化が進めば進むほど、このために要する期間は長くなる。

このことは、大学がギムナジウムや専門学校のように扱われることを否定するフンボルトの意に反して、学校のような「用意され出来上がった知識を教えたり学んだりする」教育が大学に持ち込まれることを意味する。これは「研究を通じての教育」、学問を究めるという意味での教育、第1の特徴の「研究と教育の一体化」の崩壊に繋がる。教育と研究の乖離が進行し、前者が後者の手枷・足枷になってくる。そうすると教育へのストレスが増す一方で、研究に時間を割きたいという気持ちが増大する。学問研究は学生不在で行われるようになり、第2の特徴の「真理の探究とそのための自由・自治」は教員の研究活動保護の文脈で用いられるようになる。

3　「フンボルト理念」の現代での通用可能性

上に示した整理が正しいとすれば、現状はフンボルトの原典からは大きく

掛け離れていることになる。このような状況の中で、金子は大学のあり方をどのように考えていたのか。金子の残した議論、フンボルトに関する彼の言及や引用、「大学論の原点である」[6]と金子が位置づける「覚書」などを手がかりに、勝手な思い込みも含みつつ、少しだけアプローチしてみたい。

まず、金子は「書評」において「フンボルト理念の中に大学像の手がかりを求めること自体が、今時においても否定されるものではない」[7]と述べており、現代においても「フンボルト理念」は有効と考えていたと思われる。ただ、有効ではあるが、それは単なる「現場密着型の教育」ではないとも述べている。同じく「書評」において「『研究を通じての教育』という構想が…（中略）…現場密着型の教育として、様々な大学で生き続けている」という潮木の主張に対して、金子はそれを「フンボルト理念から発想する大学像と同一視してよいとは思われない」と批判している。金子は「書評」でこれ以上詳しくは書いていない。ただ、多くの現代大学で行われているとされる「現場密着型の教育」は、フンボルトやその同時代人たちが否定的に捉えていたフランス的・専門学校的高等教育でも行いうるものである。それとは一線を画したものをフンボルトをはじめ、フィヒテやシュテフェンスも大学に求めていたと考えれば[8]、大学における「研究を通じての教育」が「現場密着型の教育」と完全にイコールとはなり得ないことは理解できる。

「覚書」では、大学で単なる実務家や博識を育てることが否定的に捉えられており、国家的観点からの若者の教育を大学が担っていることが示されている。教育という面においては、研究者の養成にとどまることなく、研究的思考・研究能力を有した高度な人材、次世代を担う能動的な人材の育成を願っていたのではないか。そのために研究と一体化した教育が求められると捉えることはできないだろうか。

金子は「理念」論文において、「高等学問施設に学問の教授、普及、拡張の3つの機能を設定して、学問の教授と普及を大学の使命とし、学問の拡張を科学アカデミーの使命とするならば、それは教育と研究の分離を意味する」として、フンボルトが「覚書」の中で大学と科学アカデミーの役割分担を批判している点に着目している[9]。また、「書評」では「フンボルトの大学構想は、アカデミーや研究施設等を学生の教育に活用するところに特色があ

る」と述べている。「研究と教育の一体化」が大学の根本的要件と考えていたように思われる。

　教育と研究の密接な関係については、潮木もその著書において触れている。そこでは「フンボルト型大学は『研究を通じての教育』という画期的なパラダイムを選択することによって、新たな大学像を切り開いた。この新たな大学は、教師と学生を巻き込んだ旺盛な研究活動を刺激し、人類未知の新知識を切り開く場として変身することによって、近代社会の牽引車となった」[10]と述べられており、学生を巻き込んだ研究の活性化が強調されている。一方、金子は「原点」論文において「ゼミナール」に多くを割いたり、研究ないしは研究施設を用いた教育に着目するなど、研究を通じての教育にも強い意識があり、あくまでも「研究と教育の一体化」にこだわっていたのではないだろうか。

注

1　上述の「ベルリン高等学問施設の内的ならびに外的組織の理念」と同一の文章である。フィヒテ他/梅根悟訳『大学の理念と構造』(明治図書出版、1970年) では「…理念」のタイトルが、W.v.フンボルト/クラウス・ルーメル他訳『人間形成と言語』(以文社、1989年) では「…について」のタイトルが付されている。「理念」論文における金子の引用箇所と、これらの当該箇所を照合すると、いずれとも訳が異なっており、本人が原書から訳出したものと思われる。
2　潮木守一『フンボルト理念の終焉？ 現代大学の新次元』東信堂、2008年、iii頁。
3　金子勉「潮木守一著『フンボルト理念の終焉？ 現代大学の新次元』(図書紹介)」『教育学研究』第77巻1号、2010年（本書「図書紹介」、42-44頁）。
4　フンボルト「ベルリン高等学問施設の内的ならびに外的組織の理念」フィヒテ他『大学の理念と構想』明治図書、1970年、211頁。
5　フンボルト、前掲書、217-218頁。
6　金子勉「大学論の原点」『教育学研究』第76巻第2号、2009年、208頁（本書第1章）。
7　金子勉、前掲書、2010年。
8　フィヒテ他、前掲書、238頁。梅根悟による訳注。
9　金子勉「ドイツにおける近代大学理念の形成過程」『大学論集』第42集、2011年、150頁（本書第2章）。
10　潮木守一、前掲書、257頁。

(初出：『教育行財政研究』第39号、関西教育行政学会、2012年3月、2-13頁)

解題

金子勉による大学の管理運営制度論の今日的意義

山下　晃一
（神戸大学）

はじめに

　金子勉の研究は、ドイツの大学における管理運営の検討から始まった。このことから、大学の管理運営制度は、彼の研究全体のなかでも一定の比重を占めるテーマといえる。小論では、金子が著した研究のうち大学の管理運営制度をめぐるものを中心に、その内容の概略・来歴・今日的意義等について、及ばずながら解説を試みる。

　周知のように、この10数年間でわが国の大学をめぐる状況は著しく変化した。社会制度全般に関する公共的管理のあり方を見直す風潮からも影響を受け、大学本来の存在意義が十分に確認されないまま、改革要求に翻弄されることも多い。個々の大学は環境変動に「適応」すべく、「効率的」「機動的」な意思決定・管理運営を目指して「組織改革」を重ねてきた。そのなかで主体の意識や行為も変容しはじめ、たとえば研究資金の問題一つ取ってみても、学問のための資金獲得か、資金獲得のための学問か、初志や矜恃を見失う向きもある。

　現在の動向が、各大学、大学全体、そして学問に対して長期的にどのような作用をもたらすのか、予測・評価することは容易ではない。ありうべき代替的選択肢の所在や内容も十分に解明されているとは言いがたい。こうした状況下において、今後の学問と大学のあり方を見通す有力な糸口を与えるものとして、金子が展開した大学論は注目に値する。

　彼の研究の特徴として、大学の管理運営のあり方について検討する際、決して近視眼的視野にとどまることなく、絶えず大学の本質に立ち戻るという

根源的な知的姿勢を徹底させたことが挙げられる。個別論考の具体的な設定課題は多岐にわたるが、大学の本質を各事象に関連づけるという態度は業績全体に貫かれ、大学管理運営の今後を展望するための示唆が随所に見いだせる。その立論から学ぶところは決して少なくないはずである。

大学の管理運営制度に関する金子の研究は、やや概略的に述べれば、1）ドイツの大学における意思決定機関の本質的探究、2）わが国との比較も念頭に置いた管理運営制度の形成過程分析、3）管理運営論に大きな示唆を与えうる大学論の原点への回帰、という展開として把握できる。

以上の問題意識と時期区分に基づき、大学の管理運営に関する金子の所論を時系列に即して整理・検討した上で、とりわけ教育行政・教育制度をめぐる諸事実を認識・分析する視点や発想等の方法論の側面に焦点化しつつ、大学や学問の今後を考える上で重要な手がかりや論点を抽出していきたい。

1 大学における「意思決定」の本質的探究——比較研究の観点から

上記のように、彼の研究の出発点はドイツにおける大学内部管理の問題であった[1]。大学自治の二面的内容、すなわち対外的な自治（大学と国家の関係）の問題と内部管理の問題とを識別した上で、後者の問題が未解決であることから、大学自治の内部管理の構成原理を取り上げたものである。

検討の核心に据えられたのは、意思決定機関の議決権を持つのは誰か、という問いであった。1985年のドイツ大学大綱法改正から「専門代表制原理」と「集団代表制原理」という概念を導き出し、意思決定機関の構成原理としての両者の関係解明に迫る。先行研究[2]の吟味と相対化を経た上で、ドイツの論者を対象に、堅固な分析と論理を展開しながら「専門代表制原理と集団代表制原理とは矛盾するのか」と通説への問い直しを繰り返し示している。本来、論理的に矛盾しないものが矛盾と認識されている、との信念にも近い疑問表明がここには読み取れる。そこには、なぜそのような状況が生み出されるのか、あえてそう認識したい主体の存在・意思が推定できるのではないか、また、そういう状況を生み出す"力"の正体とは何か、といった、後年の高等教育立法の政治過程分析を導く問題関心の端緒も読み取れる。

専門代表制原理の意義としては、諸科学の宇宙とも言われる大学の理念の

「総合性」が管理運営に反映される点を挙げている。他方、集団代表制原理の根拠として、学問の自由があるからといって大学教員は、学生を含む他成員への配慮が不要なまでの裁量を持つわけではないと述べる。学問の本質を見つめ、学生の立場を積極的に承認・尊重することにつながる指摘である。

分析と考察を通じて同論考は、「結局、この改正においては、意思決定機関の構成の決定的モデルを提示することはできなかった」と結論づけた。このような必然的な断念、もしくは限界の所在を解明・確認する論理は他の論考にも見受けられ、彼の立論上の特色の一つと言える。大学の理念が相応の深遠さを持つ以上、この断念や限界は不可避とも言えるもので、研究上重要な意味を持つ。金子が管理運営という現実態に大学の本質という理想態から光を当てつつも、決して短絡的な断言や規範提示に陥ることなく、歴史的諸事実の誠実な追跡と慎重な解釈を目指したことが理解できる。

大学の本質から意思決定の原理・原則を探ろうとする同論考にとって、その本質とは、もはや伝統的に言われてきたような一つの全体としての諸科学の統一[3]というだけではない。その世代間継承・更新も目的の一部に含んだ、教師、学生、その他諸主体を包括する非対称性に満ちた多層性・階層性の統一という意味をも含む。これら契機の不断の緊張から大学＝宇宙の本質を書き換え、改めてそれを反映した学問・教育にふさわしい意思決定の現代的制度形態を究明することが課題となる。

そこでは、たとえば学生は単なる「サービスの受け手」としてのみ位置づけられるべきではない。とはいえ、かつての熱情的な参加権要求とは異なり、間接的影響力行使や一般意志的包摂が想定されたとも思われる[4]。金子による大学の意思決定論は、大学の伝統的本質に導かれるだけでなく、その現代的刷新をも視野に入れるものであったといえる。こうした根源的・動的・統合的な課題設定は、大学のあり方の展望に活かされるべきであろう。

2　大学の管理運営制度の形成過程分析へ──方法論の洗練と定式化

大学の本質から意思決定・管理運営制度を導くのが「王道」といえども、その導き方の妥当性はいかに評価・判定されるべきか。そもそもその本質理解や、そこからの原理・原則の導出は必ずしも的確・普遍的たりえず、論者

による相違が大きいのではないか。あるいはそれら理解や導出が歴史的に作られたものならば、現代的変容・再構築も想定できるであろう。当時、わが国の大学における激しい変化・改革動向を少し距離のあるところから眺めつつ、金子はこうした発想を深めたように思われる。彼の研究が正面から向き合ったのは、大学をめぐる議論の多様性というよりは、むしろ大学をめぐる議論の不確定性とも呼ぶべき性質だったようにも映る。

　前述の出発点の次に彼が行ったのは、「ドイツ大学の管理運営の原理・原則を解明する基礎」と位置づける「高等教育立法の政治過程分析」である[5]。そこでも「大学と国家」、すなわち大学の法的地位という本質的論争を見据えた上で、その延長線上にある問題として、学長（大学を統括する機関）と事務局長（事務局を統括）との間の葛藤に注目する。高等教育の現実を巨視的主題で捉えすぎるのでもなく、微視的な詳細説明に終始するだけでもなく、その往復運動を繰り返す実直な観察を通して、現実への確固たる意味付与を目指すという姿勢がうかがえる。

　同論考で導入されたのは、立法をめぐる諸主体が展開する「政治過程」への着眼である[6]。すなわち、「原理・原則の関係」が「主体間の影響力関係」に反映されて各々の立場を変化させるのであり、その動態を踏まえた分析が高等教育制度の実像解明には不可欠と述べ、立法の政治過程分析を試みた。これは、連邦法が各州で解釈され、「高等教育立法の政治過程」で州ごとの多様性・特徴・相違が生じるというドイツ高等教育の実態に即した方法論とも言える。

　しかし、決して政治学そのものに解消される着眼ではない。その分析の有効性や必然性を摂取しつつも、あくまで大学の本質や原理・原則の究明という教育学固有の目的・課題に即したものであった。近年のわが国の教育行政分野の研究では、教育の本質等とは別次元の動きとして分離した上で、諸主体の政治力学を対象化するものも多い。政治学分野の研究なら話は別だが、教育学分野の研究として成立するのであれば「統合の概念装置をつくる努力が必要」となる[7]。その点では、金子の方法論を決して矮小化してとらえることは許されず、慎重に読み取って評価・発展継承する必要がある。

　同時期執筆の別稿では上記論考の方法論が抽出・展開されている[8]。日本

の高等教育制度の歴史的研究を念頭に「制度形成に至る政策過程」の対象化が提起され、「誰が影響力をもったのか」を「動態的な権力構造として、もっとリアルに捉え直す必要がある」と指摘する。ここでも権力構造の抽出自体が目的ではない。各主体の支持する政策内容の追跡を通じて「(制度形成により) 実現された高等教育制度の基礎にある原理・原則を明確化」することで、「我々が馴染んでしまった『大学』という言葉から離れて、大学を構成する個々の要素を取り出し、大学概念を再構成」するという、大学の本質への創造的接近こそが主たる目的とされている。

こうして金子における方法論は、管理運営の原理・原則を導く大学の本質を、何らかの理念から演繹的に模索するのではなく、その本質を各主体がいかに解釈・理解し、相互に競合・交流させているかという事実過程の分析を媒介とする接近方法へ、いわば本質が変容・生成する動態に目を向けるものへと発展し、定式化していったと考えられる。

高等教育をめぐる多様で多義的な文脈への目配りを知的姿勢として定着させていたことは、他の業績からも理解できる。わが国の国立大学における独立研究科の設置状況を扱った論考では、『我が国の文教施策』や『教育法令コンメンタール』等における「独立研究科の語義」が、「使用される文脈により一定していない」ことが発見された[9]。政策をはじめとする様々な局面で、概念と現実態との対応関係に鋭いこだわりと観察眼を持ち、特に主体による解釈の多義性に対して慎重に配慮した様子が浮かぶ。登場する概念について日頃から自らの頭脳へ百科事典的に収蔵していたようにも見えるが[10]、そうとだけ捉えるのは早計かもしれない。むしろ他者が諸概念を通じて"大学"を、ひいては世界をどう認識・解釈・理解しているのかに対する深い知的興味に基づいていたと捉えるべきであろう。それは彼なりの学問的・日常的なコミュニケーション様式とも受け止められるものであった。

3　大学論の原点への現代的回帰——管理運営論への示唆

2000年代以降の金子の大学論は、特にドイツの大学の管理運営問題については依頼原稿が中心になっている。依頼側の方針とも相まって、わが国の大学改革との対比から法人化やガバナンス改革を論じた。だがその筆致は、

事態の切迫性や改革への過剰な期待からは、相当距離を置く冷静な事実観察に徹したようにもみえる。

たとえば次のように、大学の本質との関連は特段には論評されず現況の概括が記されている。

> ……少なくとも教学面において……構成員による自治が……大学の運営にふさわしいと認識されている……。現在ドイツで進展する国立大学法人化は、主に経営面における法人化である……。今、ドイツの大学は法人格をもつかという問いに対して、大多数の大学は法人格をもたないけれども、一部に法人格をもつ大学が出現し始めたと回答するのが正しい。[11]

> ドイツの州立大学は、ガバナンスの主体が設置者と構成員へ分散する状況から、学外者の参与と理事者への集約を特徴とする運営の構造へ移行しつつある。[12]

こうした距離の取り方の背景にいかなる判断があったのか、今となっては知る由もない。ただ、かつては大学・学問の本質との深い関連において論じられた管理運営論が、今や専ら社会の側の要請、特に経済の論理にのみ従属しかねない現況に対して、そして時流に左右される理論と実践に対して、一定の諦観を伴いつつも、そのようになった機序・経緯に興味関心を持ったか、あるいは無秩序的な相貌自体を知的に楽しんで、理解・意義づけしようとしていたか、いずれにせよ別の形での接近の必要性を感知したようである。

その後の金子の研究は直接には管理運営論から離れる。そして一見、時流に逆らうかのように、ドイツ近代大学の原点に回帰していく[13]。通説の誤解や曲解を修正しつつ、大学における教授—学習面や高等学問施設の根源に立ち戻るその行論からは、しかしながら管理運営面への示唆が読み取れる。特に注目されるのは大学の固有性を象徴する制度の一つ、「ゼミナール」に関する言及である[14]。

今日、ゼミナールについては演習という指導・学習様式から論じられることが多い。けれども、これが福田徳三や織田萬によってドイツから近代日本

の大学に紹介された時には、「指導法」としてのみならず、「学術上の施設」としての意味も重ねられていたという。端的には、専門書を豊富に備え、論文草案等を討議できる空間であった。それは閉ざされた大学教員の個人研究室ではなく、学生指導の場であると同時に、教員も彼らと共に能動的に学び、新たな発見を得ていく場でもあり、学術技芸の蘊奥を究めるにふさわしい研究・教育を実現する上で、必要不可欠な施設なのである[15]。

　ここには、方法＝内容と施設＝器との統一を伴い、研究という契機によって指導と学習を統合的に把握するという発想上の特色を見いだすことができる。教員が決して解答を独占する孤高の存在ではなく、他者や社会と共存して、絶えずそれらに応答しつつ学ぶ者の一人であり続けることを、制度的に保障・促進し、学問という人類の営み全体を質的に高める効果が期待できる。昨今の大学改革において、施設配置・管理のあり方が変容するなかで、こうした統合的な把握は十分に配慮されず、かつてのようなゼミナールの実施が難しくなった研究型大学も少なくない。もちろん、それが新たな学問のあり方の開拓にもつながるであろうが、今一度、立ち止まって何が重要かを考える上で貴重な提起である。

　大学の機能的本質から制度的形態へ迫る以上のような金子の議論の展開は、管理運営論を大学の原点から問い直すことにつながりうる。研究・教育の理念が施設・設備のあり方に強く込められ、またそれらを大きく左右するとすれば、そのあり方に対して当事者である研究者、さらには学生がいかに発言権を有して大学組織を運営していくかは、改めて重要な問題であると気づかされる[16]。しかもそれは単に恣意的な発言権の保持でなく、まさに研究・教育の理想に近づく不断の努力に裏打ちされたものとなることも同時に重要である。このような管理運営論の原則が導かれうる。

　また、金子がゼミナールのさらなる歴史的探究からたどり着いた「……解剖生理列品室、物理実験室、天文台、植物園、貨幣陳列室」等を活用した演習[17]という言及からは、これら附属施設の運用が大学管理運営の外在的付帯的事柄でなく、本質にかかわることが明らかになる。加えて近代ドイツに特徴的なように、それらが所掌の異なる諸施設である場合には、外部の相手先との協働・連携のあり方もまた、大学・学問にとって本質的に重要な事項と

なる[18]。ここでは内外施設・設備と大学の本質との連関が主眼とされたが、今後さらに人的組織等へ広がり、管理運営論の包括的刷新も期待できた。歴史の薄皮を一枚ずつゆっくり剝がす彼の議論は、大学の原点に関する解釈の多義性や変容を質すと同時に、その本質に忠実な管理運営論を今日的に再構成するための重要な萌芽を宿していたと言える。

むすびにかえて

　現在、わが国の大学は厳しい環境下での存続を余儀なくされ、適合的な管理運営体制を模索・整備しつつある。それはたとえば、危機状態や混乱状態の中で同僚制から法人制・企業制へと組織文化の急激な移行を求めるため[19]、時として旧来の慣習との齟齬や抵抗・反発を生じさせる。こうした外圧的な変化によって、学問が過度に"近視眼"化する、また、一部大学の存続と引き替えに学問全体が危機に瀕するという憂慮も残る。

　しかしながら、では従来の管理運営によって、現下の難局、たとえば資源確保や国際化、情報化、少子化等の課題に対応し得たか。現代社会特有の現象として、他の社会制度と同様、大学や学問の正統性や信頼が崩れそうな今、古典的な大学自治原理がそもそも通用すると考えるべきか。それへの固執によって、むしろ学問が滅んでしまうかもしれない。また、自治の名の下で大学成員が自己の精神性における極限を目指し、その証明の重圧や緊張感と向き合っているのか[20]、それとも惰眠を貪るだけの状態なのか、判別困難なことも多い。あるいは、そもそも学問・大学・自治的管理運営が歴史的産物ならば、それらは不動・不変のものではなく、歴史の中で変化する可能性も高い。金子との何気ない、大学や研究・学問をめぐるこういった様々な会話のなかで、後進の者として、そして大学人の末席に位置づくものとして、教え諭されたことは数多い。

　このように考えれば、問題とすべきは、変化を要請する外在的な圧力自体ではなく、それを受け止め、自己刷新の好材料・足がかりとできるような、学問・大学に内在する管理運営の原理ではないか。その欠如・空洞化や脆弱さこそが改めて問い直されるべきではないか。大学の自治・自律性は、現状のような試練をくぐり、新たに鍛えられ、現代的に再構成されなければなら

ない。そのためには、これまで諸主体によって多義的に解釈・曲解され、変容した大学の原点に立ち戻って、もう一度、その本質を見極め直す必要がある。こうして抽出された本質に基づく内在的な管理運営の原理を、現代社会が求める外在的な管理運営の原理とすり合わせることによって、より高次の大学管理運営の原理と制度のあり方、あるいは"新たな大学自治"のあり方を発展的に模索することも可能になる。大学の伝統を重視しつつも柔軟な現代的構想を意識した上で、我々が馴染んで自明視しがちな大学の本質に対して、多義的な解釈を丁寧に剥がしながらその核心に迫る金子の研究は、こうしたことを提起しているように思えるのである。

注

1 金子勉「ドイツの大学における意思決定機関の構成原理」『比較教育学研究（日本比較教育学会）』第17号、1991年、129-139頁（本書第3章第1節）。
2 髙木英明「ドイツ大学の法制的本質—「大学の自由」との関係において—」『京都大学教育学部紀要』第8号、1962年、155-171頁。
3 カール・ヤスパース（森昭訳）『大学の理念』理想社、1955年、150頁。ヤスパースにおける大学の全体を理念（イデー）と捉える態度は、金子の研究の基盤に通底するように見受けられる。
4 たとえば憲法学者の毛利透は、公衆が「決定はしないが積極的に働きかけるという形態のインプットがありうる」と述べていた。毛利透『民主政の規範理論—憲法パトリオティズムは可能か—』勁草書房、2002年。
5 金子勉「ドイツ高等教育立法の政治分析」『大学論集（広島大学 大学教育研究センター）』第24集、1995年、103-118頁（本書第3章第3節）。
6 国内の中等教育制度をめぐる事実分析においても、この着眼が洗練されていたものと思われる。金子勉・山村滋「『新しいタイプの高校』の設置にかかる政策形成過程—埼玉県立伊奈学園総合高等学校設置過程の事例分析—」『日本教育行政学会年報』第19号、1993年、174-187頁。
7 中内敏夫『教育学第一歩』岩波書店、1988年、34頁。
8 金子勉「高等教育制度の歴史的研究（課題別セッション 教育制度の歴史的研究）」『教育制度学研究（日本教育制度学会）』第2号、1995年、60-64頁。
9 金子勉「国立大学大学院における独立研究科の設置状況（研究ノート）」『教育行財政研究（関西教育行政学会）』第24号、1997年、37-42頁（本書第6章第2節）。
10 概念と現実との対応への顧慮は、他国対象の論考でも鋭敏である。金子勉「米国イーストカロライナ大学における教育職員養成制度の研究」『大阪教育大学教育研究所報』第37号、2002年、9-33頁。

11 金子勉「ドイツにおける国立大学法人化の新動向（特集 高等教育改革の比較研究―法人化・民営化を中心として―）」『比較教育学研究（日本比較教育学会）』第30号、2004年、88頁（本書第4章第3節）。
12 金子勉「ドイツ・モデルの現在―大学ガバナンスの主体の構成原理―（課題研究1 大学ガバナンスの主体の構成原理）」『日本教育行政学会年報』第34号、2008年、216頁（本書第4章第1節）。
13 具体的には次の2編が挙げられる。金子勉「大学論の原点―フンボルト理念の再検討―」『教育学研究（日本教育学会）』第76巻第2号、2009年、38-48頁（本書第1章）。同「ドイツにおける近代大学理念の形成過程」『大学論集（広島大学高等教育研究開発センター）』第42集、2011年、143-158頁（本書第2章）。
14 金子、前掲論文、2009年、211-212頁。
15 彼自身、こうした実践を試みた様子がうかがえる。桐村豪文・田村徳子・吉井勝彦・吉岡大・金子勉「米国における大学のアドミッションと高校のアクレディテーション」『教育行財政研究（関西教育行政学会）』第38号、2011年、1-11頁。
16 金子は「此施設」の設置のため管理職や同僚に働きかける福田の回顧に触れるが、それは単純ながらも、学問の本質に基づく大学管理運営の原初的様相とも言える。金子、前掲論文、2009年、212頁。
17 同上、213頁。
18 これに関連して彼は、ヴィルヘルム・フンボルトの「覚書」(「ベルリン高等学問施設の内的ならびに外的組織の理念」フィヒテ他『大学の理念と構想』明治図書、1970年、210-222頁）が、「ベルリン大学の設置構想というよりも、むしろベルリン科学アカデミーに自発的な変革を促すことを目的とした文書であると判断するのが適当」と指摘する（金子、前掲論文、2011年、152頁）。
19 江原武一「日本の大学における管理運営組織の改革」『日中高等教育新時代（高等教育研究叢書88）』広島大学高等教育研究開発センター、2006年、416-417頁。
20 ヤスパース、前掲書、110頁。

（初出：『教育行財政研究』第39号、関西教育行政学会、2012年3月、18-23頁）

解題

「大学」制度史に関する覚え書き
——金子勉からの示唆を得つつ

大谷 奨
（筑波大学）

1　「大学」制度史への着目

　ある学会の紀要編集を担当していたとき、戦後教育改革期の大学制度に関する著作の書評をどなたかに依頼しなければならないことがあった。適任はだれかと考えたとき、会員に大学制度史を専門とする研究者が少ないことに気づいた。金子勉のことはもちろん頭に浮かんだが、ドイツをフィールドとしている彼にお願いするのは専門外のことを頼むことになるのではとやや気が引けた。とはいえ、私の人脈はここで尽きてしまっており、失礼や無理を承知で書評をお願いしてみることにした。はたして彼からは「断る理由がないですね」という返事を得たのであった。おそらく金子勉は大学を丸ごと研究して大学の本質に迫りたいと考えており、ドイツは積極的に取り組むべきフィールドの一つなのであり、日本もまた然りだったのであろう。

　さらに、彼の著作リストを見ると研究方法も多彩であることに気付く。比較はもちろん、調査研究も行い、そしてもちろん歴史研究も手がけている。これもまたあるトピックに基づく大学研究を行う際、もっとも適切な方法を選択して考察を進めていったからだと思う。

　筆者自身は、日本の教育制度について歴史的に考えることを好んで研究してきたつもりである。そういった歴史的な関心に基づく考察は、金子勉の大学研究という大きな枠組みのどのあたりに位置付くのか。彼にとって歴史的アプローチは大学を考察するためのツールの一つに過ぎなかったのかもしれない。しかし筆者の力量や志向においてもっともよく金子勉から学ぼうとするならば、制度史研究という形で後を追うのが適当だと考えるのである。こ

こでは制度史を検討することで得られるであろう大学における学問研究と専門教育の問題について考えておきたい。

今ひとつ、わが国の大学の本質に迫る方法として、旧制大学以外の高等教育機関にも着目することの重要性を認めつつ筆を進めてゆきたい。むろん伝統的な旧帝大の内部においても「大学とは何か」という論議は繰り返されてきたわけであるが、その「大学」の外部に置かれていた高等教育機関——戦前にあっては専門学校、戦後にあっては「新制」大学が——が"正統派"の大学とどのような位置関係にあり、それをどのように認識し、どのように変えようとしたのか（または変えなかったのか）といういわば伝統的な大学制度の周縁を検討することで、より大学の本質に接近することが可能となるように思われるからである。金子勉の著作には、意外と戦前の専門学校に関するものが多いが、彼もまた同様に考えていたのかもしれない。

2　専門学校に対するまなざし

戦前の専門学校の歴史は大学「昇格」をめぐっての歴史でもあった。医学専門学校や東京高等商業学校、高等師範学校などの昇格運動の激しさは周知のことであるが、そもそも高等教育機関である大学と専門学校の違いは何であり、なぜ多くの専門学校は大学「昇格」を目指したのか。

専門学校の形態を考える上で、金子勉の「『漢文科』の場合」という論文は示唆的である[1]。これは中等教員無試験検定のうち「漢文科」の許可過程についての考察であるが、対象となる私立専門学校を、①通常の専門学校、②大学に併設された専門部、③「専門学校令ニ依ル大学」に併設された専門部、④専門学校令に基づき大学を名乗っていた専門学校、に分類している。

まず、すでに1903年の専門学校令下において、一年半の予科をもつ法律系専門学校に対し「大学」を名乗ることが認可された（上記の④）時点で、大学と専門学校との違いは何かという問いが成り立つ。当時の文相菊池大麓がプロフェッションの養成を企図して専門学校令を制定し、これを高等教育段階において正当に位置づけようとしたことを考えると、私立学校に対し「専門学校令ニ依ル大学」という両義性を認めたことは、高等教育機関のあり方や機能が次第に多様化していくことの発端と考えることができるのであ

る。
　その意味で、上記②や③の設置形態は、専門学校がこぞって大学「昇格」を目指していったわけではなかったことを示すものであり、アカデミズムとプロフェッショナリズムの両立を一つの学園で実現しようとした試みとして捉えることもできるかもしれない。もっとも金子勉の分析によると、このような専門部は多くの場合夜学であり、教員も「大学」からの兼任が多かったようであり、大学と専門学校の両立は理念よりも現実的な経営判断によるものと考えることもできよう。
　ただ一般的には、大学令が制定されたことも手伝って戦前において専門学校のほとんどは大学への「昇格」を志向した。いったい「学術ノ理論及応用ヲ教授シ並其ノ蘊奥ヲ考究スル」(大学令)ことと「高等ノ学術技芸ヲ教授スル」(専門学校令)ことの違いは何か、言い換えれば教育機関よりも教育研究機関の方が魅力的に映る理由は何なのか。これを検討する際、従来から指摘されていたようないわば水面上の大学観・高等教育観と同時に、より現実的な動機についても考慮に入れた方が興味深いものになるだろう。当時の昇格運動が以下のように皮肉られる場合もあったからである。

　　学校の昇格運動といふ如きは形式の末に拘はり過ぎた問題であつて、学校経営者側から見れば必要かもしれないが、学問をする学生には実質的に寄与する何物もないのである、高等商業学校が商科大学となり、高等師範が文理科大学となつても、看板の書更へと世間体がよくなつただけで、生産される新学士の値打ちに変りはない[2]

　この記事からうかがうことができる、内実はさておき大学という看板を掲げた方がプレステージは高くなるのだという動機について、大学「昇格」運動の研究において際物としてではなく、真っ当に取り扱うべきではないかと考えるのである。
　この新聞が言及するような、大学と専門学校との間に実質的な差異はないのではないかという「感触」は、実は昭和に入ると世評を越えて、大学と専門学校の一元化の問題としてたびたび論争に発展している。同じ高等専門教

育機関であっても「学術の蘊奥を考究」し「指導的人物を養成する」大学と、「実務者を養成する」専門学校は別途の存在であるとする従来からの見解に対し、「両者の間に目的及び本質上の差異はない」と専門学校の大学「昇格」を強行に求める意見が教育審議会で展開されていると新聞は伝えている[3]。

実際の審議会では、両立のままでよいとする論者は「今日ノ専門学校ガ余リ大学ノ『ミニアチュアー』見タヤウニ、大学ノ目的トシテ居ルコトト同ジヤウナコト」をしているのではないか（松浦鎮次郎）、と専門学校が大学アカデミズムににじり寄ってくることを批判するが、それに対しては「学問ノ蘊奥ヲ極ムベキ大学ガ、頻リニ工場アタリノ第一線ニ立ツヤウナ実用本位ノ教育ヲシテ居」り「寧ロ大学ノ方ガ専門学校ノ真似ヲシテ居ルデハナイカ」（西田博太郎）という辛辣な反論が示されている。松浦は西田に対して「大学ハ皆所謂社会ノ第一線ニ立ツベキ実際家ヲ養成スルコトガ最大目的デアル」と研究機能よりも教育機能を強調しつつ弁明しているが、「ソウナルト、益々専門学校ヲ一年延バシタ位デ同ジニナルト思」う、つまりプロフェッショナリズムを本旨とする専門学校の年限を延長すれば大学と同格になるのではないかと返されることになる[4]。両者の差異は修業年限以外には実態としては見えにくくなりつつあった。

3　戦後における「新制大学」と「旧制大学」

戦後教育改革において中等教育制度については戦時下での中等学校への一元化を踏まえ、新制高校という形で決着した。しかしその結果、従来指摘されていた学校種別間の差異（たとえば、中学校（＝進学）教育と実業学校（＝職業）教育）をめぐる問題は高等学校制度に内包されることになってしまった。高等教育機関でも上のように戦前すでに教育と研究をめぐり、大学と専門学校は互いに接近しつつあったのであるが、これらも新制度の下に一元化されることになった。そして中等教育制度と同様、高等教育における教育機能と研究機能の問題は、新しい大学制度の内部に持ち込まれることになったのである。

さらに、戦後高等教育は旧制高校も引き継いだことで、従来のアカデミズムとプロフェッショナリズムに加え、リベラリズムも内包することになった。

各県に総合大学を設置しようとした国立大学設置に関する十一原則は同時に教養課程の充実も期待するものでもあったのだが、早くも新制大学発足翌年には「旧制高等学校での文化教育と専門学校の職業教育と大学での学術研究の三つの教育を同時に四年制大学でやろうとしたのは無理な話」[5]と再検討を求める声が上がり、これが専門学校の復活を求める声や専科大学法案などにつながっていくのであった。

　結局、新しい大学制度それ自体に手が加えられることはなかったが、それぞれの「新制」大学の背後に戦前からの歴史的経緯を見出し、それに基づいて「新制大学」を二つに峻別する発想があったことを金子勉は指摘している。すなわち「新制大学とは広義では学校教育法の基づく大学のすべてをいうが、狭義には大学令に基づく旧制大学を継承しない新たな大学・学部を指す。旧制大学を継承した学部と新制大学の学部には講座制と学科目制の区別があった」[6]。確かに国会での発言を確認してみると、文部官僚が国立大学の研究費積算方法についての質問に「旧制大学におきましては、講座を単位といたしまして講座の研究費、それから新制大学につきましては、学科目制でございますので、教官一人当り幾らというようなきめ方をいたしておる」と答えている[7]。このような発想に対しては「講座制の大学院を持つ大学と、それから大学の中には新制大学と称せられる科目制の大学と、皆さんの方で区別しておいでになっていらっしゃるが、本来理論的に考えてみますと、こういうことはおかしい」という指摘もあった[8]。

　しかし文部省は、大学院を置く大学と置かない大学との間に「差別はありません」とする一方で、「大学院を持つ大学と、そうじゃない大学と比較」すれば「研究という面が非常に整備もされ、実績も上り、あるいはまた、その研究を進める上におきまして適当な状態にあるという大学につきまして、その面につきまして予算がつけられるということは当然起って参る」と述べ[9]、結果的に旧制大学の研究機能を高く評価するかのような態度をとったのであった。そのため、戦前から研究機能を有している旧制大学を、大学院の設置などによって新制大学が後追いするという、かつて戦前の大学と専門学校における同化と差異化の応酬が、大学制度内部で展開されることになる。結局、戦後教育改革を経ても、大学における研究と教育の問題は解消されな

かった。こぞってアカデミズムの方向へと引き寄せられてゆく傾向は容易には止まなかったと言えよう。「大学」においてプロフェッショナリズムを真っ当な形で位置づけたりアカデミズムとの調和を図ることは不可能なのであろうか。

4 新構想大学の歴史的研究へ

その問いはなお現代的な課題であるが、戦後教育改革と現代との間には新構想大学があった。これが時間の経過とともに歴史的研究の射程に入りつつある。筆者が現在所属している筑波大学は新構想の代表的なものである。

筑波大はその発足の経緯から、当初から参与会の設置といった従来の大学観とは馴染まない管理運営の側面が強調されてきたが、新構想大学のねらいは大学管理だけではなく、行き悩み状態にあった大学における研究と教育の問題を突破することにもあった。学部を持たず、教育組織（学群・学類）と研究組織（開設時は学系）を分離することで、大学内部で研究と教育の両立を試みようとしたのであった。またその教育組織では、時代の変化と学問の急速な発展に対応するため一般教育と専門教育の融合、自由度の高いカリキュラム、学際的な科目編成が目指された。

筑波大学の管理運営方式がその後の新設医大を含めた新構想系大学に適用されたことは頻繁に伝えられている。一方、この教育と研究の分離という発想も他大学における改革を誘発したことについてはあまり知られていないが、毎日新聞は1973年秋、北海道大学、大阪大学、広島大学が学内改革に着手した際「筑波方式」を取り入れたと伝えている[10]。

北大では1974年、法学部が独自に学部を「教育部」と「研究部」に分割し「研究の高度化と教育の充実」を目指そうとした[11]。阪大も同年、教養部から言語文化部を独立させて、言語学研究と教育の充実を図ろうとしたが、先の毎日新聞は、「筑波大学の外国語センター構想とほぼ同じ」としている。広島大学は、教養部を改組し、自由なカリキュラム編成が可能なリベラルアーツ型の総合科学部を設置したが、新聞は同様に、「学際領域を採用し、かつ一般科目と専門科目の総合的カリキュラム編成をめざした点は筑波方式と一致している」と報じている。

戦前や戦後教育改革時には総合大学にこだわっていたにも関わらず、新構想では筑波を除くとすべて単科大学で開設していったことも、文部省の大学観の転換を予想させて興味深い。

　現在、矢継ぎ早に高等教育政策が展開されている。それらはすべて「大学とは何か」という自問を迫るものではあるが、現段階では、政策それ自体に対応することで精一杯なのが実情であろう。一方、直前に展開された新構想大学政策については時間の経過とともに、やや冷静に考察することができる。明治以来、延々と模索されてきた「大学における教育と研究」という問題に新構想系の大学どのようなインパクトを与えたのかについてそろそろ歴史的に評価すべき時期にきている。またそれは筆者にとって非常に魅力的なテーマである。

注
1　船寄ほか『近代日本中等教員養成に果たした私学の役割に関する歴史的研究』（学文社、2005年、151-175頁）所収。
2　「無意味な昇格」『読売新聞』1930年11月7日夕刊。
3　「実専の昇格　教審委員会賛否両論」同上、1939年11月16日朝刊。
4　『教育審議会諮問第一号特別委員会第二十六回整理委員会会議録』1939年6月2日、46-53頁。
5　城戸幡太郎「米式六四四制（国立大学の再検討）」『読売新聞』1950年7月15日朝刊。
6　金子勉「新制大学の展開と教育学部」TEES研究会『「大学における教員養成」の歴史的研究―戦後「教育学部」史研究』学文社、2001年、263頁。
7　小林行雄（会計課長）の発言。16衆予算委第二分科会2号、1953年7月13日。
8　堀昌雄の発言。30衆文教委6号、1958年10月24日。
9　緒方伸一（大学学術局長）の発言。27参文教4号、1957年11月9日。
10　「国立3大学で改革具体化　『筑波方式』取り入れ」『毎日新聞』1973年9月2日朝刊。
11　『北大百二十五年史通説編』2003年、405-406頁。

（初出：『教育行財政研究』第39号、関西教育行政学会、2012年3月、24-28頁）

解題

大学の法的地位・設置形態の研究と大学の可能態
―― 金子勉の大学研究に学ぶ

大野 裕己
（兵庫教育大学）

はじめに

　周知のように、1990年代後半以降の政策論議を経た2003年の「国立大学法人法」の成立・施行は、日本の国立大学の在り方に大きな変動をもたらした。法人化後二期目の中期目標期間に入り、学内の管理運営や教職員の雇用形態等に顕著な変化が現れ、また大学への社会的要請も相まって日常のしごとの内実が変化するなかで、自らの位置取り（担当科目や役割期待）に必死の状態でいる在りようをしばしば自覚する。そこでは、大学の「法人化」への漠然たる畏怖感に支配され、それが大学に提示する方向性や可能態、一方で改革に潜在・発現する問題について相対的に判断する姿勢や、その判断から大学人としての新たな研究教育の行動様式を組み立てる態度を喪失しがちである。このような状況は、必ずしも筆者ひとりに限られたものではないようだ[1]。

　このような状況にあって、大学人には、日常の激動にただ翻弄されるばかりではなく、社会や国家における大学の在り方・可能態をあらためて見通す今日的再定義の努力が必要なのではないだろうか。このとき、過去から現在に至る時間軸での、大学の法的地位・設置形態の考察は、大学の可能態の今日的再定義に向けて大きな知見を与えるものと思われる。特に、金子勉の大学の法的地位・設置形態に関わる諸研究は、そうした今日的再定義の作業に向けた、貴重な視座や思考方法を提起してくれていると実感する。

大学の法的地位・設置形態の研究と大学の可能態　349

1　大学の法的地位及び設置形態の研究の射程

　「大学の法的地位」とは、「大学という組織体が統一的な国家主権（国家権力または公権力）の枠内で許される存在形式」[2]のことを指す。大学は、中世の権力的諸権力の間隙で独立性と自治を備えた組合団体として成立したが、統一国家の確立にともなって、国家の統治の枠内で一定の存在形式を付与される。その具体的な形態（設置形態）としては、一般に①私法人、②公法人、③独立営造物、④非独立営造物が想定されている[3]。大学の法的地位の態様は、「大学の自由・自治」といった大学の本質的在り方を投影するとともに、具体的な大学の機構や管理運営の在り方とも連なっており、その（法的地位）探究は、大学の存在論や自治機構の在り様・課題を解明する上での基本的命題と位置づけられる。

　このような大学の法的地位の探究としては、特にドイツの連邦高等教育大綱法（三次改正）までの歴史的経緯を辿り、法的に営造物的性格、社団的性格の二重の性格を付与されたドイツ国立大学（州立大学）が、一定の独立的地位（存在論的自由・自治）を確立しつつ機構・財政面での機能的自由・自治に弱さが見られる点を描き出した高木の研究を典型に、研究方法・研究知見が蓄積されている。

2　金子勉による大学の法的地位及び設置形態の研究の特徴と含意

　金子勉は、幅広い切り口での優れた大学研究を残しているが、そのなかでも「大学の法的地位及び設置形態」に関する研究は、大学の管理運営の問題と密接に関係を持たせつつ、彼の研究歴において一貫して取り組んでいた研究主題であったと解される。金子勉は、特にドイツ国立大学の管理運営の原理・原則を解明するための方法的基礎を構築する作業として、ドイツ連邦法である高等教育大綱法における大学の法的地位（これを巡る論争や変動）の丁寧な解題を進めていた。

　金子勉の研究に先だっては、上述のように高木英明をはじめとする大学の法的地位と自治機構に関する一連の研究がある。高木の研究は主として高等教育大綱法1985年改正までの状況を視野に置いたものであるのに対し、金

子勉の研究は同法1998年改正による大学の新たな設置形態の台頭（1970年代の立法化基調の改革から1990年代以降の規制緩和・州主導性の改革への変容）までをおさえた視野で研究を展開していること。また金子勉は高木の厳密な資料収集・解釈引用の方法論を引き継ぎながらも、研究の方法論として高等教育立法の立法過程・実施過程分析（政策過程における主体間の動態的な影響力関係を踏まえた分析から、制度の原理・原則の実像を投射）を具体的に盛り込むことを通じて、独自の研究的知見の産出につなげている。両者のドイツ大学の研究を併せ読むと、そこには単純な研究の視点・方法の「継承」を超えて、新たな研究知を生産するための「学問的対話」が存在していることが強く感じられる。こうした両者の学問的対話と研究知生産の態度は、筆者を含め後進の教育行政研究者及び大学研究者が大いに学ばねばならないポイントであると感じる。

　大学の法的地位・設置形態についての金子勉の典型的な研究として、以下の二つが挙げられよう。

　まず、ドイツの高等教育大綱法の立法過程を取りあげ、同法における「大学の法的地位、一元的管理、（国家の）監督」、及び「統括機関」の規定の内実について、政府・政党・関係機関の支持する見解の相互影響関係の分析を通じて解明した研究（金子勉「ドイツ高等教育立法の政治分析」『大学論集』24、広島大学大学教育研究センター、1995年）がある。同論文では、1976年成立高等教育大綱法の「大学は公法上の団体であり、同時に国の機関である」との二重性の規定の内実が、大学自治の強化（教学から人事・経理を大学の事務とし国の監督を合法性検査〔法規監督〕に限る）が前面に出た第一期、国の責任への配慮（人事・経理を国事務と位置づけ、行政監督を容認）が志向された第二期の、諸関係機関の見解の相互影響（対立）過程において形づくられたこと。そして、これと関連して「統括機関」の性格についても、同様の政治過程（統括機関の「連続性」確保、「職務遂行能力」「効率性」強化の見解の対立→合意形成）を経て、最終的に曖昧さをもつ規定内容に落着したことを解明し、そこに各州における多様な解釈・立法を容認する意味性がみとめられるとの重要な指摘を提出している。

　次に、1998年の高等教育大綱法改正で新たに認められた、大学の別の法

形式（新しい設置形態）への諸州の対応やそれに基づく変化の考察がある。たとえば、金子勉「ドイツにおける国立大学法人化の新動向」(『比較教育学研究』第30号、2004年）において、同改正法で経営面を含む国立大学の全面的な法人化への途が開かれたことと関連して、各州の設置形態の改革動向を鳥瞰的に検討し、法律の具体化による大学の実体の変化の可能性や、そこにおける理論的課題が考察されている。

　また、金子勉「ドイツにおける国立財団型大学の成立」（江原武一研究代表『転換期の高等教育における管理運営組織改革に関する国際比較研究』科学研究費成果報告書、2003年）では、新しい設置形態への本格的な対応例と言えるニーダーザクセン州が導入した国立財団型大学（国家の責任のもと設置者が財団の形式をとる大学）の設置形態及び学内組織について検討している。金子勉はこの場合も、州新大学法の立法過程における関係諸機関の相互影響関係の分析そして改正法成立後の変化（財団型大学の管理運営組織）の分析を丹念に行い、同州の大学の設置形態の転換の特質・技術やその管理運営改革への反映を考察している。結果、設置形態の転換と関わっては、立法過程における当初の基本原則の変化、国家の責任範囲内における設置形態変更（基本財産を確立しないまま州政府交付金を主財源とする財団型への転換）といった特質及び示唆を整理し、そしてそうした立法過程は、一方の意思決定機構簡素化について、新大学法が典型的モデルを示し得ない結果に結びついたことを示唆している。

　以上の研究（さらに1990年代の規制緩和基調における財政・会計制度改革の研究）を通じて、金子勉はドイツ大学の長期的な変容の様相を、大学の法的地位、管理運営の在り様、またそれらを左右する大学観を統合して捉える視点・手法（立法過程分析）により精緻に浮かび上がらせてくれている。

むすび

　筆者は、2001年度から2003年度まで、大阪教育大学学校教育講座の学校経営学担当教員として、教育行政学担当の金子勉氏と仕事を共にする機会を得た。当時は国立大学法人法成立前夜かつ国立大学の再編統合が活発に模索される状況にあり、本学も例に漏れず混乱の渦中にあった。大学に職を得た

ばかりの筆者は、冒頭で述べた雇用形態や学内管理の変動等の皮相的なトピックへの畏怖に支配されがちであったが、金子氏は常に事態や議論に対して冷静であり、彼との対話機会（また彼の学内における発言）では、法人化による大学改革の多様な可能態、そして一方での課題の所在把握を分別して考えることの重要性を示唆して下さったように思い出される。そうした彼の視野・発言は、以上の精緻な研究作業に基づく大学の本質やその現代的再形成の可能性についての深い洞察から導き出されていたことは想像に難くない。

　金子勉は、大学の法的地位・設置形態の研究において、高等教育大綱法と諸改正法の立法過程の特質が、各州での多様な法解釈や立法の容認をもたらしたこと等のドイツ大学の変容理解への基盤となる知見を与えてくれている。一方、彼の研究は、こうした立法過程の結果として、連邦法及び州法が大学の設置形態・管理運営（特に管理運営）と関わって典型的なモデルを示し得なかったという重要な指摘・言及をしばしば行っている。彼は、ドイツ大学の長期的な変容の中でこのことの功罪をどのように意味づけようとしていたのだろうか、改めて強い関心を抱いた。彼は一連のドイツ大学研究の集大成となる論考を通じて、あるいは一方で着想・推進していた国家施設型大学から法人型大学への転換に関するドイツ・オーストリア比較研究の成果を通じてこれを解明し、ドイツ大学研究の論争点の解決・日本の大学改革に対する示唆の両面で貢献度の高い知見を提出してくれたものと思われる。彼のこの点の成果をみることは叶わぬ望みとなったが、日本の大学が現在置かれた問題状況に正対し、大学の可能態を再構築することに向けて、以上の彼の着想・問題提起を引き取る研究を推進していくことが、これからの大学研究また教育行政研究にとって重要であると考える。

注
1　篠原清昭「まえがき」同編『ポストモダンの教育改革と国家』教育開発研究所、2003年、i頁。
2　高木英明『大学の法的地位と自治機構に関する研究』多賀出版、1998年、6頁。
3　高木、同上書。

（初出：『教育行財政研究』第39号、関西教育行政学会、2012年3月、14-17頁）

解題

開放制中等教員制度の原型としての
無試験検定制度
―― 金子勉の研究姿勢に学ぶ

木岡　一明

（名城大学）

1　戦後教育改革と中等教員養成制度

　戦後教育改革において教員養成問題は、重要な争点の一つであった[1]。それは、学制改革とも結びつき、また「教育の地方自治」原則や教育行政制度改革ともリンクして、様々な論点を伴うものであった。

　戦後教員養成制度は、「大学における教員養成」と「開放制」を2大原則として打ち立てられた。これらの原則は、初等教員養成からみれば戦前の仕組みを大きく変更したという意味で画期的なものといえよう。戦前においては「専門学校程度」という学校階梯上の位置しか与えられていなかった、しかもまだその格付けから数年しか経てない師範学校が、「大学」に昇格することになったことは、極めて大きな変更であったし、そのことへの反対や抵抗も大きく、様々な軋轢や事件をその後に起こす原因ともなった[2]。また、厳しい国家管理の下で、その師範学校に独占的に任されていた初等教員養成を、私立学校等においても担えるようになった開放制は大きな変更であったし、今日に至るまで教員の質保証や大学自治の原則と絡む論点を惹起する一因となってきた[3]。

　しかし、こうした変更点の画期性は、中等教員養成制度の側面から見た場合、どう捉えうるものなのであろうか。確かに、戦前においては、高等師範学校や女子高等師範学校が目的的な中等教員養成機関であったことは知られてきた[4]。しかし、その入学定員総数から考えて、量的には主流たり得るはずはなく、その意味では、上記の2大原則は、すでに戦前に中等教員養成において適用されていたとも考えられる。果たしてそうなのか。中等教員資格

を得るための検定試験が行われてきたことも知られている[5]。ところが、その実態の解明は、近年までほとんどなされてこなかったのである[6]。まして、量的には圧倒的に多数を占めた、国が許可あるいは指定した特別な機関の卒業生に対して、一定の条件の下で、検定試験を受けないで中等教員資格を与える仕組みについては、ほとんど明らかにされていなかった[7]。したがって、戦前の中等教員養成制度に照らして、この「大学における教員養成」原則と「開放制」原則の意義や意味は、まったく未解明であったといえる。

　金子勉による本稿（わたしが共著者に名を連ねているが、資料収集を分担したに過ぎず、分析と考察は一人金子の功績である）は、戦前日本の中等教員養成の仕組みの一つであった「無試験検定」制度に焦点を定め、乏しい資料と専門性の限界を有しつつも、その実態解明につとめた共同研究の成果の一部である。

2　『近代日本中等教員養成に果たした私学の役割に関する歴史的研究』学文社、2005年

　本稿が収録されている本書は、船寄俊雄（神戸大学）を代表とする無試験検定研究会によって公刊された書物であるが、そのもとになったのは、同名の文部科学省科学研究費補助金（基板研究（B）(1);課題番号11410074）による研究成果報告書であった。そのメンバーは、2名を除いて、TEES（Teacher Education & Educational Science）研究会の旧メンバーであり、金子もその一人であった。つまり、本書は、TEES研究会が活動を終えて解散してなお、研究関心と意欲、時間を持続させてこの研究課題にそれらを注いだ船寄や金子ら旧TEES研究会メンバーを中心としてまとめられた成果物である。

　この点について、本書の「あとがき」において、同じくTEES研究会メンバーであった西山薫が、TEES研究会の研究成果物である『「大学における教員養成」の歴史的研究』において、「戦後における一般大学の課程認定制度と許可学校の連続性を指摘したが、さらなる解明の必要と研究的意義を確認し、『許可学校』研究へと軸足を移した」と述べている（279頁）。そして、寺﨑昌男代表の「文検」研究会からの影響と示唆にも触れ、「戦前・戦後を通じた教員養成制度の実像を検証する一方、教員養成によって切り取られた

学問、すなわち「教科」に再構成された学識の軌跡を解明するという点において、本研究は『文検』研究と共通の問題関心を抱いていた」としている（同頁）。

　本書序章第1節において、船寄によって、研究の目的と方法が述べられている（14-15頁）。研究目的は3つあり、①どの学校が、いつ、どの学科目について許可または指定されたのかという基礎データの整備、②許可及び指定の実際を個別の学校や学科目ごとの事例研究で解明すること、③戦前の中等教員養成に果たした私学の役割の解明、である。

　こうした目的に沿って、3章と資料編から構成されており、第1章では、戦前の無試験検定制度史を概観し、第2章では、許可学校の許可過程を学科目ごとに分析し、第3章では、立命館大学を事例に、同大学にとっての無試験検定制度の意味を検討し、資料編には許可学校と指定学校の一覧を掲載している。

　こうした本研究の特色は、船寄自身が序章でも指摘しているように（16頁）、近代日本の中等教育を支えた大量の私学出身中等教員について、「その供給の内実＝養成教育と、それら中等教員が果たした質的貢献についての知見」を示していることにある。また、その内実解明を、「多岐にわたる中等教育の学科目に即して学科目ごとの差異に着目」することと、しかも「養成教育の内容と教授者の双方」に踏み込んで、「教員養成という機能が養成される人（つまり将来の中等教員）を通じて学問を普及するという観点と、養成教育における学生と教員との相互作用の中で学問が発展するという観点」から進めていることも特筆される。この点は、西山の「あとがき」でも強調されており（282頁）、共同研究者に共通した観点であったと捉えられる。

　こうした研究構想の中で、金子が担ったのは、「第2章　無試験検定制度許可学校方式における許可過程」の中の「第5節　『漢文科』の場合」であった。

　この第2章では、漢文のほか、国語、英語、体操、修身、地理、家事、裁縫・手芸が取り上げられているが、西山の「あとがき」で明かされているように、「その教員免許状を取得している、予備校で受験指導の経験がある、父親がその教科の教員だったなど」も担当決定の視点であったように（280

頁)、金子も含め、メンバーの多くは、それらの学科目の内容分析を専門とする者ではないが、船寄が言うように「研究の現段階から言えばそれもまたやむを得ないこと」であった（14頁）。

3　無試験検定制度許可学校方式における「漢文科」許可過程

事例研究では、①許可に至る審査の状況、とくに教員スタッフの履歴・業績、②教員養成教育の内容、とくに各教員が専攻する学問と各授業科目との関連、③受講生の受講動機・その変化、受講態度、④最終的な成績判定の実態、⑤私学出身教員の中等教育界における位置の問題（資質問題、待遇問題）、とくに高等師範学校及び帝国大学出身教員との比較、⑥各学校における教職教育の実態、とくに担当教員の氏名・授業科目・授業内容、受講生の意識、の6点を共通に明らかにすべきこととされていた（14-15頁）。しかし、実際は、入手しえた資料の制約から、共通なものにはなり得ていない。

そうした中でも、「漢文科」の場合は、記述に推定語が多用されていることからも窺えるように、相当に制約があったと捉えられるし、また金子の資史料に忠実で抑制的な研究姿勢がよく表れている。節内の構成も、他の節に合わせようとするよりも、他節では共通に用いられている「カリキュラム」という言葉を用いずに「学科課程」で一貫させるなど、分析対象となった主たる資料（視察報告書）に依拠した用語法に副い、許可の観点の基準がどこにあったのかの解明に主軸をおいて、目的養成規制下で管理されていた「高師（高等師範学校）、女高師（女子高等師範学校）」、及び「臨教（臨時教員養成所）」での実際を先に整理して当時の「スタンダード」をあぶり出した上で、申請校の教員組織と学科課程、生徒の学業成績、施設・設備の分析、さらに「視察報告書」を記載した人物の判断の影響力、の考察を行っている。

金子の行った分析と考察の実際は、本文を参照されたいが、恐らく現職の小学校教員が多く在籍したと考えられる夜間部に対して許可基準が比較的寛容であったことや、戦時体制の進展とともに、許可基準に精神的側面が加味されるようになったらしいことをあぶり出していることは、戦前の「漢文科」が果たした教育的役割を窺わせており特筆される。

注

1 このことは、海後宗臣らによる『戦後日本の教育改革』シリーズ（全9巻）の1冊として海後編『教員養成（戦後日本の教育改革8）』（東京大学出版会、1971年）が刊行されていることからも窺うことができる。
2 全国各地で発足した新制教育大学・学部には、様々な例を見ることができる。たとえば、教育学部の内部部局ながら旧師範学校跡地に教員養成系の課程が置かれ、旧文理科大学を母体とする部局や旧高等師範学校を母体とする部局とは校地を異にした広島大学教育学部のケースや、東北大学教育学部から教員養成課程部門が分離独立するかたちで宮城教育大学が創設されたことなどをあげることができる。
3 開放制教員養成制度の有する諸問題については、たとえば岡本洋三『開放制教員養成制度論』（大空社、1997年）を参照されたい。
4 たとえば、そのことに貢献したものとして、船寄俊雄『近代日本中等教員養成論争史論』（学文社、1998年）をあげることができる。
5 たとえば、そのことに貢献したものとして、寺崎昌男・「文検」研究会編『「文検」の研究』（学文社、1997年）をあげることができる。
6 この点で、船寄が研究成果を蓄積してきていたことは大きいし、TEES研究会が果たしてきた貢献も少なくないものといえる。
7 この点で、佐藤由子『戦前の地理教師-文検地理を探る』（古今書院、1988年）や井上恵美子による「近代日本中等教員に期待された教科専門知識並びに教職教養に関する史的研究―「文検」主要教科及びその受験者等の調査分析―」基盤研究（B）(1998-2001)が果たした貢献は大きい。

（書き下ろし）

初出一覧

第1部　大学理念の再検討
第1章　大学論の原点―フンボルト理念の再検討
⇒『教育學研究』第76巻、第2号、日本教育学会、2009年6月、208-219頁
第2章　ドイツにおける近代大学理念の形成過程
⇒『大学論集』第42集、広島大学高等教育研究開発センター、2011年3月、143-158頁
図書紹介：潮木守一著『フンボルト理念の終焉？　現代大学の新次元』
⇒『教育學研究』第77巻、第1号、日本教育学会、2010年3月、100-101頁

第2部　ドイツにおける大学改革
第3章　ドイツにおける大学の組織原理と実態
第1節　ドイツの大学における意思決定機関の構成原理
⇒『比較教育学研究』第17号、日本比較教育学会、1991年6月、129-139頁
第2節　ドイツの大学における管理一元化の理論的課題
⇒修士論文、1992年3月、未刊行
第3節　ドイツ高等教育立法の政治分析
⇒『大学論集』第24集、広島大学大学教育研究センター、1995年3月、103-118頁
第4節　ドイツにおける大学職員
⇒タイトル変更「ドイツ編」大場淳編『諸外国の大学職員―フランス・ドイツ・中国・韓国編―』高等教育研究叢書87、広島大学高等教育研究開発センター、2006年3月、69-86頁
第4章　ドイツにおける大学改革の動向
第1節　大学ガバナンスの主体の構成原理―ドイツ・モデルの現在
⇒『日本教育行政学会年報』第34号、日本教育行政学会、2008年10月、214-217頁
第2節　ドイツにおける国立財団型大学の成立
⇒江原武一・杉本均編著『大学の管理運営改革―日本の行方と諸外国の動向―』東信堂、2005年、190-205頁
第3節　ドイツにおける国立大学法人化の新動向
⇒『比較教育学研究』第30号、日本比較教育学会、2004年6月、81-88頁

第4節　ドイツの大学における組織改革と財政自治
　　　　　⇒有本章編『ポスト大衆化段階の大学組織変容に関する比較研究：第Ⅲ部：外国調査編』高等教育研究叢書46、広島大学大学教育研究センター、1997年10月、128-137頁
　第5章　ドイツにおける大学の質保証の展開
　　　第1節　ドイツにおける大学教授学の展開
　　　　　⇒『京都大学高等教育叢書』第2巻、京都大学高等教育研究開発推進センター、1997年6月、42-47頁
　　　第2節　ドイツにおける学位改革の展開
　　　　　⇒平成12年度文部科学省委嘱研究研究成果報告書（研究代表者川島啓二）『欧米諸国の大学における複数専攻及び複数学位の取得システムに関する調査研究』国立教育政策研究所、2001年3月、53-61頁
　　　第3節　高等教育機関の評価―ドイツ編
　　　　　⇒『週刊教育資料』965号、日本教育新聞社、2006年12月、14-15頁
　　　書　評：ウルリッヒ・タイヒラー著、馬越徹・吉川裕美子監訳『ヨーロッパの高等教育改革』
　　　　　⇒『比較教育学研究』第35号、日本比較教育学会、2007年6月、194-196頁

第3部　日本における大学改革
　第6章　大学の法的地位と組織改革
　　　第1節　明治期大学独立論からの示唆
　　　　　⇒『教育制度学研究』第7号、日本教育制度学会、2000年11月、100-103頁
　　　第2節　国立大学大学院における独立研究科の設置状況
　　　　　⇒『教育行財政研究』第24号、関西教育行政学会、1997年3月、37-42頁
　　　第3節　国立大学の独立行政法人化と再編・統合
　　　　　⇒『教育行財政研究』第29号、関西教育行政学会、2002年3月、37-39頁
　　　第4節　大学のガバナンス―光華女子大学での講演
　　　　　⇒未刊行
　第7章　教員養成史と大学の役割
　　　第1節　無試験検定制度許可学校方式における認可過程―「漢文科」の場合
　　　　　⇒船寄俊雄・無試験検定研究会編『近代日本中等教員養成に果たした私学の役割に関する歴史的研究』学文社、2005年、151-175頁
　　　第2節　新制大学の展開と教育学部
　　　　　⇒TEES研究会編『大学における教員養成の歴史的研究』学文社、2001年、261-272頁

第8章　学部教育改革の課題
　第1節　大学入学までの学習の状況
　　　　⇒荒井克弘編『大学のリメディアル教育：第Ⅰ部リメディアル教育の調査』高等教育研究叢書42、広島大学大学教育研究センター、1996年9月、19-34頁
　第2節　秋季入学の歴史と政策の展開
　　　　⇒平成12年度文部科学省委託研究研究成果報告書（研究代表者川島啓二）『大学の秋季入学に関する調査研究』2003年3月、7-10頁
　第3節　教養的教育と専門的教育―カリキュラム改革は成功したか
　　　　⇒有本章・山崎博敏編『学部教育の改革と学生生活：広島大学の学部教育に関する基礎的研究（2）』高等教育研究叢書40、広島大学大学教育研究センター、1996年3月、26-37頁
　書　評：鳥居朋子著『戦後初期における大学改革構想の研究』
　　　　⇒『教育制度学研究』第15号、日本教育制度学会、2008年11月、210-214頁

解　題
　高木英明　学問の意義と大学の役割―金子勉の大学研究に学ぶ
　　　　⇒『教育行財政研究』第39号、関西教育行政学会、2012年3月、29-31頁
　服部憲児　金子勉の大学論の原点に関する研究―「フンボルト理念」をめぐる諸問題について
　　　　⇒『教育行財政研究』第39号、関西教育行政学会、2012年3月、2-13頁
　山下晃一　金子勉による大学の管理運営制度論の今日的意義
　　　　⇒『教育行財政研究』第39号、関西教育行政学会、2012年3月、18-23頁
　大谷　奨　「大学」制度史に関する覚え書き―金子勉からの示唆を得つつ
　　　　⇒『教育行財政研究』第39号、関西教育行政学会、2012年3月、24-28頁
　大野裕己　大学の法的地位・設置形態の研究と大学の可能態―金子勉の大学研究に学ぶ
　　　　⇒『教育行財政研究』第39号、関西教育行政学会、2012年3月、14-17頁
　木岡一明　開放制中等教員制度の原型としての無試験検定制度
　　　　⇒書き下ろし

索引

【欧字】

GHQ（連合国軍最高司令官総司令部） 264
Hochschulpersonal 104, 106, 107
Mitgliedschaft 128
Trägerschaft 128, 129, 131
universitas 322

【あ行】

朝比奈知泉 199, 201
アドミニストレーション 216, 218〜220
アフェナリウス 76, 88, 100
アルトホーフ 43
意思決定機構の簡素化 130, 135, 136, 138, 140, 141
一元的管理 58〜68, 71, 75, 78〜83, 86, 87, 89, 94, 95, 158, 159, 355
一般教育 263〜266, 268, 269, 295〜297, 304, 305, 310, 312, 316, 346
委任事務 95, 156
ヴィルムス D. Wilms 48, 49
ウーデン Uhden 17, 18
ヴェンティヒ Waentig 12
ヴォルフ F. A. Wolf 13, 27
潮木守一 5, 8, 21, 25, 26, 38, 39, 42, 325〜327, 329, 330
ヴッパータール大学 163, 164
ウニフェルシタス・リテラルム 9, 11
運営委員会 87, 156, 157
営造物 15, 17〜20, 46, 52, 127, 129, 131, 133, 141, 142, 151, 349
エッピング 89
江原武一 145, 340, 356
エルランゲン大学 157
大久保利謙 199, 201
オーストリア 142, 357
オスナブリュック高等専門学校 143, 149
織田萬 13, 22, 336
オルデンブルク大学 124, 178, 179, 183, 184, 186, 188

【か行】

会計制度 153, 154, 160, 165, 351
カウンシル 128, 129
学位 17, 31, 87, 114, 116, 120, 122, 124, 125, 152, 154, 178〜184, 187〜191, 193, 194, 218〜220, 243, 314
学芸学部 268
学習の自由 52, 53
学術・芸術職員 137
学術審議会 70, 71, 90, 93, 97, 98, 100, 158, 167, 189
学術的大学 87, 97, 154
学術文化省 130〜132, 134〜136, 147, 150
学生 5, 6, 9, 10〜13, 19, 21, 34, 43, 47, 48, 50〜54, 67, 105, 117, 128, 132, 146, 151, 152, 167, 171〜174, 176, 178, 179, 183〜185, 192, 193, 212, 213, 228, 232, 233, 267, 268, 270〜272, 278, 279, 281〜283, 285, 288〜291, 293〜304, 306, 307, 309〜311, 314, 317, 321, 323, 324, 327〜330, 333, 337, 343, 355
学長 29, 36, 39, 43, 50, 60, 62, 64〜70, 72, 74〜80, 82, 86〜101, 124, 140, 146, 156〜160, 164, 165, 172, 189, 210, 213, 225, 228, 229, 312, 313, 317, 334
学長制 59, 60, 64〜66, 69, 70, 75〜77, 82, 89, 94, 97〜102, 140
学内組織 130, 132, 142, 351
学問の意義 320

索引 363

学問の自由　48, 52, 53, 169, 322, 333
学科課程　245〜250, 255, 259, 314, 356
学科目制　261〜263, 266, 267, 345
学監　88, 93, 156, 157
学校教育法　92, 229, 259, 261, 292〜295, 345
学校法人のガバナンス　224
ガバナンス　127〜129, 192, 213〜218, 220, 221, 223〜229, 231, 335, 336, 340
ガバナンスの概念　214, 215, 217, 221, 223
ガバメント　215〜221, 227
株式会社　151
カンツラー　60, 61, 64, 65, 68, 72, 73, 77, 79〜82
漢文科　236, 237, 241〜245, 247〜249, 252, 258, 259, 342, 350, 351
官吏　12, 50, 54, 76, 106〜109, 114〜116, 137, 152
管理委員会　60, 71, 74, 75
監理機関　129
官立大学　127, 312
官吏法大綱法　109, 116
官僚制原理　58〜61, 66, 68〜73, 75, 77, 78, 81, 82
ギーセン大学　62, 156
規制緩和　153, 164, 168, 350, 351
基本法　48, 52, 53, 55, 56, 68, 90, 169
旧制大学　260〜262, 317, 342, 344, 345
教育学部　259, 261, 262, 268, 357
教育基本法第6条　222
教育研究評議会　228
教育実習　182, 254〜256
教育職員免許法施行規則　263
教育大学　91, 104, 110, 112, 152, 154, 155, 183, 357
教員検定　236
教員免許令　236
教員養成　182, 242, 254, 260, 267, 352〜356
教員養成系学部　259〜269

教会立大学　108, 146
教授　5, 7〜13, 16, 22, 25, 29〜34, 36, 38, 42, 44, 47〜55, 59, 60, 62, 64〜70, 74, 76〜79, 82, 88, 93, 94, 101, 102, 104, 105, 128, 137〜140, 143, 154, 157〜161, 167〜177, 192, 193, 200, 203〜206, 221, 243〜245, 250, 251, 253〜256, 259, 295, 297, 298, 323, 324, 329, 336, 343
教授会　50, 66, 199, 228, 229, 232, 315, 326
教授資格　34, 154, 174, 176
教授総長　59, 60, 64, 68, 70, 76〜79, 82, 88, 159
教授の自由　52, 53, 169
行政監督　95, 96, 355
行政主体　217
共同決定権　48, 50, 54, 67
協働権　52, 55, 66
教養教育　212, 291, 323, 324
国の事務　87〜89, 94, 95, 156, 157, 160, 162
クラトール　58〜60, 62, 63, 66, 68, 71〜75
クラトリウム　60, 69, 71〜75, 162
経営協議会　228
芸術大学　104, 111, 113, 146, 154, 155, 162, 163
ゲープハルト　26〜29, 31, 36, 37, 43
ゲスナー　J. M. Gesner　13
ゲック　W. K. Geck　51
ゲッティンゲン大学　13, 19, 30, 55, 143, 149
ケプケ　25, 27, 29, 30, 34, 36, 44
ケルン大学　133
研究科の類型化　207
研究の自由　52
現職研修　123
雇員　106〜109, 115, 116, 122, 137, 152
公企業　142, 151
合議制　59, 64〜67, 75, 77〜80, 88, 89, 92

～94, 99, 100, 140, 156～158, 160, 161, 165
合議制クラトリウム　60, 71～75
工業（場）等制限法の廃止　212
工業大学　72, 74, 154, 162, 170, 176, 203, 206, 265, 269, 312～314, 317
講座制　261～263, 345
講師　8, 33, 34, 43, 50, 137, 174, 204～206, 243, 315
高等教育学会　321
高等教育計画　222
高等教育大綱法（HRG）　87, 88, 90～93, 99～101, 104～106, 109, 123, 127, 128, 130, 145, 156, 158, 159, 189, 349, 350, 352
高等師範学校（高師）　240～242, 244～249, 252, 255, 258, 262, 269, 292, 342, 351, 353, 356, 357
高等女学校　236, 238, 239, 241, 246, 247, 249, 254, 256, 292
高等専門学校　87, 91, 104, 111, 113, 121, 143, 146, 149, 154, 155, 162, 163, 167, 170, 180, 187, 194, 265
交付金　142, 149, 151, 232, 351
公法上の営造物　131
公法上の財団　125, 128, 131, 132, 149
公法上の社団　46, 52, 66, 109, 127, 128, 131～133, 138, 141, 143, 145～148, 150
公務員　52, 108, 109, 116, 123, 125, 155, 217, 220, 233
公務員型　149, 152
公立大学　156, 224, 226～228, 275, 277
公立大学法人　226, 228
コーポレート型の大学　209
コーポレート・ガバナンス　215, 223, 224
コール　H. Kohl　48
国民所得倍増計画　265
国立学校設置法　93, 203, 206, 209, 225, 262
国立公文書館　237

国立財団型大学　130～137, 141～143, 149, 151, 153, 351
国立大学　62, 66, 82, 84, 93, 130～134, 136, 138, 142, 143, 145, 146, 150～152, 201, 204, 206, 208～212, 222, 224～232, 261～263, 265, 268～270, 274～277, 289, 317, 335, 336, 339, 345, 347～349, 351
国立大学大学院　201, 204, 339
国立大学等の独立行政法人化に関する調査検討会議　210
国立大学のガバナンス　224, 225
国立大学の再編・統合　208, 209, 212
国立大学の独立行政法人化　201, 208～210
国立大学法人法　225, 229, 230, 348, 351
国立直轄型大学　131, 132, 135, 143, 149
国家行政組織　142, 151, 156
国家行政組織法　225
国家公務員　52, 155, 217, 233
国家施設型の大学　209
国家事務　109, 131～136
国家奉仕大学　322, 323
コッホ　18, 28, 143, 326
木場貞長　5, 21, 127, 129
コンベンション　129

【さ行】

ザールラント州　107～109, 112, 117～119, 121, 123, 148, 159, 172, 191
財政自治　153, 163～165
財政法　142, 151, 152
財団型の大学　128, 130, 133, 141, 149, 151
財団評議会　134, 135
裁量　70, 160, 333
サヴィニー　8
澤柳政太郎　199, 201
三者同権論　51
シェルスキー　38, 39, 50, 57, 58
自治事務　109, 131～133, 139, 156, 157

索 引 365

師範学校　241, 261, 353, 357
師範学校、中学校、高等女学校無試験検定許可規程　247
師範教育令　240
試補　114
私法人　217, 354
事務局長　86〜89, 93, 102, 115, 141, 160, 165, 334
社員総会　138
社会奉仕大学　322
社団型の大学　128
シャレンベルク　26
州大学協会　134, 135, 138
集団管理大学　47〜49, 51〜55, 67, 68
集団代表制原理　46, 48〜50, 52〜56, 67, 332, 333
州の施設　109, 127, 128, 132, 135, 138, 142
州立大学　56, 74, 84, 87, 108, 116, 118, 122, 125, 127〜129, 142, 145, 148〜151, 154, 155, 157, 161〜163, 179, 183, 189〜191, 336, 349
シュスター　89
シュタイン　161
シュックマン　24
シュテフェンス　25, 329
シュプランガー　24, 25, 43
シュマルツ　27
シュライエルマッハー　24, 25, 27
シュレジエル　28〜30, 326
準教授　104, 105, 137, 143
昭和63年の大学審議会答申　207
諸科学の統一　49, 333
女子高等師範学校（女高師）　240〜242, 245〜247, 249, 255, 353, 356
助手　12, 48, 50, 52, 54, 57, 104, 105, 128, 137, 176, 203〜206, 315
私立学校法　222, 224, 229
自律性　62, 66, 73, 83, 96, 129, 136, 149, 161, 162, 175, 198, 199, 338
神学大学　104, 110, 112, 152, 154, 155

人件費　163, 164
新制大学　260, 261, 265〜267, 269, 312, 317, 344, 345, 347
新長期経済計画　265
真理の探求　320
正教授　16, 33, 47〜51, 53, 54, 67, 68, 77
正教授大学　47〜51, 53, 54, 67, 68, 77
政府　7, 18, 30, 31, 49, 73, 91, 95, 96, 99〜101, 131, 135〜137, 139〜143, 147〜149, 152, 161, 200, 215, 217〜219, 323, 350
政令改正諮問委員会　260, 264, 265, 267
設置形態　129, 130, 136, 142, 143, 145, 147〜149, 190, 224, 233, 237, 325, 343, 353〜357
ゼミナール　4, 5, 7〜13, 15, 18〜20, 122, 182, 326, 330, 336, 337
全学協議会　138〜140
全体会議　66
専門学校　30, 237〜240, 244, 249, 250, 252, 254, 256, 257, 261〜264, 292, 328, 329, 342〜345, 353
専門学校令　238, 239, 342, 343
専門監督　69, 132
専門教育　6, 9, 261, 264〜266, 268, 285, 290, 292, 295〜297, 301, 310, 323, 324, 342, 346
専門職大学院　218, 219
専門職の養成　219
専門代表制原理　47, 49〜52, 54〜57, 332
専門部　47, 49〜51, 54, 55, 57, 67, 236〜238, 240, 243, 253, 256〜258, 313, 342, 343
総合制大学　154
総合大学　9, 47, 66, 69, 74, 76, 87, 91, 93, 94, 98, 104, 110, 112, 114, 117, 118, 120, 122〜125, 143, 146, 150〜155, 163, 167, 180, 212, 261, 312, 345, 347
総合大学院　202, 207
総長　59, 60, 64, 65, 68〜71, 75〜81, 88〜90, 93, 94, 97〜102, 128, 129, 134,

138, 140, 141, 158〜160, 165, 199, 315
総長制　59, 60, 64, 65, 68〜71, 75〜78, 80, 89, 90, 93, 97, 98, 100〜102, 140, 160
総長部　64, 65, 76, 77, 80, 88, 94, 98〜100, 134, 138, 140, 141, 158, 159, 165

【た行】

第一次米国教育使節団　264
大学院　9, 120, 124, 125, 201〜204, 206〜208, 218〜221, 225, 226, 262, 263, 267, 269, 296, 310, 314, 323, 339, 345
大学院重点化政策　323
大学基準協会　261, 312, 315
大学自治　47, 105, 127〜129, 177, 198, 199, 312, 316, 317, 332, 338, 339, 350, 353
大学職員　104〜109, 114, 116, 123〜125
大学制度調査資料　5, 6, 21, 22, 127, 129
大学大綱法　46〜48, 51, 52, 54〜56, 58, 59, 62〜66, 68, 75〜78, 80, 81, 332
大学のガバナンス　213, 214, 224〜227
大学の国際化　324
大学の自治　9, 44, 46, 51, 87, 94, 109, 136, 145, 156, 162, 229, 230, 234, 235, 338
大学の事務　87〜89, 94〜96, 350
大学の使命　32, 324, 329
大学の法的地位　46, 86, 94, 95, 130, 132, 133, 141, 145, 155, 198, 334, 348〜352
大学の役割　236, 320, 322〜324
大学評価　188, 189, 191, 195, 220
大学評議員会　135, 136
大学紛争　48, 51, 153
大学令　4〜7, 9, 11, 15〜21, 32〜34, 198, 237〜239, 243, 256, 261, 326, 343, 345
第二次米国教育使節団　264
高根義人　4, 8, 10, 21, 22, 38, 39, 42, 127, 129, 199, 201, 326
高野岩三郎　12, 42
ダルムシュタット工科大学　148, 191
地方公共団体　52, 109, 122, 155, 161, 226
地方独立行政法人法　226

中央教育審議会　216, 265, 267, 294
中学校（旧制）　241, 247, 255, 256, 292, 344
中期計画　211
中期目標　211, 353
中等教員無試験検定　236, 240, 257, 342
ディーテリチ　27〜30, 326
ティーメ　47, 49, 53, 57
帝国大学　8, 9, 12, 22, 42, 127, 198〜201, 241, 242, 261, 262, 292, 314, 315, 356
帝国大学特別会計法　200, 201
帝国大学令　9, 261
ディプローム　114, 117, 120, 122, 178〜184, 188, 190
テュービンゲン大学　157
ドイツ学術財団連合　124, 147〜149
ドイツ裁判官法　116〜118, 120
ドイツ・モデルの大学　38, 198, 200, 201, 326
統轄機関　59, 61, 64〜66, 68〜71, 75〜82, 86, 88〜94, 97〜102, 138, 158〜160, 165
同僚制原理　58〜61, 66〜68, 70〜75, 77〜79, 81, 82
遠山プラン　208, 209, 212
特定性原理　160
独任制　60, 65, 67, 71〜75, 77, 79, 90, 93, 97, 99, 100, 140, 156, 158, 165
独任制クラトール　60, 71〜75
独立行政法人化　201, 208〜210
独立行政法人通則法　211
独立研究科　201〜208, 335, 339
独立専攻　202, 208
独立大学院　202, 206
戸水寛人　200, 201
ドルトムント高等専門学校　163

【な行】

南西ドイツシステム　60, 71, 74, 75, 157
ニーダーザクセン州　107, 110, 117, 119, 121, 123, 125, 128〜130, 132〜134,

139, 142, 147〜151, 172, 179, 183, 189
〜191, 351
ニーダーライン高等専門学校　163
ニーブール　32
二元的管理　58, 59, 61〜63, 66, 67, 71, 72, 74, 78, 79, 82, 157
西ドイツ学長会議　90, 94〜101, 172
二重の性格（二重性）　46, 87, 132, 138, 145, 148, 155〜157, 350
農業基本法　266
ノルトライン＝ヴェストファーレン州　106, 107, 112, 117〜121, 123, 124, 128, 129, 159, 163〜165, 169〜172, 175〜177, 179〜181, 183, 189〜191

【は行】

ハーナック（ハルナック）　17, 25, 32, 34, 35, 37, 43, 44
ハイデルベルク大学　55, 157
ハイネ　C. G. Heyne　13
ハイム　Haym　28
バイメ　30
バウア　55
パウルゼン　7, 13, 36〜38, 326
バチェラー　178, 184, 186〜190, 194
ハノーファー獣医科大学　143, 149
パレチェク　S. Paletschek　5, 6, 19, 21, 23〜26, 39, 40, 42, 43, 325, 326
ハンブルク州　107, 110, 117〜119, 121, 147, 148, 172, 175
非営利法人　217, 218
非学術的大学　154
非公務員型　149, 152
非国有化　130, 131, 141, 142, 149, 151
非国立大学　143, 146
ヒトラー　A. Hitler　51
評議会　46, 47, 49〜51, 54, 55, 57, 62, 66〜68, 70, 74, 78, 79, 84, 88, 92, 128, 129, 131, 134〜136, 138〜140, 149, 156, 157, 162, 199, 203, 206, 211, 228
ヒルデスハイム大学　143, 149
フィッシャー　89
フィヒテ　21, 25, 27, 39, 329, 330, 340
副総長　65, 79, 89, 94, 140, 141
福田徳三　4, 8, 11, 21, 22, 42, 326, 336
フライブルク大学　5, 122, 157
フランクフルト大学　29, 133, 134
プラントル　21
フリットナー　25
ブリュンネック　143
ブルーム　89
ブルッフ　24
ブルン，アンケ　163
ブレーメン国際大学　151
ブレンターノ，クレメンス　C. M. Brentano　9, 22
ブレンターノ，ルヨ　L. Brentano　11
プロイセン（普魯西）　6, 10, 17, 18, 20, 21, 25〜29, 49, 62, 72, 74, 87, 127, 133, 156, 323
プロフェッショナル・スクール　218, 219
文政審議会　242, 259
フンボルト，ヴィルヘルム・フォン　W. v. Humboldt　4〜6, 14, 16, 17, 19〜44, 51, 150, 170, 233, 323, 325〜330, 340
フンボルト，アレクサンダー・フォン　A. v. Humboldt　16, 17, 25, 35
フンボルト全集　28, 29, 43
平成3年の大学審議会答申　208
ベッカー　49
ヘッセン州　107, 110, 117, 119, 121〜123, 133, 147〜149, 151, 156, 163, 165, 172, 175
ペリー　36
ヘルムホルツ　Helmholtz　19
ベルリン自由大学　72, 156, 170, 325
ベルリン大学　4〜9, 11, 13, 16〜21, 24, 25, 27〜29, 31, 32, 34, 36, 42〜44, 167, 325, 327
ベルリン大学令　4〜7, 11, 15〜21, 32〜34, 326
包括予算　160, 162〜164, 175

法規監督　93～96, 131, 132, 355
法人　109, 127, 131～133, 143, 145, 146, 150～153, 155, 189, 190, 199, 201, 202, 208～211, 217, 218, 222～230, 232, 315, 335, 336, 338, 348, 351, 352
方法論　321, 332～335, 355
法律に定める学校　222
ボッフム大学　163, 164, 178～184, 188
ホフマン　Hofmann　19

【ま行】

マギステル　116, 178, 179, 181～188
マグヌス　Magnus　19
マスター　114, 178, 184, 186～190, 194
ミッチェルリッヒ　Mitscherlich　19
ミュラー　21
ミュンヒハウゼン　29, 30
民営化　142, 149, 209, 339
民間情報教育局　264
明治期大学独立論　198
メクレンブルク・フォアポンメルン州　147
文部科学省　208, 210～212

【や行】

ヤスパース　49, 339, 340
有限会社　124, 151
養成教育　114, 126, 355, 356
傭人　107, 108
予算高権　161

予算構造法（ベルリン州）　150
予算単年度主義　160
予算の繰越　160
予算の通覧性　160
予算の流用　160
予備教育　32, 114, 126

【ら行】

ライブニッツ　Leibniz　16
ラウフバーン　114, 115, 123, 126
理事会　128, 134, 156, 157, 161, 162, 224, 228, 229, 315, 316
リュース　Rühs　8
リューネブルク大学　143, 149
リュトィエ　52
臨教（臨時教員養成所）　241, 242, 245, 247～249, 255, 259, 356
レクシス　36
連携大学院　202
連合大学院　202, 207
レンツ　Lenz　7, 10, 17, 28
レンネ　Rönne　28
連邦統計局　104
ロイシンク　95, 96, 98
ロエスレル　4, 13, 14, 44, 326
ローテ　72
ロベルト＝シューマン音楽大学　163

【わ】

ワーグナー　29, 43, 44

著者紹介

金子　勉（かねこ　つとむ）

1965（昭和40）年	5月	埼玉県生まれ
1990（平成2）年	3月	京都大学教育学部教育社会学科卒業
	同年4月	京都大学大学院教育学研究科修士課程入学
1992（平成4）年	3月	同上修了
	同年4月	京都大学大学院教育学研究科博士後期課程進学、日本学術振興会特別研究員に採用
1994（平成6）年	4月	同上退学、同上退職
	同年5月	広島大学大学教育研究センター助手
1997（平成9）年	4月	大阪教育大学教育学部講師
2000（平成12）年	4月	同上助教授
2003（平成15）年	10月	京都大学教育学部助教授
2011（平成23）年	9月	永眠

大学理念と大学改革——ドイツと日本

2015年5月20日　初　版第1刷発行　　〔検印省略〕
定価はカバーに表示してあります。

著者Ⓒ 金子　勉　　発行者　下田勝司　　印刷・製本／中央精版印刷株式会社

東京都文京区向丘1-20-6　　郵便振替00110-6-37828
〒113-0023　TEL（03）3818-5521　FAX（03）3818-5514

発行所　株式会社 東信堂

Published by TOSHINDO PUBLISHING CO., LTD.
1-20-6, Mukougaoka, Bunkyo-ku, Tokyo, 113-0023, Japan
E-mail: tk203444@fsinet.or.jp　http://www.toshindo-pub.com

ISBN978-4-7989-1280-6 C3037　　Ⓒ KANEKO Tsutomu

東信堂

転換期を読み解く——潮木守一時評・書評集	潮木守一	二六〇〇円
大学再生への具体像〔第2版〕	潮木守一	二四〇〇円
フンボルト理念の終焉？——現代大学の新次元	潮木守一	二五〇〇円
いくさの響きを聞きながら——横須賀そしてベルリン	潮木守一	二四〇〇円
大学教育の思想——学士課程教育のデザイン	絹川正吉	二八〇〇円
国立大学法人の形成	大﨑仁	二六〇〇円
国立大学・法人化の行方——自立と格差のはざまで	天野郁夫	三六〇〇円
大学は社会の希望か——大学改革の実態からその先を読む	江原武一	二六〇〇円
転換期日本の大学改革——アメリカと日本	江原武一	三六〇〇円
大学の管理運営改革——日本の行方と諸外国の動向	江原武一編著	三六〇〇円
新自由主義大学改革——国際機関と各国の動向	杉本均編著	三六〇〇円
新興国家の世界大学戦略——世界水準をめざすアジア・中南米と日本	細井克彦編集代表	三八〇〇円
東京帝国大学の真実	米澤彰純監訳	四八〇〇円
日本近代大学形成の検証と洞察		
原理・原則を踏まえた大学改革を——場当たり策からの脱却こそグローバル化の条件	舘昭	四六〇〇円
改めて「大学制度とは何か」を問う	舘昭	二〇〇〇円
原点に立ち返っての大学改革——ドイツと日本	舘昭	一〇〇〇円
大学理念と大学改革	舘昭	四二〇〇円
大学の責務	金子勉	一〇〇〇円
大学の財政と経営	丸山文裕	三八〇〇円
私立大学マネジメント	D・J・井上比呂子訳著	三三〇〇円
私立大学の経営と拡大・再編——一九八〇年代後半以降の動態	両角亜希子	四七〇〇円
大学事務職員のための高等教育システム論〔新版〕——より良い大学経営専門職となるために	山本眞一	四二〇〇円
高等教育における認証評価制度の研究	林透	三八〇〇円
戦後日本産業界の大学教育要求——認証評価制度のルーツを探る	飯吉弘子	一六〇〇円
イギリスの大学——対位線の転移による質的転換——経済団体の教育言説と現代の教養論	秦由美子	五四〇〇円
韓国大学改革のダイナミズム——ワールドクラス〈WCU〉への挑戦	馬越徹	五八〇〇円
		二七〇〇円

〒113-0023　東京都文京区向丘1-20-6
TEL 03-3818-5521　FAX 03-3818-5514　振替 00110-6-37828
Email tk203444@fsinet.or.jp　URL:http://www.toshindo-pub.com/

※定価：表示価格（本体）＋税

東信堂

大学の自己変革とオートノミー —点検から創造へ—	寺﨑昌男	二五〇〇円
大学教育の創造 —歴史・システム・カリキュラム—	寺﨑昌男	二五〇〇円
大学教育の可能性 —教養教育・評価・実践—	寺﨑昌男	二八〇〇円
大学は歴史の思想で変わる —FD・評価・私学—	寺﨑昌男	二五〇〇円
大学改革 その先を読む	寺﨑昌男	二八〇〇円
大学自らの総合力 —理念とFD そしてSD—	寺﨑昌男	一三〇〇円
高等教育質保証の国際比較	羽田貴史編	三六〇〇円
主体的学び 創刊号	杉本和弘編	一八〇〇円
主体的学び 2号	主体的学び研究所編	一六〇〇円
主体的学び 3号	主体的学び研究所編	一六〇〇円
「主体的学び」につなげる評価と学習方法 —カナダで実践されるICEモデル—	S.ヤング&R.ウィルソン著 土持ゲーリー法一監訳	二五〇〇円
ポートフォリオが日本の大学を変える —ティーチング/ラーニング/アカデミック・ポートフォリオの活用—	土持ゲーリー法一	二五〇〇円
ティーチング・ポートフォリオ 授業改善の秘訣	土持ゲーリー法一	二〇〇〇円
ラーニング・ポートフォリオ 学習改善の秘訣	土持ゲーリー法一	二五〇〇円
学生支援に求められる条件 —学生の教育評価の国際比較	大島真夫他	二八〇〇円
学士課程教育の質保証へむけて —学生調査と初年次教育からみえてきたもの	山田礼子	三二〇〇円
大学教育を科学する —学生の教育評価の国際比較	山田礼子編	三六〇〇円
アクティブラーニングと教授学習パラダイムの転換	溝上慎一	二四〇〇円
大学生の学習ダイナミクス —授業内外のラーニング・ブリッジング	河井亨	四五〇〇円
授業の質を保証するアクティブラーニング —3年間の全国大学調査から	河合塾編著	二〇〇〇円
「学び」につながるアクティブラーニング —全国大学の学科調査報告とカリキュラム設計の課題	河合塾編著	二八〇〇円
「深い学び」につながるアクティブラーニング —全国大学の学科調査から	河合塾編著	二八〇〇円
アクティブラーニングでなぜ学生が成長するのか —経済系・工学系の全国大学調査からみえてきたこと	河合塾編著	二八〇〇円
初年次教育でなぜ学生が成長するのか —全国大学調査からみえてきたこと	河合塾編著	二八〇〇円

〒113-0023 東京都文京区向丘1-20-6　TEL 03-3818-5521　FAX 03-3818-5514　振替 00110-6-37828
Email tk203444@fsinet.or.jp　URL:http://www.toshindo-pub.com/

※定価：表示価格（本体）＋税

東信堂

国際的にみたい外国語教員の養成	大谷泰照編集代表	三六〇〇円
オーストラリアの教員養成とグローバリズム ——多様性と公平性の保証に向けて	本柳とみ子	三六〇〇円
オーストラリアの言語教育政策 ——多文化主義における「多様性と」「統一性」の揺らぎと共存	青木麻衣子	三八〇〇円
一貫連携英語教育をどう構築するか ——「道具」としての英語観を超えて	鳥飼玖美子編著	一八〇〇円
英語の一貫教育へ向けて	立教学院英語教育研究会編	三八〇〇円
近代日本の英語科教育史 ——職業系諸学校による英語教育の大衆化過程	江利川春雄	二八〇〇円
現代教育制度改革への提言 上・下	日本教育制度学会編	各二八〇〇円
現代日本の教育課題 ——二一世紀の方向性を探る	上田学編著	二八〇〇円
バイリンガルテキスト現代日本の教育	村田翼夫・上田学編著	二八〇〇円
日本の教育経験 ——途上国の教育開発を考える	国際協力機構編著	三八〇〇円
現代アメリカの教育アセスメント行政の展開 ——マサチューセッツ州（MCASテスト）を中心に	山口満編著	三八〇〇円
アメリカ公民教育におけるサービス・ラーニング	村田翼夫	二八〇〇円
現代アメリカ教育におけるサービス・ラーニング	北野秋男編	四八〇〇円
現代アメリカにおける学力形成論の展開 ——スタンダードに基づくカリキュラムの設計	唐木清志	四六〇〇円
ハーバード・プロジェクト・ゼロの芸術認知理論とその実践 ——内なる知性とクリエティビティを育むハワード・ガードナーの教育戦略	石井英真	四二〇〇円
アメリカにおける学校認証評価の現代的展開	池内慈朗	六五〇〇円
アメリカにおける多文化的歴史カリキュラム	浜田博文編著	二八〇〇円
メディア・リテラシー教育における「批判的」な思考力の育成	桐谷正信	三六〇〇円
多様社会カナダの「国語」教育（カナダの教育3）	森本洋介	四八〇〇円
「学校協議会」の教育効果 ——開かれた学校づくりのエスノグラフィー	関口礼司・浪田克之介 編著	三八〇〇円
現代ドイツ政治・社会学習論 ——「事実教授」の展開過程の分析	平田淳	五六〇〇円
	大友秀明	五二〇〇円

〒113-0023 東京都文京区向丘1-20-6
TEL 03-3818-5521 FAX 03-3818-5514 振替 00110-6-37828
Email tk203444@fsinet.or.jp URL:http://www.toshindo-pub.com/

※定価：表示価格（本体）＋税

東信堂

比較教育学事典	日本比較教育学会編	一二〇〇〇円
比較教育学の地平を拓く	森山田肖稔子編著	四六〇〇円
比較教育学―越境のレッスン	馬越徹	三六〇〇円
比較教育学―伝統・挑戦・新しいパラダイムを求めて	M・ブレイ編／馬越・大塚豊監訳	三八〇〇円
国際教育開発の研究射程―「持続可能な社会」のための比較教育学の最前線	北村友人著	二八〇〇円
国際教育開発の再検討―途上国の基礎教育普及に向けて	西村幹子／小川啓一／北村友人編著	二四〇〇円
発展途上国の保育と国際協力	浜野隆／三輪千明編著	三八〇〇円
トランスナショナル高等教育の国際比較―留学概念の転換	杉本均編著	三六〇〇円
中国教育の文化的基盤	顧明遠著／大塚豊監訳	二九〇〇円
中国大学入試研究―変貌する国家の人材選抜	大塚豊	三六〇〇円
中国高等教育独学試験制度の展開	南部広孝	三二〇〇円
中国高等教育拡大政策―背景・実現過程・帰結	劉文君	五〇四八円
中国の職業教育拡大と教育機会の変容	王傑	三九〇〇円
現代中国初中等教育の多様化と教育改革	李霞	三六〇〇円
文革後中国基礎教育における「主体性」の育成	楠山研	二八〇〇円
「郷土」としての台湾―郷土教育の展開にみるアイデンティティのアイデンティティの変容	林初梅	四六〇〇円
戦後台湾教育とナショナル・アイデンティティ	山﨑直也	四〇〇〇円
ドイツ統一・EU統合とグローバリズム―教育の視点からみたその軌跡と課題	木戸裕	六〇〇〇円
教育における国家原理と市場原理―チリ現代教育史に関する研究	斉藤泰雄	三八〇〇円
中央アジアの教育とグローバリズム	嶺井明子編著	三六〇〇円
インドの無認可学校研究―公教育を支える「影の制度」	小原優貴	三六〇〇円
バングラデシュ農村の初等教育制度受容	日下部達哉	三六〇〇円
オーストラリアのグローバル教育の理論と実践	木村裕	三六〇〇円
[新版]オーストラリア・ニュージーランドの教育―グローバル社会を生き抜く力の育成に向けて	青木麻衣子／佐藤博志編著	二〇〇〇円
マレーシア青年期女性の進路形成	鴨川明子	四七〇〇円

〒113-0023 東京都文京区向丘1-20-6　TEL 03-3818-5521　FAX 03-3818-5514　振替 00110-6-37828
Email tk203444@fsinet.or.jp　URL:http://www.toshindo-pub.com/

※定価：表示価格（本体）＋税

東信堂

マナーと作法の社会学	加野芳正編著	二四〇〇円
マナーと作法の人間学	矢野智司編著	二〇〇〇円
子ども・若者の自己形成空間──教育人間学の視線から	髙橋勝編著	二七〇〇円
文化変容のなかの子ども──経験・他者・関係性	髙橋勝	二三〇〇円
君は自分と通話できるケータイを持っているか──「現代の諸課題と学校教育講義」	小西正雄	二〇〇〇円
教育文化人間論──知の逍遥／論の越境	小西正雄	二四〇〇円
発達障害支援の社会学──医療化と実践家の解釈	木村祐子	三六〇〇円
「学校協議会」の教育効果──開かれた学校づくりのエスノグラフィー	平田淳	五六〇〇円
学級規模と指導方法の社会学──実態と教育効果	山崎博敏	二二〇〇円
夢追い形進路形成の功罪──高校改革の社会学	荒川葉	二八〇〇円
進路形成に対する「在り方生き方指導」の功罪──高校進路指導の社会学	望月由起	三六〇〇円
教育から職業へのトランジション──若者の就労と進路職業選択の社会学	山内乾史編著	二六〇〇円
教育と不平等の社会理論──再生産論をこえて	小内透	三三二〇円
〈シリーズ 日本の教育を問いなおす〉		
拡大する社会格差に挑む教育	西村和雄・大森不二雄編	二四〇〇円
混迷する評価の時代	西村和雄・木村拓也編	二四〇〇円
教育における評価とモラル──教育評価を根底から問う	倉元直樹・大森不二雄・木村拓也編	二四〇〇円
	西村和雄編	
〈大転換期と教育社会構造──地域社会変革の社会論的考察〉		
第1巻 教育社会史──日本とイタリアと生活者生涯学習	小林甫	七八〇〇円
第2巻 現代的教養Ⅰ──地域的展開技術者生涯学習の	小林甫	六八〇〇円
第3巻 現代的教養Ⅱ──生成と展望	小林甫	六八〇〇円
第4巻 学習力変革──地域自治と社会構築	小林甫	近刊
第5巻 社会共生力──東アジアと成人学習	小林甫	近刊

〒113-0023 東京都文京区向丘1-20-6
TEL 03-3818-5521 FAX03-3818-5514 振替 00110-6-37828
Email tk203444@fsinet.or.jp URL:http://www.toshindo-pub.com/

※定価：表示価格（本体）＋税

東信堂

ハンス・ヨナス「回想記」	盛永・木下・馬渕・山本訳	四八〇〇円
責任という原理―科学技術文明のための倫理学の試み(新装版)	H・ヨナス／加藤尚武監訳	四八〇〇円
原子力と倫理―原子力時代の自己理解	H・ヨナス／品川哲彦訳	二八〇〇円
生命科学と倫理―バイオセキュリティとバイオセーフティの倫理学	Th・リリー／笠原道雄編	一八〇〇円
デュアルユース・ジレンマとその対応	四ノ宮成祥・河原直人編著	二四〇〇円
バイオエシックス入門 [第3版]	小田正人編	二三八一円
バイオエシックスの展望	今井道夫・香川知晶編著	三三〇〇円
医学の歴史	松坂昭浦宏訳	四六〇〇円
死の質―エンド・オブ・ライフケア世界ランキング	石井・渡井監訳	一二〇〇円
生命の神聖性説批判	加奈祐恵・飯田・小野谷・片桐・水野訳	四六〇〇円
医療・看護倫理の要点	石川・小野谷・片桐・水野訳	二〇〇〇円
概念と個別性―スピノザ哲学研究	水野俊誠	四六〇〇円
〈現われ〉とその秩序―メーヌ・ド・ビラン研究	朝倉友海	四六四〇円
省みることの哲学―ジャン・ナベール研究	村松正隆	三八〇〇円
ミシェル・フーコー―批判的実証主義と主体性の哲学	越門勝彦	三〇〇〇円
カンデライオ(ジョルダーノ・ブルーノ著作集1巻)	手塚博訳	三八〇〇円
原因・原理・一者について(ジョルダーノ・ブルーノ著作集3巻)	加藤守通訳	三六〇〇円
傲れる野獣の追放(ジョルダーノ・ブルーノ著作集5巻)	加藤守通訳	四八〇〇円
英雄的狂気(ジョルダーノ・ブルーノ著作集7巻)	加藤守通訳	三二〇〇円
加藤守通訳	加藤守通訳	三六〇〇円
《哲学への誘い―新しい形を求めて 全5巻》		
自己	松永澄夫	三二〇〇円
世界経験の枠組み	松永澄夫編	三二〇〇円
社会の中の哲学	松永澄夫編	三〇〇〇円
哲学の振る舞い	松永澄夫編	二三〇〇円
哲学の立ち位置	松永澄夫編	三二〇〇円
哲学史を読むⅠ・Ⅱ	松永澄夫編	各三八〇〇円
哲学すること―もう一つの哲学概論：哲学が考えるべきこと	松永澄夫	三九〇〇円
価値・意味・秩序―もう一つの哲学概論：哲学が考えるべきこと	松永澄夫	三九〇〇円
言葉の働く場所	浅田淳一・松永澄夫・伊佐敷隆弘・松本大理・高橋克也・村瀬鋼・鈴木泉・松永澄夫編	三二〇〇円
言葉は社会を動かすか	松永澄夫編	三二〇〇円
言葉の力理する―哲学的考察	松永澄夫編	三〇〇〇円
食を料理する―哲学的考察	松永澄夫編	二三〇〇円
言葉の力(音の経験・言葉の力第Ⅰ部)	松永澄夫	二〇〇〇円
音の力(音の経験・言葉の力第Ⅱ部)	松永澄夫	二五〇〇円
音の経験―言葉はどのようにして可能となるのか	松永澄夫	二八〇〇円

〒113-0023　東京都文京区向丘1-20-6
TEL 03-3818-5521　FAX 03-3818-5514　振替 00110-6-37828
Email tk203444@fsinet.or.jp　URL:http://www.toshindo-pub.com/

※定価：表示価格（本体）＋税

東信堂

オックスフォード キリスト教美術・建築事典	P&L・マレー著 中森義宗監訳	三〇〇〇〇円
イタリア・ルネサンス事典	J・R・ヘイル編 中森義宗監訳	七六〇〇円
美術史の辞典	中森義宗・清水忠訳他	三六〇〇円
書に想い 時代を読む	河田悌一	一八〇〇円
日本人画工 牧野義雄―平治ロンドン日記	ますこ ひろしげ	五四〇〇円
〔芸術学叢書〕		
芸術理論の現在―モダニズムから	谷川渥編著	三八〇〇円
絵画論を超えて	藤枝晃雄編著	四六〇〇円
美を究め美に遊ぶ―芸術と社会のあわい	尾崎信一郎	四六〇〇円
バロックの魅力	小穴晶子編	二六〇〇円
新版 ジャクソン・ポロック	田中佳	二六〇〇円
美学と現代美術の距離 ―アメリカにおけるその乖離と接近をめぐって	荻野厚志編著	二六〇〇円
ロジャー・フライの批評理論	江藤光紀	三八〇〇円
レオノール・フィニ―境界を侵犯する新しい種	金悠美	三八〇〇円
いま蘇るブリア=サヴァランの美味学―知性と感受性の間で	藤枝晃雄	二六〇〇円
〔世界美術双書〕		
バルビゾン派	井出洋一郎	二〇〇〇円
キリスト教シンボル図典	中森義宗	二三〇〇円
パルテノンとギリシア陶器	関隆志	二三〇〇円
中国の版画―唐代から清代まで	小林宏光	二三〇〇円
象徴主義―モダニズムへの警鐘	中村隆夫	二三〇〇円
中国の仏教美術―後漢代から元代まで	久野美樹	二三〇〇円
セザンヌとその時代	浅野春男	二三〇〇円
日本の南画	武田光一	二三〇〇円
画家とふるさと	小林忠	二三〇〇円
ドイツの国民記念碑 一八一三年	大原まゆみ	二三〇〇円
日本・アジア美術探索	永井信一	二三〇〇円
インド・チョーラ朝の美術	袋井由布子	二三〇〇円
古代ギリシアのブロンズ彫刻	羽田康一	二三〇〇円

〒113-0023 東京都文京区向丘1-20-6
TEL 03-3818-5521 FAX 03-3818-5514 振替 00110-6-37828
Email tk203444@fsinet.or.jp URL:http://www.toshindo-pub.com/

※定価：表示価格（本体）＋税